周沂 贺灿飞 ◎ 著

中国出口产品演化与升级

从贸易大国走向贸易强国

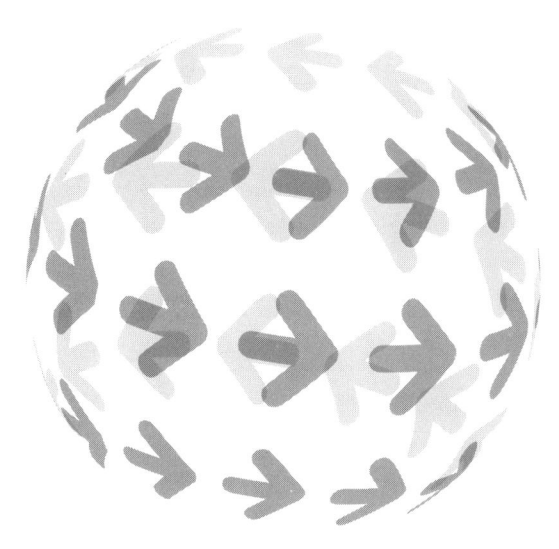

中国财经出版传媒集团
经济科学出版社
Economic Science Press

图书在版编目（CIP）数据

中国出口产品演化与升级：从贸易大国走向贸易强国/周沂，贺灿飞著. —北京：经济科学出版社，2020.8
（经济地理研究）
ISBN 978-7-5218-1764-5

Ⅰ. ①中… Ⅱ. ①周…②贺… Ⅲ. ①出口贸易-研究-中国 Ⅳ. ①F752.62

中国版本图书馆 CIP 数据核字（2020）第 144196 号

责任编辑：李　雪
责任校对：靳玉环
责任印制：邱　天

中国出口产品演化与升级：从贸易大国走向贸易强国
ZHONGGUO CHUKOU CHANPIN YANHUA YU SHENGJI：
CONG MAOYI DAGUO ZOUXIANG MAOYI QIANGGUO
周　沂　贺灿飞　著
经济科学出版社出版、发行　新华书店经销
社址：北京市海淀区阜成路甲 28 号　邮编：100142
总编部电话：010-88191217　发行部电话：010-88191522
网址：www.esp.com.cn
电子邮箱：esp@esp.com.cn
天猫网店：经济科学出版社旗舰店
网址：http：//jjkxcbs.tmall.com
北京季蜂印刷有限公司印装
787×1092　16 开　20.25 印张　430000 字
2020 年 8 月第 1 版　2020 年 8 月第 1 次印刷
ISBN 978-7-5218-1764-5　定价：86.00 元
(图书出现印装问题，本社负责调换。电话：010-88191510)
(版权所有　侵权必究　打击盗版　举报热线：010-88191661
QQ：2242791300　营销中心电话：010-88191537
电子邮箱：dbts@esp.com.cn)

本书得到国家自然科学基金重点项目"全球—地方互动与区域产业重构"（编号41731278）和青年项目"中国企业出口产品升级路径与机制研究——基于企业与区域互动的视角"（编号41801117）以及教育部人文社科项目"集聚经济与中国企业出口产品升级研究：基于技术关联的视角"（编号18YJC790240）资助。

前言

2004年的圣诞节，家住美国路易斯安那州的萨拉·邦焦尔尼在清理圣诞庆典后的家居时，突然意识到一个不可辩驳的事实："中国制造"已经占领了她的整个家——玩具、圣诞树装饰、电视机、运动鞋。作为一个国际贸易的财经作家，她迅速地将收到的圣诞礼物按照标签说明分成"中国制造"和"非中国制造"两类，并进行了清点。结果39件礼物中，"中国制造"有25件，占64%。萨拉惊诧地说："美国的圣诞节成了中国人制造出来的节日。"之后，她说服丈夫和儿子一起来做一项实验：从2005年元旦到年底，一整年都不再购买"中国制造"的产品，以此体验没有"中国制造"产品的日子需要怎样的意志力与创意，以及这项行动是否可以如愿完成。在实验一开始，萨拉就遇到了一个难题，"中国制造"产品的边界在哪里？比如，有些产品的零件是中国制造的，而在别国组装的，是否能归入"中国制造"产品？最后，萨拉只能妥协决定：只参考商品标签中的说明，不理会生产环节。如果购买后发现里面确实有"中国制造"的标签就退回去。

在做出这项决定后，萨拉觉得自己开始了有趣却又充满挫折的冒险。为了可以继续生活下去，邦焦尔尼一家没有拒绝"中国制造"的礼物，没有放弃之前已买的"中国制造"的物品，也没有抵制用中国零件在别国组装的商品。这样想来似乎很简单。可接下来的一年还是让萨拉一家人感到沮丧，甚至举步维艰。没过多久，萨拉的儿子维斯需要买新鞋了。她看了至少50双"中国制造"的9美元左右的童鞋，并能够轻松挑出儿子喜欢的怪物史莱克主题、鞋底闪光的帆布鞋等。在她意识到她看的每个地方都差不多是中国鞋后，只能空手而归。之后，她访问了无数网站，给无数店家发邮件以及打电话咨询产地等信息，遭遇无数白眼和不理解。在她向艾奥瓦州一家鞋店的老板发了邮件咨询后，对方的回信简直是对她的另一个打击，也是对一个垂死行业的悼文。老板回信说，20世纪60年代以后美国就没有人做童鞋了，从那以后做鞋的都去了中国。最后，她给维斯买了意大利制造的帆布鞋，有皮革和维可牢尼龙搭扣而不是普通的鞋带，包括运费的价格是 68 美元。

圣诞前夕，丈夫凯文去法国出差，萨拉想着似乎可以买成堆的法国玩具和小装饰品来做圣诞装扮，以减轻不能买"中国制造"装饰品的负担。凯文找了大部分巴黎的商店和市场，寻找"法国制造"后却空手而归。之后，他去了一家男装店并看中了一套衣服，问这是哪里制造的，服务员告诉他是"中国制造"。他才意识到，不仅是美国，法国也处处是"中国制造"。没有"中国制造"后，萨拉一家的生活充满挫折，在 2006 年的元旦，萨拉全家很高兴地与"中国制造"重修旧好。之后，她将这一年与"中国制造"的故事写成了书《离开中国制造的一年：一个美国家庭的生活历险》。

"中国制造"确实已经遍布全球，进出口额甚至在 2013 年超过了美国，成为名副其实的"贸易大国"。但确实没想到，"中国制造"的影响力竟然大到足以让一个美国普通家庭的生活缺少了"中国制造"产品后变得举步维艰。虽然这些故事仅仅是萨拉·邦焦尔尼一家与"中国制造"的生活日常，但从故事中我们可以洞察到几个事实。在书中一开始，萨拉面临的难题——无法识别出真正的"中国制造"产品，这也是当前全球化不断深入的结果。在全球生产网络的时代，国际贸易早已突破空间和部门的限制，深入到产品生产的各个环节。由中国海关出口的产品是由中国生产要素与其他国家生产要素进行组合的结果，而来自中国的生产要素主要以劳动力等低附加值要素为主。2011 年，《捕捉苹果全球供应网络利润》的分析报告显示，每卖出一台 iPhone 手机，苹果公司获得 58.5% 的利润，原物料供应国获得 21.9% 的利润，屏幕、电子元器件等主要供应商分得 4.7% 的利润，而中国大陆承担的组装功能只能拿到 1.8% 的利润。虽然"中国制造"遍布全球，但中国在全球生产网络中只是扮演"加工车间"的角色。根据世界银行 2020 年世界发展报告《在全球价值链时代以贸易促发展》（以下简称《报告》），参与全球价值链能够更好地促进生产率增长、减少贫困、提供更好的就业。通常情况下，当一个国家的出口从初级产品转向用进口的生产要素生产基本工业品时，增长幅度最大。如果不逐步向复杂的、更多样化的生产结构转型，参与全球生产网络给经济带来的高增长率最终将无法持续。

书中描述的每个故事让我们感觉到"中国制造"对人们生活的极大改善，但另一个事实却是"中国制造"的产品似乎是"小商品""廉价商品"的代名词。萨拉购买童鞋的故事中，"中国制造"的童鞋是 9 美元一双，而意大利制造的童鞋则是 68 美元一双。虽然价格的差异由很多因素决定，但一定程度上产品质量也是影响价格的核心因素之一。当然，书中的故事发生在 2005 年。15 年过去了，"中国制造"在产品结构、技术含量和质量等方面是否发生了重大改变呢？

在全球化和转型经济的背景下，发达国家和更多发展中国家都开始参与到全球竞争中来。金融危机后，世界各大国均将制造业升级视为重中之重，美国提出"重振制造业"和"制造业回归美国"等发展口号，德国启动了《高技术战略2020》和"工业4.0"（或称第四次工业革命）等产业升级计划，中国政府也积极鼓励和支持企业升级。2015 年李克强总理提出《中国制造2025》制造战略计划，希望到 2025 年实现从"制造大国"变身为"制造强国"的目标。外部竞争不断加剧的同时，我国产品生产的内部要素成本也不断上升，如资源、土地、能源和劳动力等。中国"人口红利"带来的低劳动力成本优势逐步丧失，与此同时，越来越多的发展中国家发挥劳动力成本比较优势发展制造业。面临新的内外挑战，出口升级再次成为中国制造业企业发展的核心问题。提升出口产品附加值与质量，推动我国从贸易大国迈向贸易强国，对从容应对贸易摩擦、维持经济的可持续发展至关重要。

在国家自然科学基金重点项目"全球—地方互动与区域产业重构"（编号 41731278）青年项目"中国企业出口产品升级路径与机制研究——基于企业与区域互动的视角"（编号 41801117）和教育部人文社科项目"集聚经济与中国企业出口产品升级研究：基于技术关联的视角"（编号 18YJC790240）的支持下，本书基于产品动态的研究视角，通过产品技术复杂度和产品质量来数量化产品间差异和产品内差异，以此讨论中国出口产品演化与升级问题，重点讨论出口升级的路径选择及其影响因素。企业是出口产品升级的实施者，本研究试图通过研究企业出口产品的升级路径以及升级后生存问题来理解我国出口升级的区域差异。

全书的技术路线可以分为分析框架建构、现象描述、机制解释以及讨论四个部分（见图1-1）。首先，结合国际贸易、经济地理以及演化经济地理的相关理论，构建产品内升级还是产品间升级的企业升级路径选择分析框架。其次，基于该分析框架，描述中国出口产品增长及其空间差异；分析我国出口产品技术复杂度的国际水平；展示我国出口产品演化与升级路径特征：哪些区域在升级过程中表现为产品内升级，哪些区域表现为产品间升级？再次，构建"企业—空间"互动的升级机制解释框架，实证讨论我国企业出口产品升级路径选择的影响因素。最后，从如何提高"空间"对升级的支撑作用对本研究进行总结与讨论。研究发现：

首先，中国出口产品升级过程中产品内升级和产品间升级相伴发生。本研究将中国出口产品升级分解为产品间升级和产品内升级，发现中国出口产品升级表现为产品内升级和产品间升级相伴进行，且存在显著的区域差异。东部地区以产品内升级为主，中西部地区以产品间升级为主。

其次，进入增量和资源配置增量是我国出口产品升级的重要来源。本研究将出口产品升级分解为扩展新产品、淘汰已有产品和扩张在位产品，研究发现进入增量和资源配置是我国出口产品升级的主要来源。

最后，"空间"在升级过程中扮演着重要的角色。本书通过构建"企业—空间"互动的解释框架，对我国出口产品演化与升级路径选择及其影响因素进行了实证探讨。研究发现集聚经济有利于推动我国出口产品演化，促进中国出口产品升级以及升级企业生存。引入认知距离后，集聚经济对出口升级行为的影响更加清晰。相关专业化和相关多样化均有利于促进企业出口产品升级。然而，不相关产品出口集聚则表现为竞争效应。集聚经济对不同升级路径的影响不同，技术关联集聚经济更有利于促进产品间升级，而传统集聚经济更有利于促进产品内升级。集聚经济有利于提高企业升级后生存的概率。企业在出口产品升级过程中面临不确定性和风险，集聚溢出效应有利于降低企业升级过程中的沉没成本以及面临的不确定性，提高了企业升级后生存的概率。

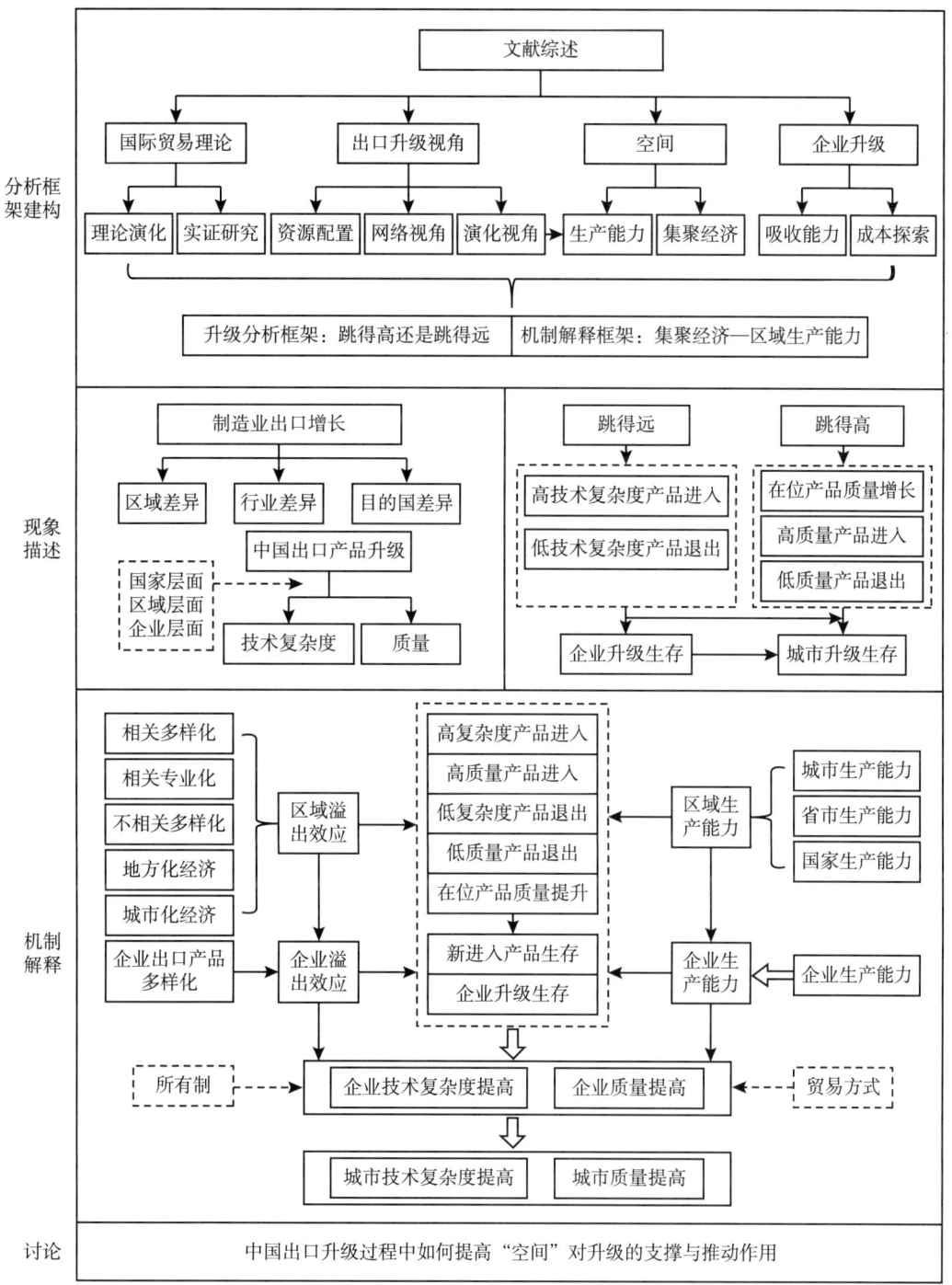

图1-1 全书的内容结构

本书共分为十四章。第一章、第二章和第三章在现实和理论背景下,进行全书研究框架的构建,包括全书的研究背景和研究问题、文献综述、升级路径分析框架和出口升级的解释框架。第四章对中国出口增长和升级的现象进行描述。第五章分析中国出口产品升级的来源。第六章到第十章分析中国城市出口产品演化与升级及影响因素。第十一章、第十二章和第十三章分析中国企业出口产品升级及影响因素。第十四章对全书的发现进行总结与讨论。以下简要介绍全书的研究内容和组织逻辑：

第一~三章建构研究框架。第一章从中国出口增长奇迹出发，讨论转型期中国出口产品升级现状。从转型期升级的迫切性以及现有研究结论的多样性，引出本研究的研究问题以及研究意义。在此基础上，概要介绍本研究的技术路线和研究内容。第二章对出口产品升级的相关理论进行梳理，包括国际贸易理论、全球生产网络、演化经济地理和集聚经济理论。在此基础上，第三章构建中国出口产品演化与升级的分析框架，回答下列问题：中国出口产品实现升级了吗？升级路径选择有何特征？升级路径选择是否存在区域差异？同时，构建"企业—空间"互动的机制解释框架，讨论中国企业出口产品演化与升级及其影响因素。

第四~六章描述现状与探讨产品升级来源。第四章对中国出口产品增长与升级现状进行现象描述，主要回答本书的第一个研究问题：中国出口产品实现升级了吗？升级的路径选择有何特征？升级过程中，什么样的区域表现为产品间升级，什么样的区域表现为产品内升级？第五章对出口升级的来源进行分析，试图回答中国出口升级主要来源于集约边际还是扩展边际？第六章基于产品空间，研究中国出口产品演化及其区域差异。

第七~十三章研究中国出口产品演化与升级的影响因素及其驱动机制。企业是实施升级的最小单位，其升级路径选择的差异最后体现为城市出口产品升级路径的差异。因此，本研究以企业升级路径的选择来分析和探讨中国出口产品升级路径及其区域差异。在全书的组织上，第七章、第八章、第九章和第十章研究中国城市出口产品升级及其影响因素。第十一章、第十二章和第十三章则从企业—产品维度，基于"企业—空间"互动的框架，研究中国企业出口产品升级及升级后生存的影响因素。

第十四章为本书的结论与讨论。从理论部分和实证部分对全书研究进行总结，并基于研究发现提出本研究的政策启示，最后指出本研究存在的不足以及基于不足可能的研究方向。

本书以周沂博士学位论文为基础进一步拓展研究而成。周沂在博士论文的写作过程中得到了许多老师和学者的帮助，包括北京大学—林肯研究院城市发展与土地政策研究中心刘志主任、北京大学城市与环境学院朱晟君研究员、北京大学经济学院杨汝岱副教授、南京大学地理与海洋学院毛熙彦助理研究员，以及南开大学社会与经济发展研究院郭琪助理研究员，在此表示感谢。

限于作者的学识与能力，本书的研究深度还待进一步深化。对书中不足之处，还望广大读者和学界同仁批评指正。

周 沂 贺灿飞
2020 年 4 月

参考文献

［1］ 樊纲，关志雄，姚枝仲. 国际贸易结构分析：贸易品的技术分布［J］. 经济研究，2006（8）：70 – 80.

［2］ 贺灿飞，毛熙彦. 尺度重构视角下的经济全球化研究［J］. 地理科学进展，2015，34（9）：1073 – 1083.

［3］ 杨汝岱，姚洋. 有限赶超与经济增长［J］. 经济研究，2008（8）：29 – 41，64.

［4］ Amiti M. and Freund C.. The Anatomy of China's Export Growth［J］. NBER，2010，35 – 56.

［5］ Amiti M. and Khandelwal A. K.. Import Competition and Quality Upgrading［J］. Review of Economics and Statistics，2012，95（2）：476 – 490.

［6］ Boschma R. and Iammarino S.. Related Variety, Trade Linkages, and Regional Growth in Italy［J］. Economic Geography，2009，85（3）：289 – 311.

［7］ Boschma R., Minondo A. and Navarro M.. Related Variety and Regional Growth in Spain*［J］. Papers in Regional Science，2012，91（2）：241 – 256.

［8］ Coe N. M., Dicken P. and Hess M.. Introduction: Global Production Networks—Debates and Challenges［J］. J Econ Geogr，2008，8（3）：267 – 269.

［9］ Coe N. M., Hess M., Yeung H. W., Dicken P. and Henderson J.. "Globalizing" Regional Development: A Global Production Networks Perspective［J］. Transactions of the Institute of British Geographers，2004，29（4）：468 – 484.

［10］ Dicken P.. Global Shift: Sage［J］. https://books.google.com/books/about/Global_Shift.html?hl = zh – CN&id = Ay_9sUvgB3MC. 2003.

［11］ Ferrarini B. and Scaramozzino P.. Production Complexity, Adaptability and Economic Growth［J］.

Structural Change and Economic Dynamics, 2016, 37: 52 - 61.

[12] Gereffi G.. International Trade and Industrial Upgrading in the Apparel Commodity Chain [J]. Journal of International Economics, 1999, 48 (1): 37 - 70.

[13] Gereffi G., Humphrey J. and Sturgeon T.. The Governance of Global Value Chains [J]. Review of International Political Economy, 2005, 12 (1): 78 - 104.

[14] Hausmann R., Hwang J. and Rodrik D.. What You Export Matters [J]. J Econ Growth, 2006, 12 (1): 1 - 25.

[15] Hausmann R. and Rodrik D.. Economic Development As Self-discovery [J]. Journal of Development Economics, 2003, 72 (2): 603 - 633.

[16] Henderson J., Dicken P., Hess M., Coe N. and Yeung HW - C.. Global Production Networks and the Analysis of Economic Development [J]. Review of International Political Economy, 2002, 9 (3): 436 - 464.

[17] Hidalgo C., Klinger B., Barabasi A. L. and Hausmann R.. The Product Space and its Consequences for Economic Growth [J/OL]. http://adsabs.harvard.edu/abs/2007APS.MARA22006H. 2007.

[18] Hidalgo C. A. and Hausmann R.. The Building Blocks of Economic Complexity [J]. PNAS, 2009, 106 (26): 10570 - 10575.

[19] Hidalgo C. A., Klinger B., Barabási A. L. and Hausmann R.. The Product Space Conditions the Development of Nations [J]. Science, 2007, 317 (5837): 482 - 487.

[20] Hummels D. and Klenow P. J.. The Variety and Quality of a Nation's Exports [J]. The American Economic Review, 2005, 95 (3): 704 - 723.

[21] Jarreau J. and Poncet S.. Export Sophistication and Economic Growth: Evidence from China [J]. Journal of Development Economics, 2012, 97 (2): 281 - 292.

[22] Neffke F., Henning M. and Boschma R.. How Do Regions Diversify over Time? Industry Relatedness and the Development of New Growth Paths in Regions [J]. Economic Geography, 2011, 87 (3): 237 - 265.

[23] Rodrik D.. What's So Special about China's Exports? [J]. China & World Economy, 2006, 14 (5): 1 - 19.

[24] Schott P. K.. The Relative Sophistication of Chinese Exports [J]. Economic Policy, 2008, 23 (53): 6 - 49.

[25] Xu B. and Lu J.. Foreign Direct Investment, Processing Trade, and the Sophistication of China's Exports [J]. China Economic Review, 2009, 20 (3): 425 - 439.

[26] Yeung H. W.. Regional Development and the Competitive Dynamics of Global Production Networks: an East Asian Perspective [J]. Regional Studies, 2009, 43 (3): 325 - 351.

[27] Zhu S., He C. and Zhou Y.. How to Jump Further and Catch Up? Path - breaking in an Uneven Industry Space [J]. Journal of Economic Geography, 2017, 17 (3): 521 - 545.

目录

第一章　绪论　/　1
第一节　研究背景　/　2
第二节　研究问题与意义　/　8
本章参考文献　/　10

第二章　出口产品演化与升级研究进展　/　27
第一节　引言　/　28
第二节　国际贸易理论与出口产品升级　/　28
第三节　演化经济地理与出口产品升级　/　35
第四节　溢出效应与出口产品升级　/　40
第五节　出口升级研究的其他视角　/　45
本章小结　/　48
本章参考文献　/　50

第三章　中国出口产品演化与升级分析框架　/　61
第一节　现有分析视角的批判性回顾　/　62
第二节　中国出口产品升级：产品内升级还是产品间升级？　/　64
第三节　中国出口产品演化与升级：影响因素与动力机制　/　69
第四节　中国出口产品升级的特殊性　/　75
本章小结　/　76
本章参考文献　/　77

第四章　中国出口产品升级：产品内升级还是产品间升级？　/　83
第一节　引言　/　84
第二节　中国出口贸易发展现状　/　85
第三节　数据与估计方法　/　95

第四节　中国出口产品升级典型事实　／　109

　　第五节　中国出口产品升级：产品内升级还是产品间升级？　／　121

　　本章小结　／　122

　　本章参考文献　／　124

第五章　中国出口产品升级来源　／　127

　　第一节　引言　／　128

　　第二节　出口产品升级来源分解的技术方法　／　129

　　第三节　中国出口产品升级的来源　／　130

　　本章小结　／　133

　　本章参考文献　／　134

第六章　出口产品演化与升级——基于产品空间视角　／　137

　　第一节　引言　／　138

　　第二节　数据与技术方法　／　139

　　第三节　中国出口产品演化及其区域差异　／　144

　　本章小结　／　157

　　本章参考文献　／　158

第七章　技术关联与城市出口产品演化　／　161

　　第一节　引言　／　162

　　第二节　文献综述及研究假说　／　163

　　第三节　典型事实与模型设置　／　166

　　第四节　实证结果分析　／　170

　　本章小结　／　173

　　本章参考文献　／　176

第八章　集聚类型与城市出口产品技术复杂度　／　179

　　第一节　引言　／　180

　　第二节　数据说明与指标构建　／　183

　　第三节　典型事实　／　184

　　第四节　实证结果分析　／　189

　　本章小结　／　197

本章参考文献　／　198

第九章　集聚经济与城市出口产品质量升级　／　**201**

第一节　引言　／　202

第二节　模型设置与指标测算　／　206

第三节　实证结果分析　／　213

本章小结　／　221

本章参考文献　／　222

第十章　技术关联、产品动态与城市出口产品升级　／　**225**

第一节　引言　／　226

第二节　数据来源与典型事实　／　228

第三节　模型设定与实证分析　／　237

本章小结　／　242

本章参考文献　／　243

第十一章　集聚经济与企业出口产品升级　／　**247**

第一节　引言　／　248

第二节　中国企业出口产品升级　／　250

第三节　模型设定　／　252

第四节　实证结果分析　／　253

本章小结　／　257

本章参考文献　／　258

第十二章　技术关联、产品动态与企业出口产品升级　／　**261**

第一节　引言　／　262

第二节　中国企业出口产品升级　／　264

第三节　模型设定与变量　／　267

第四节　实证分析结果　／　269

本章小结　／　280

本章参考文献　／　281

第十三章　集聚经济、出口产品升级与出口企业生存　/ **283**

　　第一节　引言　/ 284
　　第二节　典型事实：升级企业生存　/ 286
　　第三节　模型设定　/ 289
　　第四节　实证结果分析　/ 289
　　本章小结　/ 294
　　本章参考文献　/ 295

第十四章　结论与讨论　/ **297**

　　第一节　研究总结　/ 298
　　第二节　中国出口产品升级：从贸易大国走向贸易强国　/ 302
　　本章参考文献　/ 305

附录　国家代码与国名　/ **306**

第一章
绪 论

第一节 研究背景

一、中国出口增长之谜

改革开放以来，中国抓住全球产业分工和产业转移所带来的机遇，实现了对外贸易的"爆炸式"增长。1978年，中国对外贸易的出口额仅有99.5亿美元，占当时世界出口总额的0.76%。2001年中国成功加入WTO（世界贸易组织），到2002年，中国出口额增长至4362.28亿美元，占世界出口总额的5.77%。2008年，受到世界金融危机的影响，国际市场萎缩，全球贸易总量下滑，中国出口总额也占到了世界出口总额的9.57%。2009年，中国对外贸易增长开始恢复，出口增长再创新高。中国出口额超越德国，成为全球第二大贸易国。2013年，中国又以2.21万亿美元的进出口总额成功超过美国，出口总额占世界贸易总量的11.8%。2016年，中国出口贸易总额为2.094万亿美元，虽然出口总规模相较于2015年有所下降，但占全球出口总额的16%左右，成为名副其实的"贸易大国"。这一巨大成就被国内外学术界称为"中国贸易量增长之谜"（吴福象和刘志彪，2009）。

在贸易总量不断增长的背后，我国对外贸易结构也在不断变化。40余年来，相较于美国专业化出口机电产品、运输设备、化工产品等资本技术密集型产品，我国出口产品仍以机电产品、家具、玩具、杂项制品、纺织品及原料品等劳动资源密集型产品为主。中国出口贸易更多采取的是"底端嵌入"的竞争方式，甚至被认为是一条"血拼"式的发展道路（金碚，2012）。随着中国对外贸易规模的不断扩张，中国出口产品结构实现了一定程度的优化和升级，但中国出口贸易"只赚数字不赚钱"的本质令人担忧。在全球化的背景下，越来越多的发展中国家也开始参与到全球竞争中来，加上中国出口产品生产的内部要素成本不断上升，以往的出口比较优势逐步开始丧失。新时期，推动我国出口产品演化与升级，提升我国在全球价值链和产业链中的分工地位，对实现从贸易大国到贸易强国的转变至关重要。

随着中国贸易结构的不断调整，产品技术复杂度和产品质量开始成为衡量国家在全球的地位和竞争力的重要指标。中国出口产品结构按照资源密集型—劳动力密集型—资本密集型产品进行着调整和转变，然而，这种转变是否表明中国出口产品在不断的升级值得关注和进一步讨论。例如，中国和意大利均出口纺织服装，以海关编码 HS6204294040 的女士丝制长裤来看，美国从意大利的进口价格是中国的 6 倍，一定程度上可以反映出口质量的差距。一些研究也发现，中国与欧美国家的出口产品质量差距越来越大（Schott，2008）。产品质量是体现和维持一国出口竞争力的关键所在，出口产品质量的提高将带来一系列经济增长（Hummels and Klenow，2005）、收入分配（Kugler and Verhoogen，2008）、生产率分配（Amiti and Freund，2010）等连锁效应。《中华人民共和国国民经济和社会发展第十二个五年规划纲要》也明确指出，在引导产业向价值链高端延伸的同时，也要提高中国出口产品质量。

在经济全球化的今天，我国经济对外贸的较高依赖无疑增加了外部冲击对出口扩展的风险。出口依存度也从 1980 年的 12.8% 上升到 2008 年的 60% 以上。2008 年全球金融危机后，全球市场对劳动密集型制造业产品需求降低，加之欧美国家以制造业复兴为目标的"再工业化战略"的实施（刘志彪，2015），直接导致了有史以来我国出口额的第一次负增长。同时，我国虽然在产品结构上实现了转换，出口产品仍然多以组装加工产品为主，进行自主产品生产的能力较弱。企业间通过价格战来争取订单，导致贸易过程中贸易摩擦问题不断升级。贸易摩擦不仅会降低企业的利润，耗损企业进行新技术研发和创新的资本，从而降低了进行新产品研发以及出口产品的质量升级的可能，甚至可能使得企业锁定在以代工为主要业务的贸易方式中。在中国生产要素成本大幅度上升以及国际环境动荡的今天，推动中国出口产品的升级、实现出口产品多样化以及高质量化可能将成为今后很长一段时间的发展目标。那么，中国出口产品实现升级了吗？该问题值得进一步全方位的讨论。

二、中国出口产品实现升级了吗？

新中国成立以来，我国出口产品结构调整的方向一定程度上反映了我国出口产品结构升级的趋势。新中国成立到改革开放前夕，出口贸易主要是为了获取进口技术、商品等所需的外汇。1973 年到改革开放初期，我国主要以出口石油等资源密集型产品为主，也是我国出口的创汇期。根据《中国贸易外经统计年鉴》，20 世纪 70 年代后期，石油为中国第一大出口产品，占到总出口额的 15%~20%，其余出口产品以初级产品和工业品为主。1986 年前，出口产品以矿物燃料、润滑油及相关原料初级产品为主，占出口总额的 20%~26%；其次是一些原料制成品，占到出口总额的 16%~20%。不过，初级产品出口比重从 1980 年的 50% 以上降低到了 1986 年的 36.43%。在初级产品出口比重不断下降的同时，工业制成品出口比重上升到 63.57%。在"三来一补"的贸易方式推动下，我国劳动力比较优势得以发挥。1986

年,纺织服装产品成为中国第一大出口产品,由此也标志着我国出口贸易结构从资源密集型产品向劳动力密集型产品转型。20世纪90年代,在全球产业结构进行调整大转移时,我国大力促进机电产业的发展。1995年,机电产品出口额第一次超过纺织服装产品出口额,标志着中国出口产品开始由劳动力密集型向资本密集型转型。21世纪以来,尤其是2002~2007年,是我国出口增长的黄金阶段,也是我国出口产品结构调整的关键时期。到2007年,机械及运输设备的出口比重占出口总额的47.28%。到2016年,我国出口产品结构中,初级产品出口额占出口总额的4.88%,工业制成品出口额占出口总额的95.11%。其中,机械及运输设备出口额占出口总额的46.12%。

总体来说,改革开放以来,我国出口产品结构发生了明显的改变。与此同时,中国出口产品的技术含量、产品质量、在全球生产网络中所处的位置、扮演的角色等话题引起了国内外学者的关注。已有研究结论因研究方法和目的的差异存在一定的分歧。一类观点认为中国对外贸易尤其是制造业的对外贸易变化只有"量"没有"质"。受改革开放初期资本、研发投入不足等因素的影响,中国以加工贸易、贴牌等方式嵌入全球价值链分工体系。虽然由此带动了出口规模的快速增长,但生产多集中在一些低端生产制造与组装的环节(张杰和刘志彪,2008),由此形成"低端道路"的路径依赖式发展模式(洪银兴,2002;刘志彪和张杰,2007)。一些国际研究也发现中国出口产品结构升级主要归因于加工贸易,在全球生产网络中扮演"加工车间"的角色(Koopman et al.,2008;Lin and Wang,2012)。努恩(Nunn,2007)指出中国将自己的优势产业锁定(hold up)在技术含量较低的劳动密集型产业上。杨汝岱和姚洋(2008)认为我国对外贸易过度依赖劳动密集型产品。施炳展和李坤望(2008)从国家间产业内贸易研究中国制造业在国际分工中的地位,指出中国制造业尤其是资本、技术密集型产品在国际分工中地位低下。文东伟(2011)将中国与欧美日以及亚洲新兴工业经济体的产业进行对比,发现中国各行业的技术密集度都相当低下。

随着数据与测度方法的不断精准化,另一类观点肯定了我国出口产品升级的成果(Hausmann et al.,2006;Rodrik,2006;姚洋和张晔,2008;姚洋和章林峰,2008;赵红和彭馨,2014)。奥斯曼等(Hausmann et al.,2003)在测算出口产品技术水平和品质方面做了突破性工作,提出了产品技术复杂度(sophistication)的概念,用以测度产品的技术含量。奥斯曼等(2006)根据产品生产所需要的能力构造产品技术复杂度指标,反映不同产品间要素集合的差异。之后,伊达尔戈和奥斯曼(2009)从国际分工出发,假定一个国家出口产品集反映其产品生产的能力,而产品被不同国家出口的概率反映生产该产品所需要具备的能力的稀缺程度。基于该假设,他们利用社会网络分析映射法构建衡量出口产品技术复杂度的指标。之后,该指标得到了广泛的应用并产生了重要影响(Krishna and Levchenko,2013;Felipe et al.,2012;Ferrarini and Scaramozzino,

2016；Hidalgo and Hausmann 2009；Maggioni et al.，2016）。

大部分研究发现近年来中国出口产品技术复杂度不断提高，甚至超过了中国自身经济发展阶段对应的水平。罗德里克（Rodrik，2006）发现中国出口产品的技术复杂度在国际上的排名处于比其人均收入高3倍的国家之列，已远远领先于其经济发展的水平。肖特（Schott，2008）得出了相似的结论，甚至进一步指出中国出口产品的技术结构与发达国家更为相似。杨汝岱和姚洋（2008）指出中国已改变以低技术产品为主的出口结构，甚至超越了同等收入国家。杜传忠和张丽（2013）在识别出口产品国内部分技术复杂度后，发现中国出口产品中来自国内部分的技术复杂度呈逐步增长的态势，但与最终出口产品的技术复杂度间的差距在不断扩大。但也有研究指出相较于发达国家，中国出口产品技术复杂度仍存在较大的差距（Xu and Lu，2009；Jarreau and Poncet，2012），尤其是高技术产品出口尚未达到发达国家的水平（Amiti and Freund，2010；樊纲等，2006）。戴翔和张二震（2011）发现中国出口产品技术复杂度与发达国家相比尚存一定差距，尤其是高技术密集型出口产品的差异较大。目前对发达国家的追赶，主要表现在中等技术密集型产品上。

上述部分研究认为中国对外贸易在出口增长和出口技术结构上是世界规律的"奇异"点（Xu，2010；Liang，2008；Rodrik，2006）。在全球化背景下，国家的技术进步和经济发展主要遵循自身的比较优势。发达国家在技术水平、劳动力质量和社会服务上具有比较优势，出口产品以技术和资本密集型的产品为主。那么，作为发展中国家的中国，其技术复杂度为何得到如此高幅度的增长，甚至与发达国家更为相似了呢？该研究结论可能源于以下三个方面：第一，测算过程中没有考虑到中国经济发展过程中存在的几个典型事实——加工贸易和外商直接投资对中国出口产品技术复杂度的影响（Naughton，2007；Xu and Lu，2009；姚洋和张晔，2008；朱诗娥和杨汝岱，2009）。一些研究将加工贸易剔除后，甚至发现中国并不存在显著的技术进步以及技术复杂度增长奇高的特征（Amiti and Freund，2010；Assche and Gangnes，2010）。

第二，出口产品质量开始成为解释中国出口产品技术复杂度在世界贸易中奇异现象的突破口。许（Xu，2007）质疑罗德里克（2006）和肖特（2008）的研究结论，并指出即使是同一种产品，中国出口产品的质量要远低于其他国家。因此，他以中国出口产品价格加权产品技术复杂度，重新估算了中国出口产品在技术和品质上的综合技术复杂度，发现中国出口产品技术复杂度的异常程度有所下降。现有文献中多用产品的单位价格作为产品质量的代理变量（施炳展和邵文波，2014；施炳展和曾祥菲，2015；施炳展，2014；王雅琦等，2015；王永进和施炳展，2014；殷德生等，2011），并以此将出口增长的二元边际扩展到三元边际，甚至指出中国出口增长开始更多依赖于质量增长效应，较少依赖于产品种类的扩张（Gao et al.，2014）。然而，用单位价格来反映产品质量本身就存在较大的争议。各国出口产品价格的差异并不能完全代表产品质量的差异。首先，产品本身存在较大差异，产品间的价格差异不可比；其次，国家环境、汇率波动、产品竞争、贸易政策以及消费者偏好等都会影响产品的价格（杨汝岱和姚洋，2008），产品价格的差异不能反映质量的高低。

随着数据以及测量方法的改进，现有研究多发现中国出口产品质量呈不断上升的趋势（余淼杰和李乐融，2016；Schott，2008；姚洋和章林峰，2008；Pula and Santabárbara，2011），但与发达国家的差距在不断扩大。普拉·圣巴巴拉（Pula Santabárbara，2011）发现中国出口产品在欧洲市场的质量从1995年开始不断提升。阿尔瓦雷斯和克拉罗（Alvarez and Claro，2007）通过智利的进口数据，研究发现中国出口到智利的产品质量在不断提升，质量的提升解释了中国对智利出口增长的绝大部分原因。然而，从横向比较来看，肖特（2008）对比中国与OECD国家的出口产品质量，发现两产品之间的单价差距在逐渐扩大。施炳展等（2013）基于坎德尔（Khandelwal，2010）的方法测算产品质量，发现中国产品质量在1995~2006年间不断下降。相较于发达国家，中国制造业出口产品的质量总体相对较低，制造业出口产品质量阶梯平均较长（陈丰龙和徐康宁，2016）。可见，现阶段关于出口产品质量升级的研究还没有形成统一的认识。

第三，现有研究多将中国作为一个整体，将中国与其他国家出口产品技术结构和质量进行对比分析。然而，中国的出口地理空间具有极大的不平衡性，中国出口产品的90%来自东部沿海省份（Xu and Lu，2009；姚洋和张晔，2008）。故而以国家为单位研究中国出口技术复杂度和质量可能存在一定的偏差。许（Xu，2007）按各省出口权重加权人均GDP替代中国平均人均GDP，发现修正后的结果比国家平均人均GDP计算的技术复杂度在不同年度高出43%~95%，而中国出口产品技术复杂度在世界排名中的异常程度在1992年下降了28%，在2005年降了81%。在世界贸易规律中，中国作为异常值的现象得到缓解。另外，出口分布的极大不平衡，使得技术复杂度和质量的平均水平不能反映中国出口产品升级的真实情况。可见，中国出口产品升级的空间差异有助于真实认识中国出口升级的全貌。

产品技术复杂度和产品质量提升成为衡量产品间和产品内升级的重要方面，两者同等重要，不可互相替代。产品质量反映不同地区出口的相同产品存在的差异，该差异是技术、管理和资源等组合的结果，是产品所包含的要素信息的集合，但对产品间差异的代表能力较小。产品技术复杂度反映产品之间的要素集合差异。因此，在讨论出口产品升级尤其是中国出口产品升级过程中，仅仅从产品间或者产品内出发，都存在产品信息不完整的情况。许（2007）虽然将产品质量和产品技术复杂度结合起来，讨论中国出口产品升级问题，在一定程度上解释了中国出口产品在世界规律上的奇异性，但其在产品质量衡量指标上的缺陷也使得其结论存在一定的可信度偏差。凯梅尼（Kemeny，2011）在许（2007）的方法上进行了适当的改进，将不同国家出口产品技术增长分解成七个部分：产品质量提升、产品技术复杂度提高、产品质量和技术复杂度提高的混合效应、技术复杂度提高的产品份额混合效应、新产品的进入、已有出口产品的退出、产品质量提高的产品份额混合效应,研究发现1972~2001年中国出口产品的升级主要受到新产品进入(扩展边际)的影响,而产品质量提升的贡献为负。该研究在一定程度上启示了出口升级的研究。

综上所述,在经济转型背景下,提高出口产品技术复杂度和产品质量是我国调整出口结构、增强出口竞争力、促进经济持续增长的重要课题。从全球视角看,一方面,进行出口多样化提高经济体的经济复杂度不仅能降低国际经济或金融动荡所带来的风险(Felipe et al., 2012; Ferrarini and Scaramozzino, 2016; Maggioni et al., 2016),同时,也能以此增强我国出口产品的竞争力(Krishna and Levchenko, 2013)。另一方面,由于我国当前出口还处于低附加值的加工贸易阶段,提高出口产品质量,有利于提升我国在全球贸易中的竞争力,同时也有利于出口结构的转型升级,推动我国实现从贸易大国向贸易强国转型。"中国出口产品实现升级了吗?"的问题,从微观角度来看,影响到制造业企业的增长及可持续发展;从宏观角度来看,关系到国家经济的可持续增长(戴翔和张雨,2013)。现有研究结论的差异,一方面,来源于升级路径差异所带来的观察差异;另一方面,中国幅员辽阔,产品生产的基础和升级的能力存在较大的区域差异。因此,探讨"空间"对出口产品演化与升级的支撑能力以及升级路径的空间差异对全貌性地认识中国出口产品升级尤为关键。

三、中国出口产品演化与升级:空间差异与空间能力

对产品升级空间差异的忽视是中国出口产品升级研究结论存在争议的重要原因。现有文献多从"外部力量",如加工贸易和外商直接投资等来研究中国出口产品技术复杂度和质量的变化,忽略了推动出口升级的"内部力量",如投资、基础设施以及高技术劳动力比例等带来的影响(陈晓华等,2011)。在研究对象和研究尺度上,现有研究将中国作为一个整体,以此与其他国家出口产品技术复杂度进行对比。然而,由于出口空间存在较大区域不平衡,不同区域出口升级的路径与程度也有较大差异。陈晓华和刘慧(2011)、陈晓华等(2011)发现东部地区出口产品的技术复杂度较高;与此同时,中国出口产品的技术结构差异在产品和区域层面呈进一步扩大的趋势。姚洋和张晔(2008)在识别出口产品的进口部分后,发现1997~2002年全国以及江苏省出口产品中来自国内部分的技术含量迅速下降,而广东省则呈现先下降后上升的V形变化趋势。杜传忠和张丽(2013)发现东部地区出口产品国内技术复杂度均值处于全国较高水平,而中西部地区的产品技术复杂度增幅较大,东中西三大地区出口产品技术复杂度的差距逐渐缩小。许治和王思卉(2013)发现中国各省份技术复杂度变化遵循先向邻近地区缩小,整体水平再逐步提升的趋势,但各省份技术复杂度演进呈现明显的阶段特征与区域差异。中国出口产品技术复杂度变化的空间差异开

始得到学者的关注,而出口产品质量空间差异的研究还一直处于空白阶段。

出口产品升级存在空间差异的主要原因是"空间"对不同路径升级的支撑作用不同。经济活动集聚带来的外部性和区域发展过程中路径依赖所反映的对地理空间本身生产能力的解析是理解中国出口升级空间差异和空间对升级支撑作用的重要切入点。区域外部性与区域生产能力是解释升级路径选择差异的重要视角。经济地理学研究经济活动的空间分布特征,而演化经济地理学主要从历史演进和网络的视角,从时间和空间两个维度分析区域经济活动的空间演进。伊达尔戈等(2007)将生产产品需要的要素差异抽象为产品之间的认知距离,创造性地构建了衡量产品认知距离指标,以此测度区域在不同产品生产上储备的能力,而这些能力在空间中流动性较弱。奥斯曼和伊达尔戈(2010)进一步将这些不可进行贸易和流动性较差的生产要素定义为国家或区域的"生产能力(capabilities)",而区域产业也将依赖区域的"能力"进行演化。足够的生产能力是区域经济活动高技术复杂度化和高质量化升级的重要条件。经济活动在空间上集聚带来的空间溢出效应,成为从经济地理角度理解经济活动空间组织最为核心的视角。空间是集聚经济发挥作用的重要载体,而集聚经济是识别"空间"对出口升级影响的途径。随着对认知距离、技术关联等认识的逐步加深,以认知距离刻画的技术关联集聚经济也开始挑战传统集聚经济对经济活动的影响,成为解释区域新技术、新产品和新产业等产生和演化的重要机制(Boschma and Iammarino, 2009; Boschma et al., 2012; Boschma et al., 2013; Neffke et al., 2011)。

产品技术复杂度的提高以及产品质量的提高是出口升级过程中水平升级和垂直升级的两个重要维度,是产品间升级和产品内升级的重要内容,是探索中国出口产品升级的核心内容。那么,在中国出口升级过程中,到底是以提高出口产品技术复杂度为主,还是以提升出口产品质量为主?对于该问题,经济学者们试图给出一些结论。然而,在一个出口大国,一方面,不同区域出口产品升级的重点可能不同;另一方面,不同区域支撑升级发生的程度不同。因此,在升级研究中,"空间"既是升级路径选择差异表现的载体,同时又是造成升级路径选择差异的原因。现有研究忽视的"空间",是本书的重要切入点。

第二节 研究问题与意义

一、研究问题的提出

改革开放以来,国家战略和区位条件的差异导致中国经济发展存在较大的区域差异。中国出口产品呈现不断扩张的趋势，然而这种扩张主要表现为规模的增长，产品技术含量和产品质量等方面的提高并不显著。因此，中国出口产品在不断升级甚至已经达到发达国家出口产品水平的观点值得进一步探讨，该研究结论甚至存在一定的误导。我国技术、资本密集型产品出口份额确实有所增加，但我国出口产品在生产环节上仍属于全球价值链的低端环节，出口产品技术复杂度和质量水平都相对较低。有学者指出对中国出口产品升级等问题的分析需要以综合的视角考虑更多因素，如加工贸易、外资贡献度以及人力资本等。由于测度方法和数据可得性等缺陷，对出口产品升级的实证研究尚未形成统一的分析框架，实证结果的精确性有待改进。目前，已有部分经济学者开始对中国出口产品质量进行研究，但现有研究主要集中在对产品质量的测度和质量变化趋势的识别上，对出口产品质量变化的影响机制及其存在的区域差异的探究仍为空白。基于上述背景，本研究以中国出口产品升级为研究对象，试图回答如下关键问题：

（1）中国出口产品升级的路径及其区域差异：在出口产品升级过程中，什么样的区域表现为产品内升级（产品质量的提高）？而什么样的区域表现为产品间升级（技术复杂度的提高）？

（2）中国出口产品演化与升级过程中的空间特征与动力机制："空间"在演化与升级过程中扮演什么样的角色？作为演化与升级的推动者，中国出口企业在升级过程中与所在"空间"存在怎样的互动关系？

（3）中国出口企业升级的可持续性发展问题：什么样的企业在什么样的区域选择什么样的升级路径更能存活下来？而什么样的区域更能支撑企业在升级后的生存与发展？

二、研究意义

本研究将产品技术复杂度和产品质量纳入同一分析框架，以中国企业出口产品为研究对象，基于"企业—空间"互动的框架，研究中国出口产品演化与升级路径及其微观机制，重点讨论"空间"在出口产品演化与升级过程中扮演的角色。对该问题的研究具有重要的理论意义和现实意义。首先，结合国际贸易和演化经济地理学相关前沿研究，研究转型期中国出口产品升级的路径选择，丰富了两个领域的理论与经验研究。新国际贸易理论开始深入微观企业甚至企业内部，例如，企业产品质量扩展模型开始关注企业内产品质量的异质性。但目前为止，还没有将反映产品间差异的产品技术复杂度和反映产品内差异的产品质量结合起来，以系统研究出口产品升级过程中可能的升级路径选择，以及企业选择该升级路径后可持续发展等问题。

其次，现有出口产品技术复杂度和出口产品质量的研究多集中在经济学领域，大多关注宏观与微观企业层面的影响因素，缺乏基于空间视角的讨论。中国企业出口产品升级过程中可能选择不同的路径，与此同时，企业所在地对企业升级路径选择的影响程度不同。经济活动集聚所带来的空间溢出效应是企业升级过程中获取知识、共享劳动力、基础设施，以及学习相关生产、出口经验的重要途径，是影响企业出口产品技术复杂度和质量提高的重要因素。演化经济地理中核心概念区域"能力"更是推动升级发生和维持升级的重要支撑力量。因此，本研究在现有理论的基础上，将区域、企业和产品等多个尺度相结合，研究多尺度主体之间的交互影响，重点讨论升级路径选择可能存在的区域差异以及"空间"对升级的支撑和维持作用。该研究有利于更为系统全面地揭示中国出口产品演化与升级的微观机制及其空间演化特征。

最后，升级后企业的可持续发展对出口升级同样重要。在转型期，出口产品升级是我国调整出口结构、促进经济持续增长最为关键和重要的课题。在当前阶段，推动出口产品多样化尤其是不断向高技术复杂度产品转型，可以有效地降低由于出口目的地市场波动带来的风险，同时也有利于出口竞争力的提升。这对于促进出口增长和促进地区经济增长都具有积极意义（刘修岩和吴燕，2013）。然而，多样化过程中向高技术复杂度产品扩展并不是盲目地扩展，而是需要充分认识本地生产条件和生产能力，可持续地扩展那些企业和本地可以支撑生产的产品。本研究在对出口产品升级及其动力机制讨论的基础上，讨论了企业维持新产品的生产情况以及企业升级后自身的生存情况。关注企业新产品和升级企业的可持续发展，也可以更好地理解为什么出口升级具有区域差异。研究结论可为地方政府基于本地条件制定更可持续的升级路径提供理论支撑。

本章参考文献

［1］阿尔弗雷德·韦伯. 工业区位论［M］. 李刚剑, 陈志人, 张英保, 译. 朱立新, 校. 北京：商务印书馆，1997.

［2］陈丰龙，徐康宁. 中国出口产品的质量阶梯及其影响因素［J］. 国际贸易问题，2016（10）：15-25.

［3］陈晓华，黄先海，刘慧. 中国出口技术结构演进的机理与实证研究［J］. 管理世界，2011（3）：44-57.

［4］陈晓华，刘慧. 要素价格与中国制造业出口技术结构——基于省级动态面板数据的系统GMM估计［J］. 财经研究，2011，37（7）：103-113.

［5］陈维涛，王永进，毛劲松. 出口技术复杂度、劳动力市场分割与中国的人力资本投资［J］. 管理世界，2014（2）：6-20.

［6］戴觅，余淼杰，Maitra M. 中国出口企业生产率之谜：加工贸易的作用［J］. 经济学（季刊），2014（2）：675-698.

［7］戴翔，金碚. 产品内分工、制度质量与出口技术复杂度［J］. 经济研究，2014（7）：4-17, 43.

［8］戴翔，张二震. 中国出口技术复杂度真的赶上发达国家了吗［J］. 国际贸易问题，2011

（7）：3-16.

［9］戴翔，张雨．开放条件下我国本土企业升级能力的影响因素研究——基于昆山制造业企业问卷的分析［J］．经济学（季刊），2013，12（4）：1387-1412.

［10］邓向荣，曹红．产业升级路径选择：遵循抑或偏离比较优势——基于产品空间结构的实证分析［J］．中国工业经济，2016（2）：52-67.

［11］杜传忠，张丽．中国工业制成品出口的国内技术复杂度测算及其动态变迁——基于国际垂直专业化分工的视角［J］．中国工业经济，2013（12）：52-64.

［12］樊纲，关志雄，姚枝仲．国际贸易结构分析：贸易品的技术分布［J］．经济研究，2006（8）：70-80.

［13］冯梅．比较优势动态演化视角下的产业升级研究：内涵、动力和路径［J］．经济问题探索，2014（5）：50-56.

［14］贺灿飞，董瑶，周沂．中国对外贸易产品空间路径演化［J］．地理学报，2016（6）：970-983.

［15］洪银兴．经济全球化条件下的比较优势和竞争优势［J］．经济学动态，2002（12）：6-10.

［16］胡智勇，林初昇．中国国有企业生产效率的区域差异［J］．地理学报，2008（10）：1073-1084.

［17］金碚．“十二五”开局之年的中国工业［J］．中国工业经济，2012（7）：5-17.

［18］金毓．"新新贸易理论"中的选择效应与生产率进步［J］．国际经贸探索，2014（8）：29-40.

［19］亢梅玲，和坤林．出口产品质量测度与干中学效应研究［J］．世界经济研究，2014（7）：47-54，88.

［20］李坤望，蒋为，宋立刚．中国出口产品品质变动之谜：基于市场进入的微观解释［J］．中国社会科学，2014（3）：80-103，206.

［21］李坤望，王有鑫．FDI促进了中国出口产品质量升级吗？——基于动态面板系统GMM方法的研究［J］．世界经济研究，2013（5）：60-66，89.

［22］李小平，周记顺，卢现祥，胡久凯．出口的"质"影响了出口的"量"吗？［J］．经济研究，2015（8）：114-129.

［23］林毅夫，蔡昉，李周．中国的奇迹：发展战略与经济改革［M］．上海：格致出版社，上海三联书店，上海人民出版社，1994.

［24］刘洪铎．产业集聚对出口技术复杂度的影响研究——基于外贸发展方式转变视角的实证分析［J］．中国社会科学院研究生院学报，2016（4）：39-47.

［25］刘修岩，吴燕．出口专业化、出口多样化与地区经济增长——来自中国省级面板数据的实证研究［J］．管理世界，2013（8）：30-40，187.

［26］刘志彪．从全球价值链转向全球创新链：新常态下中国产业发展新动力［J］．学术月刊，2015，47（2）：5-14.

［27］刘志彪，张杰．全球代工体系下发展中国家俘获型网络的形成、突破与对策——基于GVC与NVC的比较视角［J］．中国工业经济，2007（5）：39-47.

[28] 刘竹青,佟家栋,许家云. 地理集聚是否影响了企业的出口决策?——基于产品技术复杂度的研究[J]. 产业经济研究,2014(2):73-82.

[29] 莫莎,何桂香. 产业集聚与中国高新技术产品出口复杂度关系研究[J]. 经济经纬,2013(5):47-52.

[30] 聂辉华,邹肇芸. 中国应从"人口红利"转向"制度红利"[J]. 国际经济评论,2012(6):124-135,7.

[31] 钱学锋,王胜,陈勇兵. 中国的多产品出口企业及其产品范围:事实与解释[J]. 管理世界,2013(1):9-27,66.

[32] 钱学锋,熊平. 中国出口增长的二元边际及其因素决定[J]. 经济研究,2010,45(1):65-79.

[33] 邱斌,叶龙凤,孙少勤. 参与全球生产网络对我国制造业价值链提升影响的实证研究——基于出口复杂度的分析[J]. 中国工业经济,2012(1):57-67.

[34] 施炳展. 企业异质性、地理距离与中国出口产品价格的空间分布[J]. 南方经济,2011(2):61-74.

[35] 施炳展. 中国出口增长的三元边际[J]. 经济学(季刊),2010(4):1311-1330.

[36] 施炳展. 中国企业出口产品质量异质性:测度与事实[J]. 经济学(季刊),2014(1):263-284.

[37] 施炳展,李坤望. 中国制造业国际分工地位研究——基于产业内贸易形态的跨国比较[J]. 世界经济研究,2008(10):3-8,87.

[38] 施炳展,邵文波. 中国企业出口产品质量测算及其决定因素——培育出口竞争新优势的微观视角[J]. 管理世界,2014(9):90-106.

[39] 施炳展,王有鑫,李坤望. 中国出口产品品质测度及其决定因素[J]. 世界经济,2013(9):69-93.

[40] 施炳展,冼国明. 要素价格扭曲与中国工业企业出口行为[J]. 中国工业经济,2012(2):47-56.

[41] 施炳展,曾祥菲. 中国企业进口产品质量测算与事实[J]. 世界经济,2015(3):57-77.

[42] 史进,贺灿飞. 企业空间动态研究进展[J]. 地理科学进展,2014(10):1342-1353.

[43] 孙林,卢鑫,钟钰. 中国出口产品质量与质量升级研究[J]. 国际贸易问题,2014(5):13-22.

[44] 王雅琦,戴觅,徐建炜. 汇率、产品质量与出口价格[J]. 世界经济,2015(5):17-35.

[45] 王永进,施炳展. 上游垄断与中国企业产品质量升级[J]. 经济研究,2014(4):116-129.

[46] 文东伟. 中国制造业出口的技术复杂度及其跨国比较研究[J]. 世界经济研究,2011(6):39-43,50,88.

[47] 文东伟,冼国明. 中国制造业产业集聚的程度及其演变趋势:1998~2009年[J]. 世界经济,2014,37(3):3-31.

[48] 温思雅. 企业升级研究现状探析与未来展望[J]. 现代经济探讨,2015(1):53-57.

［49］吴福象，刘志彪．中国贸易量增长之谜的微观经济分析：1978—2007［J］．中国社会科学，2009（1）：70-83，205-206．

［50］吴延兵．国有企业双重效率损失研究［J］．经济研究，2012，47（3）：15-27．

［51］伍业君，王磊．比较优势演化、产业升级与中等收入陷阱［J］．广东商学院学报，2012（4）：23-30．

［52］许治，王思卉．中国各省份出口商品技术复杂度的动态演进［J］．中国工业经济，2013（8）：44-56．

［53］杨汝岱，李艳．移民网络与企业出口边界动态演变［J］．经济研究，2016（3）：163-175．

［54］杨汝岱，姚洋．有限赶超与经济增长［J］．经济研究，2008（8）：29-41，64．

［55］杨汝岱．中国企业"出口—生产率悖论"典型事实［J］．世界经济，2015（5）：182-183．

［56］姚洋，章林峰．中国本土企业出口竞争优势和技术变迁分析［J］．世界经济，2008（3）：3-11．

［57］姚洋，张晔．中国出口品国内技术含量升级的动态研究——来自全国及江苏省、广东省的证据［J］．中国社会科学，2008（2）：67-82，205-206．

［58］殷德生，唐海燕，黄腾飞．国际贸易、企业异质性与产品质量升级［J］．经济研究，2011（S2）：136-146．

［59］余淼杰．加工贸易、企业生产率和关税减免——来自中国产品面的证据［J］．经济学（季刊），2011（4）：1251-1280．

［60］余淼杰，李乐融．贸易自由化与进口中间品质量升级——来自中国海关产品层面的证据［J］．经济学（季刊），2016（3）：1011-1028．

［61］余淼杰，张睿．中国制造业出口质量的准确衡量：挑战与解决方法［J］．经济学（季刊），2017（2）：463-484．

［62］余智．"新新国际贸易理论"的最新发展［J］．经济学动态，2013（1）：112-117．

［63］约翰·冯·杜能．孤立国同农业和国民经济的关系［M］．北京：商务印书馆，2011．

［64］张杰，刘志彪，张少军．制度扭曲与中国本土企业的出口扩张［J］．世界经济，2008（10）：3-11．

［65］张杰，郑文平，翟福昕．中国出口产品质量得到提升了么？［J］．经济研究，2014（10）：46-59．

［66］张其仔．比较优势的演化与中国产业升级路径的选择［J］．中国工业经济，2008（9）：58-68．

［67］张天华，张少华．偏向性政策、资源配置与国有企业效率［J］．经济研究，2016（2）：126-139．

［68］赵红，彭馨．中国出口技术复杂度测算及影响因素研究［J］．中国软科学，2014（11）：183-192．

［69］赵勇，白永秀．知识溢出：一个文献综述［J］．经济研究，2009（1）：144-156．

［70］郑世林，周黎安，何维达．电信基础设施与中国经济增长［J］．经济研究，2014（5）：77-90．

[71] 朱诗娥，杨汝岱. 中国本土企业出口竞争力研究 [J]. 世界经济研究，2009（1）：8-14, 87.

[72] Abdon A. and Felipe J.. The Product Space: What does it Say about the Opportunities for Growth and Structural Transformation of Sub-Saharan Africa? [J]. SSRN Scholarly Paper No. ID 1846734, Rochester, NY: Social Science Research Network, 2011.

[73] Acs Z. J., Fitzroy F. R. and Smith I. High Technology Employment, Wages and University R&D Spillovers: Evidence from Us Cities [J]. Economics of Innovation and New Technology, 1999, 8（1-2）: 57-78.

[74] Acs Z. and Storey D. Introduction: Entrepreneurship and Economic Development [J]. Regional Studies, 2004, 38（8）: 871-877.

[75] Adams J. D. and Jaffe A. B. Bounding the Effects of R&D: An Investigation Using Matched Establishment-Firm Data [J]. Working Paper No. 5544, National Bureau of Economic Research. https://doi.org/10.3386/w5544. 1996.

[76] Aghion P., Blundell R., Griffith R., Howitt P. and Prantl S. Entry and Productivity Growth: Evidence from Microlevel Panel Data [J]. Journal of the European Economic Association, 2004, 2（2-3）: 265-276.

[77] Ahn J., Khandelwal A. K. and Wei S. J. The Role of Intermediaries in Facilitating Trade [J]. Journal of International Economics, 2011, 84（1）: 73-85.

[78] Ahrend R. and Martins J. O. Creative Destruction or Destructive Perpetuation: The Role of Large State-owned Enterprises and SMEs in Romania During Transition [J]. Post-Communist Economies, 2003, 15（3）: 331-356.

[79] Almeida P. and Kogut B. The Exploration of Technological Diversity and Geographic Localization in Innovation: Start-Up Firms in the Semiconductor Industry [J]. Small Business Economics, 1997, 9（1）: 21-31.

[80] Alvarez R. and Claro S. The China Phenomenon: Price, Quality or Variety? SSRN Scholarly Paper No [Z]. ID 960515, Rochester, NY: Social Science Research Network, 2007.

[81] Amiti M. and Freund C. The Anatomy of China's Export Growth [J]. NBER, 2010: 35-56.

[82] Amiti M. and Khandelwal A. K. Import Competition and Quality Upgrading [J]. Review of Economics and Statistics, 2012, 95（2）: 476-490.

[83] Arrow K. J. The Economic Implications of Learning by Doing [J]. The Review of Economic Studies, 1962, 29（3）: 155-173.

[84] Arthur W. B. Complexity and the Economy [M]. Oxford: Oxford University Press, 2014.

[85] Asche F., Roll KH. and Tveteras R. Profiting from Agglomeration? Evidence from the Salmon Aquaculture Industry [J]. Regional Studies, 2016, 50（10）: 1742-1754.

[86] Asheim B. T, Boschma R. and Cooke P. Constructing Regional Advantage: Platform Policies Based on Related Variety and Differentiated Knowledge Bases [J]. Regional Studies, 2011, 45（7）: 893-904.

[87] Assche Van A. and Gangnes B. Electronics Production Upgrading: Is China Exceptional? [J]. Applied Economics Letters, 2010, 5: 477-482.

[88] Audretsch D. B. and Feldman M. P. R&D Spillovers and the Geography of Innovation and Production [J]. The American Economic Review, 1996, 86 (3): 630 – 640.

[89] Audretsch D. B. and Feldman M. P. Chapter 61—Knowledge Spillovers and the Geography of Innovation. In J. V. H. and J. – F. Thisse (Ed.) [J]. Handbook of Regional and Urban Economics, 2004, 4: 2713 – 2739.

[90] Aw B. Y. and Hwang A. R. Productivity and the Export Market: A firm-level Analysis [J]. Journal of Development Economics, 1995, 47 (2): 313 – 332.

[91] Baldwin J. R. and Gu W. The Impact of Trade on Plant Scale, Production – Run Length and Diversification. SSRN Scholarly Paper No [Z]. ID 1374390, Rochester, NY: Social Science Research Network, 2006.

[92] Baldwin J. R. and Gu W. Firm Dynamics and Productivity Growth: A Comparison of the Retail Trade and Manufacturing Sectors [J]. Industrial and Corporate Change, 2011, 20 (2): 367 – 395.

[93] Baldwin R. E. and Okubo T. Heterogeneous Firms, Agglomeration and Economic Geography: Spatial Selection and Sorting [J]. Journal of Economic Geography, 2006, 6 (3): 323 – 346.

[94] Baldwin R. and Harrigan J. Zeros, Quality, and Space: Trade Theory and Trade Evidence [J]. American Economic Journal: Microeconomics, 2011, 3 (2): 60 – 88.

[95] Balland P. A., Boschma R. and Frenken K. Proximity and Innovation: From Statics to Dynamics [J]. Regional Studies, 2014, 49 (6): 1 – 14.

[96] Bastos P. and Silva J. The Quality of a Firm's Exports: Where You Export to Matters [J]. Journal of International Economics, 2010, 82 (2): 99 – 111.

[97] Batisse C. and Poncet S. Protectionism and Industry Location in Chinese Provinces [J]. Journal of Chinese Economic and Business Studies, 2004, 2 (2): 133 – 154.

[98] Bernard A. B., Beveren I. V. and Vandenbussche H. Multi – Product Exporters and the Margins of Trade [J]. The Japanese Economic Review, 2014, 65 (2): 142 – 157.

[99] Bernard A. B. and Bradford J. Exceptional Exporter Performance: Cause, Effect, or Both? [J]. Journal of International Economics, 1999, 47 (1): 1 – 25.

[100] Bernard A. B. and Jensen J. B. Why Some Firms Export [J]. Review of Economics and Statistics, 2004, 86 (2): 561 – 569.

[101] Bernard A. B., Jensen J. B. and Lawrence RZ. Exporters, Jobs, and Wages in U. S. Manufacturing: 1976 – 1987. Brookings Papers on Economic Activity [J]. Microeconomics, 1995, 1995: 67 – 119.

[102] Bernard A. B., Redding S. J. and Schott PK. Multiple – Product Firms and Product Switching [J]. The American Economic Review, 2010, 100 (1): 70 – 97.

[103] Bernard A. B., Redding S. J. and Schott P. K. Multiproduct Firms and Trade Liberalization [J]. The Quarterly Journal of Economics, 2011, 126 (3): 1271 – 1318.

[104] Berthou A. and Fontagné L. How do Multiproduct Exporters React to a Change in Trade Costs?* [J]. The Scandinavian Journal of Economics, 2013, 115 (2): 326 – 353.

[105] Bishop P. and Gripaios P. Spatial Externalities, Relatedness and Sector Employment Growth in

Great Britain [J]. Regional Studies, 2010, 44 (4): 443 –454.

[106] Bivand R. S. Dynamic Externalities and Regional Manufacturing Development in Poland [J/OL]. https://brage.bibsys.no/xmlui/handle/11250/162362. 1999.

[107] Black D. and Henderson V. Spatial Evolution of Population and Industry in the United States [J]. The American Economic Review, 1999, 89 (2): 321 –327.

[108] Boschma R. Relatedness as Driver of Regional Diversification: A Research Agenda [J]. Regional Studies, 2017, 51 (3): 351 –364.

[109] Boschma R. and Capone G. Institutions and Diversification: Related Versus Unrelated Diversification in a Varieties of Capitalism Framework [J]. Research Policy, 2015, 44 (10): 1902 –1914.

[110] Boschma R., Coenen L., Frenken K. and Truffer B. Towards a Theory of Regional Diversification: Combining Insights from Evolutionary Economic Geography and Transition Studies [J]. Regional Studies, 2017, 51 (1): 31 –45.

[111] Boschma R. and Frenken K. The Emerging Empirics of Evolutionary Economic Geography [J]. Journal of Economic Geography, 2011, 11 (2): 295 –307.

[112] Boschma R., Heimeriks G. and Balland P. A. Scientific Knowledge Dynamics and Relatedness in Biotech Cities [J]. Research Policy, 2014, 43 (1): 107 –114.

[113] Boschma R. and Iammarino S. Related Variety, Trade Linkages, and Regional Growth in Italy [J]. Economic Geography, 2009, 85 (3): 289 –311.

[114] Boschma R., Minondo A. and Navarro M. Related Variety and Regional Growth in Spain* [J]. Papers in Regional Science, 2012, 91 (2): 241 –256.

[115] Boschma R., Minondo A. and Navarro M. The Emergence of New Industries at the Regional Level in Spain: A Proximity Approach Based on Product Relatedness [J]. Economic Geography, 2013, 89 (1): 29 –51.

[116] Brach J. and Kappel R. T. Global Value Chains, Technology Transfer and Local Firm Upgrading in Non –OECD Countries. SSRN Scholarly Paper No. ID 1485508, Rochester, NY: Social Science Research Network [J/OL]. http://papers.ssrn.com/abstract = 1485508. 2009.

[117] Brandt L., Van B. J. and Zhang Y. Creative Accounting or Creative Destruction? Firm –level Productivity Growth in Chinese Manufacturing [J]. Journal of Development Economics, 2012, 97 (2): 339 –351.

[118] Bresnahan T. F. and Trajtenberg M. General Purpose Technologies "Engines of Growth"? [J]. Journal of Econometrics, 1995, 65 (1): 83 –108.

[119] Brülhart M. and Mathys N. A. Sectoral Agglomeration Economies in a Panel of European Regions [J]. Regional Science and Urban Economics, 2008, 38 (4): 348 –362.

[120] Bruno C. and Emmanuel D. Bank Loans, Start –up Subsidies and the Survival of the New Firms: an Econometric Analysis at the Entrepreneur Level [Z]. Labor and Demography No. 0411004, EconWPA. 2004.

[121] Bunnell T. G. and Coe N. M. Spaces and Scales of Innovation [J]. Progress in Human Geography,

2001, 25 (4): 569-589.

［122］Cagé J. and Rouzet D. Improving "National Brands": Reputation for Quality and Export Promotion Strategies ［J］. Journal of International Economics, 2015, 95 (2): 274-290.

［123］Capello R. and Kroll H. From Theory to Practice in Smart Specialization Strategy: Emerging Limits and Possible Future Trajectories ［J］. European Planning Studies, 2016, 24 (8): 1393-1406.

［124］Caragliu A., Dominicis L. de and Groot H. L. F de. Both Marshall and Jacobs Were Right! ［J］. Economic Geography, 2016, 92 (1): 87-111.

［125］Castaldi C., Frenken K. and Los B. Related Variety, Unrelated Variety and Technological Breakthroughs: An analysis of US State-Level Patenting ［J］. Regional Studies, 2015, 49 (5): 767-781.

［126］Cerina F. and Mureddu F. Is Agglomeration Really Good for Growth? Global Efficiency, Interregional Equity and Uneven Growth ［J］. Journal of Urban Economics, 2014, 84 (Supplement C): 9-22.

［127］Coe N. M, Dicken P. and Hess M. Introduction: Global Production Networks—Debates and Challenges ［J］. Journal of Economic Geography, 2008, 8 (3): 267-269.

［128］Coe N. M, Hess M., Yeung H. W., Dicken P. and Henderson J. "Globalizing" Regional Development: A global Production Networks Perspective ［J］. Transactions of the Institute of British Geographers, 2004, 29 (4): 468-484.

［129］Cohen W. M. and Levinthal D. A. Absorptive Capacity: A New Perspective on Learning and Innovation ［J］. Administrative Science Quarterly, 1990, 35 (1): 128-152.

［130］Dai M. and Yu M. Firm R&D, Absorptive Capacity and Learning by Exporting: Firm-level Evidence from China ［J］. The World Economy, 2013, 36 (9): 1131-1145.

［131］Davidsson P. Continued Entrepreneurship: Ability, Need, and Opportunity as Determinants of Small Firm Growth ［J］. Journal of Business Venturing, 1991, 6 (6): 405-429.

［132］Groot H. de, Poot J. and Smit M. Agglomeration Externalities, Innovation and Regional Growth: Theoretical Perspectives and Meta-Analysis. Working Papers in Economics, University of Waikato, Department of Economics ［J/OL］. http://econpapers.repec.org/paper/waieconwp/08_2F01.htm. 2008.

［133］Loecker J. de and Warzynski F. Markups and Firm-Level Export Status ［J］. The American Economic Review, 2012, 102 (6): 2437-2471.

［134］Dekle R. Industrial Concentration and Regional Growth: Evidence from the Prefectures ［J］. Review of Economics and Statistics, 2002, 84 (2): 310-315.

［135］Dicken P. Global shift: Reshaping the Global Economic Map in the 21st Century ［M］. London: Sage, 2003.

［136］Dosi G. Sources, Procedures, and Microeconomic Effects of Innovation ［J］. Journal of Economic Literature, 1988, 26 (3): 1120-1171.

［137］Dunne T., Klimek S. D. and Roberts M. J. Exit from Regional Manufacturing Markets: the Role of Entrant Experience ［J］. International Journal of Industrial Organization, 2005, 23 (5-6): 399-421.

［138］Duranton G. and Puga D. Handbook of Regional and Urban Economics ［M］. Amsterdam: Elsevier, 2004, 4: 2063-2117.

［139］ Duranton G. and Puga D. From Sectoral to Functional Urban Specialisation ［J］. Journal of Urban Economics, 2005, 57 (2): 343 – 370.

［140］ Eckaus R. S. China's Exports, Subsidies to State-owned Enterprises and the WTO ［J］. China Economic Review, 2006, 17 (1): 1 – 13.

［141］ Ethier W. J. National and International Returns to Scale in the Modern Theory of International Trade ［J］. The American Economic Review, 1982, 72 (3): 389 – 405.

［142］ Feenstra R. C. and Romalis J. International Prices and Endogenous Quality ［J］. The Quarterly Journal of Economics, 2014, 129 (1): 477 – 527.

［143］ Feenstra R. and Ma H. Optimal Choice of Product Scope for Multiproduct Firms under Monopolistic Competition. Working Paper No. 13703, National Bureau of Economic Research ［J/OL］. https://doi.org/10.3386/w13703. 2007.

［144］ Feldman M. P. and Audretsch D. B. Innovation in Cities: Science – based Diversity, Specialization and Localized Competition ［J］. European Economic Review, 1999, 43 (2): 409 – 429.

［145］ Feldman M. P. and Francis J. The Entrepreneurial Spark: Individual Agents and the Formation of Innovative Clusters ［J］. Contributions to Economics, 2002: 195 – 212.

［146］ Felipe J., Kumar U., Abdon A. and Bacate M. Product Complexity and Economic Development ［J］. Structural Change and Economic Dynamics, 2012, 23 (1): 36 – 68.

［147］ Feng L., Li Z. and Swenson D. L. The Connection between Imported Intermediate Inputs and Exports: Evidence from Chinese Firms ［J］. Journal of International Economics, 2016, 101: 86 – 101.

［148］ Ferrarini B. and Scaramozzino P. Production Complexity, Adaptability and Economic Growth ［J］. Structural Change and Economic Dynamics, 2016, 37: 52 – 61.

［149］ Florida R. The Economic Geography of Talent ［J］. Annals of the Association of American Geographers, 2002, 92 (4): 743 – 755.

［150］ Foray D., David P. A. and Hall B. H. Smart Specialisation from Academic Idea to Political Instrument, the Surprising Career of a Concept and the Difficulties Involved in its Implementation ［J/OL］. https://infoscience.epfl.ch/record/170252. 2011.

［151］ Forni M. and Paba S. Spillovers and the Growth of Local Industries ［J］. The Journal of Industrial Economics, 2002, 50 (2): 151 – 171.

［152］ Foster L., Haltiwanger J. C. and Krizan C. J. Aggregate Productivity Growth ［Z］. Lessons from Microeconomic Evidence. NBER, 2001: 303 – 372.

［153］ Foster L., Haltiwanger J. C. and Krizan C. J. Market Selection, Reallocation, and Restructuring in the U. S. Retail Trade Sector in the 1990s ［J］. Review of Economics and Statistics, 2006, 88 (4): 748 – 758.

［154］ Frenken K., Van O. F. and Verburg T. Related Variety, Unrelated Variety and Regional Economic Growth ［J］. Regional Studies, 2007, 41 (5): 685 – 697.

［155］ Gao T. Regional Industrial Growth: Evidence from Chinese Industries ［J］. Regional Science and Urban Economics, 2004, 34 (1): 101 – 124.

［156］Gao Y., Whalley J. and Ren Y. Decomposing China's Export Growth into Extensive Margin, Export Quality and Quantity Effects ［J］. China Economic Review, 2014, 29: 19 – 26.

［157］Garofoli G. New Firm Formation and Regional Development: The Italian Case ［J］. Regional Studies, 1994, 28 (4): 381 – 393.

［158］Gereffi G. International Trade and Industrial Upgrading in the Apparel Commodity Chain ［J］. Journal of International Economics, 1999, 48 (1): 37 – 70.

［159］Gereffi G., Humphrey J. and Sturgeon T. The Governance of Global Value Chains ［J］. Review of International Political Economy, 2005, 12 (1): 78 – 104.

［160］Girma S. Absorptive Capacity and Productivity Spillovers from FDI: A Threshold Regression Analysis*［J］. Oxford Bulletin of Economics and Statistics, 2005, 67 (3): 281 – 306.

［161］Glaeser E. L., Kallal H. D., Scheinkman J. A. and Shleifer A. Growth in Cities ［J］. Journal of Political Economy, 1992, 100 (6): 1126 – 1152.

［162］Goldberg P. K, Khandelwal A., Pavcnik N. and Topalova P. Imported Intermediate Inputs and Domestic Product Growth: Evidence from India. Working Paper No. 14416, National Bureau of Economic Research ［J/OL］. http: //www.nber.org/papers/w14416. 2008.

［163］Greenstone M., Hornbeck R. and Moretti E. Identifying Agglomeration Spillovers: Evidence from Winners and Losers of Large Plant Openings ［J］. Journal of Political Economy, 2010, 118 (3): 536 – 598.

［164］Grossman G. M. and Helpman E. Quality Ladders and Product Cycles ［J］. The Quarterly Journal of Economics, 1991, 106 (2): 557 – 586.

［165］Guan J. and Ma N. Innovative Capability and Export Performance of Chinese Firms ［J］. Technovation, 2003, 23 (9): 737 – 747.

［166］Guerzoni M. Competition, Diversity and Economic Performance: Processes, Complexities and Ecological Similarities ［J］. Regional Studies, 2015, 49 (5): 899 – 900.

［167］Hallak J. C. and Schott P. K. Estimating Cross – Country Differences in Product Quality*［J］. The Quarterly Journal of Economics, 2011, 126 (1): 417 – 474.

［168］Hallak J. C. and Sivadasan J. Firms' Exporting Behavior under Quality Constraints. Working Paper No. 14928, National Bureau of Economic Research ［J/OL］. http: //www.nber.org/papers/w14928. 2009.

［169］Hallak J. C. and Sivadasan J. Product and Process Productivity: Implications for Quality Choice and Conditional Exporter Premia ［J］. Journal of International Economics, 2013, 91 (1): 53 – 67.

［170］Halpern L., Koren M. and Szeidl A. Imported Inputs and Productivity ［J］. The American Economic Review, 2015, 105 (12): 3660 – 3703.

［171］Harrigan J., Ma X. and Shlychkov V. Export prices of U.S. firms ［J］. Journal of International Economics, 2015, 97 (1): 100 – 111.

［172］Harris R. I. D. and Hassaszadeh P. The Impact of Ownership Changes and Age Effects on Plant Exits in UK Manufacturing, 1974 – 1995 ［J］. Economics Letters, 2002, 75 (3): 309 – 317.

［173］Hartog M., Boschma R. and Sotarauta M. The Impact of Related Variety on Regional Employment Growth in Finland 1993 – 2006: High – Tech versus Medium/Low – Tech ［J］. Industry Innovation, 2012, 19

(6): 459 – 476.

[174] Hassink R. How to Unlock Regional Economies from Path Dependency? From Learning Region to Learning Cluster [J]. European Planning Studies, 2005, 13 (4): 521 – 535.

[175] Hausmann R. and Hidalgo C. Country Diversification, Product Ubiquity, and Economic Divergence. SSRN Scholarly Paper No. ID 1724722, Rochester, NY: Social Science Research Network [J/OL]. http: //papers. ssrn. com/abstract = 1724722. 2010.

[176] Hausmann R. and Hidalgo C. A. The Network Structure of Economic Output [J]. Journal of Economic Growth, 2011, 16 (4): 309 – 342.

[177] Hausmann R., Hwang J. and Rodrik D. What You Export Matters [J]. Journal of Economic Growth, 2006, 12 (1): 1 – 25.

[178] Hausmann R. and Klinger B. Structural Transformation and Patterns of Comparative Advantage in the Product Space. SSRN Scholarly Paper No. ID 939646, Rochester, NY: Social Science Research Network [Z]. https: //papers. ssrn. com/abstract = 939646. 2006.

[179] Hausmann R. and Klinger B. The Structure of the Product Space and the Evolution of Comparative Advantage [Z]. Center for International Development at Harvard University. http: //scholar. google. com/scholar? cluster = 14035101216413974344&hl = en&oi = scholarr. 2007.

[180] Hausmann R. and Rodrik D. Economic development as self-discovery [J]. Journal of Development Economics, 2003, 72 (2): 603 – 633.

[181] He C., Guo Q. and Rigby D. What Sustains Larger Firms? Evidence from Chinese Manufacturing Industries [J]. The Annals of Regional Science, 2017, 58 (2): 275 – 300.

[182] He C., Yan Y. and Rigby D. Regional Industrial Evolution in China [J]. Papers in Regional Science, 2018, 97 (2): 173 – 198.

[183] Henderson J., Dicken P., Hess M., Coe N. and Yeung H. W. C. Global Production Networks and the Analysis of Economic Development [J]. Review of International Political Economy, 2002, 9 (3): 436 – 464.

[184] Henderson J. V. Efficiency of Resource Usage and City Size [J]. Journal of Urban Economics, 1986, 19 (1): 47 – 70.

[185] Henderson J. V. Marshall's Scale Economies [J]. Journal of Urban Economics, 2003, 53 (1): 1 – 28.

[186] Henderson V. Externalities and Industrial Development [J]. Journal of Urban Economics, 1997, 42 (3): 449 – 470.

[187] Henderson V., Kuncoro A. and Turner M. Industrial Development in Cities [J]. Journal of Political Economy, 1995, 103 (5): 1067 – 1090.

[188] Herzer D. and D F. N. L. What Does Export Diversification Do for Growth? An Econometric Analysis [J]. Applied Economics, 2006, 38 (15): 1825 – 1838.

[189] Hess M. and Yeung H. W. C. Whither Global Production Networks in Economic Geography? Past, Present, and Future [J]. Environment and Planning A, 2006, 38 (7): 1193 – 1204.

[190] Hidalgo C. Why Information Grows: The Evolution of Order, from Atoms to Economies [J]. Basic Books, 2015.

[191] Hidalgo C. A. and Hausmann R. The Building Blocks of Economic Complexity [J]. Proceedings of the National Academy of Sciences, 2009, 106 (26): 10570 – 10575.

[192] Hidalgo C. A., Klinger B., Barabási A. L. and Hausmann R. The Product Space Conditions the Development of Nations [J]. Science, 2007, 317 (5837): 482 – 487.

[193] Hoover E. M. Location Theory and the Shoe Leather Industries [M]. Cambridge: Harvard University Press, 1937.

[194] Howell A. "Indigenous" Innovation with Heterogeneous Risk and New Firm Survival in a Transitioning Chinese Economy [J]. Research Policy, 2015, 44 (10): 1866 – 1876.

[195] Howell A., He C., Yang R. and Fan C. C. Agglomeration, (un) – Related Variety and New Firm Survival in China: Do Local Subsidies Matter? [J]. Papers in Regional Science, 2018: 97.

[196] Hummels D. and Klenow P. J. The Variety and Quality of a Nation's Exports [J]. The American Economic Review, 2005, 95 (3): 704 – 723.

[197] Jacobs J. The Economy of Cities [M]. New York: Random House, 1969.

[198] Jaffe A. B, Trajtenberg M. and Henderson R. Geographic Localization of Knowledge Spillovers as Evidenced by Patent Citations [J]. The Quarterly Journal of Economics, 1993, 108 (3): 577 – 598.

[199] Jankowska A., Nagengast A. and Perea J. R. The Product Space and the Middle – Income Trap. OECD Development Centre Working Papers, Paris: Organisation for Economic Co – operation and Development [J/OL]. http://www.oecd-ilibrary.org/content/workingpaper/5k9909j2587g-en. 2012.

[200] Jarreau J. and Poncet S. Export Sophistication and Economic Growth: Evidence from China [J]. Journal of Development Economics, 2012, 97 (2): 281 – 292.

[201] Kemeny T. Are International Technology Gaps Growing or Shrinking in the Age of Globalization? [J]. Journal of Economic Geography, 2011, 11 (1): 1 – 35.

[202] Khandelwal A. The Long and Short of Quality Ladders [J]. The Review of Economic Studies, 2010, 77 (4): 1450 – 1476.

[203] Khandelwal A. K, Schott P. K. and Wei S. J. Trade Liberalization and Embedded Institutional Reform: Evidence from Chinese Exporters [J]. The American Economic Review, 2013, 103 (6): 2169 – 2195.

[204] Koenig P. Agglomeration and the Export Decisions of French Firms [J]. Journal of Urban Economics, 2009, 66 (3): 186 – 195.

[205] Kogler D. F., Essletzbichler J. and Rigby D. L. The Evolution of Specialization in the EU15 Knowledge Space [J]. Journal of Economic Geography, 2017, 17 (2): 345 – 373.

[206] Koopman R., Wang Z. and Wei S. J. How Much of Chinese Exports is Really Made In China? Assessing Domestic Value – Added When Processing Trade is Pervasive [Z]. Working Paper No. 14109, National Bureau of Economic Research. http://www.nber.org/papers/w14109. 2008.

[207] Krishna P. and Levchenko A. A. Comparative Advantage, Complexity, and Volatility [J]. Journal

of Economic Behavior Organization, 2013, 94: 314 – 329.

[208] Krugman P. Scale Economies, Product Differentiation, and the Pattern of Trade [J]. The American Economic Review, 1980, 70 (5): 950 – 959.

[209] Krugman P. Increasing Returns and Economic Geography [J]. Journal of Political Economy, 1991, 99 (3): 483 – 499.

[210] Krugman P. R. Increasing Returns, Monopolistic Competition, and International Trade [J]. Journal of International Economics, 1979, 9 (4): 469 – 479.

[211] Kugler M. and Verhoogen E. Prices, Plant Size, and Product Quality [J]. The Review of Economic Studies, 2012, 79 (1): 307 – 339.

[212] Kugler M. and Verhoogen E. A. Product Quality at the Plant Level: Plant Size, Exports, Output Prices and Input Prices in Colombia [J/OL]. https://academiccommons.columbia.edu/catalog/ac: 99675. 2008.

[213] Lai M., Peng S. and Bao Q. Technology Spillovers, Absorptive Capacity and Economic Growth [J]. China Economic Review, 2006, 17 (3): 300 – 320.

[214] Lall S. The Technological Structure and Performance of Developing Country Manufactured Exports, 1985 – 1998 [J]. Oxford Development Studies, 2000, 28 (3): 337 – 369.

[215] Lall S., Weiss J. and Zhang J. The "Sophistication" of Exports: A New Trade Measure [J]. World Development, 2006, 34 (2): 222 – 237.

[216] Lee S. Y., Florida R. and Acs Z. Creativity and Entrepreneurship: A Regional Analysis of New Firm Formation [J]. Regional Studies, 2004, 38 (8): 879 – 891.

[217] Lin J. Y. and Wang Y. China's Integration with the World: Development as a Process of Learning and Industrial Upgrading [J]. Social Ence Electronic Publishing, 2012, 1 (1): 201 – 240.

[218] Liu Y. The Dynamics of Local Upgrading in Globalizing Latecomer Regions: A Geographical Analysis [J]. Regional Studies, 2016: 1 – 14.

[219] Lu J., Lu Y. and Tao Z. Exporting Behavior of Foreign Affiliates: Theory and Evidence [J]. Journal of International Economics, 2010, 81 (2): 197 – 205.

[220] Lychagin S., Pinkse J., Slade M. E. and Reenen J. V. Spillovers in Space: Does Geography Matter? Working Paper No. 16188, National Bureau of Economic Research [J/OL]. https://doi.org/10.3386/w16188. 2010.

[221] Maggioni D., Lo T. A. and Gallegati M. Does Product Complexity Matter for Firms' Output Volatility? [J]. Journal of Development Economics, 2016, 121: 94 – 109.

[222] Malecki E. J. Technology and Economic Development: The Dynamics of Local, Regional, and National Change. SSRN Scholarly Paper No. ID 1496226, Rochester, NY: Social Science Research Network [J/OL]. http://papers.ssrn.com/abstract = 1496226. 1997.

[223] Malmberg A. and Maskell P. Localized Learning Revisited [J]. Growth and Change, 2006, 37 (1): 1 – 18.

[224] Manova K. and Zhang Z. Export Prices Across Firms and Destinations [J]. The Quarterly Journal

of Economics, 2012, 127 (1): 379-436.

[225] Manova K. and Zhang Z. Multi-Product Firms and Product Quality. Working Paper No. 18637, National Bureau of Economic Research [J/OL]. http://www.nber.org/papers/w18637. 2012b.

[226] Marshall A. The Principles of Economics [M]. London: Macmillan. http://econpapers.repec.org/bookchap/hayhetboo/marshall1890.htm. 1890.

[227] McCann P. and Ortega-Argilés R. Smart Specialization, Regional Growth and Applications to European Union Cohesion Policy [J]. Regional Studies, 2015, 49 (8): 1291-1302.

[228] Melitz M. J. The Impact of Trade on Intra-Industry Reallocations and Aggregate Industry Productivity [J]. Econometrica, 2003, 71 (6): 1695-1725.

[229] Moretti E. Workers' Education, Spillovers, and Productivity: Evidence from Plant-Level Production Functions [J]. The American Economic Review, 2004, 94 (3): 656-690.

[230] Morgan K. Smart Specialisation: Opportunities and Challenges for Regional Innovation Policy [J]. Regional Studies, 2015, 49 (3): 480-482.

[231] Nakamura R. Agglomeration Economies in Urban Manufacturing Industries: A Case of Japanese Cities [J]. Journal of Urban Economics, 1985, 17 (1): 108-124.

[232] Nardis S. de and Pappalardo C. Export, Productivity and Product Switching: The Case of Italian Manufacturing Firms. No. 110, ISTAT-Italian National Institute of Statistics-(Rome, ITALY) [J/OL]. https://ideas.repec.org/p/isa/wpaper/110.html. 2009.

[233] Naughton B. The Chinese Economy—Transitions and Growth [M]. Cambridge: The MIT Press, 2007.

[234] Neffke F. and Henning M. Skill Relatedness and Firm Diversification [J]. Strategic Management Journal, 2013, 34 (3): 297-316.

[235] Neffke F., Henning M. and Boschma R. How Do Regions Diversify over Time? Industry Relatedness and the Development of New Growth Paths in Regions [J]. Economic Geography, 2011, 87 (3): 237-265.

[236] Neffke F., Henning M., Boschma R., Lundquist K. J. and Olander L. O. The Dynamics of Agglomeration Externalities along the Life Cycle of Industries [J]. Regional Studies, 2011, 45 (1): 49-65.

[237] Neffke F., Henning M. and Boschma R. The Impact of Aging and Technological Relatedness on Agglomeration Externalities: A Survival Analysis [J]. Journal of Economic Geography, 2012, 12 (2): 485-517.

[238] Nelson R. R. and Winter S. G. An Evolutionary Theory of Economic Change [M]. Cambridge, MA: Belknap Press at Harvard University, 1982.

[239] Nocke V. and Yeaple S. Globalization and Endogenous Firm Scope. Working Paper No. 12322, National Bureau of Economic Research [J/OL]. https://doi.org/10.3386/w12322. 2006.

[240] North D. C. Institutions, Institutional Change and Economic Performance [M]. Cambridge: Cambridge University Press, 1990.

[241] Nunn N. Relationship-Specificity, Incomplete Contracts and the Pattern of Trade [J]. The Quar-

terly Journal of Economics, 2007, 15: 569 – 600.

[242] Park A., Yang D., Shi X. and Jiang Y. Exporting and Firm Performance: Chinese Exporters and the Asian Financial Crisis [J]. Review of Economics and Statistics, 2010, 92 (4): 822 – 842.

[243] Penrose E. T. The Theory of the Growth of the Firm [M]. New York: Blackwell, 1959.

[244] Pierce J. R. and Schott P. K. Concording U. S. Harmonized System Categories Over Time. SSRN Scholarly Paper No. ID 2054762, Rochester, NY: Social Science Research Network [J/OL]. https://papers.ssrn.com/abstract=2054762. 2012.

[245] Piveteau P. and Smagghue G. A New Method for Quality Estimation Using Trade Data An Application to French Firms [R]. : Columbia University Working Papers, 2013.

[246] Poncet S. and Starosta W. F de. Export Upgrading and Growth: The Prerequisite of Domestic Embeddedness [J]. World Development, 2013, 51: 104 – 118.

[247] Porter M. The Economic Performance of Regions [J]. Regional Studies, 2003, 37 (6 – 7): 549 – 578.

[248] Potter A. and Watts H. D. Evolutionary Agglomeration Theory: Increasing Returns, Diminishing Returns, and the Industry Life Cycle [J]. Journal of Economic Geography, 2011, 11 (3): 417 – 455.

[249] Pula G. and Santabárbara D. Is China Climbing Up the Quality Ladder? Estimating Cross Country Differences in Product Quality Using Eurostat's COMEXT Trade Database. SSRN Scholarly Paper No. ID 1773214, Rochester, NY: Social Science Research Network [Z]. https://papers.ssrn.com/abstract=1773214. 2011.

[250] Quatraro F. Knowledge Coherence, Variety and Economic Growth: Manufacturing Evidence from Italian Regions [J]. Research Policy, 2010, 39 (10): 1289 – 1302.

[251] Rauch J. E. and Casella A. Overcoming Informational Barriers to International Resource Allocation: Prices and Ties [J]. Economic Journal, 2003, 113 (484): 21 – 42.

[252] Rodrik D. What's So Special about China's Exports? [J]. China World Economy, 2006, 14 (5): 1 – 19.

[253] Romer P. M. Endogenous Technological Change [J]. Journal of Political Economy, 1990, 98 (5, Part 2): S71 – S102.

[254] Rosenberg N. and Frischtak C. R. Long Waves and Economic Growth: A Critical Appraisal [J]. The American Economic Review, 1983, 73 (2): 146 – 151.

[255] Rosenthal S. S. and Strange W. C. Chapter 49—Evidence on the Nature and Sources of Agglomeration Economies [M]. In J. V. H. and J. – F. Thisse (Ed.), Handbook of Regional and Urban Economics, 2004, 4: 2119 – 2171.

[256] Schmitz H. and Humphrey J. Governance and Upgrading: Linking Industrial Cluster and Global Value Chain Research [J/OL]. https://opendocs.ids.ac.uk/opendocs/handle/123456789/3466. 2000.

[257] Schott P. K. Across – Product versus Within – Product Specialization in International Trade [J]. The Quarterly Journal of Economics, 2004, 119 (2): 647 – 678.

[258] Schott P. K. The Relative Sophistication of Chinese exports [J]. Economic Policy, 2008, 23

(53): 6-49.

[259] Shefer D. Localization Economies in Smsa's: A Production Function Analysis*[J]. Journal of Regional Science, 1973, 13 (1): 55-64.

[260] Storper M. and Venables A. J. Buzz: Face-to-face Contact and the Urban Economy [J]. Journal of Economic Geography, 2004, 4 (4): 351-370.

[261] Teece D. J. Towards an Economic Theory of the Multiproduct Firm [J]. Journal of Economic Behavior Organization, 1982, 3 (1): 39-63.

[262] Thissen M., Oort F. van, Diodato D. and Ruijs A. Regional Competitiveness and Smart Specialization in Europe: Place-based Development in International Economic Networks [J]. Edward Elgar Publishing, 2013.

[263] Thompson P. Selection and Firm Survival: Evidence from the Shipbuilding Industry, 1825-1914 [J]. The Review of Economics and Statistics, 2005, 87 (1): 26-36.

[264] Tokatli N. and Klzllgün Ö. Upgrading in the Global Clothing Industry: Mavi Jeans and the Transformation of a Turkish Firm from Full-Package to Brand-Name Manufacturing and Retailing [J]. Economic Geography, 2004, 80 (3): 221-240.

[265] Trippl M., Tödtling F. and Lengauer L. Knowledge Sourcing Beyond Buzz and Pipelines: Evidence from the Vienna Software Sector [J]. Economic Geography, 2009, 85 (4): 443-462.

[266] Wang C. C., Lin G. C. S. and Li G. Industrial Clustering and Technological Innovation in China: New Evidence from the ICT Industry in Shenzhen [J]. Environment and Planning A, 2010, 42 (8): 1987-2010.

[267] Wang Z. and Wei S. J. The Chinese Export Bundles: Patterns, Puzzles and Possible Explanations. Working Paper No. 226 [J/OL]. https://www.econstor.eu/handle/10419/176244. 2008.

[268] Wernerfelt B. A Resource-based View of the Firm [J]. Strategic Management Journal, 1984, 5 (2): 171-180.

[269] Wijk R. V, Jansen J. J. P. and Lyles M. A. Inter- and Intra-Organizational Knowledge Transfer: A Meta-Analytic Review and Assessment of its Antecedents and Consequences [J]. Journal of Management Studies, 2008, 45 (4): 830-853.

[270] Xu B. The Sophistication of Exports: Is China special? [J]. China Economic Review, 2010, 21 (3): 482-493.

[271] Xu B. and Lu J. Foreign Direct Investment, Processing Trade, and the Sophistication of China's Exports [J]. China Economic Review, 2009, 20 (3): 425-439.

[272] Yeung H. W. Regional Development and the Competitive Dynamics of Global Production Networks: An East Asian Perspective [J]. Regional Studies, 2009, 43 (3): 325-351.

[273] Yu M. and Li J. Imported Intermediate Inputs, Firm Productivity and Product Complexity [J]. Japanese Economic Review, 2014, 65 (2): 178-192.

[274] Zahra S. A. and George G. Absorptive Capacity: A Review, Reconceptualization, and Extension [J]. Academy of Management Review, 2002, 27 (2): 185-203.

[275] Zhu S. and He C. Global, Regional and Local: New Firm Formation and Spatial Restructuring in China's Apparel Industry [J]. Geo Journal, 2013, 79 (2): 237 – 253.

[276] Zhu S., He C. and Luo Q. Good Neighbors, Bad Neighbors: Local Knowledge Spillovers, Regional Institutions and Firm Performance in China [J]. Small Business Economics, 2019, 52 (3): 617 – 632.

[277] Zhu S., He C. and Zhou Y. How to Jump Further and Catch Up? Path – breaking in an Uneven Industry Space [J]. Journal of Economic Geography, 2017, 17 (3): 521 – 545.

第二章
出口产品演化与升级研究进展

第一节 引　　言

国际贸易、演化经济地理学以及网络理论的相关研究均关注产品升级与发展，但其关注视角存在较大差异。国际贸易理论以更新自身比较优势来推动国家出口升级。演化经济地理学从动态和演化的视角为区域发展路径的研究提供了新的切入点，核心结论是区域是沿着路径依赖的发展模式不断演化发展的。产品空间网络则从演化经济地理学出发，以区域在网络中的跳跃能力来解释区域增长的可能。然而，现有的大部分研究大多针对发达国家。当将该故事置于一个更为极端的设定时，由于路径依赖的存在，发展中国家很难甚至不可能进入产品空间的核心区域，从而容易陷入"中等收入陷阱"（Boschma and Iammarino，2009；Neffke et al.，2011；Hidalgo et al.，2007）。事实上，无论是完全依赖于"惯例"的演化经济地理理论还是依据比较优势的国际贸易分工理论，甚至是"核心—边缘"的产品空间，发展中国家都很难在现有的分工体系中构建比较优势，更难在产品空间中从边缘区域跳跃到核心区域。本章将从国际贸易理论、演化经济地理和集聚经济理论的相关研究入手，梳理有关出口产品演化与升级过程、方向和影响因素的理论和实证研究成果，以此为基础来构建本研究的分析和解释框架。

第二节 国际贸易理论与出口产品升级

一、传统国际贸易理论与新贸易理论——产业间贸易到产业内贸易

传统贸易理论认为贸易是由国家特有的比较优势决定的，具有劳动力比较优势的国家将专业化生产劳动力密集型产品，而具有技术优势的国家将专业化生产技术密集型产品。在此分工模式下，资源在不同国度之间进行再配置。在此理论下，一国不可能同时出口和进口相同的商品，国际贸易表现为产业间贸易（inter-industry trade），即传统贸易理论主要解释的是不同产业间的产品贸易。然而，传统贸易理论不能解释世界贸易中普遍存在的产业内贸易（intra-industry trade）现象。20世纪80年代，新贸易理论被提出，其假设规模报酬递增、不完全竞争与消费偏好多样

化，又被称为产业内贸易理论。

新贸易理论以规模经济报酬递增作为国际贸易发生的基础。假设 A 和 B 两个国家在某产品生产上具有相似的要素禀赋和技术水平等条件，产品的消费者需求也相似。此时，如果 A 国大规模生产该产品，由于规模经济，该产品的固定生产成本更低，产品生产的平均成本相对较低。相对来说，A 国具有出口该产品的比较优势。因此，在 A、B 两国之间也会发生该产品的贸易。新贸易理论填补了传统国际贸易中对产业间贸易解释存在的逻辑空白。然而，无论是产业间贸易还是产业内贸易，两者均存在无法对现实贸易进行合理解释的遗漏区，例如，产业间贸易无法解释同产业内企业间贸易的发生。随着微观研究数据可得性的提高，学者开始关注企业间产品贸易，发现不同部门间出口产品的差异可能比同一部门内部企业间的差异更小。随着国际贸易的不断发展，贸易理论的研究对象开始向企业转向，传统贸易理论中产业间和产业内贸易无法解释的现象以及对现实世界的解释存在的"异象"开始被关注。

传统国际贸易理论向新国际贸易理论的发展，体现了研究视角从宏观（国家）与中观（产业）向微观转向的过程，资源配置观察对象也开始转向企业。然而，该理论中企业却具有"同质性"，资源配置和流动的发生主要源于企业规模效应的差异。国际贸易学者开始利用国际贸易中的微观数据来研究国际贸易问题，如伯纳德等（Bernard et al.，1995）利用美国制造业企业数据，发现出口企业在规模（销售与就业规模）、效率（人均产出与全要素生产率）、工资水平以及资本密集程度等方面的表现都要优于非出口企业。伯纳德等（1999）进一步证实了并不是出口推动了企业发展，而是企业发展情况决定了它们是否能出口。企业层级微观数据的应用推动了国际贸易研究的微观化，随后基于微观数据的大量实证文章推动了新新贸易理论的进一步发展（Aw and Hwang，1995；Bernard and Jensen，2004；Park et al.，2010）。

二、新新贸易理论——产业间贸易到企业间贸易

20 世纪 90 年代开始，国际贸易领域学者开始关注企业出口贸易行为。已有研究证实了出口企业与非出口企业之间存在显著的差异（Bernard et al.，1999；Bernard et al.，1995；De Loecker and Warzynski，2012；Lu et al.，2010）。新新贸易理论突破了克鲁格曼（Krugman，1979）开创的新贸易理论中"企业同质"的强假设，尤其是以梅里兹（Melitz，2003）为代表的对企业的出口贸易研究，标志着国际贸易研究进入新新贸易理论的时代。事实上，新新贸易理论与传统贸易理论、新贸易理论的区别在于，传统贸易理论和新贸易理论以产业为研究对象和研究单位，而新新贸易理论则将研究对象和单位细化到企业，从更微观的视角研究企业层面的变量对贸易行为的影响。基于新新贸易理

论的相关研究推动了国际贸易理论和相应的实证研究进入新的领地和前沿（樊瑛，2008）。

基于新新贸易理论的相关实证研究从企业异质性出发，研究异质性企业的出口决策。由此发展起来的两大分支文献从两个方面讨论异质性的影响：一支文献是以梅里兹为代表的学者提出的异质性企业贸易模型。梅里兹（2003）基于克鲁格曼（1979）框架，构建异质性企业模型，其以企业生产效率差异来解释企业贸易行为的差异。另一支文献是以安特拉斯（Antras，2003）为代表的学者提出的企业内生边界模型，主要关注企业内产品和贸易形式的差异（樊瑛，2008）。异质性企业贸易模型主要解释什么样的企业可能会从事出口贸易，而企业内生边界模型主要解释企业将选择什么样的贸易形式进行对外贸易，例如企业在什么情况下将选择公司内贸易，而在什么情况下将选择市场交易或者外包。新新贸易理论通过企业异质性解释了现实中只有部分企业进行出口的原因。而企业内生边界模型将产业组织理论和契约理论纳入贸易模型中，也充分地解释了公司内贸易模式存在的原因，是新新贸易理论扩展的重要研究方向之一。

梅里兹（2003）通过生产率的异质性来解释企业出口行为的差异，最核心的结论是生产率较高的企业进入出口市场，生产率较低的企业则主要以本地为市场，甚至可能会退出市场。可见，国际贸易促使资源从低生产效率的企业流向较高生产效率的企业。然而，该模型的核心假设也不能很好地与现实世界相契合，对现实贸易模式的解释存在一定的缺陷：（1）企业的异质性仅表现为生产率差异；（2）经典的CES效用函数是异质性企业模型的基础效用函数假设，因此，其暗含了消费者因多样化的偏好而选择了产品（亢梅玲和和坤林，2014）。事实上，之后出现的实证研究发现该模型无法解释所有贸易行为，特别是贸易中的价格行为。基于梅里兹（2003）的模型，贸易国之间的距离越远，出口成本越高，企业出口获利的难度增加。故而，生产率高和出口产品价格低的企业才可能进行出口，即地理距离越远，出口价格应该越低。但最近有研究发现，有些企业出口价格随着地理距离的增加而增加（Baldwin and Harrigan, 2011；施炳展，2011）。而部分实证研究发现出口企业出口到国际市场的出口产品价格高于非出口企业的价格（Kugler and Verhoogen, 2012；Hallak and Sivadasan, 2009）。根据梅里兹（2003）的模型，出口企业出口产品的价格理应更低，因为其效率高于非出口企业。出口产品质量是决定出口价格的重要组成部分，是企业异质性的一项补充。出口产品质量是影响出口价格的重要组成部分，是企业异质性研究的重要切入点，也是新新贸易理论几大研究方向中关注的焦点。

异质性企业模型对国际贸易研究领域产生了深远影响，由此促进了众多重要研究方向的兴起。近五年来，最新的研究扩展主要集中在以下几个新的研究方向：（1）企业出口产品异质性。如越来越多的国际贸易研究开始关注企业出口产品的质量（Baldwin and Harrigan, 2011；Grossman and Helpman, 1991；Kugler and Verhoogen, 2012；Khandelwal，2010）；（2）突破企业单一产品出口的假设，多产品企业开始得到更多的关注（Bernard et al.，2006，2010a）；（3）开始更多地关注企业内贸易（Bernard et al.，2010a）。在新国际贸易理论以及国际贸易微观实证研究的推动下，以异质性企业模型为核心的新新国际贸易理论不断发展，在这短短十年内，成为国际贸易研究最为重要的研究领域。与此同时，也推动了对资源配置发生单位研究的进一步微观化。企业层面的国际贸易开始更多地关注如何促进生产资源在企业内和企业间，甚至企业内的产品间到产品内的再配置。

三、资源要素配置在部门与空间的突破

国际贸易的本质是生产要素跨地区流动和再配置。传统贸易理论中，贸易的发生主要源于两国要素禀赋的差异，贸易国家基于自身要素禀赋选择相应的产品进行专业化生产。国家对要素禀赋结构进行内生的转换来实现对产品生产结构的调整和升级（伍业君等，2012）。此时，国际贸易的商品流动一定程度上可以反映国家之间的要素禀赋差异，贸易分工以产业为单位。生产率的提高主要通过跨产业的资源再配置来实现。新贸易理论突破产业间贸易，贸易分工开始细化到产品内部。国家通过规模报酬递增获取比较优势，国际贸易发生在同一产业内的不同产品间。此时，生产率的提升源于产业内资源的整合和再配置，但在该模型中企业是同质，即资源配置带来的企业生产率的提高是同质。企业进入、退出以及在位企业的规模增长均是随机的。生产率在产业和企业层面的变化是均质、等比的。在新新贸易理论中，企业同质假设被放松，企业根据自身生产率进行生产决策，决策后的结果表现为企业间生产率的差异。在资源的再配置过程中，高效率企业得以扩张，低效率企业缩减规模或退出，由此反映贸易的选择效应（金毓，2014）。选择效应的结果使得资源从低效率企业流向高效率企业，最终实现区域总生产效率的提高以及产品结构的更新。

异质性企业模型通过选择效应促使资源在企业内再配置。基于新新贸易理论，生产率影响企业间资源配置。事实上，生产率也会影响企业内的资源优化和组织（Melitz，2003；Melitz and Ottaviano，2008；Bernard et al.，2010；Mayer et al.，2011）。生产率外生的异质性企业模型关注资源在企业间的流动和分配，再配置过程主要通过企业的进入、退出和扩张等动态过程来实现。生产率内生的异质性企业模型关注企业内部资源再配置。企业进行新产品的扩展或者淘汰部分产品来优化资源的配置，以此改变企业生产率（金毓，2014）。

企业内资源配置的方向是企业出口升级的关键。在全球分工的今天，区域发展的关键不仅取决于出口了多少，更取决于出口了什么（Hausmann et al.，2006）。企业多样

化的方向和过程对企业发展具有不同程度的影响。事实上，这类研究大多集中在区域和国家经济发展上。刘易斯（Lewis，1955）、罗斯托（Rostow，1959）、库兹涅茨（Kuznets，1966）、切纳里和塔洛尔（Chenery and Taylor，1968）等学者在 1950～1960 年间就提出经济增长是生产结构不断调整和转型的过程。转型的结果是推动资源从低效率经济活动流向高效率经济活动。该结论隐含的一个观点就是不同的经济活动在经济发展中承担不同的角色，其主要原因是经济活动规模报酬递增的程度不同。然而，很长一段时间以来，这一方向的研究工作并没有得到足够的重视。国际贸易理论讨论资源在国家和部门之间配置，然而，配置的方向却没有得到足够的关注。企业出口产品升级是企业内资源再配置的结果，企业放弃"坏"产品的生产，扩展或者增加"好"产品，由此提高出口"好"产品种类和份额，从而实现企业整体利润的提高。然而，到底什么是"好"产品，什么是"坏"产品，并没有可靠的指标来识别。

产品技术复杂度和质量分别反映产品间和产品内的要素差异，常常单独出现在国际贸易的相关研究中。产品技术复杂度强调产品的技术特征，反映产品间（across-product）技术含量差异。技术复杂度越低的产品，生产该产品所需要的生产要素组合越易获得，产品生产要素越遍在；产品技术复杂度越高的产品，生产该产品所需要的生产要素组合越难获得，具备生产该产品要素的区域或者国家越少。产品质量主要刻画产品内（within-product）垂直差异，如高端服装与低端服装间的差异，高端电脑与低端电脑间的差异。产品质量既包括产品使用特征，如安全性、兼容性、耐用性以及售后配套服务等，又包括产品口碑、广告效应等因素所形成的社会性特征，如品牌忠实度、品牌信任度以及社会影响等，甚至还包括消费者在消费过程中获得的视觉、嗅觉、触觉和心理等的满足感，如产品的美观度、消费者虚荣心满足程度等（Garvin，1984）。概括起来，消费相同产品及数量时，所有增加消费者消费效用的特征都可归结为产品质量。

（一）产品质量

在全球生产网络的时代，国际贸易竞争已经突破空间和部门的限制，开始深入到了产品生产的各个环节。经济学者关注产品质量，并以其来反映国家或地区的要素禀赋，是地区各类生产要素与市场需求特征的组合。以产品质量差异出发研究企业异质性已成为新新贸易理论的一大重要扩展方向（余智，2013）。近期国际贸易领域的相关研究认为，除企业生产效率异质性以外，产品质量差异是研究企业异质性的另一重要维度。为了解释企业出口产品价格与生产率异质性模型不一致的现象，开始有研究将企业产品质量异质性引入企业异质性模型中，扩展企业生产效率异质性模型为产品质量与企业生产率两个维度差异的异质性模型（Baldwin and Harrigan，2011）。从供应角度来说，现有的多数模型将企业产品质量异质性内生化，认为产品质量是企业利润最大化的选择。因此，产品质量越高，企业需要投入的生产成本也相应越高，出口价格也就越高。从需求角度来说，消费者是在综合考虑产品价格和产品质量后，选择相应的产品以实现消费效用的最大化。需求视角同样也是近期产品质量估计的相关研究中的重要研究切入点。

产品质量直接影响产品在国际市场的竞争力，决定了出口产品的经济利润、生产工人的工资和出口区域的收入水平（Hummels and Klenow，2005；Kugler and Verhoogen，2008；Schott，2004）。早期文献使用产品的单位价格作为质量的代理变量（Baldwin and Harrigan，2011；Bastos and Silva，2010；Hallak and Schott，2011；Harrigan et al.，2015；Manova and Zhang，2012），该方法隐含的假设是高价格产品即为高质量产品，而低价产品即为低质量产品。这种方法的主要缺陷是产品间的单位价格不可比。斯科特（Schott，2004）使用产品单位价格代表产品质量，发现各国之间存在产品内分工，具有优势资源的国家出口产品的质量不同。资本密集型和技术密集型国家出口质量较高的产品，劳动密集型国家出口质量较低的产品。胡梅尔斯和克莱诺（Hummels and Klenow，2005）发现富裕国家出口产品质量更高，出口量更大，国家间出口产品质量的差异能解释25%的平均收入差异。然而，产品的单位价格不仅由产品质量决定，还受到产品生产成本、贸易关税、目的国市场定价能力（market power）和目的国市场需求偏好等影响（Hallak and Sivadasan，2013；Khandelwal，2010）。一定程度上，产品单价可能不能反映产品质量，因此，以产品的单位价格作为产品质量的代理变量存在比较大的偏差。例如，相比发达国家，中国出口某产品的价格较低可能是因为中国劳动力成本低廉，而不完全因为产品质量较低。经济学领域出现了大量估算出口产品质量的文献，现有研究发现中国出口产品整体质量不断上升。然而，与发达国家出口产品质量相比还有一定的距离，甚至与发达国家出口产品质量的差距在不断扩大（Pula and Santabárbara，2011；Schott，2004；孙林等，2014）。

（二）产品技术复杂度

产品技术复杂度是衡量产品间要素组合差异的重要指标。最初对产品技术水平进行测度主要根据产品生产过程中需要的要素投入以及利用的技术水平来开展。OECD（1996）和拉利（Lall，2000）将产品分为低技术产品和技术密集型产品。之后，学者们开始运用抽象化的模型来量化产品技术复杂度（Hausmann et al.，2006；杜修立和王维国，2007；杨汝岱和姚洋，2008；姚洋和张晔，2008；Xu，2009）。国家产业演化升级需要基于一系列可获取的能力去推动现有产业结构调整，这部分能力包括国家要素资源、人力资本、技术水平以及制度环境，等等。这些能力最终决定了国家对外贸易的专业化模式。而超越国家自身能力来进行生产结构升级则可能面临较高的风险，甚至危害经济发展。

在此假设下，部分学者开始利用出口国人均GDP加权产品的份额来测算出口产品技术复杂度。在此基础上衍生出了一系列关于产品技术复杂度刻画的指标。总结起来，主要有以下几种：（1）产品技术复杂度指数TSI、技术附加值指标TV和复杂度指数SI。

这类指标以出口国对某产品的出口规模占全球范围内该产品出口总规模的比重为权重，加权出口国人均 GDP，以此得到产品技术复杂度。然而，该类指标忽视了不同出口国之间经济体量和出口规模的差异，也忽视了小国可能出口高技术复杂度产品的事实（李惠娟和蔡伟宏，2017）。（2）产品复杂度 PRODY、显示性技术附加值 RTV、产品技术含量指数 TEC 和技术含量指标 TC。这类指标既考虑国家的经济水平，又将出口规模纳入计算当中。其以产品在出口国的显示性比较优势指数作为权重来加权国家平均收入水平，以此测算产品技术复杂度（李惠娟和蔡伟宏，2017）。基于该计算方法得到的产品技术复杂度进行的相关研究发现，部分发展中国家出口产品技术复杂度很高，甚至超过同等收入水平国家出口产品技术复杂度平均水平（Michaely，1984；Rodrik，2006；Jarreau，2012）。该类指标可能由于出口产品中包含大量进口中间产品，而导致上述结论（Gangnes et al.，2014；杜修立和王维国，2007）。拉利等（2006）和斯科特（2008）分别基于出口相似度和市场占有率相似度来测算出口产品复杂度。杨汝岱和姚洋（2008）提出有限赶超指数（limited catch-up index，LCI），其以出口产品技术复杂度与国家本身比较优势的差距来刻画。综上所述，这类指标在计算过程中高度依赖出口国人均 GDP 和出口国人均收入等反映国家经济发展特征的指标，因此，测算得到的产品技术复杂度与国家经济发展水平存在较高的内生性，甚至出现"富裕国家出口富裕国家产品集"的现象（Hidalgo and Hausmann，2009）。

国家出口产品结构是企业在市场中进行小规模"自我探索"（self-discovery）的结果。低收入国家出口产品集合少，扩展新产品存在较高的成本以及不确定性，进行新产品探索的机会和概率较小。相反，发展水平较高的国家其产品生产率更高，生产的产品技术含量更高。经过不断的自我探索后，形成国家现有的出口结构（Hausmann et al.，2006）。基于此，国家产品生产能力决定出口产品技术复杂度，同时出口产品本身的遍在程度也可反映国家出口能力。伊达尔戈和奥斯曼（2009）在奥斯曼等（2006）方法的基础上，运用反射法估算产品技术复杂度（sophistication）和国家经济复杂度（complexity）指标。国家经济复杂度可以预测该国家产品生产的多样化程度，即一个国家研发新产品将更多地依赖本国已经储备的生产能力。相较于利用人均 GDP 加权计算得到的产品技术复杂度（prody），基于反射法计算产品技术复杂度将依赖于国家的收入或者经济发展数据。映射法将国家生产能力与出口该产品所需要的能力作为一个整体，计算过程仅需要有关国家出口产品结构的相关信息和产品被出口的国家等信息，因此，该指标的计算过程相对外生。

随后，一部分文献开始运用该指标研究出口产品技术复杂度与经济发展、效率变化以及企业增长与稳定性等的关系。费莉佩等（Felipe et al.，2012）基于 124 个国家和 5107 种产品数据，通过迭代法估算国家经济复杂度与产品技术复杂度，发现高技术复杂度产品多属于机械制造、化学与化学工业、金属制造行业等，而低技术复杂度产品大多为一些原材料、木制品、纺织品以及农产品等；经济复杂度高的国家多为高收入国家，如日本、德国、瑞典等，经济复杂度低的国家多为一些低收入国家，如柬埔寨、巴布亚新几内亚和尼日利亚等。另外，随着收入的增长，国家出口高技术复杂度产品的份额也相应增加，出口低技术复杂度产品的份额相应降低。克里希纳和列夫琴科（Krishna and Levchenko，2013）和马焦尼等（Maggioni et al.，2016）试图探讨产品技术复杂度与出口风险和稳定性的关系，发现欠发达国家由于多专业化于波动较大的产业部门，因此可能面临较高的出口不稳定。同时，由于欠发达国家进行行政干预的能力较低，本身储备的人力资本仅能承担低技术复杂度产品的生产。比较而言，低技术复杂度产品出口风险较高，出口不稳定性较大。高技术复杂产品生产过程中需要的生产技术、产品市场条件更成熟和稳定，在出口过程中的稳定性更高、风险较小。费拉里尼和斯卡拉莫齐诺（Ferrarini and Scaramozzino，2016）利用89个国家的出口数据，通过内生增长模型分析产品技术复杂度与经济增长的关系，发现出口产品技术复杂度的提高可以有效提高经济增长率。雅罗和庞塞特（Jarreau and Poncet，2012）利用中国部分省市出口数据，讨论出口产品技术复杂度与经济增长的关系，发现出口产品技术复杂度高的省市，其经济增长也更快。随后，庞塞特和斯塔罗斯特·沃尔德马（Poncet and Starosta de Waldemar，2013）将问题进一步聚焦到城市出口升级上，以城市出口产品技术复杂度的提高来反映出口产品升级，发现本地企业出口产品技术复杂度的提升是经济增长的重要推动力。盛丹和王永进（2011）运用2000～2007年中国30个省市22个产业数据来研究技术复杂度对产业增长的影响，结果表明在市场化程度高的地区技术复杂度较高的产业增长更快。陈维涛等（2014）发现出口产品技术复杂度的提升有利于推动中国人力资本投资和未来预期报酬的增加。

区域出口产品技术复杂度的提升有利于推动经济更快的增长。然而，对促进区域技术复杂度增长的影响因素还没有形成完整的认识。刘维林等（2014）发现产品的国际中间投入对出口产品技术复杂度的提升有显著的正影响，其中，产品的服务投入对技术复杂度提升的贡献最大。戴翔和金碚（2014）发现制度质量的提高对出口产品技术复杂度的提升有显著的促进作用。总体来说，目前对于如何推动出口产品技术复杂度升级还缺乏系统的研究和完整的认识。

第三节 演化经济地理与出口产品升级

一、出口产品升级的网络视角：全球生产网络

全球价值链融合了微观和宏观两个视角，是研究全球化背景下经济发展的重要框

架。全球价值链的相关研究是产业升级研究中最具影响力的一个文献（Gereffi et al., 2005）。波特（Porter，2003）在《竞争优势》中将企业价值的创造过程分解为基本活动和支持性活动。这些活动之间相互作用与联系，组成企业价值创造的行为链条，称作价值链。企业垂直一体化过程中的竞争优势是波特价值链分析框架的主要研究内容，之后研究内容从单个企业扩展到全产业，由此形成上游的研发和设计、中游零部件制造和组装、下游广告与服务的生产链。

20世纪90年代初，格里芬（Gereffi，1994）提出全球商品链，其将世界各地同一商品不同生产环节的企业组织起来，以此建立一种跨越国界的同产品生产体系。基于全球价值链，格里芬（Gereffi，1999）以及汉弗莱和施米茨（Humphrey and Schmitz，2000）提出了产业升级和企业升级模式，后者主要是以企业为中心。产业升级模式由低级到高级分为四个层次：工艺流程升级、产品升级、功能性升级和链条升级。这四种升级类型基本涵盖了全球价值链下地方产业集群升级的可能方式。产业升级一般遵循工艺流程升级—产品升级—功能升级—链条升级的模式。然而，一方面，全球商品链和全球价值链在某种程度上忽略了生产的空间属性特征。不同经济体的升级决策具有显著差异，最终表现为升级模式选择的空间差异（Hess and Yeung，2006）。另一方面，四种类型升级包含内容丰富，很难对每一种升级进行定量测度，故而较难对升级进行定量评定。总体来说，产品质量提升是工艺升级和功能升级的结果，而技术复杂度提高则是产品类型升级的结果，链条升级则是产品技术复杂度和产品质量共同提升的结果。

全球生产网络强调生产网络的空间特征，是影响升级的重要部分。经济地理学者在价值链的片段化和空间重组方面进行了突破性研究。全球生产网络的发展经历了几个学派的开拓：以亨德森（Henderson）、迪肯（Dicken）、科（Coe）为代表的曼彻斯特学派从地方文化性、社会嵌入与跨国经济活动的整合出发研究全球生产网络。以夏威夷大学恩斯特（Ernst）为代表的管理学派则更多地关注企业组织管理以及与地方社会文化、制度环境的整合，表现为以一定正式规则参与生产网络，来进行跨企业及跨价值链的全球生产组织治理（李健和宁越敏，2011）。前者具有浓厚的经济学、社会学以及地理学色彩，重点关注升级过程中的价值创造、提高和捕获过程，强调地方嵌入对升级的重要影响。"嵌入"作为全球生产网络框架的核心分析内容，是经济地理学者研究空间特征对产业升级过程影响的重要切入点。20世纪90年代初，学者们多基于网络视角和嵌入视角研究地理空间对企业生产活动的影响，并为新经济地理学的社会/文化转向领域的研究提供了新视角。随后，嵌入又被分为地域嵌入和网络嵌入。前者强调嵌入地经济活动和社会动态的影响；后者强调网络成员之间（包括个人、公司、政府机构和非政府机构等）联系的影响（徐海英和朱国传，2012）。两者都体现了升级过程中地方与升级主体之间的交互作用的影响，也展现了在全球化背景下以关键主体与空间为节点、以关系为纽带来推动经济发展的全球化和全球地方化的重要作用。

伴随着进一步经济全球化,国际分工开始由以产品为界限向以要素为界限转变。国际分工的形式已突破以最终产品为界限的分工,表现为以资本、劳动、技术、知识密集型工序和零部件为界限的生产功能分工。随着生产过程在全球范围内的分离以及要素流动成本的降低,同一价值链的不同生产环节或工序按照要素密集度特征被配置到具有相应要素禀赋的国家或地区(戴翔和张雨,2013)。生产过程开始分离,并散布到不同的空间中。产品分工表现为"片段化生产"(fragmented production)的特征,产品分工的片段化成为产品升级研究的重要内容之一。一方面,这是发展中国家融入全球价值链条中的机会;另一方面,这也成为发展中国家嵌入全球价值链低附加值环节的开始。目前,这类研究主要关注全球领导企业的全球整合,忽略了后来者本地企业在产业升级过程中的作用(Liu,2016)。

早期,经济地理学者建构的产业升级分析框架主要用以分析全球产业重构、区域发展、产业集群以及创新网络等(Bunnell and Coe,2001;Malmberg and Maskell,2006;Trippl et al.,2009)。这部分研究主要解释学习和创新发生的过程,对升级的关注较少。另外,全球生产网络在整合价值链分析框架的基础上,关注全球化进程中地方化的作用机制和效果(Coe et al.,2004;Henderson et al.,2002;Tokatli and Klzllgün,2004)。然而,不同的地区升级的模式和方向可能存在较大的差异。更何况,随着国际分工从产业间深入产品内,企业的升级路径出现了非线性以及多元化趋势(冯梅,2014)。除传统产业间升级外,还存在沿着价值链的不同环节以及生产要素升级等多种方式。因此,在全球化背景下分工不断加深的今天,产业内升级和产业间升级的选择组合不仅成为产业升级的新途径,同时不同区域的选择也存在较大的差异。

现阶段全球生产网络的研究还处于理论分析阶段,缺乏大样本的实证研究和检验。依照贸易结构一定程度上反映生产结构的推论,一国或地区出口产品的技术复杂度一定程度上可以反映其在全球价值链所处的地位。邱斌等(2012)通过102个主要贸易国家的SITC五位数层面的产品贸易数据,计算我国2001~2009年24个制造业行业的出口产品技术复杂度(ESI),以此衡量各行业在全球价值链中的地位,研究发现嵌入全球生产网络促进了我国制造业在价值链中位置的提升。然而,即使是同一种产品,其所包含的技术水平、知识型劳动力要素等也相差较大。目前,技术复杂度仅能反映产品间差异,结合产品质量可以更好地反映我国出口产品在全球生产网络中的地位。

二、出口产品升级的演化视角:产品空间与升级能力

在过去半个世纪里,经济地理学无论在理论发展还是实证研究上都取得了很大的进展。20世纪80年代到90年代,经济地理学者借鉴演化经济学的理论和方法来探索经济

活动的空间不均衡和历史演进问题，对更全面地理解技术进步、比较优势动态变化、经济重构和经济增长的空间差异等一系列问题有重要贡献。演化经济地理学将时间与空间要素内在地联系起来，融合了演化经济学与经济地理学的基本观点。演化经济地理基于广义达尔文主义（generalized Darwinism）、复杂性理论（complexity theory）和路径依赖理论（path dependence theory），引入演化经济学的"惯例""创新""选择"等概念（Nelson and Winter，1982），以企业动态的微观视角来解释区域经济演化（史进和贺灿飞，2014）。其中，惯例是具有历史记忆的企业组织结构，也是企业决策的依据与基础。创新是经济系统内不可预知的新变化，是经济系统演化的核心。市场竞争是选择机制的核心，是企业惯例与市场环境相互作用的过程（史进和贺灿飞，2014）。

基于演化经济地理分析框架，企业产品结构的调整是企业综合现有生产成本、生产惯例与能力进行产品调整的结果，也是进行企业内资源再配置的结果。演化经济地理学框架认为企业成长是企业惯例与地区环境相互作用的结果，具有路径依赖的特征。企业积累的知识、信息与技术可以向潜在的企业家或者企业拟扩展的产品进行扩展或转换。企业已经储备的知识可以降低企业在新产品扩展过程中的成本，进而有利于降低进入门槛。企业淘汰某产品则是市场选择并综合企业惯例后的结果。适应市场的产品，产品出口的时间更长；适应市场的企业惯例提高企业的效率，从而更好地维持产品的出口。经过市场竞争优胜劣汰后，企业保留合适的企业惯例，并通过创新强化保留这些企业惯例的竞争力。适应能力强的企业不断成长，以此形成良性循环。在面对竞争时，不同能力水平的企业表现不同（Thompson，2005）。邓恩（Dunne，2005）研究了美国七个制造业企业的退出行为，发现企业储备的经验等影响企业退出。然而，由于企业惯例或者经验较难量化，这类研究还主要以定性分析为主。

演化经济地理分析框架提出的本地或者企业惯例通过技术关联密度得以数量化。基于国际分工以及比较优势理论，伊达尔戈等（2007）通过计算产品被同一国家出口的条件概率来反映产品之间的技术关联，以此计算区域产品技术关联密度。技术关联密度成为衡量区域惯例大小的重要指标。两产品之间的联系构成产品空间，产品间关联性越强表明产品生产对生产要素、技术、制度等的需求越相似，因此区域在某产品上储备的技术关联密度越高，区域向该产品演化的概率越高。伊达尔戈等（2007）以猴子在森林里面的跳跃做了一个经典比喻：产品空间中的产品对应于森林里面的树，产品的集合即是整个森林，国家则为在森林里面跳跃的猴子。国家经济增长意味着猴子们从森林里的食物贫瘠区域跳跃到食物富庶区。传统增长理论假设森林里树都是均匀分布的，且猴子跳跃范围内都是有树的。因此，猴子总是可以跳跃到可达范围内的树上。然而，产品空间中的产品是异质的，表现为"核心—边缘"结构，即产品空间中各产品间的距离并不相同，该距离即为产品间的技术关联（认知距离）。机械装备等资本、技术密集型产品之间的技术关联较强，在产品空间中的距离较近，且多位于产品空间中的密集（核心）

区域。资源型产品、初级产品与机械装备等技术密集型产品间的技术关联较弱，主要分布在产品空间的外围。因此，位于产品空间不同位置的猴子由于可达范围内树的疏密程度不同，其寻找食物过程中成功跳跃的概率不同。

区域出口的产品在产品空间中位置的调整方向即可反映区域产品结构演化的方向，其演化的能力取决于区域该产品的生产能力。出口产品种类多的国家，其产品空间结构更为稠密；相反，出口产品种类少的国家，其产品空间结构也较为稀疏。随着国家经济的发展，产品空间结构也会随着时间而演化（伍业君和张其仔，2012）。区域产业结构升级的过程即表现为产品结构从简单到复杂、产品空间从稀疏到稠密的演化过程，该演化过程受到区域该产品生产"能力"的影响。奥斯曼和伊达尔戈（2010，2011）、奥斯曼和克林格尔（Klinger，2007）、伊达尔戈和奥斯曼（2009）认为这些能力是不可贸易的，是资源要素、基础设施、技术水平、制度或法律规范等的组合，具有本地化特征。如果区域具备生产新产品所需要的大多数要素组合，这个新产品在该区域出现的概率就会大大提高。之后，学者们讨论了区域能力对区域产业演化的影响。发达地区通常位于产品空间的"核心区域"，更容易通过丰厚的能力发展更多距离较近的产品。而欠发达区域多位于产品空间的边缘区域，积累的能力较弱，已有出口结构中的产品与大部分产品的技术关联较弱，很难跳跃到产品空间的其他区域以实现区域产业结构的演化升级（Hausmann and Hidalgo，2011；Hidalgo et al.，2007）。如果将该框架置于一个更为极端的设定，由于路径依赖的存在，发展中国家很难甚至不可能进入产品空间的核心区域，从而容易陷入"中等收入陷阱"（Boschma and Iammarino，2009；Neffke et al.，2011；Hidalgo et al.，2007）。伊达尔戈和奥斯曼（2009）证实了经济发达国家与经济欠发达国家的产品空间结构存在较大的差异。发达国家出口产品种类较多且产品技术复杂度较高；而欠发达国家出口产品结构往往较为单一且出口产品的技术复杂度较低（伍业君等，2012）。可见，产品空间是高度异质的，而这种异质性可以反映区域产业演化的方向和速度。

发展中国家将路径依赖锁定在产品空间边缘区域的结论，启发了部分学者开始将关注对象转向发展中国家。近年来有研究指出，并非所有生产结构演化都遵循路径依赖，而发展中国家可以通过产业政策、制度改进、研发投入和基础设施改进等方式促使区域突破已有发展路径。扬科夫斯基等（Jankowska et al.，2012）基于韩国、巴西和墨西哥的案例研究，证实了产业政策在路径突破过程的作用。阿布东和费利普（Abdon and Felipe，2011）发现撒哈拉以南非洲地区位于产品空间"边缘区"，而适当引入产业政策可以打破路径依赖。另外，也有部分研究强调制度环境对产业演化的作用。博施马等（Boschma et al.，2012）认为一个国家或地区好的制度和市场条件有利于促进企业的发展与衍生。贺灿飞等（2016）发现中国四大区域出口产品结构经历了较为明显的转型。2001～2007年，四大区域出口产品演化过程主要表现为路径依赖；2008～2013年，西部地区受产业和区域政策的影响，主要表现为路径突破。贺灿飞等（2016）发现，全球链接、经济转型和政府干预不仅能促进关联产业的进入，同时也为中国引入新产业提供了机会。朱晟君等（2017）发现外部联系和内部创新可以促进区域跳跃到产品空间的核心区域，实现路径创造。

第四节　溢出效应与出口产品升级

自20世纪80年代以来，人们对集聚经济的认识和探索不断发展，成为经济学和经济地理学理解产业地理和区域发展的重要视角之一。19世纪，新古典区位论最早提出集聚经济概念，之后城市经济学者将集聚经济分解为地方化经济和城市化经济。克鲁格曼等学者把集聚经济引入一般均衡模型中，推动了新经济地理理论的发展，从此也奠定了集聚经济在空间经济学的特殊地位。20世纪末，集聚经济中的溢出效应受到企业异质性理论的挑战。21世纪初，梅里兹（Melitz，2003）、鲍德温和奥库博（Baldwin and Okubo，2006）等将企业异质性引入集聚经济的研究中，推动了新新经济地理相关理论的发展，集聚经济的微观机制开始得到更加广泛的讨论。20世纪80年代，地理学的"新区域主义"开启了地理学对产业空间集聚微观机制的探讨，出现了新产业空间、新产业区、创新氛围论和产业集群等概念和相关理论，多样化的案例研究极大地丰富和扩展了集聚经济的理论和实证证据。21世纪初，演化经济地理学也得到迅速发展，博施马（Boschma）和弗伦肯（Frenken）等地理学者区分产业之间的认知距离，以产业技术关联为切入点，将集聚经济分解为相关多样化和不相关多样化，进一步推动了集聚经济机制的研究（Boschma，2016；Boschma et al.，2017；Boschma et al.，2012；Boschma and Frenken，2011；Boschma and Iammarino，2009；Frenken et al.，2007）。

一、集聚发生

经济活动集聚在特定区域将产生外部性，该外部性为经济活动带来额外收益又进一步促进经济活动的集聚。这种集聚带来外部性的思想很早就产生了。马歇尔（Marshall，1890）通过外部规模经济来解释经济活动为什么在空间中集中。事实上，在马歇尔之前，蒂嫩（Thunen）研究工业化之前德国农业生产活动围绕城市布局的现象，虽然其对集聚现象进行了解释，但并没有提出外部性的概念。另外，在他的模型中，空间或区域未包括任何物质内涵，只有相对距离的纯几何空间。韦伯（Weber）首先提出集聚经济概念，并将区位因素分为区域因素和位置因素，其中，区域因素由劳动力成本和运输成本反映，而工业区位的因素则由集聚因素和分散因素共同反映。集聚因素由交通、自然资源决定的特殊因素和一般集聚因素共同决定。一般性因素主要指由于共聚所带来的收益或成本节约。可见，特殊集聚因素往往是集聚发生的根本原因，而一般集聚因素则是集聚持续发生的动力。该结论反映出经济活动优先集聚在能为经济活动带来比较优势的地区，而由于集聚所产生的更多收益和成本节约又反过来推动集聚的进一步发生。

知识溢出是集聚经济最主要的作用机制，是内生增长理论解释集聚、创新和区域增长的重要概念之一。韦伯的工业区位论肯定了一般性因素带来的收益与成本节约，然而，这种产生效益最为重要的途径和机制却无从得知。知识溢出是内生增长理论解释集聚、创新和区域增长的重要因素之一。阿罗（Arrow，1962）最早提出知识的累积概念。随后，罗默（Romer，1990）提出知识的非竞争性和部分排他性是知识溢出发生的根本原因。知识溢出被纳入生产函数，由此建立了知识溢出的内生增长模型。现有理论认为，知识溢出是不同经济主体之间通过直接或间接方式在交流和互动过程中发生的无意识传播。知识溢出的本质是一种社会的正外部性，即知识的被溢出者获取知识成果，但并不给知识的溢出者相应的补偿，或给予的补偿小于知识成果的实际价值。知识溢出效应的本质特征由知识的外部性决定。知识分为显性知识和隐性知识，其中，显性知识可以进行编码和记录，以专利或书面文字等形式存在，因此可以在较大范围的空间中传播。然而，隐性知识难以进行编码和文字化，知识溢出多发生在特定区域的面对面交流中（赵勇和白永秀，2009），而有创新价值的知识往往多集中在隐性知识中。

经济活动集聚能够产生并持续下去，这是由于空间集聚本身能够不断的自我强化。克鲁格曼（1991）将知识溢出融入空间分析中，知识溢出的外部性成为城市与区域促进集聚、创新和增长的重要原因。知识溢出带来的外部性有助于促进要素的边际收益递增，有助于企业在空间上的进一步集聚，最终有利于促进区域的经济增长。学者们讨论了集聚带来的知识溢出在专利研发、创新产出以及经济增长等方面的影响，证实了知识溢出的存在（Acs et al.，1999；Adams and Jaffe，1996；Audretsch and Feldman，1996；Jaffe et al.，1993）。也有学者从知识溢出发生的主体和途径出发，将知识溢出机制分为基于人才流动的溢出（Malecki，1997）、研发合作过程的溢出（Feldman and Francis，2002）、企业家精神的溢出（Storper and Venables，2004）以及基于贸易关系的知识溢出。

知识溢出、规模报酬递增以及空间竞争是集聚经济发生的经济逻辑。藤田和蒂斯（Fujita and Thisse，1996）在马歇尔、克鲁格曼以及城市经济学等集聚经济的相关研究结构的基础上，归纳总结了三种市场条件下企业集聚的理论成因：（1）完全竞争条件下的外部性。以马歇尔为首的新古典经济学认为，完全竞争下的外部性主要源于给定区域内企业的相互作用导致的知识溢出。(2) 垄断竞争条件下的规模收益递增。以克鲁格曼和埃尔普曼（Helpman）为首的新贸易理论和新经济地理学者认为，垄断竞争下的规模收益递增源于产品或投入要素的差异化。(3) 博弈条件下的空间竞争。以霍特林（Hotelling，1929）为代表的空间博弈论和以克里斯塔尔（Christaller，1933）为代表的城市地理学者认为，博弈条件下的空间竞争主要源于企业为了追求市场空间的最大化而集聚。

共享、匹配和学习成为城市经济学解释集聚产生的重要微观机制。迪朗东和普加（Duranton and Puga，2004）对城市集聚经济的微观基础做出了非常全面的总结，他们认为集聚经济主要源于共享（sharing）、匹配（matching）以及学习（learning）。共享作为城市集聚经济的微观基础之一，主要是指企业聚集在城市中可以共享不可分割的产品或设施、共享多样性和专业化带来的外部效应以及风险等。匹配主要是指大量的企业和人口聚集在城市中可以显著提升上下游企业、企业与劳动力等相互作用双方之间的匹配质量、匹配机会以及匹配效率，从而降低搜寻成本。空间中劳动力的人力资本水平并不均质，企业对不同类型劳动力的需求也不尽相同。市场中劳动力与企业之间存在信息不对称的问题，企业对劳动力的需求与劳动力的供给需要经过一定的搜寻才能相互匹配（陈良文和杨开忠，2006）。学习是指企业集聚在城市可以促进知识的创造、扩散和积累，从而降低创新与生产成本。集聚经济成为理解产业区位选择的重要视角之一（贺灿飞，2007；贺灿飞等，2014）。

二、集聚经济：专业化还是多样化？

早期的实证文献主要关注集聚经济的来源和影响机制，随后，关注的对象开始转向集聚发生的产业边界。根据地理空间中集聚的企业是否属于同一产业，将集聚经济分为地方化经济和城市化经济。地方化经济最早由马歇尔提出，是指同一产业内的企业聚集在特定区域，可以共享专业化的劳动力市场、获取上下游产业联系以及同行业企业间的知识溢出，从而有利于降低企业的搜寻、生产、交通以及创新等成本。然而，雅各布斯（Jacobs，1969）则认为多样化集聚更有利于促进新思想的产生，同时降低相应的生产成本。之后，卢卡斯（Lucas，1988）进一步指出，城市在创新和学习方面具备的优势不仅体现为重大技术知识的产生，更表现在一般知识的产生、扩散与积累等方面。这一思想受到了很多学者的认可，并在实证研究中得以检验（Audretsch and Feldman，2004；Moretti，2004；Rosenthal and Strange，2004）。霍韦尔（Hoover，1937）关于城市化经济的观点与雅各布斯（1969）的十分相近，都强调区域经济多样化的重要性。除了多样化的影响外，不同的经济活动聚集在一定的空间也可以带来雅各布斯外部性，例如，共享基础设施、接近庞大的需求市场和多样化的劳动力市场以及享受产业间知识溢出等（Henderson，2003）。随后出现的大量实证研究试图验证地方化经济和雅各布斯外部性对区域增长、创新、产业演化等的影响（Acs and Storey，2004；Batisse and Poncet，2004；Bivand，1999；Dekle，2002；Gao，2004；Henderson，1997；Henderson et al.，1995），不过这些实证研究并没有形成一致的结论。

大量研究讨论了"地方化经济和雅各布斯外部性谁的作用更大"的命题，结论不一。格莱塞等（Glaeser et al.，1992）基于美国 170 个城市 6 个工业行业的就业数据，发现城市化有利于新创意的产生，从而有利于促进知识溢出。之后，利用创新数据的研究同样也得出了类似结论（Feldman and Audretsch，1999）。费尔德曼和奥德斯（Feldman and Audretsch，1999）发现存在互补性的行业越多，创新产出越多。随后，行业异质性开始纳入集聚经济的研究中，比如，多样化外部性对新兴行业更重要，而专业化则对成熟产业影响更大（Henderson，1997）。迪朗东和普加（2005）研究法国新企业的成立，发现多样化的城市中新企业创立的概率更大。与此同时，也有研究发现地方化经济更为重要。纳卡穆拉（Nakamura，1985）发现产业规模增长对劳动生产率增加影响更大，由此得出地方化经济更为重要。亨德森（1986）研究集聚经济对产业生产率的影响，发现城市化经济并不重要。之后，他发现本产业就业规模的扩大更有利于提高机械制造业的劳动生产率（Henderson，2003）。除了生产率外，已有研究还发现，相较于城市化经济，地方化经济对创新的作用更大。格罗特等（de Groot et al.，2008）总结已有相关文献，发现集聚经济的实证文献中近一半的文章显示城市化经济具有显著的负外部性。

出口多样化与经济增长关系的相关研究并没有形成一致的结论。部分实证研究发现产品多样化有利于促进经济增长（Herzer，2006）。多样化主要通过两种方式促进经济增长：（1）组合效应（portfolio effect）。出口结构多元的区域能更好地通过组合效应缓解外部变化对经济的冲击（伍业君和张其仔，2012），尤其是对发展中国家。如果出口结构过于单一，很容易受汇率波动、贸易条件恶化以及金融危机等冲击的影响。（2）溢出效应。区域产品结构越多元，其储备的与新产品相关的知识越多。知识溢出带来的正外部性有助于推动企业的创新与发展，从而有利于促进经济的增长。

三、企业地理邻近不一定发生知识溢出：从地理距离到认知距离

集聚经济对经济活动带来外部性得到了证实，那是不是只要企业在空间中相邻近都能产生知识溢出呢？事实上，不同类型的知识，传播渠道和难易程度有较大的差异。可编码的知识更容易传播，而隐性知识需要面对面交流才能进行传播。因此，空间距离是影响溢出效应的一个重要因素。知识在空间上的溢出会随着距离的增加而衰减（Jaffe et al.，1993；Thompson，2005）。随着距离增加，面对面的交往和知识的有效传递都会受到影响（Greenstone et al.，2010；Lychagin et al.，2010）。然而，伴随着经济全球化，交通基础设施和科技进步不断推动着空间距离引致的成本压缩，不同产业之间的认知距离开始得到关注。"地方化经济和雅各布斯外部性谁的作用更大"结论不一致的部分原因可能与雅各布斯外部性本身的来源有关。知识溢出是雅各布斯外部性的重要作用机制，但是知识是否会在任意两个不同产业之间溢出？相应地，属于不同行业的企业在空间中相邻是否就一定会发生知识溢出？同行业或者不同行业的界定本身就带有一定的人为特征。即使是不同的行业，两个子行业中企业集聚产生的溢出效应也可能比同一行业企业集聚产生的溢出效应强。

不同行业间认知距离的提出与测度为该问题的进一步研究提供了重要基础。产业间的认知距离被定义为产业关联。事实上，早在20世纪80年代，产业之间的技术关联对知识溢出和产业间学习的影响就开始得到关注（Bresnahan and Trajtenberg，1995；Rosenberg and Frischtak，1983）。波特（2003）也认为地方化经济和城市化经济作为集聚经济的两种形式的划分过于简单。不同产业间存在认知距离，认知距离太远沟通有效性降低，认知距离太近则可能发生锁定。知识溢出发生在适当认知距离范围内的产业间（Nooteboom，2000）。

四、技术关联与出口产品升级

与地理邻近相比，企业之间的认知邻近对知识溢出的影响可能更大。知识溢出存在产业边界，城市经济学者和产业经济学者提出了行业内和行业间的知识溢出，但行业内和行业间的差异却不得而知。博施马和弗伦肯等地理学者通过产业关联来反映产业认知距离，以此刻画具有产业边界的集聚经济，并成为演化经济地理学的重要研究内容（Boschma，2016；Boschma et al.，2017，2013；Boschma and Frenken，2011；Castaldi et al.，2015）。博施马和弗伦肯（2011）认为，知识溢出多发生在区域拥有类似知识基础的产业之间。相关多样化有利于促进区域产业增长和区域新产业的产生（Neffke et al.，2011），同时也能提高区域新产业的生存率（Neffke et al.，2012）。弗伦肯等（2007）利用熵值法定义产业的多样化，并将其分解为相关多样化和不相关多样化，以此探讨相关多样化和不相关多样化对区域就业和失业率的影响。结果表明，相关多样化有利于促进区域就业增长，而不相关多样化显著地降低了区域失业率。博施马（2009）和亚马里诺（Iammarino，2009）基于意大利的数据也得出了同样的结论。夸特拉罗（Quatraro，2010）基于意大利的数据发现，相关多样化促进了区域生产率的提高。内夫克等（Neffke et al.，2012）发现区域相关多样化比专业化更能提高行业内企业的存活率。进一步地,相关多样化和不相关多样化的作用存在一定的行业差异。哈尔托赫等（Hartog et al.,2012）基于芬兰的数据发现高技术行业的相关多样化更有利于促进区域就业增长。

技术关联也开始应用到产业专业化的刻画中,用以讨论相关专业化对区域经济发展、产业演化的影响。MAR 外部性使得同行业间可以共享专业化劳动力市场、获取上下游产业联系以及同行业企业间的知识溢出。波特和沃茨（2011）在此基础上发现技术相关的产业之间也可共享专业化的劳动力市场、上下游供应商等,也就是说技术关联的产业之间也可能获得 MAR 外部性,其也被定义为相关专业化经济。近期,基于欧盟创新政策提出的精明专业化（smart specialization）,主要思想是产业政策需要根植于本地属性特征（Capello and Kroll,2016；Foray et al.,2011；McCann and Ortega – Argilés,2015；Morgan,2015；Thissen et al.,2013）。科克勒等（Kogler et al.,2016）通过欧盟 15 个区域的专利数据,利用技术关联以及产业之间的联系来定义相关专业化,认为特定区域的知识专业化程度显著地影响了区域经济表现。相关专业化为相关产业发展带来具有实际联系的溢出效应,而相关多样化更多的是带来相关知识的溢出,不相关多样化更像是一种组合效应,有利于降低外部冲击带来的风险。之后,技术关联集聚经济的企业和行业异质性开始得到关注。内夫克等（2011）发现处于生命周期不同阶段产业在技术关联集聚中的获益不同。相关多样化对新兴产业的影响更大,而地方专业化对处于成熟阶段的产业带来的好处更大。内夫克等（2012）发现雅各布斯外部性更多的是影响年轻企业的存活率,尤其是相关多样化对企业存活率的影响更为显著。

第五节　出口升级研究的其他视角

出口产品升级研究涉及经济地理、发展经济学、产业经济学、国际贸易、社会学和公共管理学等多个学科领域（温思雅,2015）。企业是出口升级的实施者,也是解释区域出口升级的重要微观单元。企业研发新产品,尤其是高技术复杂度和高质量产品,都需要投入一定的沉没成本,包括生产转换成本和出口信息的搜索成本。前者是供给侧产品生产部分的成本,企业生产并出口新的高技术复杂度和高质量产品需要建立新的生产线、引入或者开发新的生产技术,因此,需要支付一定的成本以进行生产线的改进、人员培训等。后者主要为需求侧对出口市场研究的成本。高技术复杂度产品和高产品质量产品多出口到高收入国家,市场探索成本和风险都较高。企业为产品寻找市场时,需要获取该产品在国外市场的需求规模、客户偏好、竞争程度、业务环境以及出口渠道等信息。更为重要的是,如果企业扩展的是高技术复杂度产品,还面临与已出口该产品的企业进行竞争，竞争过程中的成本和风险是该类产品是否能成功引入以及引入之后能否长期出口的决定因素。生产转换成本与信息搜索成本影响企业能否成功引入该产品并维持其出口，因此，企业如何降低供给侧和需求侧的成本投入是保证企业出口升级的关键。

产业组织理论从企业资源视角来研究企业产品升级。企业资源视角认为企业所具备的资源是不可分割的。通常而言，企业拥有进行现有生产活动以外的剩余资源，即"多余资源"（excess resources），这些多余资源通常具有可转换性。例如生产设备、劳动力、生产技术和管理制度等，甚至是企业在干中学过程所累积的产品与市场知识（Penrose，1959；Wernerfelt，1984）。企业在已有生产活动中积累了一系列技术、资产、组织惯例和能力等资源。这些资源是企业的核心竞争力，不仅可以利用来生产某一种产品，还可以用于生产其他类型的产品。企业升级过程中将面临不确定性和信息不对称性。因此，企业利用多余资源、相似的知识有利于降低升级过程的难度和成本（Dosi，1988；Nelson and Winter，1982）。此时，拥有较高组织能力和生产能力的企业将更可能进行产品扩展，进行升级的概率更高。

发展经济学利用新古典经济学和演化经济学的思想来解释企业出口产品升级行为。企业出口产品升级的过程是企业进行产品探究以及资源再配置的过程。企业产品生产成本被分解为可控成本与不可控成本，出口产品升级的过程则是进行成本探索的过程。可控成本为企业运营成本，主要通过企业内部进行控制；不可控成本则是企业所处空间的硬性基础设置和软性环境影响。硬性基础设施决定企业的市场范围和交易费用；软性环境则决定了企业的契约履行费用、融资成本等。一般而言，企业能有效地控制内部成本，而大部分交易费用则只能被动接受。在升级过程中，不同企业面临着不同的"约束条件"。当约束条件不能得到改善时，就会阻碍升级与增长（Hausmann and Rodrik，2003）。因此，企业出口产品升级是企业在其自身成本结构和所在区域外部环境（不可控成本）间不断调整的结果。

经济学和经济地理学关注企业所在区域的环境对企业创新等行为的影响，一定程度上忽视了企业自身的特征，以及企业与环境之间的交互关系对创新行为的影响。在演化经济地理学框架中，创新源于企业惯例的变异，是经济系统内不可预知的新变化，是经济系统演化的核心组成。一般来说，企业是在已有产品功能的基础上加入新功能和元素来扩展新产品的，以实现增加产品应用范围、应用空间和附加值的目标。一方面，企业出口产品升级是企业基于其自身能力进行综合决策的结果。溢出效应的研究中发现，溢出效应接受者的吸收能力也是影响溢出推动企业发展的重要部分。拉潘和巴丹（Lapan and Bardhan，1973）发现企业在获取其他企业的技术溢出的过程中，该企业也需要一定的技术吸收能力。科恩和莱文塔尔（Cohen and Levinthal，1990）发现随着R&D投入的增长，其也将间接加速企业在其他地方进行技术吸收的能力。目前这类研究多集中在演化经济地理学和企业管理类的文献当中。扎赫拉和乔治（Zahra and George，2002）将企业吸收能力定义为企业获取、吸收、转变和探究新知识的能力。现在的大部分研究以企业 R&D 投入作为企业吸收能力的代理变量。经济地理学者从认知距离出发，为该类研究增加了一个新视角，认为溢出者所产生的溢出效应因企业的吸收能力不同而不同。卡彭（Capone，2015）发现欧盟国家有较强能力获取溢出效应，而经济欠发达的国家则不具备这样的吸收能力或转化能力。另一方面，企业自身的特征也会影响其升级行为的选择，如年龄、所有制、规模等。企业特征的影响是现阶段经济学者研究企业升级行为的重要切入点。

20 世纪 90 年代以来，集群、产业区、区域创新系统、创新学习区等领域的研究开始讨论企业与区域环境之间的关系对企业创新升级的影响，甚至呼吁应该采用综合的分析方法，将企业置于分析的中心来研究技术创新（Giuliani，2007；Wang and Lin，2013）。区域与企业的互动关系是认识复杂社会经济系统的重要视角，强调企业与区域的交互作用对企业创新的影响，进而进一步推动出口产品升级。例如，现有研究证实了企业所在地区的溢出效应对企业创新的影响，但与此同时，企业自身的吸收能力影响了溢出效应发生的程度和效率（Cohen and Levinthal，1990）。另外，企业出口产品升级过程中，需要支付一定的沉没成本去发现新产品、新技术以及新市场等。在此过程中，企业需要承担研发失败以及市场扩展失败等对企业带来的风险。先进行出口产品升级的企业所获取的私人收益会小于社会收益，但此时多样化及升级将会产生正的外部性，这些外部性不能内部化就会减缓甚至阻碍企业进行新产品和新市场的发现（Hausmann and Rodrik，2003）。在特定区域中，成熟行业的企业家探寻低生产成本的产品的概率较高，然而，第一个吃螃蟹的企业家却需要在较少的知识下进行探索。探索一旦成功，其他企业就可以进行低成本甚至是无成本的模仿。该企业家精神——生产学习就会供不应求，经济转型也将被滞后。在现实中，许多技术都是"缄默"的，意味着该知识不能轻易地被编码成可以操作的生产程序（Evenson and Westphal，1995；Lall，2000）。此时，面对面的交流更为重要，企业所在区域的环境对企业升级就更为重要。因此，企业与区域的互动关系是影响企业进行升级的重要因素，然而当前还较少有文献涉及。

融合不同学科视角研究企业出口产品升级有助于更为全面地理解中国出口升级问题。不同的理论框架关注不同的影响因素。对升级影响的研究发现影响企业出口升级的因素包括企业特征、产业特征、区域特征和经济周期，等等（Iacovone and Javorcik，2010；Pavlínek and Ženka，2011；Selwyn，2012；Zhu and Pickles，2014）。因此，企业升级是一个复杂的交叉学科研究领域，不仅涉及经济地理学，而且涉及产业经济学、国际贸易、社会学和公共管理学领域等多个学科领域。事实上，在企业产品调整过程中，无论是经济学、管理科学还是地理学都很难单独指导企业家在众多的现代产业活动当中选择适当的投资种类。借鉴不同学科的分析框架，强调企业与区域的交互作用以及企业自身的特征，是对现有企业升级研究框架的补充。

本 章 小 结

在出口产品升级方面，学者开展了丰富的理论与实证研究。国际贸易理论在企业异质性假设下有重要的理论突破，但模型中企业出口的产品还是一个黑箱。全球生产网络对出口产品升级的认识不断加深，尽管也出现了一些实证研究，但主要还是以案例和具体区域研究为主，理论层面的研究不足。演化经济地理学为区域发展路径研究提供了动态视角，虽然出现了大量关于技术关联的重要性的文献，回答了区域在产业和产品演化过程中的作用，但企业与区域之间如何互动才能促进升级的发生仍无从得知。近年来国内学者将国外理论方法与中国经济转型相结合，对这一问题的研究刚刚兴起，这些研究成果为本书所涉及的开展奠定了良好的理论与方法基础，但仍然存在一些问题，值得进一步扩展研究。

一、不同的理论需要融合

演化经济地理理论、国际贸易理论和集聚经济等理论研究视角相互补充，将不同理论的结合才能系统地解释我国企业出口产品升级路径及其影响因素。新新国际贸易理论在异质性企业的假设下有重要的理论突破，其在微观企业层面讨论较多，但研究多集中在静态地讨论特定尺度产品水平变化及经济效应，缺乏对升级过程的解析；且企业仍处于"真空"中，缺乏对产品升级的空间差异以及升级过程中空间效应的探讨；以地理邻近为基础的集聚经济理论，强调企业间地理邻近的重要性，但忽视了企业所在行业之间的认知邻近对知识溢出的影响；演化经济地理学开创性地利用技术关联来刻画产业间的认知邻近，以此来解释国家和区域产业演化，却缺乏微观视角的解读。此外，已有研究大多就企业论企业、就区域论区域，缺乏企业与区域互动对升级的影响的研究。本书将几个理论融合，以经济全球化和转型中的中国为背景，全面系统地研究中国企业出口产品升级的路径及其影响机制。

二、产品内升级和产品间升级需要纳入同一框架来研究产品升级

经济地理和国际贸易领域国内外学者对产业升级展开了一系列研究,研究大多基于产品间或者产品内视角研究出口产品升级及其经济效应。经济学者从产品技术复杂度和产品质量两个方面讨论升级的发生和机制。全球生产网络中无论是汉弗莱和施米茨还是恩斯特(Ernst)的升级均是线性升级;演化经济地理领域开始引入产品空间,讨论区域在产品空间中从边缘到核心演化的可能。事实上,区域在产品空间中的跳跃过程也仅仅是区域"核心—边缘"结构中的产品间升级缩影,产品本身质量的提升不得而知。总体来说,现有研究多从单一维度分析产业升级的路径选择。然而,企业出口产品升级并不是线性的,企业异质性以及企业所在区域的差异使得企业在升级过程中面临复杂的升级决策,即可能出现同时进行产品内和产品间升级。本研究将以此为基础,将产品内升级和产品间升级纳入同一模型,基于中国的实证研究提炼出适用于中国甚至是发展中国家出口产品升级的分析模型。

三、缺乏对升级的空间差异以及空间对升级支持作用的关注

国际贸易理论在企业和产品异质性假设上有重要的理论突破,讨论也从宏观走向微观。然而,模型中的企业仍处于"真空"中,缺乏空间效应的探讨。现有产品升级的研究多集中对产品技术复杂度和质量提高的影响因素及其产生的经济效应的讨论上。然而,促进出口产品技术复杂度和质量提高的影响因素并不是随机或者均匀分布在空间中的,因此,一方面,企业在不同的空间中也可能采取不同的产品策略来推动升级的发生,即不同的企业可能会选择不同的升级路径。另一方面,"空间"作为一种资源,空间中经济活动集聚所带来的信息溢出等外部性以及空间所储备的该产品的生产能力对企业升级过程的资源获取具有重要影响。现有对于升级路径选择的空间差异以及"空间"对企业升级影响的研究不足。

四、缺乏从动态微观视角研究中国企业出口产品升级的过程

国际贸易理论发展的过程伴随着对贸易问题从宏观到微观认识的过程。新新贸易理论开始讨论资源在企业间流动配置,异质性企业模型通过选择效应促使资源在企业内再

配置。演化经济地理学基于技术关联和产品空间的视角研究区域发展路径的演化过程。但研究多关注企业进入、退出、成长及其经济效应，尚未涉及企业内产品的动态调整过程。企业是资源配置调整的最小单位，如何促进资源在企业内的重新配置将显著影响企业出口升级行为的发生，该领域的研究仍是空白。本研究将以企业出口产品动态为切入点，研究企业内产品动态调整过程及其产品特征，以更好地认识中国企业出口产品升级的动态微观机制。

五、缺乏对企业升级后可持续发展的研究

在企业升级过程中，无论是扩展新产品还是提高已有产品的质量，产品探索过程中均面临不确定性和风险。同时，在不同的空间中，企业升级过程中获取资源的难易程度也不相同。现有研究多关注企业产品扩展过程以及区域发展过程中的区域分化。企业升级后对新产品维持以及企业本身的生存是升级完成的重要标志，而目前该部分研究内容仍为空白。

本章参考文献

［1］阿尔弗雷德·韦伯. 工业区位论［M］. 北京：商务印书馆，1909.

［2］陈良文，杨开忠. 集聚经济的六类模型：一个研究综述［J］. 经济科学，2006（6）：107 - 117.

［3］陈维涛，王永进，毛劲松. 出口技术复杂度、劳动力市场分割与中国的人力资本投资［J］. 管理世界，2014（2）：6 - 20.

［4］戴翔，金碚. 产品内分工、制度质量与出口技术复杂度［J］. 经济研究，2014（7）：4 - 17，43.

［5］戴翔，张雨. 开放条件下我国本土企业升级能力的影响因素研究——基于昆山制造业企业问卷的分析［J］. 经济学（季刊），2012，12（4）：1387 - 1412.

［6］杜修立，王维国. 中国出口贸易的技术结构及其变迁：1980—2003［J］. 经济研究，2007（7）：137 - 151.

［7］樊瑛. 异质企业贸易模型的理论进展［J］. 国际贸易问题，2008（3）：124 - 128.

［8］冯梅. 比较优势动态演化视角下的产业升级研究：内涵、动力和路径［J］. 经济问题探索，2014（5）：50 - 56.

［9］贺灿飞，董瑶，周沂. 中国对外贸易产品空间路径演化［J］. 地理学报，2016（6）：970 - 983.

［10］贺灿飞，郭琪，马妍，范帅邦，赵瑜嘉. 西方经济地理学研究进展［J］. 地理学报，2014，69（8）：1207 - 1223.

［11］贺灿飞. 公司总部地理集聚及其空间演变［J］. 中国软科学，2007（3）：59 - 68.

[12] 金毓. "新新贸易理论"中的选择效应与生产率进步 [J]. 国际经贸探索, 2014 (8): 29-40.

[13] 亢梅玲, 和坤林. 出口产品质量测度与干中学效应研究 [J]. 世界经济研究, 2014 (7): 47-54, 88.

[14] 李惠娟, 蔡伟宏. 全球价值链嵌入对中国服务业出口技术复杂度影响 [J]. 国际贸易问题, 2017 (1): 70-80.

[15] 李健, 宁越敏. 全球生产网络的浮现及其探讨——一个基于全球化的地方发展研究框架 [J]. 上海经济研究, 2011 (9): 20-27, 54.

[16] 刘维林, 李兰冰, 刘玉海. 全球价值链嵌入对中国出口技术复杂度的影响 [J]. 中国工业经济, 2014 (6): 83-95.

[17] 邱斌, 叶龙凤, 孙少勤. 参与全球生产网络对我国制造业价值链提升影响的实证研究——基于出口复杂度的分析 [J]. 中国工业经济, 2012 (1): 57-67.

[18] 盛丹, 王永进. 市场化、技术复杂度与中国省区的产业增长 [J]. 世界经济, 2011, 34 (6): 26-47.

[19] 施炳展. 企业异质性、地理距离与中国出口产品价格的空间分布 [J]. 南方经济, 2011 (2): 61-74.

[20] 史进, 贺灿飞. 企业空间动态研究进展 [J]. 地理科学进展, 2014 (10): 1342-1353.

[21] 孙林, 卢鑫, 钟钰. 中国出口产品质量与质量升级研究 [J]. 国际贸易问题, 2014 (5): 13-22.

[22] 温思雅. 企业升级研究现状探析与未来展望 [J]. 现代经济探讨, 2015 (1): 53-57.

[23] 伍业君, 张其仔, 徐娟. 产品空间与比较优势演化述评 [J]. 经济评论, 2012 (4): 145-152.

[24] 伍业君, 张其仔. 比较优势演化与经济增长——基于阿根廷的实证分析 [J]. 中国工业经济, 2012 (2): 37-46.

[25] 徐海英, 朱国传. 西方经济地理学对"嵌入"的研究及其启示 [J]. 人文地理, 2012, 27 (3): 18-22.

[26] 杨汝岱, 姚洋. 有限赶超与经济增长 [J]. 经济研究, 2008 (8): 29-41, 64.

[27] 姚洋, 张晔. 中国出口品国内技术含量升级的动态研究——来自全国及江苏省、广东省的证据 [J]. 中国社会科学, 2008 (2): 67-82, 205-206.

[28] 余智. "新新国际贸易理论"的最新发展 [J]. 经济学动态, 2013 (1): 112-117.

[29] 约翰·冯·杜能. 孤立国同农业和国民经济的关系 [M]. 北京: 商务印书馆, 2011.

[30] 赵勇, 白永秀. 知识溢出: 一个文献综述 [J]. 经济研究, 2009 (1): 144-156.

[31] Abdon A. and Felipe J. The Product Space: What Does it Say About the Opportunities for Growth and Structural Transformation of Sub-Saharan Africa? [Z]. Rochester, NY: Social Science Research Network. http://papers.ssrn.com/abstract=1846734. 2011.

[32] Acs Z. J., Fitzroy F. R. and Smith I. High Technology Employment, Wages and University R&D Spillovers: Evidence From Us Cities [J]. Economics of Innovation and New Technology, 1999, 8 (1-2):

57 – 78.

[33] Acs Z. and Storey D. Introduction: Entrepreneurship and Economic Development [J]. Regional Studies, 2004, 38 (8): 871 – 877.

[34] Adams J. D. and Jaffe A. B. Bounding the Effects of R&D: An Investigation Using Matched Establishment – Firm Data [Z]. National Bureau of Economic Research. http://www.nber.org/papers/w5544. 1996.

[35] Arrow K. J. The Economic Implications of Learning by Doing [J]. The Review of Economic Studies, 1962, 29 (3): 155 – 173.

[36] Audretsch D. B. and Feldman M. P. R&D Spillovers and the Geography of Innovation and Production [J]. The American Economic Review, 1996, 86 (3): 630 – 640.

[37] Audretsch D. B. and Feldman M. P. Handbook of Regional and Urban Economics [M]. Amesterdam: Elsevier, 2004: 2713 – 2739.

[38] Aw B. Y. and Hwang A. R. Productivity and the Export Market: A Firm-level Analysis [J]. Journal of Development Economics, 1995, 47 (2): 313 – 332.

[39] Baldwin R. and Harrigan J. Zeros, Quality, and Space: Trade Theory and Trade Evidence [J]. American Economic Journal: Microeconomics, 2011, 3 (2): 60 – 88.

[40] Baldwin R. E. and Okubo T. Heterogeneous Firms, Agglomeration and Economic Geography: Spatial Selection and Sorting [J]. J Econ Geogr, 2006, 6 (3): 323 – 346.

[41] Bastos P. and Silva J. The Quality of a Firm's Exports: Where You Export to Matters [J]. Journal of International Economics, 2010, 82 (2): 99 – 111.

[42] Batisse C. and Poncet S. Protectionism and Industry Location in Chinese Provinces [J]. Journal of Chinese Economic and Business Studies, 2004, 2 (2): 133 – 154.

[43] Bernard A. B. and Bradford J. Exceptional Exporter Performance: Cause, Effect, or Both? [J]. Journal of International Economics, 1999, 47 (1): 1 – 25.

[44] Bernard A. B, Jensen J. B. and Lawrence R. Z. Exporters, Jobs, and Wages in U. S. Manufacturing: 1976 – 1987 [J]. Brookings Papers on Economic Activity Microeconomics, 1995: 67 – 119.

[45] Bernard A. B. and Jensen J. B. Why Some Firms Export [J]. Review of Economics and Statistics, 2004, 86 (2): 561 – 569.

[46] Bernard A. B, Redding S. J. and Schott P. K. Multiple – Product Firms and Product Switching [J]. The American Economic Review, 2010, 100 (1): 70 – 97.

[47] Bivand R. S. Dynamic Externalities and Regional Manufacturing Development in Poland. Tijdschrift voor economische en sociale geografie, 90 (4): 347 – 362.

[48] Boschma R. and Capone G. Institutions and Diversification: Related Versus Unrelated Diversification in a Varieties of Capitalism Framework [J]. Research Policy, 2015, 44 (10): 1902 – 1914.

[49] Boschma R., Coenen L., Frenken K. and Truffer B. Towards a Theory of Regional Diversification: Combining Insights from Evolutionary Economic Geography and Transition Studies [J]. Regional Studies, 2017, 51 (1): 31 – 45.

［50］Boschma R. and Frenken K. The Emerging Empirics of Evolutionary Economic Geography［J］. J Econ Geogr, 2011, 11 (2): 295–307.

［51］Boschma R. and Iammarino S. Related Variety, Trade Linkages, and Regional Growth in Italy［J］. Economic Geography, 2009, 85 (3): 289–311.

［52］Boschma R., Minondo A. and Navarro M. Related Variety and Regional Growth in Spain*［J］. Papers in Regional Science, 2012, 91 (2): 241–256.

［53］Boschma R., Minondo A. and Navarro M. The Emergence of New Industries at the Regional Level in Spain: A Proximity Approach Based on Product Relatedness［J］. Economic Geography, 2013, 89 (1): 29–51.

［54］Boschma R. Relatedness as Driver of Regional Diversification: A Research Agenda［J］. Regional Studies, 2017, 51 (3): 351–364.

［55］Bresnahan T. F. and Trajtenberg M. General Purpose Technologies "Engines of Growth"?［J］. Journal of Econometrics, 1995, 65 (1): 83–108.

［56］Bunnell T. G. and Coe N. M. Spaces and Scales of Innovation［J］. Progress in Human Geography, 2001, 25 (4): 569–589.

［57］Capello R. and Kroll H. From Theory to Practice in Smart Specialization Strategy: Emerging Limits and Possible Future Trajectories［J］. European Planning Studies, 2016, 24 (8): 1393–1406.

［58］Castaldi C., Frenken K. and Los B. Related Variety, Unrelated Variety and Technological Breakthroughs: An Analysis of US State–Level Patenting［J］. Regional Studies, 2015, 49 (5): 767–781.

［59］Chenery H. B. and Taylor L. Development Patterns: Among Countries and Over Time［J］. Review of Economics and Statistics, 1968, 50 (4): 391–441.

［60］Christaller W. Central Places in Southern Germany［M］. London: Prentice–Hall, 1966.

［61］Coe N. M, Hess M., Yeung H. W, Dicken P. and Henderson J. "Globalizing" Regional Development: A Global Production Networks Perspective［J］. Transactions of the Institute of British Geographers, 2004, 29 (4): 468–484.

［62］Cohen W. M. and Levinthal D. A. Absorptive Capacity: A New Perspective On Learning and Innovation［J］. Administrative Science Quarterly, 1990, 35 (1): 128–152.

［63］De Groot H. L., Poot J. and Smit M. J. Handbook of Regional Growth and Development Theories［M］. UK: Edward Elgar, 2009: 256–281.

［64］Loecker J. de and Warzynski F. Markups and Firm–Level Export Status［J］. The American Economic Review, 2012, 102 (6): 2437–2471.

［65］Dekle R. Industrial Concentration and Regional Growth: Evidence from the Prefectures［J］. Review of Economics and Statistics, 2002, 84 (2): 310–315.

［66］Dosi G. Sources, Procedures, and Microeconomic Effects of Innovation［J］. Journal of Economic Literature, 1988, 26 (3): 1120–1171.

［67］Dunne T., Klimek S. D. and Roberts M. J. Exit from Regional Manufacturing Markets: the Role of Entrant Experience［J］. International Journal of Industrial Organization, 2005, 23 (5–6): 399–421.

[68] Duranton G. and Puga D. From Sectoral to Functional Urban Specialisation [J]. Journal of Urban Economics, 2005, 57 (2): 343-370.

[69] Evenson R. E. and Westphal L. E. Chapter 37 Technological Change and Technology Strategy [J]. Handbook of Development Economics, 1995, 3 (5): 2209-2299.

[70] Feldman M. P. and Audretsch D. B. Innovation in Cities: Science-based Diversity, Specialization and Localized Competition [J]. European Economic Review, 1999, 43 (2): 409-429.

[71] Feldman M. P. and Francis J. The Entrepreneurial Spark: Individual Agents and the Formation of Innovative Clusters. In: Complexity and Industrial Clusters [Z]. 195-212. https://link.springer.com/chapter/10.1007/978-3-642-50007-7_10. 2002.

[72] Felipe J., Kumar U., Abdon A. and Bacate M. Product Complexity and Economic Development [J]. Structural Change and Economic Dynamics, 2012, 23 (1): 36-68.

[73] Ferrarini B. and Scaramozzino P. Production Complexity, Adaptability and Economic Growth [J]. Structural Change and Economic Dynamics, 2016, 37: 52-61.

[74] Foray D., David P. A. and Hall B. H. Smart Specialisation From Academic Idea to Political Instrument, the Surprising Career of a Concept and the Difficulties Involved in its Implementation [Z]. https://infoscience.epfl.ch/record/170252. 2011.

[75] Frenken K., Van O. F. and Verburg T. Related Variety, Unrelated Variety and Regional Economic Growth [J]. Regional Studies, 2007, 41 (5): 685-697.

[76] Fujita M. and Thisse J. F. Economics of Agglomeration [J]. Journal of the Japanese and International Economies, 1996, 10: 339-378.

[77] Gangnes B. S, Ma A. C. and Assche A. V. Global Value Chains and Trade Elasticities [J]. Economics Letters, 2014, 124 (3): 482-486.

[78] Gao T. Regional Industrial Growth: Evidence from Chinese Industries [J]. Regional Science and Urban Economics, 2004, 34 (1): 101-124.

[79] Garvin D. A. What Does Product Quality Really Mean [J]. Sloan Management Review, 1984, 26: 25-43.

[80] Gereffi G., Humphrey J. and Sturgeon T. The Governance of Global Value Chains [J]. Review of International Political Economy, 2005, 12 (1): 78-104.

[81] Gereffi G. International Trade and Industrial Upgrading in the Apparel Commodity Chain [J]. Journal of International Economics, 1999, 48 (1): 37-70.

[82] Giuliani E. The Selective Nature of Knowledge Networks in Clusters: Evidence from the Wine Industry [J]. Journal of Economic Geography, 2007, 7 (2): 139-168.

[83] Glaeser E. L, Kallal H. D, Scheinkman J. A. and Shleifer A. Growth in Cities [J]. Journal of Political Economy, 1992, 100 (6): 1126-1152.

[84] Greenstone M., Hornbeck R. and Moretti E. Identifying Agglomeration Spillovers: Evidence from Winners and Losers of Large Plant Openings [J]. Journal of Political Economy, 2010, 118 (3): 536-598.

[85] Grossman G. M. and Helpman E. Quality Ladders and Product Cycles [J]. The Quarterly Journal of

Economics, 1991, 106 (2): 557 – 586.

[86] Hallak J. C. and Schott P. K. Estimating Cross – Country Differences in Product Quality* [J]. Q J Econ, 2011, 126 (1): 417 – 474.

[87] Hallak J. C. and Sivadasan J. Firms' Exporting Behavior under Quality Constraints [Z]. National Bureau of Economic Research. http://www.nber.org/papers/w14928. 2009.

[88] Hallak J. C. and Sivadasan J. Product and Process Productivity: Implications for Quality Choice and Conditional Exporter Premia [J]. Journal of International Economics, 2013, 91 (1): 53 – 67.

[89] Harrigan J., Ma X. and Shlychkov V. Export prices of U. S. firms [J]. Journal of International Economics, 2015, 97 (1): 100 – 111.

[90] Hartog M., Boschma R. and Sotarauta M. The Impact of Related Variety on Regional Employment Growth in Finland 1993 – 2006: High – Tech versus Medium/Low – Tech [J]. Industry & Innovation, 2012, 19 (6): 459 – 476.

[91] Hausmann R. and Hidalgo C. Country Diversification, Product Ubiquity, and Economic Divergence [Z]. Rochester, NY: Social Science Research Network. http://papers.ssrn.com/abstract = 1724722. 2010.

[92] Hausmann R. and Hidalgo C. A. The Network Structure of Economic Output [J]. J Econ Growth, 2011, 16 (4): 309 – 342.

[93] Hausmann R., Hwang J. and Rodrik D. What You Export Matters [J]. J Econ Growth, 2006, 12 (1): 1 – 25.

[94] Hausmann R. and Klinger B. The Structure of the Product Space and the Evolution of Comparative Advantage [Z]. Center for International Development at Harvard University. http://scholar.google.com/scholar?cluster = 14035101216413974344&hl = en&oi = scholar. 2007.

[95] Hausmann R. and Rodrik D. Economic Development as Self-discovery [J]. Journal of Development Economics, 2003, 72 (2): 603 – 633.

[96] He C., Yan Y. and Rigby D. Regional Industrial Evolution in China [J]. Papers in Regional Science, 2018, 97 (2): 173 – 198.

[97] Henderson J., Dicken P., Hess M., Coe N. and Yeung H. W. C. Global Production Networks and the Analysis of Economic Development [J]. Review of International Political Economy, 2002, 9 (3): 436 – 464.

[98] Henderson J. V. Efficiency of Resource Usage and City Size [J]. Journal of Urban Economics, 1986, 19 (1): 47 – 70.

[99] Henderson J. V. Marshall's Scale Economies [J]. Journal of Urban Economics, 2003, 53 (1): 1 – 28.

[100] Henderson V., Kuncoro A. and Turner M. Industrial Development in Cities [J]. Journal of Political Economy, 1995, 103 (5): 1067 – 1090.

[101] Henderson V. Externalities and Industrial Development [J]. Journal of Urban Economics, 1997, 42 (3): 449 – 470.

[102] Herzer D. and D F. N. L. What Does Export Diversification Do for Growth? An Econometric Analy-

sis [J]. Applied Economics, 2006, 38 (15): 1825 – 1838.

[103] Hess M. and Yeung H. W. C. Whither Global Production Networks in Economic Geography? Past, Present, and Future [J]. Environment and Planning A, 2006, 38 (7): 1193 – 1204.

[104] Hidalgo C. A. and Hausmann R. The Building Blocks of Economic Complexity [J]. PNAS, 2009, 106 (26): 10570 – 10575.

[105] Hidalgo C., Klinger B., Barabasi A. L. and Hausmann R. The Product Space Conditions the Development of Nations [J]. Science, 2007, 317 (5837): 482 – 487.

[106] Hoover E. M. Location Theory and the Shoe Leather Industries [M]. Cambridge: Harvard University Press, 1937.

[107] Hotelling H. Stability in Competition [J]. Economic Journal, 1929, 39 (153): 41 – 57.

[108] Hummels D. and Klenow P. J. The Variety and Quality of a Nation's Exports [J]. The American Economic Review, 2005, 95 (3): 704 – 723.

[109] Iacovone L. and Javorcik B. S. Multi – Product Exporters: Product Churning, Uncertainty and Export Discoveries*[J]. The Economic Journal, 2010, 120 (544): 481 – 499.

[110] Jacobs J. The Economy of Cities [M]. New York: Random House, 1969.

[111] Jaffe A. B, Trajtenberg M. and Henderson R. Geographic Localization of Knowledge Spillovers as Evidenced by Patent Citations [J]. Q J Econ, 1993, 108 (3): 577 – 598.

[112] Jankowska A., Nagengast A. and Perea J. R. The Product Space and the Middle – Income Trap [Z]. Paris: Organisation for Economic Co – operation and Development. http: //www.oecd-ilibrary.org/content/workingpaper/5k9909j2587g – en. 2012.

[113] Jarreau J. and Poncet S. Export Sophistication and Economic Growth: Evidence from China [J]. Journal of Development Economics, 2012, 97 (2): 281 – 292.

[114] Khandelwal A. The Long and Short of Quality Ladders [J]. Review of Economic Studies, 2010, 77 (4): 1450 – 1476.

[115] Kogler D. F, Essletzbichler J. and Rigby D. L. The Evolution of Specialization in the EU15 Knowledge Space [J]. J Econ Geogr, 2016, 17 (2): lbw024.

[116] Krishna P. and Levchenko A. A. Comparative Advantage, Complexity, and Volatility [J]. Journal of Economic Behavior & Organization, 2013, 94: 314 – 329.

[117] Krugman P. Increasing Returns and Economic Geography [J]. Journal of Political Economy, 1991, 99 (3): 483 – 499.

[118] Krugman P. R. Increasing Returns, Monopolistic Competition, and International Trade [J]. Journal of International Economics, 1979, 9 (4): 469 – 479.

[119] Kugler M. and Verhoogen E. Prices, Plant Size, and Product Quality [J]. Review of Economic Studies, 2012, 79 (1): 307 – 339.

[120] Kugler M. and Verhoogen E. Prices, Plant size, and product quality [J]. The Review of Economic Studies, 2012, 79 (1): 307 – 339.

[121] Kuznets S. Modern Economic Growth [M]. New Haven: Yale University Press, New Haven,

CT, 1966.

[122] Lall S., Weiss J. and Zhang J. The "Sophistication" of Exports: A New Trade Measure [J]. World Development, 2006, 34 (2): 222-237.

[123] Lall S. The Technological Structure and Performance of Developing Country Manufactured Exports, 1985-1998 [J]. Oxford Development Studies, 2000, 28 (3): 337-369.

[124] Lapan H. and Bardhan P. Localized Technical Progress and Transfer of Technology and Economic Development [J]. Journal of Economic Theory, 1973, 6: 585-595.

[125] Lewis A. The Theory of Economic Growth. Irwin, Homewood, IL. 1955. Rostow W. W. The stages of economic growth [J]. Economic History Review, 1959, 12 (1): 1-16.

[126] Liu Y. The Dynamics of Local Upgrading in Globalizing Latecomer Regions: a Geographical Analysis [J]. Regional Studies, 2016, 51 (6): 1-14.

[127] Lu J., Lu Y. and Tao Z. Exporting Behavior of Foreign Affiliates: Theory and Evidence [J]. Journal of International Economics, 2010, 81 (2): 197-205.

[128] Lucas R. E. J. On the Mechanics of Economic Development [J]. Journal of Monetary Economics, 1988, 22: 3-42.

[129] Lychagin S., Pinkse J., Slade M. E. and Reenen J. V. Spillovers in Space: Does Geography Matter? [Z]. National Bureau of Economic Research. http://www.nber.org/papers/w16188. 2010.

[130] Maggioni D., Lo Turco A. and Gallegati M. Does Product Complexity Matter for Firms' Output Volatility? [J]. Journal of Development Economics, 2016, 121: 94-109.

[131] Malecki E. J. Technology and Economic Development: The Dynamics of Local, Regional, and National Change [Z]. Rochester, NY: Social Science Research Network. http://papers.ssrn.com/abstract=1496226. 1997.

[132] Malmberg A. and Maskell P. Localized Learning Revisited [J]. Growth and Change, 2006, 37 (1): 1-18.

[133] Manova K. and Zhang Z. Export Prices Across Firms and Destinations [J]. Q J Econ, 2012, 127 (1): 379-436.

[134] Marshall A. The Principles of Economics [M]. London: Macmillan. http://econpapers.repec.org/bookchap/hayhetboo/marshall1890.htm. 1890.

[135] Mayer T., Melitz M. J. and Ottaviano G. I. P. Market size, Competition, and the Product Mix of Exporters [J]. National Bureau of Economic Research, 2011.

[136] McCann P. and Ortega-Argilés R. Smart Specialization, Regional Growth and Applications to European Union Cohesion Policy [J]. Regional Studies, 2015, 49 (8): 1291-1302.

[137] Melitz M. J. and Ottaviano G. I. P. Market Size, Trade, and Productivity [J]. Review of Economic Studies, 2008, 75 (1): 295-316.

[138] Melitz M. J. The Impact of Trade on Intra-Industry Reallocations and Aggregate Industry Productivity [J]. Econometrica, 2003, 71 (6): 1695-1725.

[139] Michaely M. Trade, Income Levels and Dependence [M]. Amsterdam: Elsevier Science Ltd,

1984.

［140］Moretti E. Workers' Education, Spillovers, and Productivity: Evidence from Plant – Level Production Functions ［J］. The American Economic Review, 2004, 94 (3): 656 – 690.

［141］Morgan K. Smart Specialisation: Opportunities and Challenges for Regional Innovation Policy ［J］. Regional Studies, 2015, 49 (3): 480 – 482.

［142］Nakamura R. Agglomeration Economies in Urban Manufacturing Industries: A Case of Japanese Cities ［J］. Journal of Urban Economics, 1985, 17 (1): 108 – 124.

［143］Neffke F., Henning M., Boschma R., Lundquist K. J. and Olander L. O. The Dynamics of Agglomeration Externalities along the Life Cycle of Industries ［J］. Regional Studies, 2011, 45 (1): 49 – 65.

［144］Neffke F., Henning M. and Boschma R. How Do Regions Diversify over Time? Industry Relatedness and the Development of New Growth Paths in Regions ［J］. Economic Geography, 2011, 87 (3): 237 – 265.

［145］Neffke F., Henning M. and Boschma R. The Impact of Aging and Technological Relatedness on Agglomeration Externalities: A Survival Analysis ［J］. Journal of Economic Geography, 2012, 12 (2): 485 – 517.

［146］Nelson R. R. and Winter S. G. An Evolutionary Theory of Economic Change ［M］. Cambridge, MA: Belknap Press at Harvard University, 1982.

［147］Nooteboom B. Learning by Interaction: Absorptive Capacity, Cognitive Distance and Governance ［J］. Journal of Management and Governance, 2000, 4 (12): 69 – 92.

［148］Park A., Yang D., Shi X. and Jiang Y. Exporting and Firm Performance: Chinese Exporters and the Asian Financial Crisis ［J］. Review of Economics and Statistics, 2010, 92 (4): 822 – 842.

［149］Pavlínek P. and Ženka J. Upgrading In the Automotive Industry: Firm – Level Evidence From Central Europe ［J］. Journal of Economic Geography, 2011, 11: 559 – 586.

［150］Penrose E. T. The Theory of the Growth of the Firm ［M］. New York: Blackwell, 1959.

［151］Poncet S. and Starosta W. F de. Export Upgrading and Growth: The Prerequisite of Domestic Embeddedness ［J］. World Development, 2013, 51: 104 – 118.

［152］Porter M. The Economic Performance of Regions ［J］. Regional Studies, 2003, 37 (6 – 7): 549 – 578.

［153］Potter A. and Watts H. D. Evolutionary Agglomeration Theory: Increasing Returns, Diminishing Returns, and the Industry Life Cycle ［J］. Journal of Economic Geography, 2011, 11 (3): 417 – 455.

［154］Pula G. and Santabárbara D. Is China Climbing Up the Quality Ladder? Estimating Cross Country Differences in Product Quality Using Eurostat's COMEXT Trade Database ［Z］. SSRN Scholarly Paper No. ID 1773214. Rochester, NY: Social Science Research Network. https://papers.ssrn.com/abstract = 1773214. 2011.

［155］Quatraro F. Knowledge Coherence, Variety and Economic Growth: Manufacturing Evidence from Italian Regions ［J］. Research Policy, 2010, 39 (10): 1289 – 1302.

［156］Romer P. M. Endogenous Technological Change［J］. Journal of Political Economy, 1990, 98（5, Part 2）: S71 – S102.

［157］Rosenberg N. and Frischtak C. R. Long Waves and Economic Growth: A Critical Appraisal［J］. The American Economic Review, 1983, 73（2）: 146 – 151.

［158］Rosenthal S. S. and Strange W. C. Chapter 49—Evidence on the Nature and Sources of Agglomeration Economies［M］. In J. V. H. and J. – F. Thisse (Ed.), Handbook of Regional and Urban Economics, 2004, 4: 2119 – 2171.

［159］Rostow W. W. The Stages of Economic Growth［J］. Economic History Review, 1959, 12（1）: 1 – 16.

［160］Schmitz H. and Humphrey J. Governance and Upgrading: Linking Industrial Cluster and Global Value Chain Research. (Vol. 120)［M］. Brighton: Institute of Development Studies, 2000.

［161］Schott P. K. Across – Product versus Within – Product Specialization in International Trade［J］. The Quarterly Journal of Economics, 2004, 119（2）: 647 – 678.

［162］Selwyn B. Beyond Firm – Centrism: Re – Integrating Labour and Capitalism into Global Commodity Chain Analysis［J］. Journal of Economic Geography, 2012, 12（1）: 205 – 226.

［163］Storper M. and Venables A. J. Buzz: Face-to-face Contact and the Urban Economy［J］. J Econ Geogr, 2004, 4（4）: 351 – 370.

［164］Thissen M., Oort F. van, Diodato D. and Ruijs A. Regional Competitiveness and Smart Specialization in Europe: Place – based Development in International Economic Networks［M］. Edward Elgar Publishing, 2013.

［165］Thompson P. Selection and Firm Survival: Evidence from the Shipbuilding Industry, 1825 – 1914［J］. The Review of Economics and Statistics, 2005, 87（1）: 26 – 36.

［166］Tokatli N. and KlzllgünÖ. Upgrading in the Global Clothing Industry: Mavi Jeans and the Transformation of a Turkish Firm from Full – Package to Brand – Name Manufacturing and Retailing［J］. Economic Geography, 2004, 80（3）: 221 – 240.

［167］Trippl M., Tödtling F. and Lengauer L. Knowledge Sourcing Beyond Buzz and Pipelines: Evidence from the Vienna Software Sector［J］. Economic Geography, 2009, 85（4）: 443 – 462.

［168］Wang C. C. and Lin G. C. S. Dynamics of Innovation in a Globalizing China: Regional Environment, inter-firm Relations and Firm Attributes［J］. Journal of Economic Geography, 2013, 13（3）: 397 – 418.

［169］Wernerfelt B. A Resource-based View of the Firm［J］. Strategic Management Journal, 1984, 5（2）: 171 – 180.

［170］Xu B. and Lu J. Foreign Direct Investment, Processing Trade, and the Sophistication of China's Exports［J］. China Economic Review, 2009, 20（3）: 425 – 439.

［171］Zahra S. A. and George G. Absorptive Capacity: A Review, Reconceptualization, and Extension［J］. Academy of Management Review, 2002, 27（2）: 185 – 203.

［172］Zhu S., He C. and Zhou Y. How to Jump Further and Catch Up? Path – breaking in an Uneven

Industry Space [J]. Journal of Economic Geography, 2017, 17 (3): 521-545.

[173] Zhu S. and Pickles J. Bringin, Go up, Go West, Go Out: Upgrading, Regionalisation and Delocalisation in China's Apparel Production Networks [J]. Journal of Contemporary Asia, 2014, 44 (1): 36-63.

第三章
中国出口产品演化与升级分析框架

第一节 现有分析视角的批判性回顾

传统贸易理论认为，各个国家都是基于比较优势参与国际贸易的，因此，根据比较优势理论，国家要改变其在国际分工体系中的地位，就要改变该国所具备的要素禀赋。当一个以生产劳动密集型产品为主的国家要升级转向生产资本密集型产品时，就需要改变其比较优势，积累更加丰富的资本要素。近年来，虽然不同领域的学者使用不同的概念讨论国家在新型国际分工的地位（Gereffi，1999）。然而，如何获取比较优势以实现升级还没有可操作性的方案和建议。新新贸易理论对异质性的关注使得企业升级的研究进一步微观化，然而，企业升级过程中如何促进资源在企业内的重新配置仍是空白。演化经济地理学从动态和演化的视角为区域发展路径的研究提供了新的视角，其核心结论是区域是沿着路径依赖式的发展模式不断演化发展的。近期的产品空间网络视角从演化经济地理出发，以区域在产品空间中的跳跃能力来解释区域增长问题。然而，现有的大部分研究大多针对发达国家。当将该故事置于一个更为极端的设定时，由于路径依赖的存在，发展中国家很难甚至不可能进入产品空间的核心区域，从而容易陷入"中等收入陷阱"（Boschma and Iammarino，2009；Neffke et al.，2011；Hidalgo et al.，2007）。

20 世纪 80 年代起，商业管理、产业经济等领域的学者运用价值链理论以描述全球生产组织的形态演变和组织模式，提出了全球商品链、全球价值链等分析框架（Gereffi et al.，2005）。这些概念主要围绕某一产品，将涉及该产品链条的不同经济主体联系起来，从而实现对经济活动组织的整体描绘。21 世纪初，经济地理学者在创造性地吸收全球价值链和全球商品链思想的基础上，提出了全球生产网络（global production network）的分析框架（Henderson et al.，2002；Dicken，2003；Coe et al.，2004，2008；Yeung，2009）。全球生产网络以企业、制度、关系和空间为主要考察内容，并以技术、时间为外在影响因素，着重分析价值如何被创造、提高和捕获，权利如何被创造和维持以及行为主体和结构如何嵌入地方（贺灿飞和毛熙彦，2015）。全球生产网络关注"空间"中文化、知识和制度在升级过程中所扮演的角色，并关注升级过程中的行为主体、结构与地方的交互作用，是经济地理学"关系转向"的产物。国际贸易理论和全球商品链缺乏空间属性，拥有浓厚地理学色彩的全球生产网络有明显成熟的理论外型，但缺乏系统的方法和数据来对该研究框架进行实证检验。

演化经济地理学强调企业和区域能力在产业演化发展过程中的作用。伊达尔戈等（2007）依据产业技术关联构造产品空间，认为发展中国家因其产业基础薄弱，将依赖性地锁定到产品空间的边缘地区。之后已有部分研究发现发展中国家可以通过外部联系—内部创新来突破这种路径依赖，实现区域发展的跳跃（Zhu et al.，2017）。然而，研究所讨论的区域产业衍生（regional branching）并没有强调产业演化方向。伊达尔戈等（2007）承认产品空间异质性，并以"核心—边缘"结构来体现这种异质性。然而，即使是在边缘地区，产品复杂度和产品质量也存在较大差异。事实上，忽视产品异质性是现有研究认为发展中国家将锁定在产品空间边缘地区，较难实现升级跳跃的重要原因。因此，强调产品空间的异质性对理解区域产业衍生跳跃，尤其是发展中国家的区域产业衍生跳跃就显得尤为重要。

大量实证研究都肯定了技术关联在区域经济发展中的重要作用（Boschma et al.，2012；Boschma and Iammarino，2009），然而忽视了基于技术关联选定的衍生跳跃方向的产品异质性特征。出口产品技术复杂度和质量开始成为解释区域经济增长和发展的关键变量（Ferrarini and Scaramozzino，2016；Amiti and Khandelwal，2012；Hummels and Klenow，2005；Jarreau and Poncet，2012）。近期，奥斯曼和罗德里克（2003）、伊达尔戈和奥斯曼（2009）提出区域经济发展实际上是学习如何生产更高技术复杂度产品的过程。对于国家而言，出口什么比出口多少可能更加重要。奥斯曼等（2006）指出国家出口产品的种类对地区经济发展的影响尤为重要，专业化生产某些类别的产品可能带来更高的经济增长速度。其中，专业化生产一些富裕国家需求的产品所带来的经济增长可能高于专业化其他产品生产。一个国家或者区域的发展路径取决于其积累生产多样化产品，尤其是复杂产品的能力。国际贸易领域学者开始关注产品质量，将产品质量作为体现国家或地区要素禀赋的重要指标，并指出国家间出口产品质量的差异能解释25%的平均收入差异，而富裕国家的出口产品质量更高、出口规模更大（Hummels and Klenow，2005）。出口产品复杂程度一定程度上反映区域储备的多元化产品生产能力，并预示了区域未来可能的发展路径；出口产品质量则体现了区域出口产品的竞争力，决定了出口区域可能获取的经济收益。

现有关于产品升级的分析框架为认识中国出口产品升级的路径和方向奠定了重要的基础。本研究将在已有分析框架的基础上，聚焦到企业—产品层面，通过产品技术复杂度和产品质量来定量测度产品间和产品内差异，以此讨论中国出口产品升级过程中可能升级路径以及不同区域升级路径的差异，以期为理解中国出口产品升级提供一个完整的视角。

第二节 中国出口产品升级：产品内升级还是产品间升级？

企业内资源再配置是企业进行产品结构调整以推动出口产品升级的微观机制（Bernard et al.，2010）。升级过程中，企业扩展"好"产品，淘汰"坏"产品，以此推动资源从"坏"产品的生产中流入生产"好"产品。本研究将以产品技术复杂度和产品质量来量化产品的"好"与"坏"。高技术复杂度产品和高质量产品是企业出口产品升级的方向，同时也是企业实现出口增长的重要来源。本研究将产品技术复杂度和产品质量纳入同一分析框架来分析企业出口产品升级。此处，企业出口产品升级，一方面表现为产品结构的调整，企业出口产品技术复杂度的提高；另一方面表现为企业内产品质量的提高。产品技术复杂度反映产品间要素组合的差异，而产品质量更多地反映产品内要素组合的差异。本研究将企业出口产品升级分解为出口产品技术复杂度的提高和出口产品质量的提高，以此来反映产品间升级和产品内升级。

企业进行产品间升级和产品内升级是企业进行出口产品组合调整的结果，本质上是企业综合其成本结构和利润收益后选择的结果。新新贸易理论中异质性企业模型有一个强烈的假设，即企业只生产一种产品。因此，基于该理论，企业不会进行资源再配置以更改产品结构，贸易也不会促进企业自身生产率的改变。贸易将促进资源在不同生产率企业间进行重新分配，最终实现产业层面生产效率的提升。异质性企业模型中关于资源再配置的选择机制为后续企业内资源再配置与选择机制奠定了重要的理论基础。我们将研究对象进一步聚焦到企业的产品中，产品动态是企业内资源配置方向的重要反映，同时也是企业产品结构和产品要素结构调整的最终结果。企业进行产品内升级时可以通过直接扩展高质量产品、提高在位产品质量以及淘汰低质量产品得以实现；企业进行产品间升级则主要通过调整产品结构来实现，主要包括企业扩展高技术复杂度产品以及淘汰低技术复杂度产品，见图3-1。那么，什么企业在什么情况下可能会选择产品内升级或者产品间升级，甚至同时实施产品内升级和产品间升级的升级战略？本研究将构建出口升级的分析框架，并在第三节构建企业升级路径选择的机制解释框架。

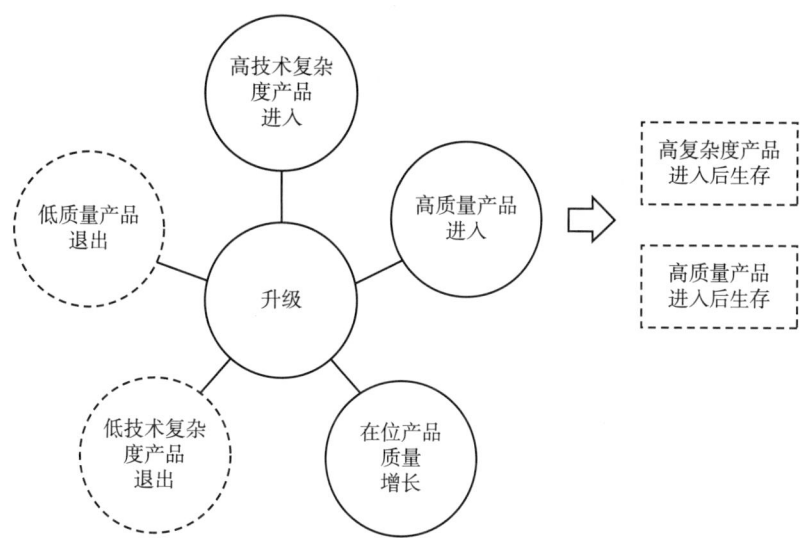

图 3-1 产品动态与出口产品升级

资料来源：作者绘制。

一、产品间升级：出口产品技术复杂度的提高

企业出口产品技术复杂度的提高是企业进行产品间升级的重要表现。新新贸易理论中，梅里兹（2003）的异质性企业模型假设企业出口产品是单一产品，不存在企业出口产品的扩展和多样化。然而，单一产品出口结构与现有企业多产品出口的事实不符（Bernard et al.，2006；Berthou and Fontagné，2013；Goldberg et al.，2008）。该假设忽视了企业内产品扩展边际及资源流动配置的贡献。现阶段关于企业产品多样化的研究主要集中在企业特征、专业知识对企业产品动态、产品扩展范围及其福利的影响上（Bernard et al.，2010；Baldwin and Gu，2006；Feenstra and Ma，2007）。

沉没成本和信息不对称是影响企业进行产品间升级的关键因素。企业扩展新产品需要投入一定的沉没成本，包括生产转换成本和出口信息搜索成本。当企业引入高技术复杂度的产品时，投入的生产转换成本以及产品市场探索成本更高。前者是从供给侧产品生产角度出发，企业生产并出口新的高技术复杂度产品需要建立新的生产线、引入或者开发新的生产技术等，因此，需要付出新的生产投入或者对已有生产线进行转换。后者是从需求侧产品需求市场的角度出发，高技术复杂度的产品多出口到高收入国家，面临的市场探索成本和风险都较高。在引入一个新的高技术复杂度产品时，企业需要获取该产品在国外市场的需求量、客户偏好、竞争程度、业务环境以及出口渠道等信息。另外，出口高技术复杂度产品需要与已出口这类高技术复杂度产品的企业进行竞争。竞争过程中的成本和风险是该类产品引入之后能否长期维持的关键。生产转换成本与信息搜索成本共同影响企业是否能够成功实现对该产品的扩展并成功维持。因此，降低企业产品扩展过程中的生产成本和出口市场信息探索成本是促进企业出口升级的关键。

二、出口产品质量的提高：产品内升级

出口产品的质量是企业综合产品利润、剩余资源、外部竞争和消费者需求等综合选择的结果。从需求角度讲，消费者偏好是产品质量调整的触发器。随着人均收入的提高，消费者更偏好高质量产品以得到更高的效用水平。企业为占领市场匹配消费者的选择偏好，也倾向于提高企业出口产品质量。从供给角度看，产品质量提高有利于增强企业的竞争力。企业通过提高产品质量来抢夺市场份额，以此提高企业利润。然而，企业生产高质量产品也需要投入较高的生产成本。在产品质量升级过程中，企业需要在收益和成本之间进行权衡，以实现利润的最大化（余淼杰和李乐融，2016）。已有企业出口模型多将产品质量异质性内生化，认为产品质量是企业利润最大化的最优选择，即出口产品质量越高，虽然企业投入的成本越高，但其出口价格也更高（亢梅玲和和坤林，2014）。然而，从需求角度来说，消费者为实现效用最大化，将综合考虑产品价格和产品质量后做出相应消费决策。供给和需求视角都是进行产品质量估计的重要理论基础。

三、出口升级：产品内升级 V. S. 产品间升级

企业出口产品升级过程中，是选择产品间升级还是应该选择产品内升级呢？部分研究认为，企业选择产品内升级提高产品质量可以降低升级过程中的风险。首先，产品间升级虽然推动出口产品结构的变化，但这种变化并非没有约束。产品间升级的过程中面临着更严重的信息不足、高风险等问题，这主要是因为企业通过研发新产品来进行产品间升级需要进行新产品的探索，而这个过程需要投入较高的沉没成本。在新产品生产和出口过程中，企业面临着信息不对称问题。另外，投入的沉没成本不一定能获取相应的收益。其次，企业进行产品内升级，投入的沉没成本相对较低，信息获取也能得到较为充分的保障。最后，部分研究认为产品内升级不仅有助于提高出口的经济效益，还能为产品间升级贡献知识溢出以及相应的出口市场信息（张其仔，2008）。然而，该结论也存在较大的区域差异。对于发达国家，其经济复杂度本身较高，继续实现出口产品的高复杂化的空间较小。对于发展中国家，其经济复杂度还相对较低。在全球化的今天，溢出效应尤其是FDI带来的溢出效应，一定程度上有利于改进发展中国家在产品间升级过程中所面临的信息不足等问题，甚至可以沿着发达国家的产品升级路线来实施升级战

略。奥斯曼和罗德里克（2003）认为产品间升级可能更有效。企业在引入新产品时，通常会选择以较低的质量进入市场，而该产品的质量提升的空间也相对较大。因此，先进行产品间升级，最终将有利于更好地实现产品内和产品间升级。

产品技术复杂度和产品质量分别反映产品间和产品内要素组合差异，是刻画企业出口产品升级的两个重要指标（Amiti and Khandelwal，2012；Jarreau and Poncet，2012；Kugler and Verhoogen，2012；Lall et al.，2006；Schott，2008）。企业出口产品的差异，决定了企业出口不同产品所需要支付的成本和获取的收益差异。这是多产品企业理论模型中企业产品异质性的来源，每个企业与其出口的产品的关系差异将显著影响企业出口产品升级路径的选择。如果企业在出口产品升级的过程中有两个不同的方案，企业更倾向于选择成本和出口风险较低的产品。

企业在出口升级过程中选择的升级方案不是简单线性的，可能出现产品内升级与产品间升级交叉进行。具体来说，升级可能包含产品内升级优先和产品间升级优先（张其仔，2008）。前者指优先实行产品内升级，当产品质量达到一定的水平后，再转向生产另一类产品进行产品间升级。后者则是指优先实现产品间升级，再进行产品内升级。当一个企业扩展一个新产品时，通常会选择一个较低质量水平的产品进入市场，即低质量产品先进入。此时，进入的新产品质量成长空间远大于已有产品质量的提升空间。奥斯曼和克林格尔（2007）指出产品间升级更为重要，主要是因为已出口产品离市场上该产品最高质量越近，产品质量的成长空间越小，而离高质量水平产品越远，产品的成长空间越大。一般而言，企业扩展一个新的高技术复杂度的产品后，会再改进相对较低技术复杂度产品的质量。总体而言，企业内产品结构调整、功能升级与价值链提升同时发生，产品间和产品内升级相互影响。对此，本研究将升级路径简化为产品内升级和产品间升级，以更好地识别当前我国企业出口产品升级的主要路径以及影响升级路径选择的因素。

企业因其出口产品结构和生产成本结构不同，升级路径选择也可能存在较大差异。本研究以产品技术复杂度和产品质量分别代表产品间升级和产品内升级，升级路径组合见图3－2。图3－2中圆圈的大小表示企业出口产品质量的高低，横坐标反映出口产品技术复杂度的变化，纵坐标反映时间的变化。第一，企业可以选择产品内升级，即企业从产品1通过提升产品质量到产品3。第二，企业选择产品间升级，即通过产品多样化扩展高技术复杂度产品4和产品5。产品4和产品5的区别在于产品技术复杂度和产品质量的差异，产品5的技术复杂度高于产品4，而产品4的质量高于产品5。第三，企业还可以通过扩展高质量低技术复杂度产品2来实现产品内升级。企业升级是一个复杂的产品选择过程，甚至可能同时选择高技术复杂度和高质量的产品。本研究将企业出口产品的选择模型精简为升级路径A（从产品1到产品3）和路径B（从产品1到产品5），即企业进行产品内升级（路径A）和产品间升级（路径B）。企业扩展高技术复杂度新产品有利于企业出口产品结构升级,最终实现推动区域出口产品结构的演化以及区域经济的复杂度的增加,有利于促进区域经济快速发展(Arthur,2014;Felipe et al.,2012;Ferrarini and Scaramozzino,2016)。另外,推动产品间升级还有利于抵御由于产品结构简单、技术复杂度低所面临的风险(Krishna and Levchenko,2013;Maggioni et al.,2016)。企业进行产品内升级、扩展高质量产品以及提升已出口产品质量,有助于企业提高出口产品附加值,增加区域经济活动的竞争力以及抵御外部环境变化带来的冲击。

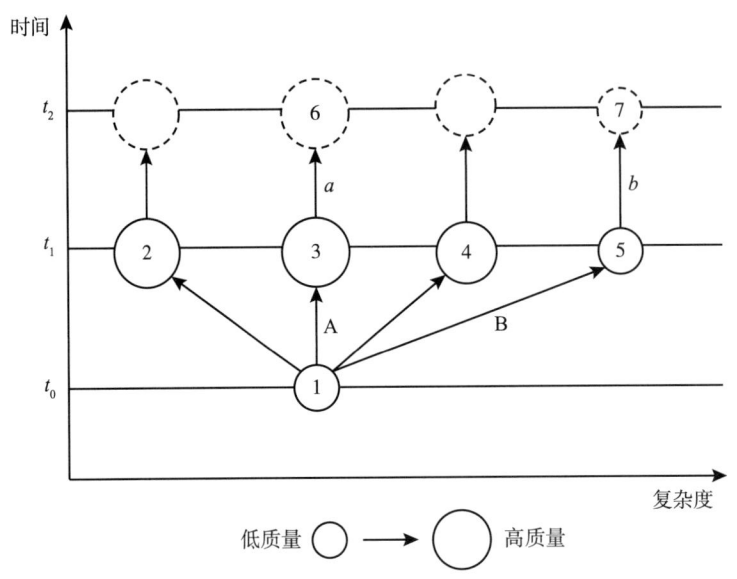

图3-2 企业出口产品升级路径及其可持续性模型示意图

资料来源:作者绘制。

无论企业选择产品间升级还是产品内升级,升级过程均存在一定的风险。当企业选择产品内升级时,即选择高质量化的升级路径A,企业也需要改进其现有的生产设施、增加研发投入等。该过程中企业面临自身成本结构调整以及外部市场变化的风险。比如,企业提高产品质量后,能否达到同类产品的质量标准,产品市场是否发生变化。当企业选择产品间升级时,即选择高技术复杂度化的升级路径B,企业同样需要支付一定的沉没成本。企业需要调整其成本结构来支撑该产品的生产和出口。另外,即使企业成功引入该产品,企业也面临信息不足、经验匮乏等风险。因此,企业能够持续生产并出口该产品,并不影响企业的生存是企业产品间升级完成的重要标志。因此,无论选择升级路径A还是升级路径B,企业出口产品升级后,一方面,产品6和产品7的生存状况值得关注;另一方面,企业自身的生存情况也值得关注,企业升级生存是企业科学升级进行可持续发展的重要部分。

第三节 中国出口产品演化与升级：影响因素与动力机制

企业特征以及外部环境是影响企业进行产品内升级和产品间升级的重要因素。企业是出口升级的实施者，也是研究观察的最小单位。本研究将以企业升级的决策行为来解释区域出口升级表现。企业将根据自身资源与外部资源储备来选择相应的升级路径，以降低生产过程中的成本和出口风险。因此，影响企业升级过程中的成本和风险的因素都将影响企业出口升级行为。本研究将从企业自身的资源以及企业从区域获取的资源两方面来研究其对企业出口升级的影响，见图3-3。从企业组织角度，企业需要额外的资源以保障新产品的生产和出口。这部分资源一方面来源于企业自身的剩余资源。资源的

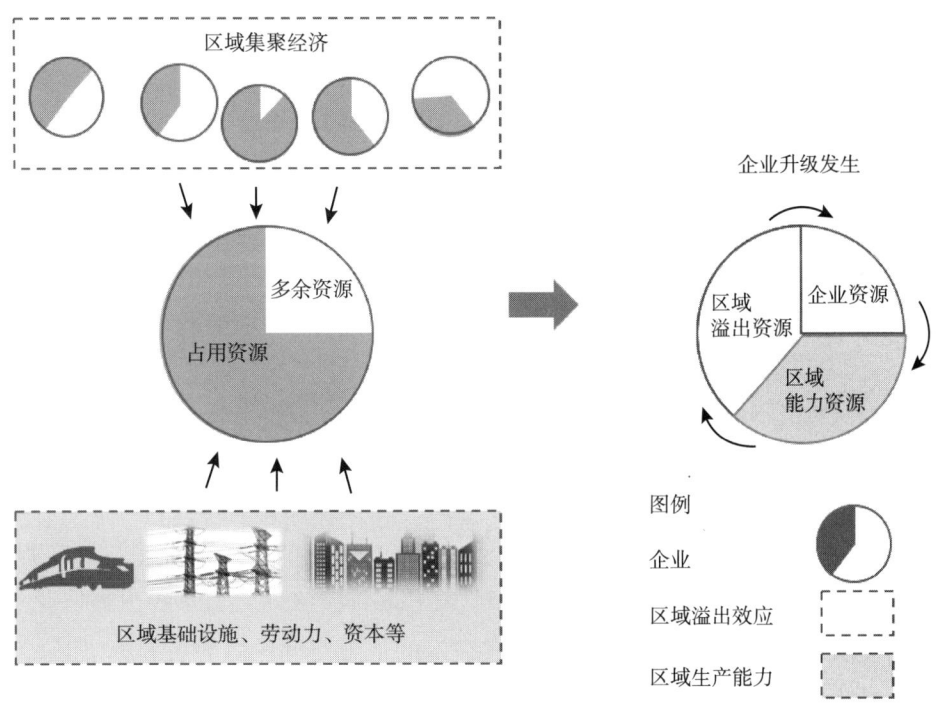

图3-3 企业出口产品升级的机制解释

资料来源：作者绘制。

可得性受到企业生产效率、规模、组织能力、企业所有制性质等的影响（Bernard et al.，2014；Bernard et al.，2011；Nardis and Pappalardo，2009；Nocke and Yeaple，2006），同时也受企业自身储备的生产能力的影响。另一方面来源于企业所在地。该部分资源也是企业出口产品升级过程中资源来源的重要组成部分。首先，企业所在地资源可为大大降低企业的生产成本。例如，区域生产要素、基础设施、技术水平以及制度环境，等等。这也是伊达尔戈等（2007）提出的区域能力所反映的区域储备的产品生产资源。这部分生产能力可以有效地降低企业获取生产资源的成本，是区域支撑企业进行出口升级的核心。其次，企业集聚在一定范围的地理空间中，集聚过程中企业可以通过共享、匹配和学习获取一定的溢出效应（Duranton and Puga，2004）。该溢出效应有利于降低企业的生产和出口成本，从而促进企业出口产品升级的发生。基于此，本文将从企业生产能力、企业所在地生产能力和溢出效应对企业升级和生存的影响出发，构建本研究的机制分析框架。

一、中国企业出口产品演化与升级：集聚经济的影响

共享（sharing）、匹配（matching）和学习（leaning）是集聚经济的重要机制（Duranton and Puga，2004）。集聚所带来的外部性将对企业出口产品升级产生不同程度的影响。企业集聚在一定的地理空间时，可以共享区域的基础设施等而降低生产和交通成本，通过劳动力池获取生产产品所需要的劳动力从而降低劳动力搜寻成本，学习其他企业的生产、出口、管理等经验从而降低创新成本等。集聚过程中共享、匹配和学习的结果可以有效降低出口升级成本，有利于提高升级企业以及升级产品的生存能力，从而促进升级过程的可持续发展。

集聚经济效应不仅存在地理边界，还存在产业边界。根据集聚企业是否属于同一产业，城市经济学者将集聚经济分为地方化经济和城市化经济。前者源于同类产业在空间中集聚获得的外部性，后者源于不同产业在空间中集聚获得的外部性。马歇尔（1890）认为同一产业内的企业聚集在特定区域，可以共享专业化的劳动力市场、上下游联系以及获得同行业企业之间的知识溢出。胡文（Hoover，1937）最早提出城市化经济，认为城市化经济源于各种经济活动集中在一定的地方空间中。雅各布斯（1969）对城市化经济的阐释做出了重要贡献，认为多样化集聚更有利于促进新思想的产生。同行业和不同行业的集聚，由于共享基础设施、劳动力匹配池以及获取知识溢出效应，可以有效地降低企业生产和出口成本。企业结合所在地获取的生产和出口资源，通过对剩余资源进行再分配来调整生产和出口成本结构，有助于降低企业出口产品升级的成本与风险。

首先，集聚过程中的匹配通过上下游联系促进企业出口产品升级。产业链上某出口企业通过设备改进等方式提升出口产品质量，该升级行为发生后将可能推动配对的上游企业和下游企业产品质量提升、生产加工及设备水平提高等，最终将促进整个产业链上企业产品质量的改进。另外，处于产业链环节中的企业采用先进技术和设备后，将直接或者间接地影响上下游企业的技术进步。知识溢出多存在于产业链的上下游环节中，新技术通常从产业链的下游企业通过溢出效应影响上游企业（Forni and Paba，2002）。

其次，集聚经济的学习机制也有利于促进企业出口产品升级。第一，企业可以通过劳动力池获取熟练的、不需培训的劳动力，从而降低获取该部分劳动力资源的成本。在劳动力匹配池中，通过人才流动将专业知识转移、深化并扩展区域知识库，从而促进新知识、新产品的创造（Almeida and Kogut，1997）。尤其是当企业雇用劳动力匹配池中拥有专业知识技能的人才时，知识开始在企业之间传播，故而，匹配机制有利于企业以较低的成本，获取生产潜在扩展产品的知识，从而有利于提升企业扩展高技术复杂度和高质量产品的概率。第二，企业集聚使面对面的交流得以发生，其将显著地降低学习交流的交通成本，增加知识溢出的概率。不同知识储备的人力资本在特定空间范围内流动，知识在不同群体间传播，尤其是那些不易被编码、难以被复制和模仿的隐性知识。大量实证研究证明了人才、知识溢出有利于促进区域创新与经济发展（Black and Henderson，1999；Malecki，1997；Zhu et al.，2017），特别是在知识密集型行业，获得高人力资本储备是影响企业发展的关键（Florida，2002）。刘竹青、佟家栋和许家云（2014）研究集聚经济对我国出口产品技术复杂度的影响，发现集聚有利于促进技术复杂度较高企业出口规模的增长。分样本估计还表明以下结论：（1）集聚经济对技术密集型企业出口决策的影响最大，资本密集型企业次之，劳动密集型企业最小；（2）集聚经济对民营企业出口概率和出口规模的影响最大，对外资企业和国有企业出口规模有一定的影响。

与地理邻近相比，产业之间的认知邻近对知识溢出的影响可能更大。伴随着经济全球化，交通基础设施和科技进步不断推动着空间距离引致的成本压缩，不同产业之间的认知距离开始得到关注。不同的产业之间存在认知距离，认知距离太远不利于知识的传播和有效吸收，认知距离太近由于竞争效应将增加知识溢出的难度。地方化经济和城市化经济以产业边界来区分集聚经济的类型，然而同一行业内的企业差异也可能比不同行业的企业差异大。波特（2003）认为与集群产业具有技术关联的产业专业化比一般意义的产业专业化更有利于促进区域发展。产品技术关联刻画的集聚经济开始成为解释区域经济发展、创新和演化的关键变量。博施马等（2011）基于瑞典制造业数据，发现相关多样化有利于区域新产品的出现。贺灿飞等（2016）、豪厄尔（Howell，2015）和豪厄尔等（2016）发现相关多样化区域有利于提高新企业的生存率。不相关多样化主要从增加区域产品结构多样化以抵御区域发展风险来影响区域经济发展。然而，城市资源一定的情况下，不相关产品越多，企业扩展新产品可获取资源减少，潜在进入新产品的进入成本可能越高。因此，不相关多样化可能将增加新产品进入成本，不利于出口产品升级。竞争效应甚至将对已出口产品尤其是利润较低的产品产生挤出效应。

相关多样化和不相关多样化是基于技术关联区分集聚溢出效应的产业边界。有文献直接将相关多样化作为专业化，而不相关多样化作为多样化的代理变量，将其与MAR外部性和JAC外部性进行对比（Caragliu et al.，2016；Frenken et al.，2007）。科克勒等（2016）利用NUTS2区域的专利数据，通过不同类别专利之间的技术关联以及专利之间的联系，构建区域技术关联专业化指标。技术关联专业化不仅能反映专业化的产品边界，还能一定程度上反映区域不同产品间的联系强度。该指标一定程度上能够刻画两类产品间发生知识溢出的大小。可见，技术关联专业化不是专业化生产一种产品，而是反映区域生产某产品过程中与其相关且相互联系的产品密度。相较于相关多样化和不相关多样化，技术关联专业化对区域产品结构演化的影响可能更直接和有效。

总结起来，集聚经济通过共享、匹配和学习使得企业能够以更低的成本获取生产要素资源，有利于促进企业出口产品质量的提升，实现产品内升级。企业需要储备与已有出口产品较远的产品生产知识、技术、资本和劳动力等，技术关联刻画的集聚经济更能为企业带来不同产品生产和出口过程中的资源。与此同时，多样化也可能为企业带来巨大的资源竞争，也可能促使企业淘汰低质量产品或者低技术复杂度产品（Guerzoni，2015）。可见，无论是传统集聚经济还是技术关联集聚经济，对企业选择不同路径的出口产品升级将产生不同的影响。

二、中国企业出口产品演化与升级：产品生产能力的影响

集聚经济主要反映区域出口产品结构的溢出效应对企业出口升级的影响。然而，即使存在溢出效应，企业是否有能力吸收这些知识，并把它转化为自己所用，甚至进行产品升级都是需要关注的问题。相较于专业化和多样化所代表的同行业和不同行业集聚的溢出效应，区域自身储备的产品生产能力对该产品升级的影响更加直接。伊达尔戈等（2007）认为具有技术关联的产品，其产品生产过程中所需要的劳动力、土地、资本、技术、制度等越相似。区域内与某产品具有技术关联产品的密度一定程度上可以代表区域该产品的生产能力。如果企业或者企业所在区域积累了生产某产品的能力，例如，生产该产品的工人、产品装备的供应商、基础设施，等等（曾世宏和郑江淮，2010）。该能力有利于提高企业向该产品扩展或者对该产品进行升级的概率。本研究将从企业生产能力和区域生产能力两个方面讨论生产能力对升级的影响。

区域储备的产品生产能力有利于降低该产品的生产和出口成本，从而促进区域向该产品演化。企业在进行出口产品升级过程中，面临诸多的不确定性，需要进行长时间的知识、资源、技术积累来降低不确定性带来的升级风险。区域储备了不同产品的生产能力，产品生产能力较高的区域，企业向该产品扩展过程中知识信息等可获得性较高，故而面临的不确定性较低。区域产品生产能力决定了其在产品空间的跳跃能力和条件。区域出口产品结构从稀疏到稠密的演化过程一定程度上可以反映区域出口产品从简单到复杂的升级。区域产品生产能力决定了区域能否从低技术复杂度的产品跳跃到高技术复杂度产品中，决定了区域未来产业结构调整和升级的方向。然而，区域进行出口产品升级的能力是有限的，受到区域历史条件、资源禀赋、人力资本、制度环境等的影响。当区域储备了向高技术复杂度产品跳跃的能力后，才能跨越产品间认知距离的约束，跳跃到产品空间的核心区域以实现出口产品升级（Hausmann and Hidalgo，2011；Hausmann and Klinger，2007；Hidalgo，2015；Hidalgo et al.，2007；Neffke et al.，2011）。如果区域不遵循已有能力，强行跳跃到产品空间中较远的产品上，其可能面临升级失败的结果。因此，在出口产品升级过程中，区域需要结合自身在产品上储备的生产能力，选择相应的升级路径来推动区域出口产品升级。

区域产品生产能力是区域在产品空间升级演化的充分条件，然而其影响存在距离衰减效应。现有针对发达国家的研究主要研究本地能力对本地产业演化、增长和创新等的影响。在经济转型的中国，一方面，行政级别差异使得不同行政级别的政府在区域资源配置中拥有不同的能力；同时，不同行政级别的区域积累的产品生产能力也不同。另一方面，在财政分权背景下，不同行政级别的地方政府间也存在竞争。出于区位优势与集聚效应的考量，享有最大优惠力度的自贸区大部分集中在沿海地区，如上海自贸区、广东自贸区、福建自贸区和天津自贸区。自由贸易区是世界贸易中开放形式最高的，其在关税减免、进出口许可证的获取和配额等方面均享有最大限度的自由化。国家储备的产品生产能力，有利于国家参与全球贸易竞争，故而国家的优势产品享受这类优惠政策类的概率更高，出口这类产品的企业可以获取更多的资源以进行创新和升级。在以省市为单位的国内竞争中，各省市也会集中最大的资源以扶持该省市优势产品的发展（贺灿飞等，2016）。因此，产品的国家生产能力和省域生产能力也将显著影响其升级行为。

企业是出口产品升级的实施者，是区域出口产品结构调整与转型升级的微观载体。奥斯曼和罗德里克（2003）指出企业家扩展新产品时面临很多不确定性，需要支付一定的沉没成本。这些成本取决于企业已储备的要素禀赋和对已有产品改造的能力。企业出口产品升级的过程是企业进行产品结构调整的过程，主要体现为企业从"坏"（低技术复杂度或者低质量）产品向"好"（高技术复杂度或者高质量）产品演化的过程。企业组织理论与新古典理论不同，新古典企业根据要素价格和成本来选择产品，而组织理论中的企业根据组织知识的可转换范围选择最终产品（Teece，1982）。根据企业组织理论，企业内存在剩余资源，资源在企业内部是可以转换的。企业通过对已有剩余资源进行转换来扩展新产品或者提高出口产品的质量。企业储备的产品生产能力可以通过企业出口产品结构来反映（Ahrend and Martins，2003；Dai and Yu，2013；Davidsson，1991；Girma，2005；Guan and Ma，2003；LAI et al.，2006）。如果企业拟升级的目标产品与企业出口产品结构越相似，升级过程中对需要的基础设施、劳动力、技术和管理经验等剩余资源的直接利用程度越高。企业在对剩余资源进行转换时进行的投入越少，升级过程中面临的不确定性和风险相对较低，升级成功的概率更高，升级后生存的概率也会更高（He et al.，2017；Neffke et al.，2012）。

三、中国企业出口产品演化与升级：企业—空间交互作用的影响

企业出口产品升级过程，会根据已有的成本结构和生产资源进行资源的再配置，决定是否升级以及升级的方向。因此，影响产品升级成本的因素都是影响企业升级的重要因素。企业在升级过程需要投入足够的沉没成本以克服升级过程中面临的不确定性。企业内部资源和企业所在区域的资源通过影响企业沉没成本和不确定性，成为影响产品升级的重要力量。企业内部资源来源于企业的多余资源，该部分资源受到企业生产效率、企业规模、组织能力、生存时间甚至企业所有制性质差异的影响。企业所在区域的资源是指企业所在的"空间"所储备的产品生产资源。首先，空间本身的资源可为企业生产提供补偿。例如，区域生产要素、基础设施、技术水平以及制度环境，等等。这部分生产能力可以很大程度地降低企业获取生产资源的成本，是区域影响企业升级的重要力量。其次，企业由于共聚在一定范围的空间中，集聚过程带来的共享、匹配和学习效应也是空间正外部性效应补偿企业升级资源的重要来源。

企业—空间互动共同推动企业出口产品升级。企业出口产品升级是企业自身储备的产品生产能力和区域交互作用的结果。如果区域储备了企业升级的目标产品的生产能力，该能力有助于降低企业产品生产和需求市场探索成本，从而有利于推动企业进行产品升级。另外，集聚溢出效应也有利于降低企业在升级过程中的成本，从而有利于促进企业出口产品升级。最后，不同尺度生产能力对企业出口产品升级的影响不同。基于此，中国企业出口产品升级的影响因素分析框架见图3-4。

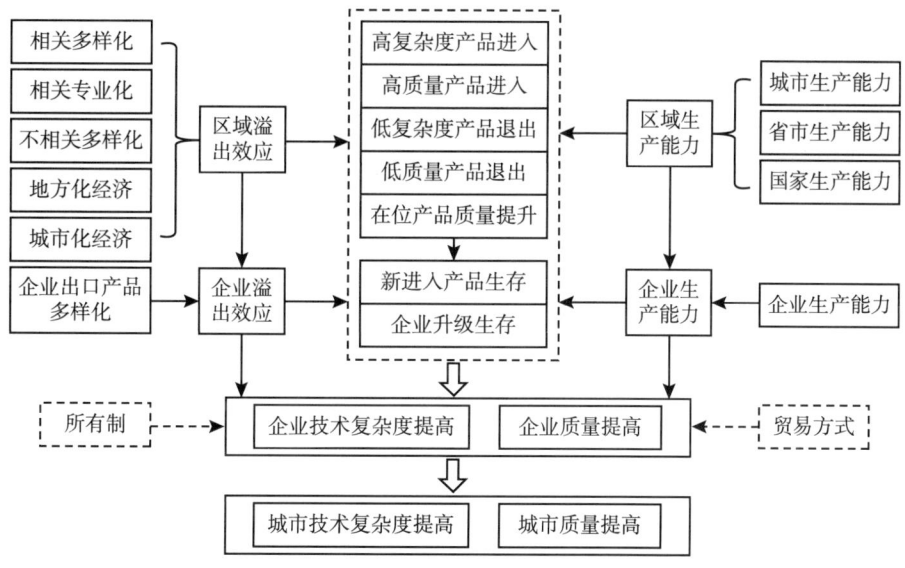

图 3-4 中国出口产品升级影响因素

资料来源：作者绘制。

第四节 中国出口产品升级的特殊性

加工贸易是发展中国家非常常见的一种贸易方式（余淼杰，2011）。该贸易模式是指企业从国外进口原材料或中间产品，在本国加工以后再予以出口，主要赚取加工环节的附加值。在该贸易模式中，整个产品生产的关键部分并未发生在出口国。然而，产品的所有环节的价值却被纳入出口核算当中。因此，在研究出口产品升级时，加工贸易可能会对研究结果产生重要的影响。另外，加工贸易是出口学习的重要组成来源。在出口加工生产的过程中，企业从母国进口的中间产品可能带来知识、技术等的溢出，该溢出效应有利于促进企业获得更多的生产和出口知识和经验。更为重要的是，加工贸易有利于企业提升产品生产质量（Halpern, Koren and Szeidl, 2015；Yu and Li, 2014）。加工贸易主要涉及产品生产的最后组装环节，上游中间产品质量的提升，有利于促进出口产品整体质量的提升。

出口企业比非出口企业生产率高是新新贸易理论的重要结论之一（Melitz，2003），并在实证研究中得到了证实（Bernard et al., 1999；Bernard et al., 1995）。然而，这一结论在中国受到了挑战，对中国的研究得出了"中国出口企业生产效率之谜"的结论，即中国出口企业的生产率比非出口企业的更低（戴觅等，2014；杨汝岱，2015）。学者们从行业异质性、企业所有制以及加工贸易等方面对该问题进行了讨论（Lu et al.，2010），发现一般贸易企业与非出口企业的生产效率均高于加工贸易企业。当将加工贸易企业样本剔除后，出口企业生产率高于非出口企业生产率，结论满足标准异质性企业贸易模型所揭示的实证规律（戴觅等，2014；杨汝岱，2015）。因此，两头在外生产模式的加工贸易，对升级过程的观察可能存在较大的干扰。

本 章 小 结

现有关于产品演化与升级的分析框架为认识中国出口产品演化与升级的路径和方向奠定了重要的基础。传统贸易理论认为，各个国家都是基于比较优势参与国际贸易的，因此，根据比较优势理论，国家要改变其在国际分工体系中的地位，就要改变该国所具备的要素禀赋。然而，在升级过程中，如何实现获取该类比较优势以实现升级却没有可操作性的方案和建议。新新贸易理论对异质性的关注使得企业升级的研究进一步微观化；然而，企业升级过程中如何促进资源在企业内的重新配置还仍是空白。演化经济地理学从动态和演化的视角为区域演化路径的研究提供了新的视角，其核心结论是区域是沿着路径依赖式的发展模式不断演化发展的。近期的产品空间网络视角从演化经济地理出发，以区域在产品空间中的跳跃能力来解释区域增长。然而，现有大部分研究大多针对发达国家。当将该故事置于一个更为极端的设定时，由于路径依赖的存在，发展中国家很难甚至不可能进入产品空间的核心区域，从而容易陷入"中等收入陷阱"（Boschma and Iammarino，2009；Neffke et al.，2011；Hidalgo et al.，2007）。全球商品链、全球价值链将涉及该产品链条的不同经济主体联系起来，从而实现对经济活动组织的整体描绘。本研究将在已有分析框架的基础上，聚焦到企业—产品维度，通过产品技术复杂度和产品质量来定量测度产品间和产品内差异，以此讨论中国出口产品升级的路径。基于此，通过构建"企业—空间"互动的影响因素分析框架，以此研究影响中国企业出口升级的因素。

产品内升级和产品间升级是企业出口产品升级的两种主要路径，其可以通过不同产品的动态调整来完成，包括引入高技术复杂度（质量）产品、提升在位产品质量以及淘汰低技术复杂度（质量）产品。首先，企业是出口产品升级路径选择的主体，在不同产品上储备了不同程度的生产能力，表现为企业—产品的异质性。在利润最大化目标下，企业充分利用自身所积累的生产能力，选择成本较低的升级路径。其次，企业并不是处于"真空"的环境中，在升级过程中也并不是孤立的，除了依赖于企业自身产品生产能力外,还将受到其所在区域生产能力的影响。再次,区域溢出效应也将显著影响中国企业出口产品升级。然而,信息溢出效应受限于地理距离与产业间的认知距离,技术关联刻画的集聚经济将为中国企业出口产品生产带来认知距离更近的知识溢出。最后,企业与区域层面因素对企业出口产品升级路径选择的影响并不是独立起作用的,而是相互影响、相互作用。企业产品生产能力、区域产品生产能力与集聚经济将共同影响企业在升级过程中的成本,进而影响企业升级后的可持续发展。

本章参考文献

[1] 戴觅,余淼杰,Maitra M. 中国出口企业生产率之谜:加工贸易的作用 [J]. 经济学(季刊),2014(2):675-698.

[2] 贺灿飞,董瑶,周沂. 中国对外贸易产品空间路径演化 [J]. 地理学报,2016(6):970-983.

[3] 贺灿飞,毛熙彦. 尺度重构视角下的经济全球化研究 [J]. 地理科学进展,2015,34(9):1073-1083.

[4] 亢梅玲,和坤林. 出口产品质量测度与干中学效应研究 [J]. 世界经济研究,2014(7):47-54,88.

[5] 刘竹青,佟家栋,许家云. 地理集聚是否影响了企业的出口决策?——基于产品技术复杂度的研究 [J]. 产业经济研究,2014(2):73-82.

[6] 杨汝岱. 中国企业"出口—生产率悖论"典型事实 [J]. 世界经济,2015(5):182-183.

[7] 余淼杰,李乐融. 贸易自由化与进口中间品质量升级——来自中国海关产品层面的证据 [J]. 经济学(季刊),2016(3):1011-1028.

[8] 余淼杰. 加工贸易、企业生产率和关税减免——来自中国产品面的证据 [J]. 经济学(季刊),2011(4):1251-1280.

[9] 曾世宏,郑江淮. 企业家"成本发现"、比较优势演化与产品空间结构转型——基于江苏经济发展的案例研究 [J]. 产业经济研究,2010(1):9-15.

[10] 张其仔. 比较优势的演化与中国产业升级路径的选择 [J]. 中国工业经济,2008(9):58-68.

[11] Ahrend R. and Martins J. O. Creative Destruction or Destructive Perpetuation:The Role of Large State-owned Enterprises and SMEs in Romania During Transition [J]. Post-Communist Economies,2003,15(3):331-356.

[12] Almeida P. and Kogut B. The Exploration of Technological Diversity and Geographic Localization in Innovation:Start-Up Firms in the Semiconductor Industry [J]. Small Business Economics,1997,9(1):21-31.

[13] Amiti M. and Khandelwal A. K. Import Competition and Quality Upgrading [J]. Review of Economics and Statistics,2012,95(2):476-490.

[14] Arthur W. B. Complexity and the Economy [M]. Oxford University Press,2014.

[15] Baldwin J. R. and Gu W. The Impact of Trade on Plant Scale, Production-Run Length and Diversification [Z]. SSRN Scholarly Paper No. ID 1374390, Rochester, NY: Social Science Research Network, 2006.

[16] Bernard A. B., Beveren I. V. and Vandenbussche H. Multi-Product Exporters and the Margins of Trade [J]. The Japanese Economic Review, 2014, 65 (2): 142-157.

[17] Bernard A. B. and Bradford J. Exceptional Exporter Performance: Cause, Effect, or Both? [J]. Journal of International Economics, 1999, 47 (1): 1-25.

[18] Bernard A. B., Jensen J. B. and Lawrence R. Z. Exporters, Jobs, and Wages in U. S. Manufacturing: 1976-1987. Brookings Papers on Economic Activity [J]. Microeconomics, 1995: 67-119.

[19] Bernard A. B., Redding S. J. and Schott P. K. Multi-Product Firms and Product Switching [J]. The American Economic Review, 2010, 100 (1): 70-97.

[20] Bernard A. B., Redding S. J. and Schott PK. Multiproduct Firms and Trade Liberalization [J]. The Quarterly Journal of Economics, 2011, 126 (3): 1271-1318.

[21] Berthou A. and Fontagné L. How Do Multiproduct Exporters React to a Change in Trade Costs?* [J]. The Scandinavian Journal of Economics, 2013, 115 (2): 326-353.

[22] Black D. and Henderson V. Spatial Evolution of Population and Industry in the United States [J]. The American Economic Review, 1999, 89 (2): 321-327.

[23] Boschma R. and Iammarino S. Related Variety, Trade Linkages, and Regional Growth in Italy [J]. Economic Geography, 2009, 85 (3): 289-311.

[24] Boschma R., Minondo A. and Navarro M. Related Variety and Regional Growth in Spain* [J]. Papers in Regional Science, 2012, 91 (2): 241-256.

[25] Caragliu A., Dominicis L. de and Groot H. L. F de. Both Marshall and Jacobs Were Right! [J]. Economic Geography, 2016, 92 (1): 87-111.

[26] Coe N. M, Hess M., Yeung H. W, Dicken P. and Henderson J. "Globalizing" Regional Development: a Global Production Networks Perspective [J]. Transactions of the Institute of British Geographers, 2004, 29 (4): 468-484.

[27] Dai M. and Yu M. Firm R&D, Absorptive Capacity and Learning by Exporting: Firm-level Evidence from China [J]. The World Economy, 2013, 36 (9): 1131-1145.

[28] Davidsson P. Continued entrepreneurship: Ability, Need, and Opportunity as Determinants of Small Firm Growth [J]. Journal of Business Venturing, 1991, 6 (6): 405-429.

[29] Dicken P. Global Shift [M]. London: Sage, 2010.

[30] Duranton G. and Puga D. Chapter 48-Micro-Foundations of Urban Agglomeration Economies. In: Thisse JVH and J-F, editor. Handbook of Regional and Urban Economics [C]. Vol. 4. Elsevier; [accessed 2017 Mar 15]. pp. 2063-2117. http://www.sciencedirect.com/science/article/pii/S1574008004800051. 2004.

[31] Feenstra R. and Ma H. Optimal Choice of Product Scope for Multiproduct Firms under Monopolistic Competition [Z]. Working Paper No. 13703, National Bureau of Economic Research. https://doi.org/

10.3386/w13703.2007.

［32］Felipe J., Kumar U., Abdon A. and Bacate M. Product Complexity and Economic Development［J］. Structural Change and Economic Dynamics, 2012, 23（1）: 36–68.

［33］Ferrarini B. and Scaramozzino P. Production Complexity, Adaptability and Economic Growth［J］. Structural Change and Economic Dynamics, 2016, 37: 52–61.

［34］Florida R. The Economic Geography of Talent［J］. Annals of the Association of American Geographers, 2002, 92（4）: 743–755.

［35］Forni M. and Paba S. Spillovers and the Growth of Local Industries［J］. The Journal of Industrial Economics, 2002, 50（2）: 151–171.

［36］Frenken K., Van O. F. and Verburg T. Related Variety, Unrelated Variety and Regional Economic Growth［J］. Regional Studies, 2007, 41（5）: 685–697.

［37］Gereffi G., Humphrey J. and Sturgeon T. The Governance of Global Value Chains［J］. Review of International Political Economy, 2005, 12（1）: 78–104.

［38］Girma S. Absorptive Capacity and Productivity Spillovers from FDI: A Threshold Regression Analysis*［J］. Oxford Bulletin of Economics and Statistics, 2005, 67（3）: 281–306.

［39］Goldberg P. K, Khandelwal A., Pavcnik N. and Topalova P. Imported Intermediate Inputs and Domestic Product Growth: Evidence from India［Z］. Working Paper No. 14416, National Bureau of Economic Research. http://www.nber.org/papers/w14416.2008.

［40］Guan J. and Ma N. Innovative Capability and Export Performance of Chinese Firms［J］. Technovation, 2003, 23（9）: 737–747.

［41］Guerzoni M. Competition, Diversity and Economic Performance: Processes, Complexities and Ecological Similarities［J］. Regional Studies, 2015, 49（5）: 899–900.

［42］Halpern L., Koren M. and Szeidl A. Imported Inputs and Productivity［J］. The American Economic Review, 2015, 105（12）: 3660–3703.

［43］Hausmann R. and Hidalgo C. A. The Network Structure of Economic Output［J］. Journal of Economic Growth, 2011, 16（4）: 309–342.

［44］Hausmann R., Hwang J. and Rodrik D. What You Export Matters［J］. J Econ Growth, 2006, 12（1）: 1–25.

［45］Hausmann R. and Klinger B. The Structure of the Product Space and the Evolution of Comparative Advantage［Z］. Center for International Development at Harvard University. http://scholar.google.com/scholar?cluster=14035101216413974344&hl=en&oi=scholar.2007.

［46］Hausmann R. and Rodrik D. Economic Development as Self-discovery［J］. Journal of Development Economics, 2003, 72（2）: 603–633.

［47］He C., Guo Q. and Rigby D. What Sustains Larger Firms? Evidence from Chinese Manufacturing Industries［J］. The Annals of Regional Science, 2017, 58（2）: 275–300.

［48］He C., Yan Y. and Rigby D. Regional Industrial Evolution in China［J］. Papers in Regional Science, 2018, 97（2）: 173–198.

［49］Henderson J., Dicken P., Hess M., Coe N. and Yeung H. W. C. Global Production Networks and the Analysis of Economic Development［J］. Review of International Political Economy, 2002, 9（3）: 436 – 464.

［50］Hidalgo C. Why Information Grows: The Evolution of Order, from Atoms to Economies［J］. Basic Books, 2015.

［51］Hidalgo C., Klinger B., Barabasi A. L. and Hausmann R. The Product Space and its Consequences for Economic Growth［Z］. http: //adsabs. harvard. edu/abs/2007APS. MARA22006H. 2007.

［52］Hidalgo C. A. and Hausmann R. The Building Blocks of Economic Complexity［J］. PNAS, 2009, 106（26）: 10570 – 10575.

［53］Hidalgo C. A., Klinger B., Barabási A. L. and Hausmann R. The Product Space Conditions the Development of Nations［J］. Science, 2007, 317（5837）: 482 – 487.

［54］Hoover E. M. Location Theory and the Shoe Leather Industries［M］. Cambridge: Harvard University Press, 1937.

［55］Howell A. "Indigenous" Innovation with Heterogeneous Risk and New Firm Survival in a Transitioning Chinese Economy［J］. Research Policy, 2015, 44（10）: 1866 – 1876.

［56］Howell A., He C., Yang R. and Fan C. C. Agglomeration, (un) – Related Variety and New Firm Survival in China: Do Local Subsidies Matter?［J］. Papers in Regional Science, 2018, 97.

［57］Hummels D. and Klenow P. J. The Variety and Quality of a Nation's Exports［J］. The American Economic Review, 2005, 95（3）: 704 – 723.

［58］Jacobs J. The Economy of Cities［M］. New York: Random House, 1969.

［59］Jarreau J. and Poncet S. Export Sophistication and Economic Growth: Evidence from China［J］. Journal of Development Economics, 2012, 97（2）: 281 – 292.

［60］Kogler D. F, Essletzbichler J. and Rigby D. L. The Evolution of Specialization in the EU15 Knowledge Space［J］. J Econ Geogr, 2016, 17（2）: lbw024.

［61］Krishna P. and Levchenko A. A. Comparative Advantage, Complexity, and Volatility［J］. Journal of Economic Behavior Organization, 2013, 94: 314 – 329.

［62］Kugler M. and Verhoogen E. Prices, Plant Size, and Product Quality［J］. The Review of Economic Studies, 2012, 79（1）: 307 – 339.

［63］Lai M., Peng S. and Bao Q. Technology Spillovers, Absorptive Capacity and Economic Growth［J］. China Economic Review, 2006, 17（3）: 300 – 320.

［64］Lall S., Weiss J. and Zhang J. The "Sophistication" of Exports: A New Trade Measure［J］. World Development, 2006, 34（2）: 222 – 237.

［65］Lu J., Lu Y. and Tao Z. Exporting Behavior of Foreign Affiliates: Theory and Evidence［J］. Journal of International Economics, 2010, 81（2）: 197 – 205.

［66］Maggioni D., Lo Turco A. and Gallegati M. Does Product Complexity Matter for Firms' Output Volatility?［J］. Journal of Development Economics, 2016, 121: 94 – 109.

［67］Malecki E. J. Technology and Economic Development: The Dynamics of Local, Regional, and National Change [M]. New York: Longman Scientific & Technical.

[68] Marshall A. The Principles of Economics [M]. London: Macmillan; [accessed 2017 Mar 15]. http://econpapers. repec. org/bookchap/hayhetboo/marshall1890. htm. 1890.

[69] Melitz M. J. The Impact of Trade on Intra – Industry Reallocations and Aggregate Industry Productivity [J]. Econometrica. 2003, 71 (6): 1695 – 1725.

[70] Nardis S. de and Pappalardo C. Export, Productivity and Product Switching: The Case of Italian Manufacturing Firms [Z]. No. 110, ISTAT – Italian National Institute of Statistics – (Rome, ITALY). https://ideas. repec. org/p/isa/wpaper/110. html. 2009.

[71] Neffke F., Henning M. and Boschma R. How Do Regions Diversify over Time? Industry Relatedness and the Development of New Growth Paths in Regions [J]. Economic Geography, 2011, 87 (3): 237 – 265.

[72] Neffke F., Henning M. and Boschma R. The Impact of Aging and Technological Relatedness on Agglomeration Externalities: A Survival Analysis [J]. Journal of Economic Geography, 2012, 12 (2): 485 – 517.

[73] Nocke V. and Yeaple S. Globalization and Endogenous Firm Scope [Z]. Working Paper No. 12322, National Bureau of Economic Research. https://doi. org/10. 3386/w12322. 2006.

[74] Porter M. The Economic Performance of Regions [J]. Regional Studies, 2003, 37 (6 – 7): 549 – 578.

[75] Schott P. K. The Relative Sophistication of Chinese Exports [J]. Economic Policy, 2008, 23 (53): 6 – 49.

[76] Teece D. J. Towards an Economic Theory of the Multiproduct Firm [J]. Journal of Economic Behavior Organization, 1982, 3 (1): 39 – 63.

[77] Yeung H. W. Regional Development and the Competitive Dynamics of Global Production Networks: An East Asian Perspective [J]. Regional Studies, 2009, 43 (3): 325 – 351.

[78] Yu M. and Li J. Imported Intermediate Inputs, Firm Productivity and Product Complexity [J]. Japanese Economic Review, 2014, 65 (2): 178 – 192.

[79] Zhu S., He C. and Zhou Y. How to Jump Further and Catch Up? Path – breaking in an Uneven Industry Space [J]. Journal of Economic Geography, 2017, 17 (3): 521 – 545.

第四章
中国出口产品升级：
产品内升级还是产品间升级？

第一节 引　　言

中国出口贸易技术含量和升级一直是学者关注的热点问题。出口产品升级的过程中需要重点关注三大问题，即升级的方向、升级的幅度和升级后的可持续发展。部分研究发现中国出口贸易在出口规模和技术复杂度方面不断增长，出口产品的技术复杂度甚至与发达国家更为相似。出口产品的技术水平与经济发展水平甚至堪称世界规律的"奇异点"（Rodrik，2006；Schott，2008）。然而，部分研究也指出中国出口产品质量与发达国家的差距在不断增大（余森杰和李乐融，2016；Schott，2008；姚洋和章林峰，2008；Pula and Santabárbara 2011）。事实上，这两个文献的研究发现并不冲突，前者说的是产品结构的升级，用产品技术复杂度来测度产品间升级的幅度；后者说的是产品内升级，用产品质量来反映产品内升级的幅度。产品技术复杂度和产品质量分别反映产品间和产品内的要素差异，是出口升级的两个重要组成部分，两者不可相互替代，但常常单独出现在国际贸易的相关研究中。产品质量主要反映产品内的要素组合差异，该差异是企业技术、管理和资源等组合的结果。产品技术复杂度反映产品间要素集合差异，该差异由生产该产品所需要的生产要素组合决定。因此，在讨论出口产品升级尤其是中国出口产品升级过程中，仅仅关注产品间或者产品内升级，都存在产品信息不完整的情况。

诸多已有关于中国出口产品升级的研究认为，中国出口产品技术复杂度与经济发展水平是世界规律的奇异点。作为发展中国家，中国的技术复杂度为何会有如此高幅度的增长？部分学者对该问题进行了进一步的讨论，许（Xu，2007）研究发现即使是同一种产品，中国出口产品的质量要远低于其他国家。基于此，其将产品质量与产品技术复杂度纳入同一模型中，重新估算了中国出口产品在技术和品质上的综合技术复杂度，发现中国出口产品技术复杂度的异常程度有所下降。基于此，本研究将产品质量纳入产品技术复杂度升级的分析框架，综合讨论我国出口产品升级情况。

根据标准的比较优势理论，国家的技术进步和经济发展主要遵循经济体自身的比较优势。在国际分工体系中，那些以生产劳动密集型产品为主的国家，要转向生产资本密集型产品，就必须储备更加丰厚的资本要素禀赋。这个理论虽然对一个国家应该生产什么产品给出了参考性答案，却没有对一个国家如何实现从以生产劳动密集型产品为主向以生产资本密集型产品为主给出可操作性的方案。更为重要的是，当考虑产品质量后，即使是同一产品，中国出口产品质量与世界其他国家出口的产品质量也存在一定的差异。传统国际贸易理论更无法对此提供合理解释了。近年来出现的新新国际贸易理论、演化经济地理理论和产品空间分析框架在很大程度上弥补了传统贸易理论的缺陷。本研究试图结合上述相关研究结果，探讨中国出口产品升级的方向，探讨中国出口产品是选择进行产品内升级还是产品间升级这一问题？

此外，中国出口产品技术水平的空间差异也是中国出口产品技术复杂度为世界规律"奇异点"的重要解释。现有研究多基于全球贸易数据，研究中国与其他国家出口产品技术复杂度与出口产品质量间的差异。无论是技术复杂度还是产品质量的估计过程都利用的是中国的平均数据。然而，中国的出口地理空间存在显著的区域差异，中国90%的出口来自东部沿海省份。许（Xu，2010）按各省出口份额加权各省市人均GDP来替代中国平均人均GDP，发现修正后的结果比以国家平均人均GDP计算的结果高出43%～95%，而中国出口产品技术复杂度在世界排名中的异常程度在1992年下降了28%，在2005年下降了81%。在世界贸易中，中国作为异常值的现象得到缓解。另外，中国出口空间的不平衡，使得以平均发展水平来测度的技术复杂度不能反映中国出口产品升级的真实情况。因此，本研究将分别讨论国家层面、区域层面、城市层面和企业不同主体单位出口产品升级的情况。一方面，研究结果是对中国出口产品升级的重要补充；另一方面，测算方法也为今后研究中国出口扩张和出口结构改善提供了新的思路。

基于此，本章首先描述2000~2011年中国制造业出口增长情况，并讨论出口增长的区域和行业差异。其次，利用伊达尔戈等（Hidalgo et al.，2009）和阿尔贝克等（Albeaik et al.，2017）的方法，并加以修正测算反映产品间差异的产品技术复杂度指标；利用鲍德温和哈里根（Baldwin and Harrigan，2011）、皮韦托和斯马格休（Piveteau and Smagghue，2013）的模型，构建反映产品内差异的产品质量指标。最后，基于估计得到的产品技术复杂度和产品质量，讨论我国出口产品技术复杂度的国际水平，并从城市和企业两个层面讨论出口产品升级过程中的路径选择。本章试图回答以下问题：（1）与发达国家相比，中国出口产品技术复杂度是否有所提升？（2）在升级过程中，什么样的城市表现为产品间升级？什么样的城市表现为产品内升级？（3）对于企业而言，什么样的企业更倾向于选择产品间升级？什么样的企业更倾向于选择产品内升级？

第二节　中国出口贸易发展现状

一、中国出口产品规模与结构

（1）出口总额变化。

改革开放以来，中国制造业出口额获得了迅猛增长（见图4-1）。1992~2011年间，中国对外出口从 850 亿美元增长到 18980 亿美元。从不同的阶段来看，2002 年以前，中国出口额呈现稳步增长；2002 年以后，增长曲线的斜率增加，呈指数增长趋势。这主要是因为 2001 年中国成功加入 WTO，对外贸易的大门开启。受全球金融危机的影响，2008~2009 年间，出口额发生较大的下降，而在 2010 年出口额超过 2008 年和 2009 年，开始从金融危机的影响中恢复。2010~2011 年，增长速度超越以往任何时间。2012 年，中国超越德国成为全球第二大贸易国。2013 年，中国又以 4.16 万亿美元的进出口总额超过美国。其中，制造业出口总额达到 2.209 万亿美元，成为名副其实的"贸易大国"。伴随贸易总量的增长，在增长趋势不断变化的背后，中国出口产品增长可能伴随更复杂的变化，比如出口产品的结构、区域差异、复杂度以及质量，等等，下文将主要讨论出口产品结构差异和目的国（地区）—行业结构差异。

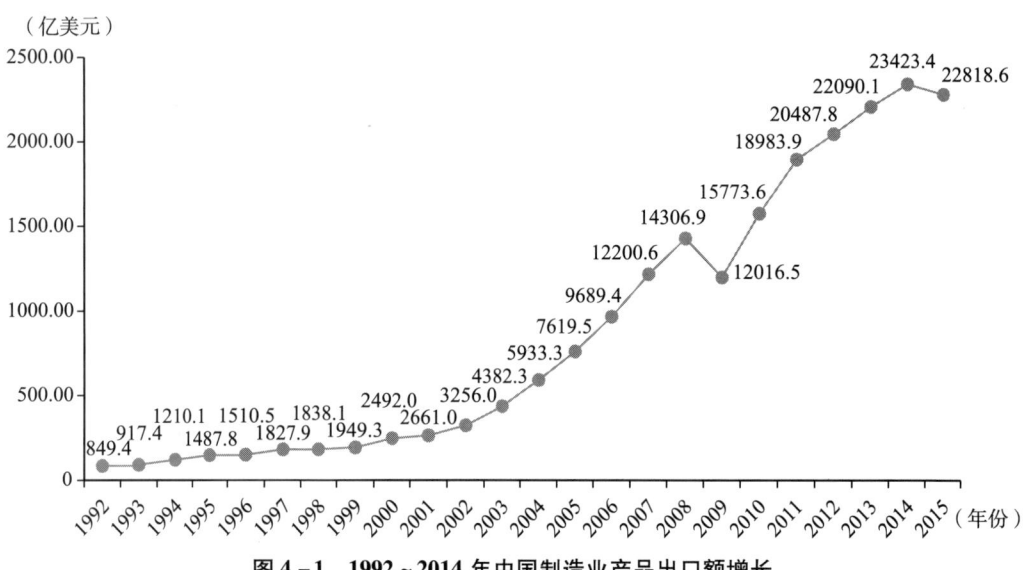

图 4-1　1992~2014 年中国制造业产品出口额增长

资料来源：作者根据 UN Comtrade 数据库数据计算。

（2）出口产品结构变化。

在中国对外贸易总量不断增长的背后，中国对外贸易的结构也发生了较大的变化（见图 4-2）。受全球金融危机的影响，中国出口贸易结构发生了较大的变化。图 4-2 展示了 2000 年、2007 年和 2011 年中国各行业出口产品总额。2000 年，出口份额最多的为机械及其电子制品，并在之后一直保持中国出口规模第一的位置。其次为纺织品及纺织制品。在 2000~2011 年出口规模变化较大的产品主要为交通运输设备，从 2000 年的 88.4 万美元增长到 2011 年的 1089.4 万美元。从每两年出口额的变化可以发现，出口产品规模的增长主要集中在 2000~2007 年，尤其是机械及其电子制品以及金属制品。2007~2011 年，出口增长较多的产品主要集中在化工产品、交通运输设备和石料水泥等制品。两个阶段出口产品增长的差异也反映出在金融危机前后世界产品需求以及中国出口产品结构调整的方向。

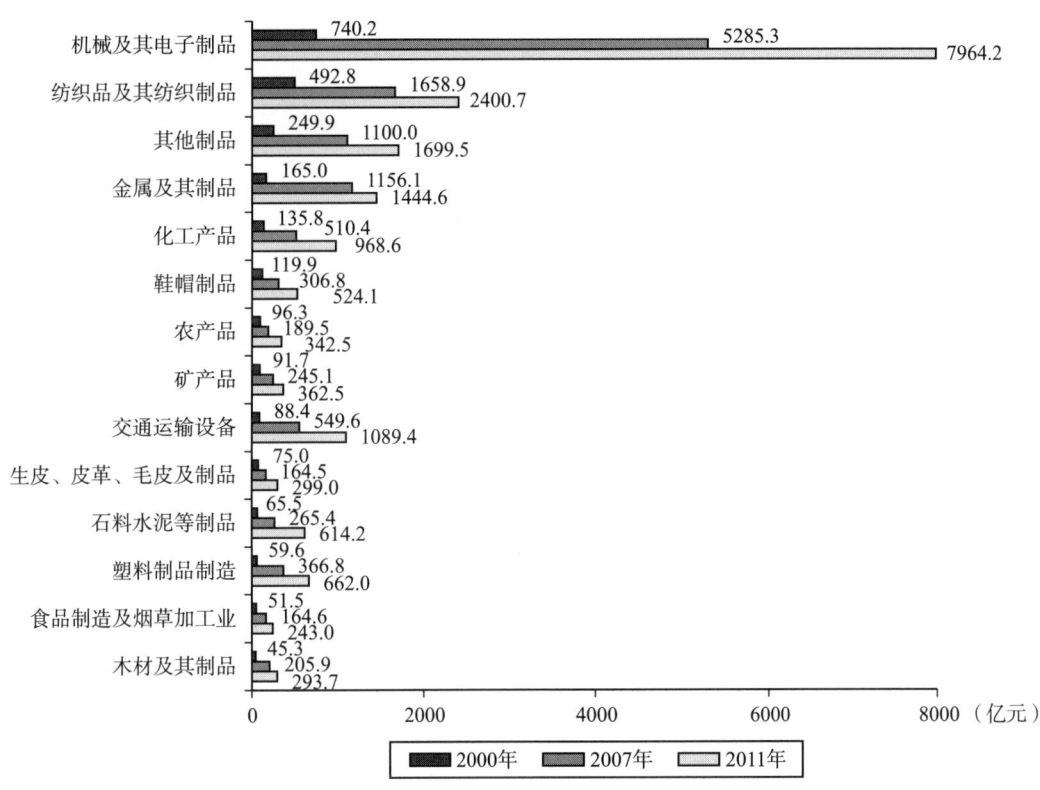

图 4-2 2000 年、2007 年和 2011 年中国出口产品结构

资料来源：作者根据中国海关进出口贸易数据库数据计算。

(3) 出口国家及其出口产品结构差异。

随着出口产品规模的扩张，中国出口目的国（地区）也不断多元化。中国对外贸易目的市场的产品结构也具有一定的差异。图 4-3 (a) 和图 4-3 (b) 分别为 2000 年和 2011 年中国出口目的国（地区）结构与出口到目的国（地区）的产品结构。在出口目的地中，美国为中国的第一大出口目的国（地区），其次是中国香港、日本、韩国、德国。从出口份额的变化来看，中国对外贸易目的国（地区）更加多元化。相较于 2000 年，2011 年出口到高出口份额目的国（地区）的出口额有所降低，出口地区更加多元化。例如，出口到美国的份额从 2000 年的 20.92% 降低到 17.12%，出口到中国香港地区的份额也从 17.85% 降低到 14.12%。变化最大的是出口到日本的出口产品份额，从 2000 年的 16.70% 降低到 2011 年的 7.81%。

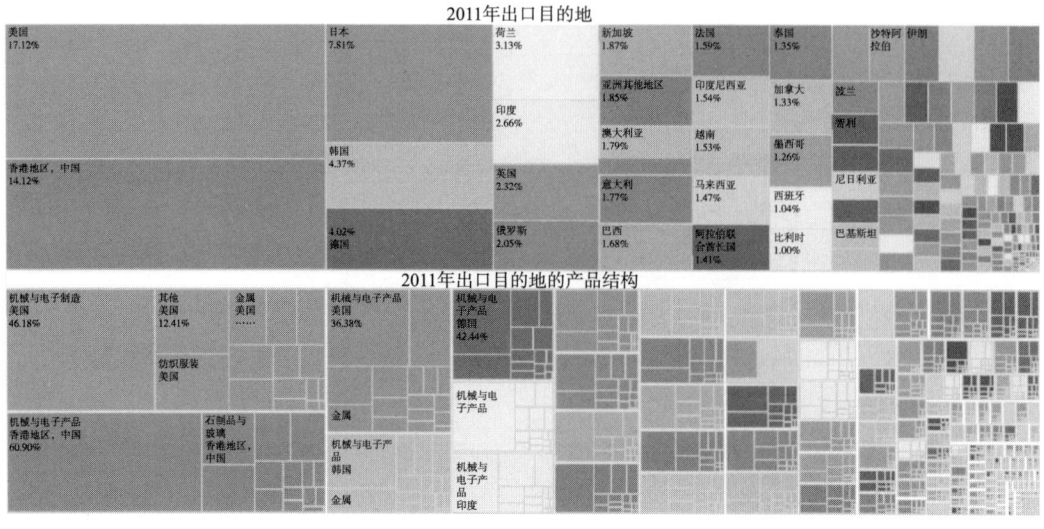

(a) 2011年

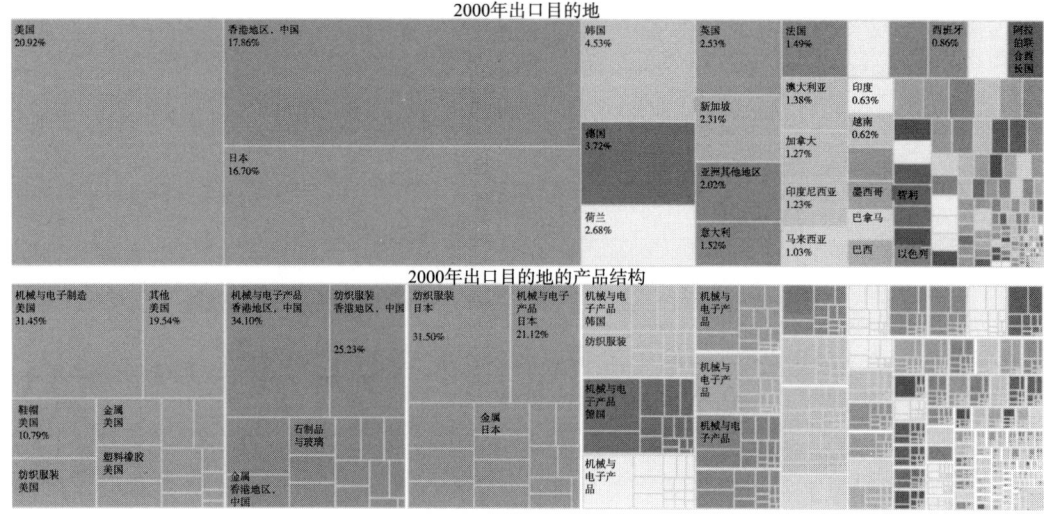

(b) 2000年

图4-3 2000年和2011年中国对外贸易目的国（地区）及产品结构

资料来源：UN Comtrade, http://wits.worldbank.org。

伴随着出口目的国（地区）的多元化，中国出口到目的国（地区）产品也不断多元化。首先，出口到每个国家或地区的产品结构发生较大变化。以美国为例，2000年出口到美国的产品当中，以机械及其电子产品为主要出口产品，占到了出口美国的总产品份额的31.45%。到2011年，该产品的出口比重增加到46.18%。鞋帽产品却从10.79%降低到4.62%，纺织服装及其纺织制品从8.74%增加到10.80%。出口到中国香港地区的产品结构也发生了较大的变化，机械及其电子产品从34.10%增加到60.90%，而纺织服装及其纺织制品从25.23%降低到5.59%。其次，中国出口到目的国（地区）市场中的技术密集型产品的比重不断上升。出口到不同目的国（地区）市场的产品份额，一方面，可以反映该产品在出口市场中的比较优势；另一方面，也可以间接反映中国出口产品竞争优势。出口到美国等发达国家市场中机械及电子产品份额的增加，表明中国在技术、资本密集型产品的竞争优势开始增加，而出口市场多样化也是产品国际竞争力提高的重要标志。

二、中国出口产品的区域差异与行业差异

（1）区域差异。

中国出口产品空间存在区域差异。与此同时，不同出口区域出口产品也存在较大的行业差异。将中国产品出口地分为5大区域，并统计每个区域出口产品增长情况。图4-4显示东部地区出口额不断增加，与全国①出口总额增长趋势一致。2008年，出口额有一定的下降，2009年开始恢复增长。占全国出口额比重的数据显示，2000~2007年东部地区出口额占全国的比重不断增加，2008年占比有一定的下降，2009年恢复增长趋势。东部地区以外的中部、东北、西南和西北地区占全国比重变化趋势一致。虽然这四大地区出口产品总量在不断增长，然而，出口总量占全国的比重却在不断下降，该下降趋势在金融危机前后的2007~2009年间有一定的反弹。总体来说，东北地区出口规模高于中部地区，中部地区出口规模高于西南地区，西南地区出口规模高于西北地区。东部地区出口比重不断上升反映出中国出口产品空间不断集聚，尤其是向东部沿海地区集中。

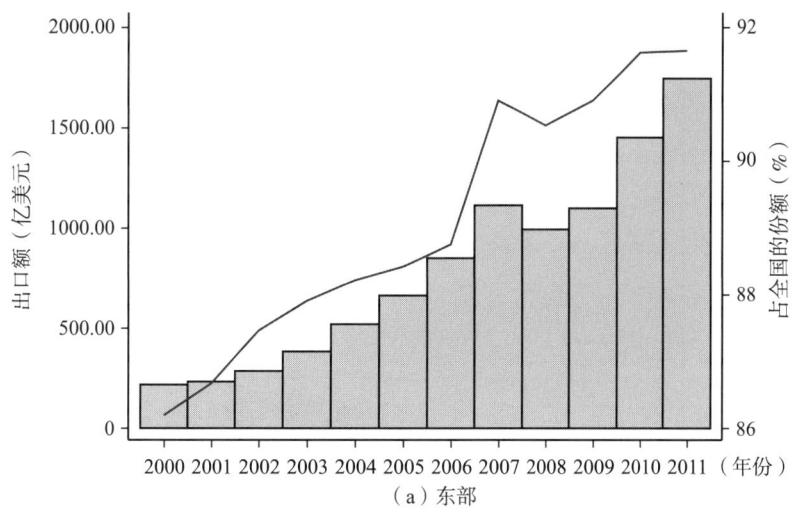

(a) 东部

---

① 本书所说的全国不包括台湾、香港、澳门地区。

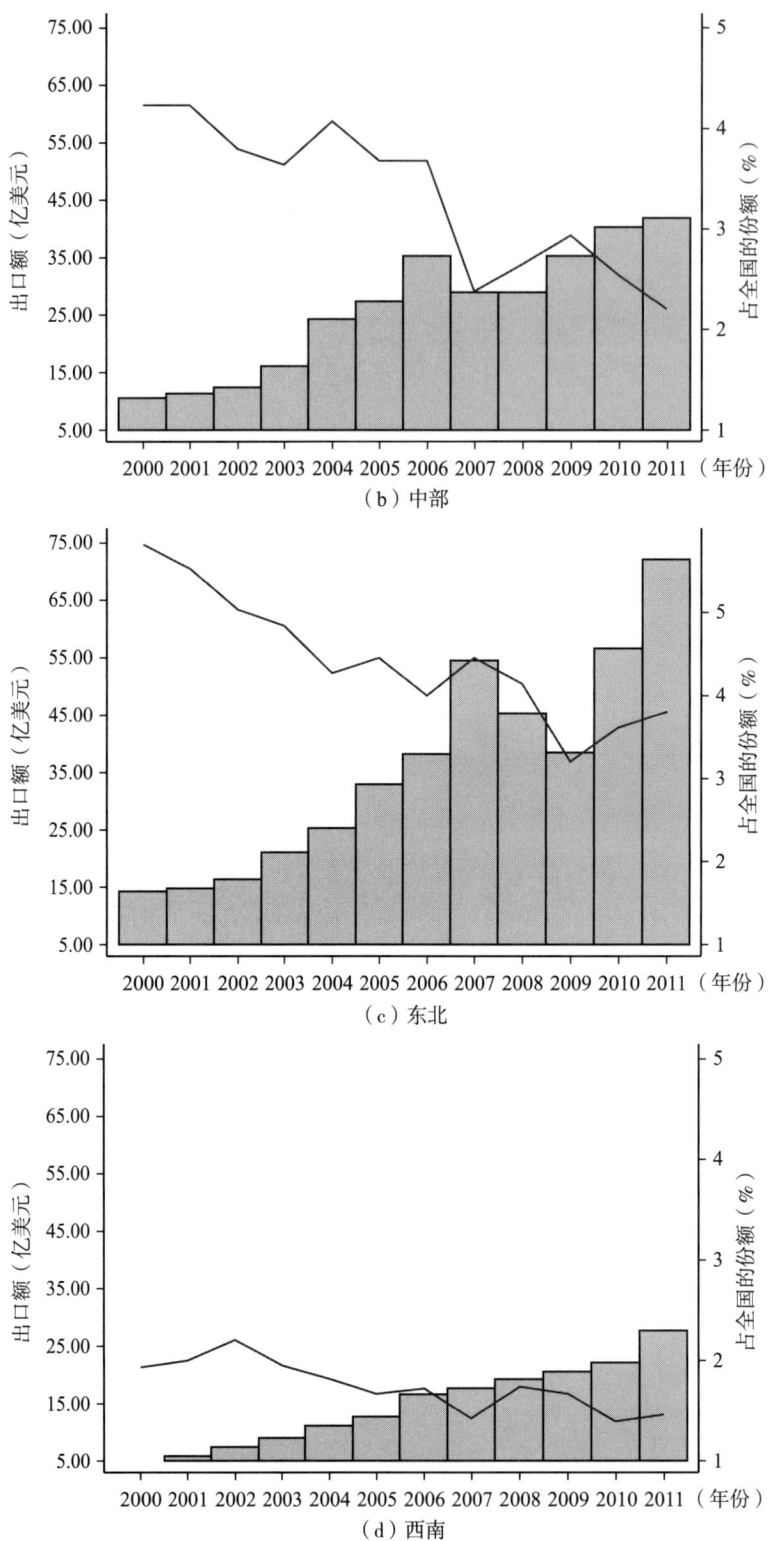

（b）中部

（c）东北

（d）西南

第四章　中国出口产品升级：产品内升级还是产品间升级？

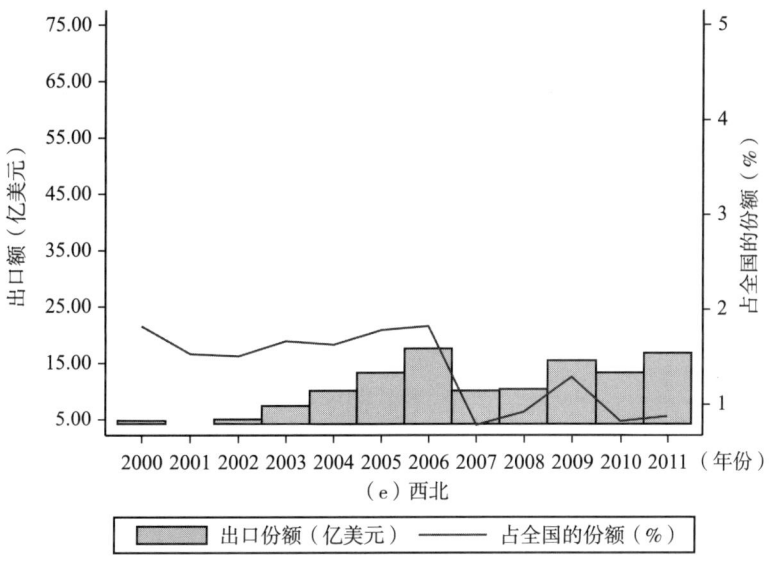

(e) 西北

图 4-4　2000~2011 年五大区域出口规模及占全国比重变化

资料来源：作者根据中国海关进出口贸易数据库数据计算。

为进一步了解中国出口产品空间格局变化情况，图 4-5 报告中国及其五大区域城市出口产品规模的基尼系数。总体来说，全国范围内，中国出口产品集聚程度不断增加，尤其金融危机后，该集聚程度进一步加剧。结合图 4-4 不同区域出口额的变化情况，2000~2007 年，中国出口空间不断向沿海地区集中；2007 年以后，沿海地区出口份

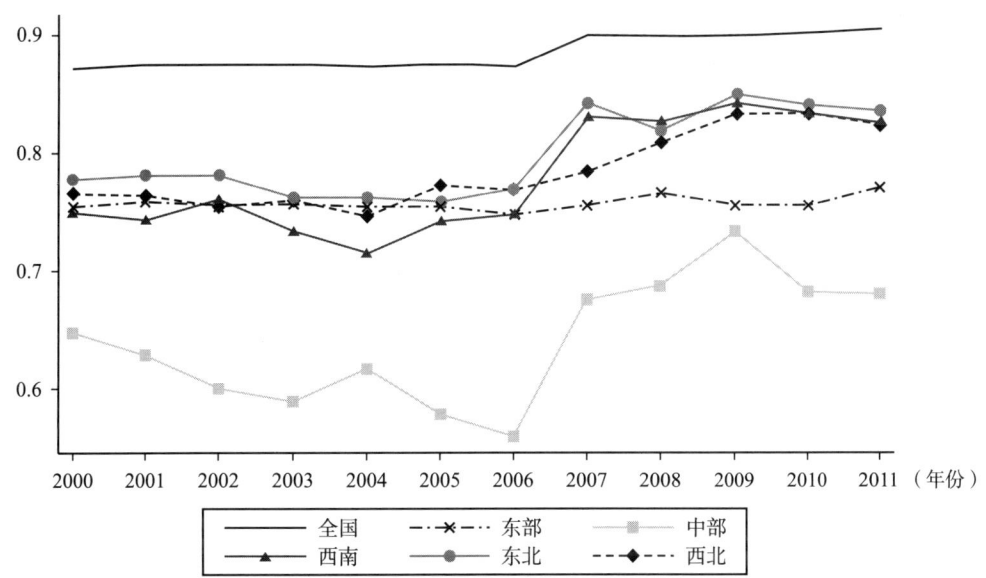

图 4-5　2000~2011 年中国城市出口规模基尼系数及其空间差异

资料来源：作者根据中国海关进出口贸易数据库数据计算。

额占比进一步增加,中西部以及东北地区的出口份额占比不断降低,由此推动了出口区域在空间中的进一步集中。另外,五大区域内城市出口基尼系数不断增加,五大区域内也出现出口进一步集中的趋势。比较而言,东北地区城市出口集中程度更高,其次是西北、西南、东部和中部地区城市。中部地区出口的空间集中程度最低,这主要是因为中部六省间城市发展较为平衡,出口空间差异较小。

(2)行业差异。

在明确中国出口产品的空间差异后,出口结构的空间差异也值得进一步关注(见图4-6)。具体而言,东部地区出口产品以机械制造及其电子产品为主,2011年出口额高达7319.2亿美元。其次分别为纺织服装及其制品、金属及其制品、交通运输设备、化工产品、塑料制品、石料水泥制品、矿产品、生皮、皮革制品、木材及其制品。中国其他五大区域内产品结构差异不大。机械及其电子制品由于其出口价值本身较大,即使出口数量少,也可贡献较大的出口规模。从各产业部门出口额的变化来看,东部、中部和东北地区,装备制造业的增长主要发生在2000~2007年。西南和西北地区,尤其是西北地区,装备制造业的增长主要发生在2007~2011年。总体来说,资本、技术密集型的产品,如装备及其制造、金属品、交通设备制造多集中在东部和东北地区,出口的增长集中在2000~2007年。中部、西南和西北地区在2007~2011年增长较大。劳动力密集型产品,如纺织服装及其制品等也主要集中在东部和东北地区;但西南地区增长较快,

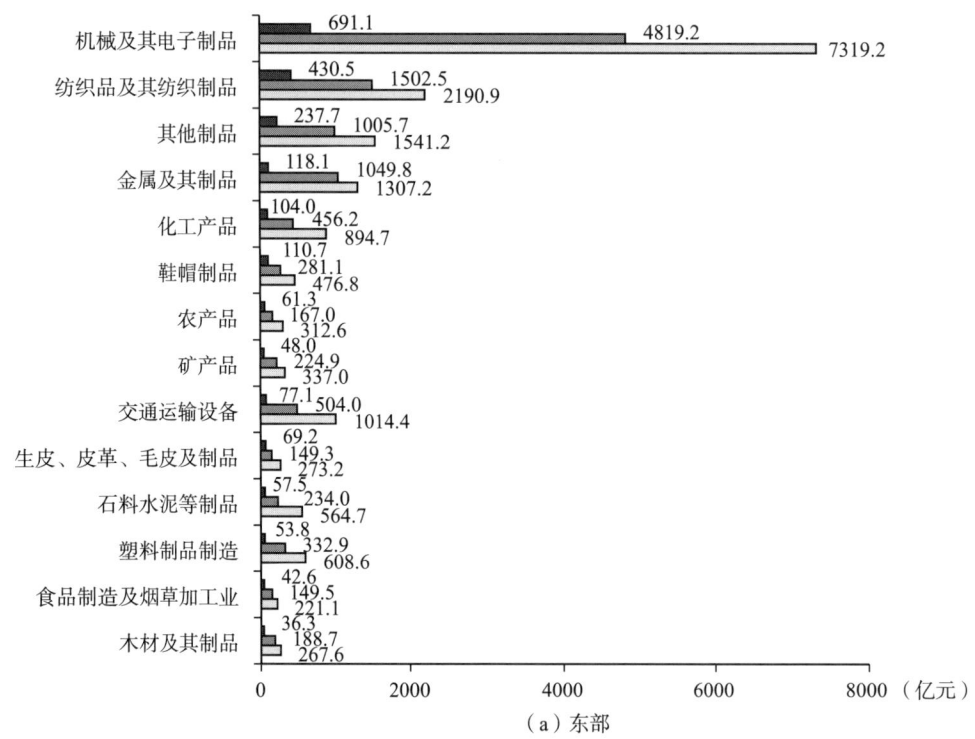

(a)东部

第四章 中国出口产品升级：产品内升级还是产品间升级？

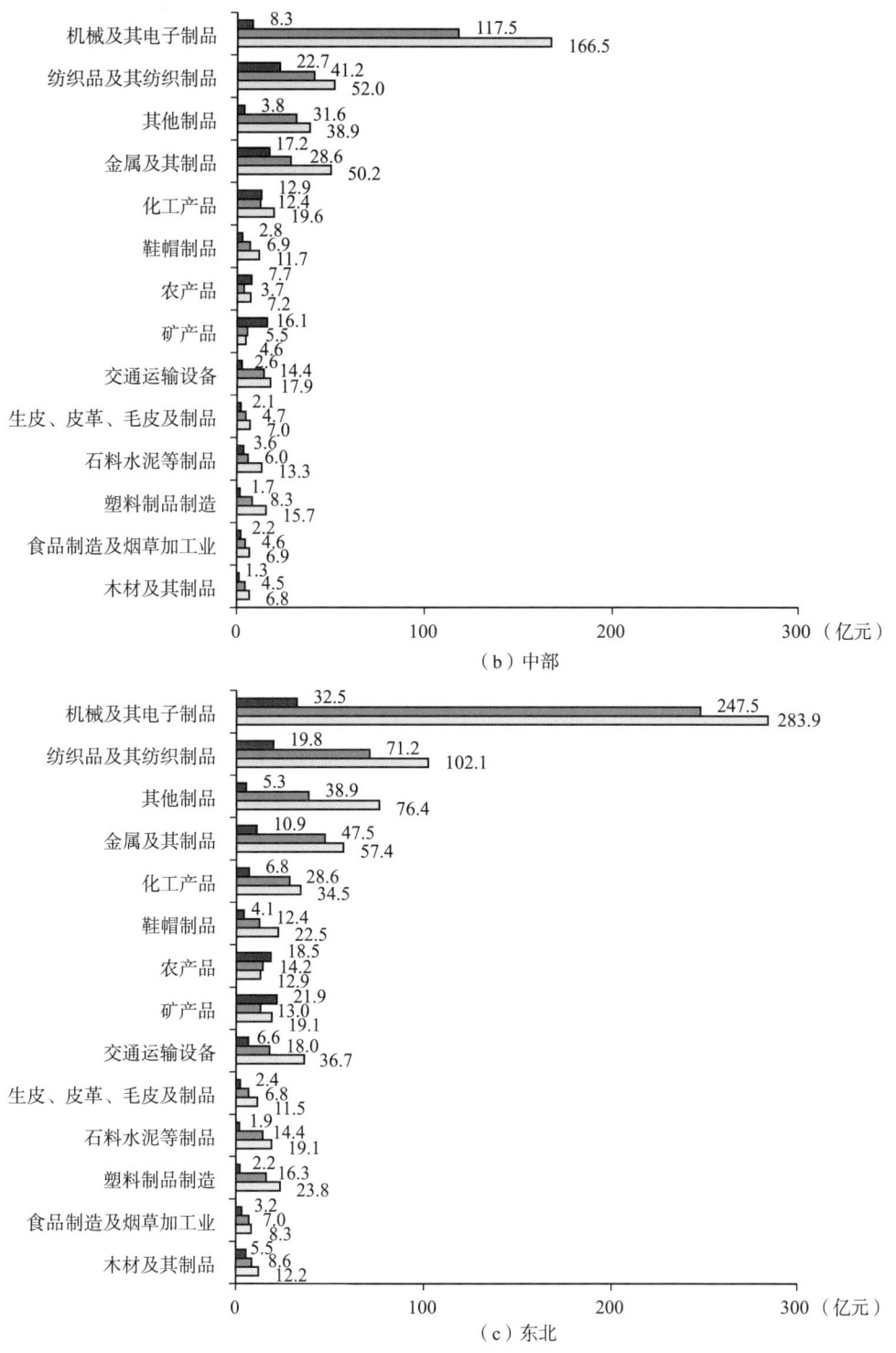

(b) 中部

(c) 东北

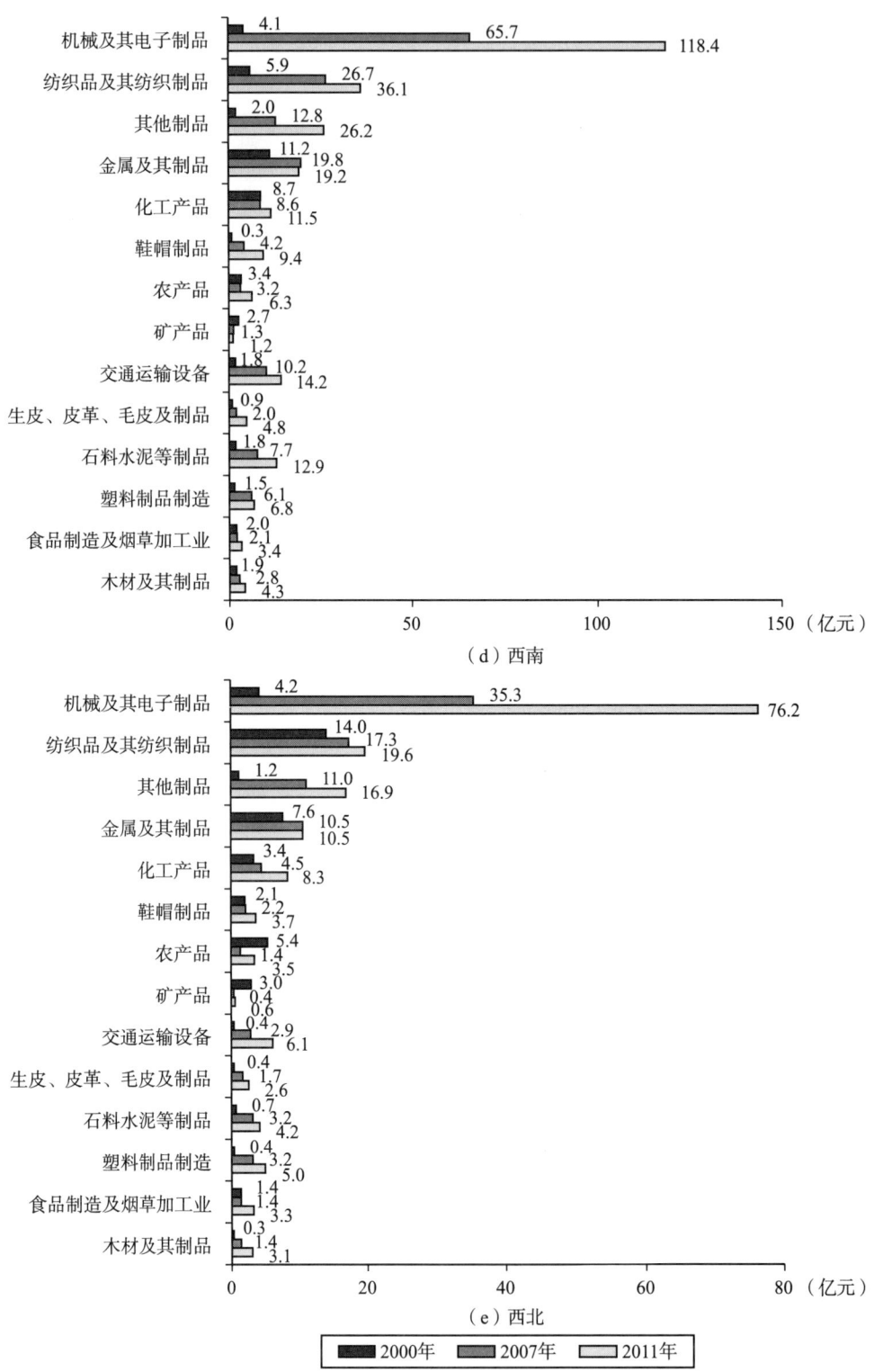

图 4-6　2000 年、2007 年和 2011 年五大区域出口产品结构

资料来源：作者根据中国海关进出口贸易数据库数据计算。

从 2000 年的 5.9 亿美元增长到 2011 年的 36.1 亿美元。总体来说，交通运输制造、机械制造和金属冶炼等资本密集型行业在东部地区表现出更快的增长以及集聚趋势。在明确我国出口产品规模、结构及其空间差异后，下文将重点探讨我国出口产品升级情况。

第三节　数据与估计方法

我们首先对产品技术复杂度和产品质量进行估计，基于估计得到指标，研究中国出口产品的升级趋势。当前，已有研究主要通过两种方法估计产品技术复杂度：基于国家收入加权产品份额法（Hausmann et al.，2006）和映射法（Hidalgo and Hausmann，2009）。首先，我们对两个方法估算的产品技术复杂度进行对比；其次，基于估算的结果，分析中国出口产品技术复杂度演化情况。近年来，经济学者开始关注出口产品质量，现有相关文献多以产品单价作为产品质量的代理变量。一方面，该方法估计的结果仅能反映出口国—产品—目的国（地区）市场维度的质量信息；另一方面，单位价格不仅由产品质量决定，还受到很多产品以外的因素影响。我们在对现有数据进行清理的基础上，介绍估计产品技术复杂度和产品质量的方法，并分析不同方法刻画出口升级可能存在的问题及合理性。

一、数据清理

产品技术复杂度的估计主要利用 UN Comtrade 贸易数据（1998~2014）和中国海关进出口数据库（2000~2011）两个数据库。中国海关进出口数据是现阶段最为原始和翔实的出口贸易数据。每条出口记录包括进出口时间、企业代码、企业名称、企业地址、贸易方式、企业类型、出口数量、产品计量单位、出口金额等详细信息。贸易方式包括一般贸易、来料加工贸易、出料加工贸易等 18 种。企业类型包括国有企业、集体企业、私营企业、外商独资企业、中外合资企业、中外合作企业等 6 类。在估算出口产品质量时，需要利用汇率数据以及 CPI 数据，计算过程中删除了一些无法获得名义汇率和宏观数据的出口市场数据记录，最后保留了 180 个国家和地区。估算过程中最为关键的数据处理主要是调整 HS 代码以及删除贸易公司数据。

（1）出口产品 HS 编码。

我们主要利用 2000~2011 年 UN Comtrade 数据库和中国进出口海关贸易数据库。将两个数据合并使用，第一个需要处理的问题即是调整不同年份的 HS 代码。海关编码即 HS 编码,是编码协调制度的简称。目前已有 200 多个国家和地区使用 HS 编码,全球贸易总量 98% 以上的货物都是以 HS 分类的。HS 编码每 4 年修订 1 次。目前,HS 代码已经历了 5 个版本的修订,分别有 HS1992、HS1996、HS2002、HS2007 和 HS2011。本研究年限为 2000~2011 年,研究年限内产品代码经历了 2 次调整,涵盖了 HS1996、HS2002 和 HS2007。因此,我们首先需要将不同年份的 HS 代码调整为同一版本的 HS 代码。HS 编码为 8 位数,其中前 6 位国际通用,在使用该编码的国家中代表的产品一致。各国根据出口产品的情况,在编码的第 7 位和 8 位改动。我们参照皮尔斯和斯科特(Pierce and Schott, 2012)对美国出口数据 HS 编码的调整,在 HS6 位数层面进行调整,将 2000~2001 年的 HS1996 编码和 2002~2006 的 HS2002 编码均调整为 HS2007。

(2)贸易公司。

考虑到贸易公司对出口产品升级刻画的干扰,我们删除所有的贸易公司样本企业。中国海关库中包含很多贸易公司,贸易公司本身并不进行生产,其主要业务是为产品生产企业提供出口报关服务,承担贸易中间人的角色。因此,数据库中的贸易公司出口了上百种产品。在观察这类企业升级行为时发现,企业并没有进行生产上的升级,产品的改变也只是因为新接了不同产品的订单。如果将这类样本包含在总样本中,可能会造成对出口产品升级行为的高估。因此,在进行产品技术复杂度和产品质量的估算过程中,我们删除了所有的贸易公司数据。贸易公司的剔除主要基于阿恩等(Ahn et al., 2011)和马诺娃等(Manova and Zhang, 2012)的方法,该方法主要通过识别数据库中企业名称包含的某些字段来识别贸易公司,这些字段主要有"贸易""进口""出口""进出口"等。另外,还剔除了企业名称字段中包含"外贸""商贸""商务""商业""边贸""外运""采购""物流""快运""储运""仓库""仓储""广告"等的企业。基于上述贸易公司识别方法,我们识别出了 175646 家贸易公司,占所有制造业出口企业的 24.65%。虽然这种方法已在大量的文献当中运用,但需要认识到该方法仍然可能存在不完全识别以及过度识别等问题。

二、产品技术复杂度

(1)Tech 指数。

现有研究主要采用产品出口显性优势加权出口国家人均 GDP 来测算产品技术复杂度和国家经济复杂度(Hausmann et al., 2006)。我们先利用该方法来测算产品技术复杂度(prody)。国家 j 出口产品总额为:

$$X_j = \sum_p x_{jp} \tag{4.1}$$

其中,j 为出口国家,p 为国家出口产品。在此基础上,利用人均 GDP 加权该产品

在该出口国的出口份额与世界份额的比重:

$$Prody_p = \sum_j \left(\frac{(x_{jp}/X_j)}{\sum_j (x_{jp}/X_j)} Y_j \right) \quad (4.2)$$

其中,权重 x_{jp}/X_j 是产品 p 在国家 j 的出口份额,分母 $\sum_j (x_{jp}/X_j)$ 是产品 p 在所有出口国家出口份额之和。因此,该指数为人均 GDP 的平均加权,而加权的权重为每个国家在产品 p 的显性比较优势。利用显性比较优势加权主要是为了削弱国家规模大小本身的影响。在得到产品技术复杂度的基础上,加权该产品在该国的出口份额得到国家经济复杂度:

$$EXPY_j = \sum_l \left(\frac{x_{jp}}{X_j} \right) Prody_p \quad (4.3)$$

国家经济复杂度是利用产品技术复杂度加权该国出口的该产品份额。现在已有研究利用该方法对中国出口产品技术复杂度进行估算,然而仅利用中国的数据来测算产品技术复杂度忽略了国际垂直专业化分工的影响。对中国而言,加工贸易使得贸易过程中存在大量进口中间投入品后进行加工组装的产品,由此可能会造成对中国出口产品技术复杂度的高估。为了真实反映中国制造业产品技术复杂度,在计算产品技术复杂度时,我们采用国际贸易数据进行计算。

由上述方法计算得到的出口产品技术复杂度(prody)的分布如图 4-7 所示。从核密度分布来看,产品技术复杂度分布呈现较为明显的正态分布。从时间变化趋势看,随着时

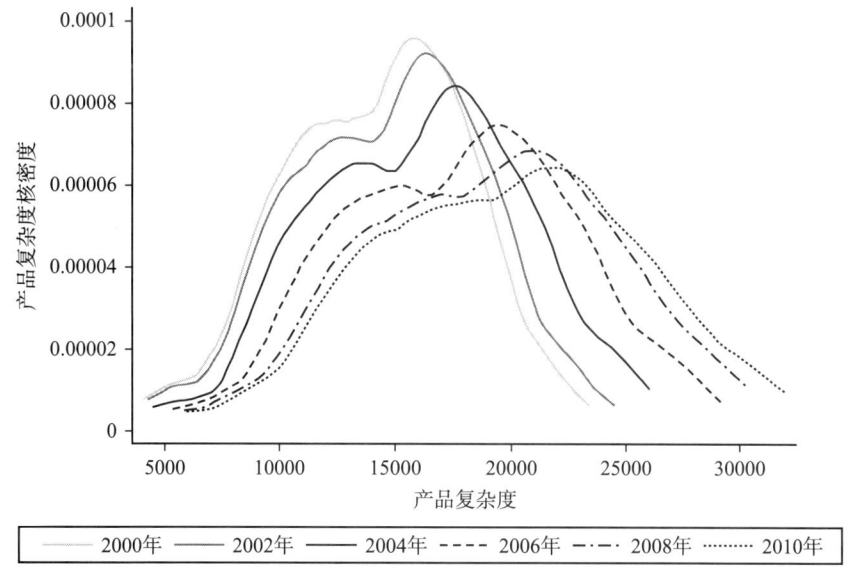

图 4-7 产品技术复杂度核密度分布

资料来源:作者根据 UN Comtrade 数据库数据计算。

间的推进，产品技术复杂度的波峰逐渐右移，即产品技术复杂度本身也在不断增长。

基于产品技术复杂度，我们通过该国出口的产品份额加权产品技术复杂度得到出口国的经济复杂度（TECH）。各国复杂度分布图见图4-8，图4-8显示各国经济复杂度也呈正态分布，且波峰也随着时间的推进而右移。与此同时，波峰的峰值不断减小，表明随着时间推移，各国经济复杂度之间的差异开始缩小，呈收敛趋势。这主要是因为，该方法计算得到的产品技术复杂度与国家的人均GDP相关。因此，随着出口国人均GDP的增加，产品技术复杂度也在不断增长。图4-9为所有国家经济复杂度不同分位的分布情况，图中展示25分位、50分位和75分位所在的位置，纵坐标时间。结果显示，不同国家经济复杂度的变化也存在一定的差异。经济复杂度75分位以上的国家在2006年以后增长最快，国家经济复杂度差异主要来源于高经济复杂度的出口国之间。

从指标构造来看，估算得到的产品技术复杂度与国家本身人均GDP存在较强的相关关系。图4-10展示的是2000年和2010年国家经济复杂度与经过购买力平价（purchase power parity）后的GDP—PPP指数的关系。该指数反映不同货币除汇率以外其他因素对购买力的影响。图中不同的点代表一个国家，2000年国家经济复杂度与GDP—PPP指数呈指数分布的相关关系；2010年，两者之间的指数关系更明显。从具体的国家来看，发达国家或者高收入国家大多集中在图中的右上方，而欠发达国家大多集中在图的左下方。具体来看，瑞士、日本、爱尔兰、法国、德国、加拿大、美国、英国、澳大利亚的经济复杂度名列前茅，圣多美与普林西比民主共和国、毛里塔尼亚、几内亚、马

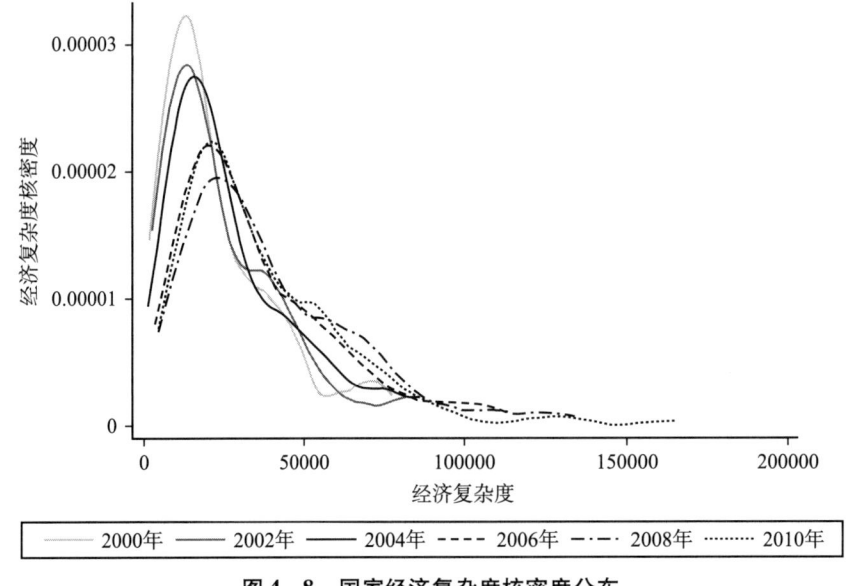

图4-8 国家经济复杂度核密度分布

资料来源：作者根据UN Comtrade数据库数据计算。

第四章 中国出口产品升级：产品内升级还是产品间升级？

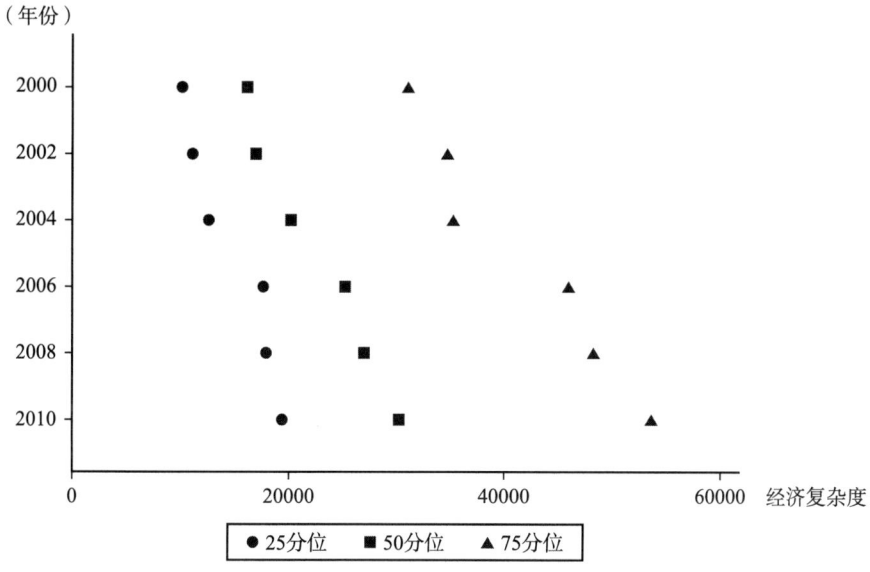

图 4-9 不同分位国家经济复杂度随时间变化

资料来源：作者根据 UN Comtrade 数据库数据计算。

拉维等非洲国家经济复杂度最低。当然，由于该计算方法本身存在一些局限性，比如结果发现的高收入国家出口高收入国家产品及产品的情况，这些内生性会对后文升级研究造成一定的干扰。基于此，我们进一步利用映射法进行产品技术复杂度和国家经济度的估计，并将两种方法进行对比。

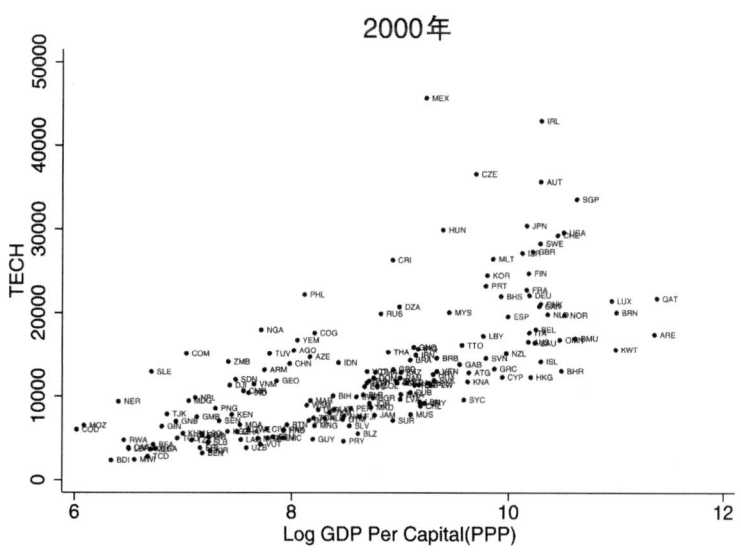

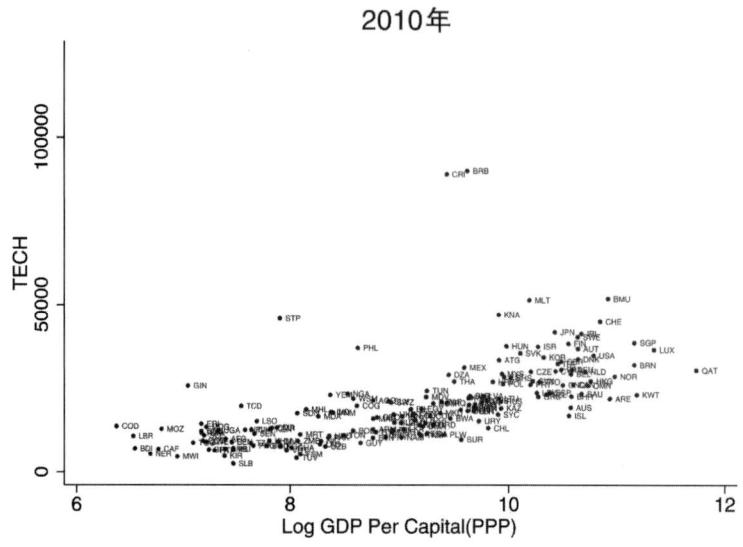

图4-10 GDP—PPP与国家经济复杂度的关系

资料来源：作者根据UN Comtrade数据库数据计算。

(2) Complexity指数。

上述方法得到的产品技术复杂度可能出现富裕国家出口富裕产品的内生性问题。为了降低产品技术复杂度计算过程中由于国家等内生条件带来的干扰，我们继续采用伊达尔戈和奥斯曼（2009）的映射法来计算产品技术复杂度，该方法主要是利用网络思想进行设计。其主要思想是基于国际比较优势分工理论，一个国家出口的产品结构可以反映该国在该产品的生产能力（方法示意见图4-11）。例如，如果 C_1 国家具有 a_1、a_2 和 a_3 三种生产能力，而国家 C_2 拥有 a_2 和 a_3 两种生产能力，国家 C_3 仅具有生产能力 a_3。产品是在这些生产能力的基础上生产出来的。生产产品 P_1 需要生产能力 a_1、a_2 和 a_3，生产产品 P_2 需要生产能力 a_2 和 a_3，生产产品 P_3 则仅需要生产能力 a_3。因此，对于不同国家，其生产产品的集合是与其生产能力的匹配。在该匹配关系中，国家 C_1 可能出口产品 P_1、P_2 和 P_3。由于国家 C_2 仅仅具备生产产品 a_2 和 a_3 的能力，因此，其仅可能出口产品 P_2 和 P_3。最后，国家 C_3 产品生产能力较弱，仅储备了能力 a_3，因此，国家 C_3 仅能出口产品 P_3。

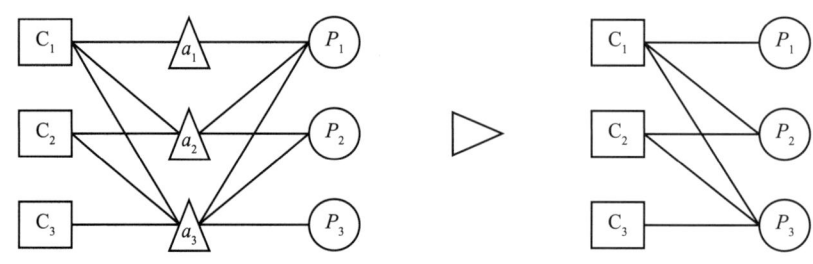

图4-11 国家经济复杂度与产品技术复杂度计算模型示意

资料来源：作者绘制。

第四章 中国出口产品升级：产品内升级还是产品间升级？

通过上述示意图，将该思想模型化。国家经济复杂度是具有比较优势的产品矩阵加权相应产品的技术复杂度；而产品本身的技术复杂度与其被国家出口概率有关。如果一个产品仅能被少有的国家出口，证明生产该产品需要储备较为稀缺的生产能力。因此，产品技术复杂度是由国家出口产品的能力与出口该产品所需要的生产能力来衡量的，出口产品所需能力主要通过生产产品的国家数量来反映，模型具体的设置如下：

$$k_{c,N} = \frac{1}{k_{c,0}} \sum_{p} M_{cp} k_{p,N-1} \qquad k_{c,0} = \sum_{p} M_{cp} \qquad (4.4)$$

$$k_{p,N} = \frac{1}{k_{p,0}} \sum_{c} M_{cp} k_{c,N-1} \qquad k_{p,0} = \sum_{c} M_{cp} \qquad (4.5)$$

其中，$k_{c,N}$ 和 $k_{p,N}$ 分别为国家经济复杂度和产品技术复杂度，是经过（4.4）和（4.5）迭代的结果，$N \geq 1$。模型的初始设置 $k_{c,0}$ 和 $k_{p,0}$，其中，$k_{p,0}$ 为产品 p 具有比较优势的国家个数，即产品被出口的遍在程度。$k_{c,0}$ 以国家初始出口产品的数量来代替，其也可以反映国家出口产品的多样化程度。因此，对于每个国家都有 $\vec{k_c} = (k_{c,0}, k_{c,1}, k_{c,2}, \cdots, k_{c,N})$，而对于每个产品而言，则有 $\vec{k_P} = (k_{p,0}, k_{p,1}, k_{p,2}, \cdots, k_{p,N})$。对国家而言，"$k_{c,0}$，$k_{c,2}$，$k_{c,4}$，…"衡量国家出口产品的多样化程度，奇数结果（$k_{c,1}$，$k_{c,3}$，$k_{c,5}$，…）衡量国家出口产品结构的遍在度。如果出口产品遍在度较低，国家的经济复杂度也就越高。根据本研究的假设，为了使得国家出口产品数和产品被出口次数可比，我们以产品被国家出口并具有比较优势来代表国家的出口能力，这也就使得一些较大经济体或者小规模的经济体出口的产品具有同等的影响力。具体而言，公式（4.4）和（4.5）中的 M_{cp} 是产品 p 在国家 c 是否具有比较优势。我们利用区位熵来衡量，如果产品 p 在国家 c 中的区位熵大于 1，则 M_{cp} 为 1，否则为 0。

在明确计算方法与过程后，我们利用联合国商品贸易统计数据库（UN Comtrade）来计算产品技术复杂度与国家经济复杂度。如果国家出口产品份额过小，其数据可信度以及分类的准确度也将降低。如果国家出口产品种类少，生产能力可能并不能衡量经济复杂度，放入模型中可能会干扰产品遍在程度的计算。模型中假设如果国家出口某种产品则证明国家具备生产该产品的能力，而能力主要是利用该产品在该国的比较优势来衡量的。因此，即使一国在国际贸易中出口该产品的规模特别小，也可能由于本身具备的弱生产能力而被纳入计算当中。因此，我们通过国家 GDP、国家人口规模以及国家贸易规模筛选出样本国家，共计 120 个国家和地区，以此代入上述公式来计算国家经济复杂度和产品技术复杂度。具体的筛选标准见图 4 – 12。

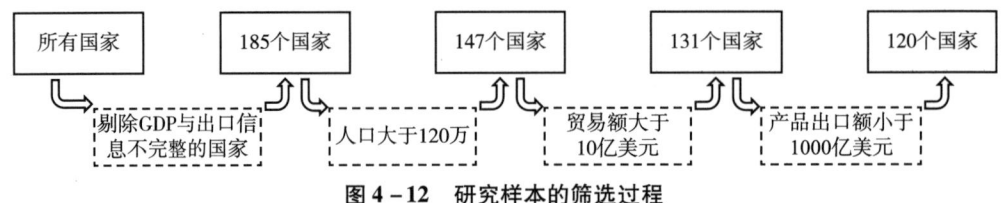

图4-12 研究样本的筛选过程

资料来源:作者绘制。

经过选择后,参与计算的国家和地区共120个,计算得到的产品技术复杂度的迭代演化关系见图4-13。K_{p0}为产品遍在度,是出口该产品具有比较优势的国家个数,而经过第一次迭代后的K_{p1}为加权出口国出口产品多样化程度后的产品遍在度。K_{p0}与K_{p1}之间具有初步的对数关系。具体来看,当将不同的产品按照产业分类加以区分时,图中的散点具有明显的点的分层,从下往上分别是农产品、生皮、皮革、皮毛及其制品、食品制造及烟草加工、鞋帽制造、木材及其制造、塑料制品制造、纺织服装及其制品、金属制化工产品、机械及电子制品以及交通运输设备制品。层次结构依次按照资源密集型产品—劳动密集型产品—资本技术密集型产品的特征分布。从右图中P_{k1}和P_{k2}的关系来看,迭代后两者之间的分布更加收敛,产品技术复杂度的结构分层更加明显。由此可见,利用该方法得到的产品技术复杂度可以很好地反映产品遍在程度等产品特征。

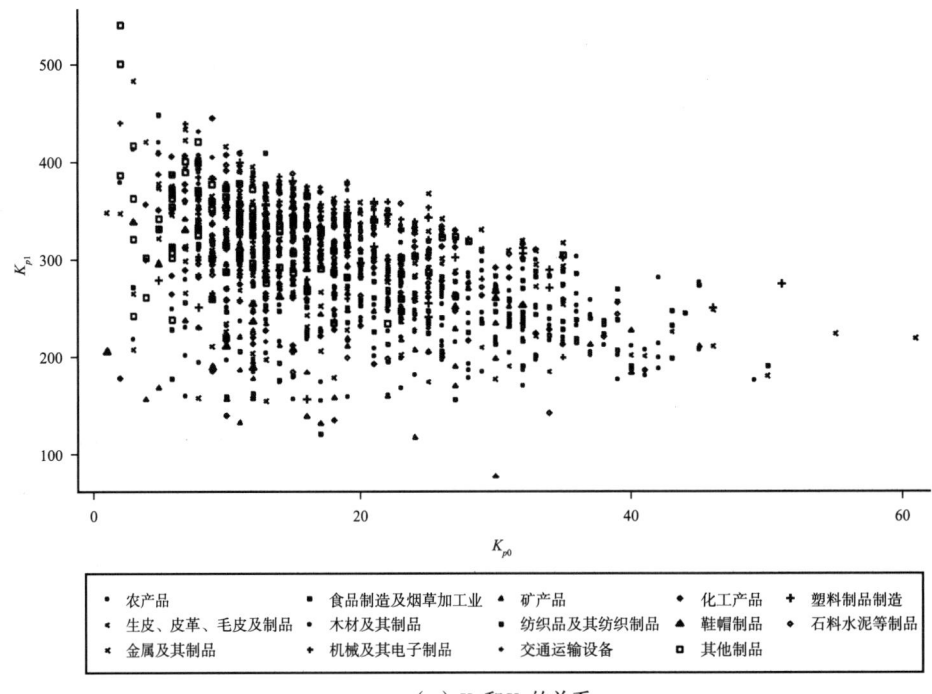

(a) K_{p1}和K_{p0}的关系

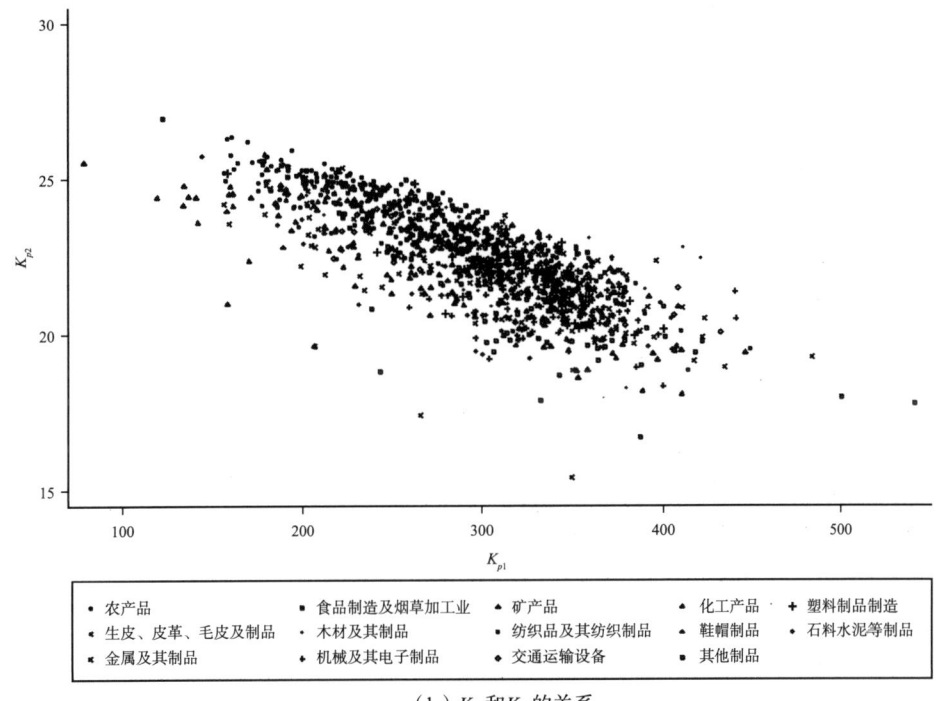

（b）K_{p2}和K_{p1}的关系

图4-13　产品技术复杂度与产品特征

资料来源：作者根据 UN Comtrade 数据库数据计算。

在迭代过程中，随着迭代次数的增加，产品间技术复杂度的差异也在不断收敛。我们发现在迭代 15 次后，产品技术复杂度的变化已经较小，同时产品间技术复杂度的差异也变得很小。本研究中选择 15 次迭代后的 K_{p15} 和 K_{c16} 来代表产品技术复杂度和国家经济复杂度。同一个两位数产品下的 4 位数产品技术复杂度差异比较明显。这也反映了目前部分研究仅从较为粗糙的劳动力密集型、资源密集型和技术密集型分类来研究产品或产业升级不够精准，因为即使是同属一个标准下的产品，产品细分标准内部也可能存在较大差异。具体从每个 2 位数产品部门内产品技术复杂度的分布来看，图4-14 显示 15 个两位数产品内的 4 位数产品的技术复杂度分布频数。总体来说，化工产品、机械及其电子制品、交通运输设备、金属制品、塑料制品的产品技术复杂度多位于中位线右边，即产品技术复杂度高于平均值。农副产品、鞋帽、纺织和木材产品的技术复杂度多分布在中位线的左边，即产品技术复杂度低于平均值。产品之间的技术复杂度差异明显，并且与产品本身的属性特征较为一致，可以反映产品间要素组合的差异。

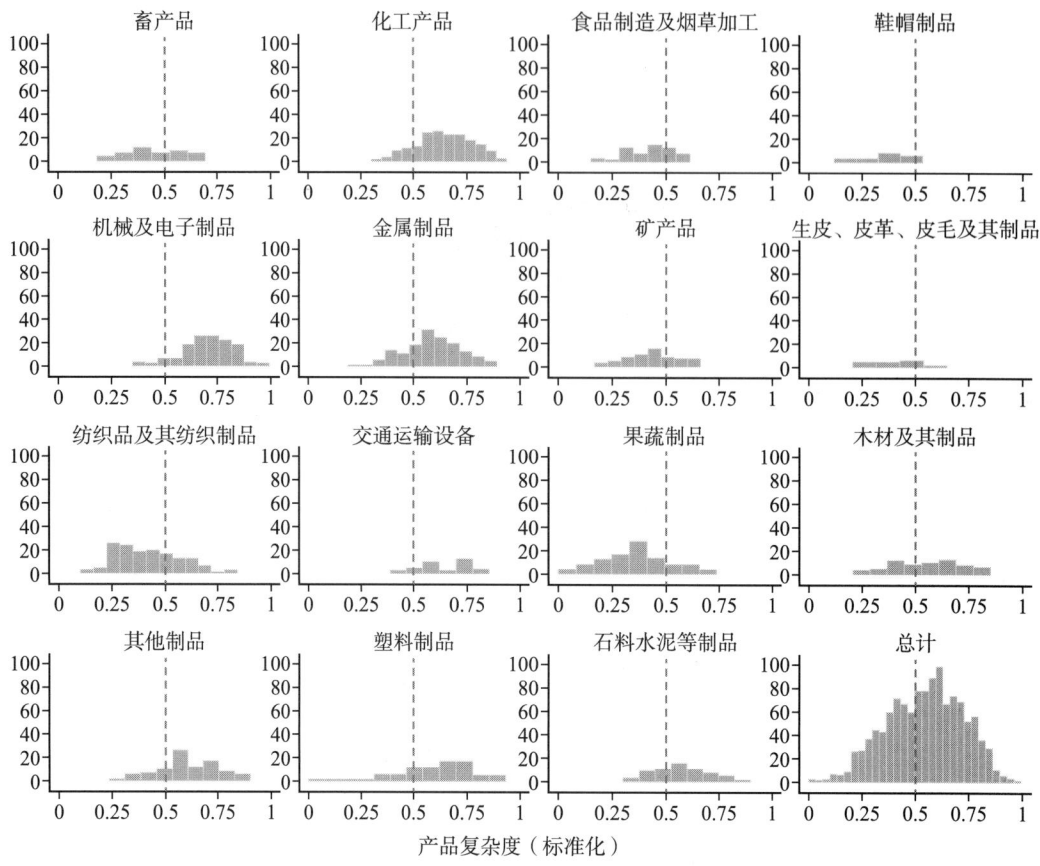

图 4-14 两位数产品内的四位数产品技术复杂度频数分布

资料来源：作者根据 UN Comtrade 数据库数据计算，下同。

图 4-15 为 20 次迭代过程中每次迭代得到的国家经济复杂度的排名。纵坐标为在该次迭代后国家经济复杂度排名，横坐标为迭代的次数。国家经济复杂度为偶数迭代的结果，即横坐标为 0，2，4，…，20 次迭代后国家经济复杂度排名。整体来看，在经过 12 次迭代后，国家经济复杂度的排名已经趋于稳定，在第 20 次迭代后排名稳定不变。图中靠上的国家多为经济复杂度较高的国家，从上到下，经济复杂度依次降低。大部分国家在经过 10 次迭代后都已经收敛。由此可见，经济复杂度越高的国家，迭代过程中越快趋于稳定收敛。经济复杂度排名前 20 的国家在经过 6 次迭代后，国家间的排名变化已经变小，经济复杂度的分布趋于稳定。

第四章 中国出口产品升级：产品内升级还是产品间升级？

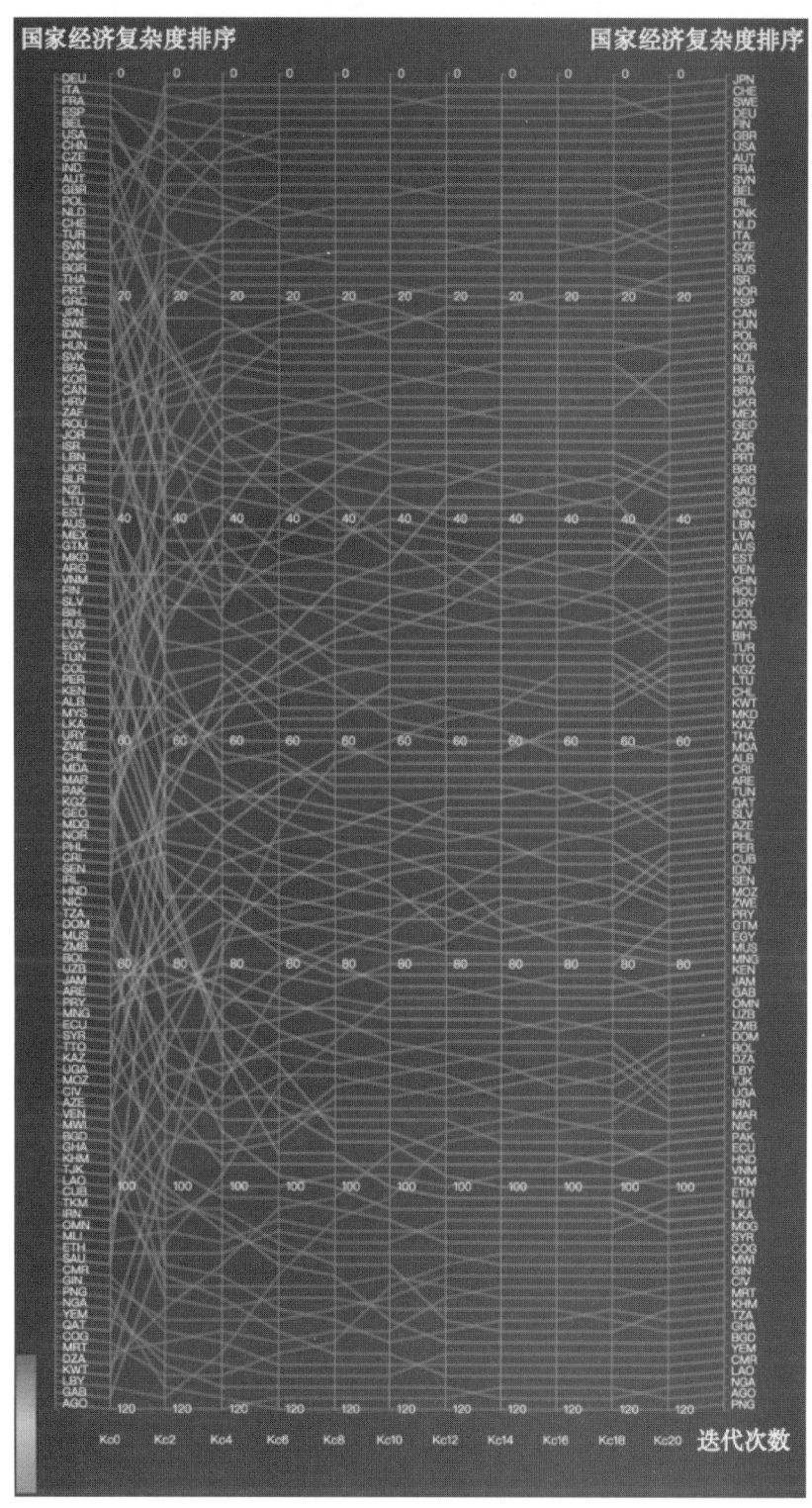

图4-15 迭代法与国家经济复杂度排名情况

注：国家代码所代表的国家名称见附录。

国家出口产品多样化程度与经过 1 次迭代后的经济复杂度关系见图 4-16。图 4-16 为 1998 年和 2014 年样本国家经济复杂度与出口产品多样化程度的关系，经过 1 次迭代的 $K_{c,1}$ 与国家出口产品的多样化程度 $K_{c,0}$ 具有较为明显的线性关系。经济复杂度越高的国家，该国出口产品结构遍在程度越低，经济复杂度越高。经过 2 次迭代后的 $K_{c,2}$ 一定程度上可以反映该国的经济复杂度。图 4-16（b）中左上角的国家大多出口产品技术复杂度高的产品，同时，出口产品的多样化程度也较高。

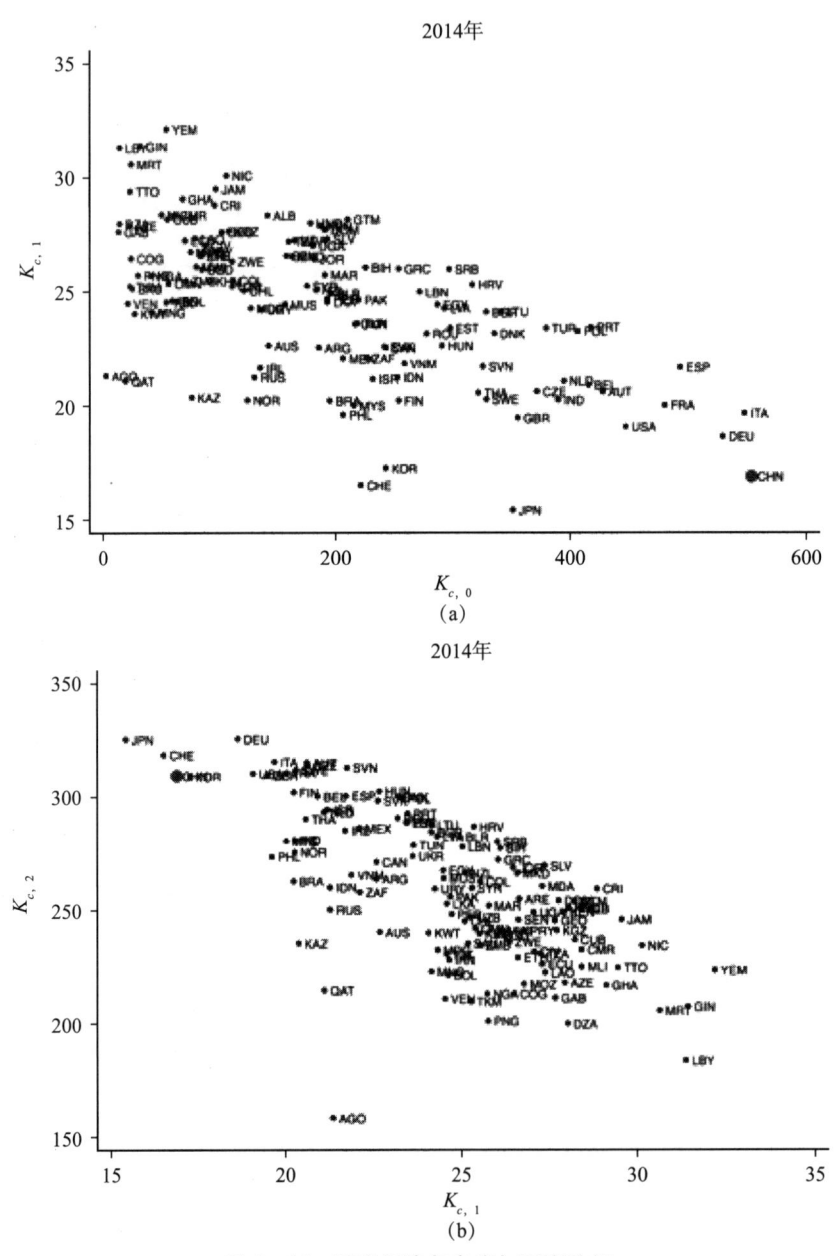

图 4-16 国家经济复杂度与国家特征

三、产品质量

越来越多的经济学者开始关注出口产品质量。部分研究用出口产品单位价格代表产品质量,然而产品价格在不同产品间是不可比的(Kemeny,2011;Xu and Lu,2009)。对于质量差异明显的产品来说,价格与质量之间呈正相关关系;而对质量差异不明显的产品来说,价格与质量之间的正相关关系较弱。事实上,产品的单位价格不仅由产品质量决定,还由产品生产成本、出口市场的定价能力(market power)和出口市场的需求偏好等决定(Hallak and Sivadasan,2013;Khandelwal,2010)。比如,中国出口的低价格产品,可能是因为中国劳动力成本低廉而不是因为产品质量低,因此,使用单位价格作为产品质量的代理变量可能存在比较大的偏差。随着经济学者对产品质量估计的推进,现有研究主要从需求和供给两个层面来估计出口产品质量。在需求层面,产品质量影响消费者的消费决策和消费行为,产品质量影响产品的价格从而影响消费者的预算约束(Khandelwal,2010;Khandelwal et al.,2013)。在供给层面,产品质量会影响企业产品的生产成本,并通过消费者的消费偏好从而影响企业的销售量(Baldwin and Harrigan,2011;Feenstra and Romalis,2014)。这些研究虽然考虑到了产品定价是由多个因素而非只是由产品质量决定,但由于数据的限制,仍然无法精确地解决产品质量不可比的问题,同时计算的结果也较为粗糙。得益于中国详细的企业—产品层面的进出口数据,一些学者开始对中国出口产品质量问题进行了很详细的研究,将产品质量的计算推进到企业—产品—国别层面(张杰等,2014;施炳展和邵文波,2014;余森杰和张睿,2017)。我们以这些研究为基础,并结合鲍德温和哈里根(2011)和皮韦托和斯马格休(2013)的建模思路,通过构建产品质量局部均衡模型,估算年份—企业—产品—市场层面的出口产品质量,并以此为基础来讨论出口产品质量升级问题。与现有文献比较,本研究有一个重要的改进,我们认为不同行业之间的产品质量不是完全可比的。因此,根据 HS 两位数分类标准,将所有的出口产品分为 97 类,假设这 97 类产品的产品质量组内可比,这样可以分别得到 97 组价格弹性系数,再分组估计出企业—年度—市场—产品维度的产品质量。

首先,以 DS 模型中常数替代弹性效用函数为基础,假设不仅经典效用函数中产品消费量和产品种类能带来效用,产品质量也同样能带来效用。

$$U = \left[\int_{i \in C} (x_i q_i)^{1-1/\sigma} \right]^{\frac{1}{1-1/\sigma}} \quad (4.6)$$

其中,x 和 q 分别代表产品 i 的消费数量和质量,C 为消费者消费的产品集合,σ 为常替代弹性($\sigma > 1$),值越高,替代性越强。以消费者效用最大化求解消费者对产品

i 的需求函数：

$$x_i p_i = \left(\frac{p_i}{q_i}\right)^{1-\sigma} \frac{I}{P^{1-\sigma}} \quad P = \left[\int_{i \in \theta}(p_i)^{1-\sigma} d_i\right]^{\frac{1}{1-\sigma}} \quad (4.7)$$

其中，I 为消费者总消费支出，实证研究中以出口目的国（地区）的总进口额来代替。p_i 为产品 i 的价格，产品 i 的市场份额 s_i 为 $s_i = p_i / I$。代入公式（4.7）如下：

$$s_i = \left(\frac{p_i}{q_i}\right)^{1-\sigma} \frac{1}{P^{1-\sigma}} \quad (4.8)$$

式（4.8）是本研究产品质量的核心估算方程，该式由消费者最优化行为推出，表明市场份额同时受产品质量和产品价格影响。由此可以得到产品质量计算的两个核心观点：产品价格越高，产品质量就越高；当产品价格相同时，产品份额越高，则产品质量越高。接下来我们需要由理论表达式（4.8）推出产品质量的估算方程，对式（4.8）两边取对数则有式（4.9）：

$$\log s_i = (1-\sigma)\log p_i + (\sigma-1)\log q_i + (\sigma-1)\log P \quad (4.9)$$

其中，q_i 是待估计的产品质量，s_i 和 p_i 可以通过贸易数据得到。通过市场—时间维度的 μ、d 和 t 固定效应控制目的国（地区）随时间变化的总价格指数和偏好等信息，并将不可观察到的产品质量计入残差，即可估计出产品的质量。

$$\log s_{fdt} = (1-\sigma)\log p_{fdt} + \mu_{dt} + \varphi_{fdt} \quad (4.10)$$

其中，f 代表企业，d 为目的国（地区），t 为时间。对于上式，OLS 是直接的估计方法之一。然而，其可能存在较为明显的内生性问题。首先，价格和市场份额之间可能存在互为因果的关系。产品的价格影响其市场份额，同时，市场份额又影响企业产品的价格。其次，价格可能存在测量误差，现有研究多采用单位数量的出口额来代表产品价格，该替代方式可能会导致误差。为了缓解内生性问题，现有文献多选择单位运输成本（Khandelwal，2010）、进口国真实汇率（Piveteau and Smagghue，2013）、进口国中间产品真实汇率和出口国的真实汇率（张杰等，2014）作为价格的工具变量。我们认为，如果一个企业需要从其他国家进口中间品，那么进口国的汇率会影响到企业的中间品进口成本，从而影响产品定价，但这个汇率不会直接影响产品质量。因此，本研究利用企业层面进口的名义汇率和实际汇率作为产品定价的工具变量进行检验。考虑到企业会根据汇率来内生调整从哪个国家进口中间品，我们以样本期内的基期数据构建企业层面的进口汇率。

Step1：$\quad \log s_{fdt} = \beta_1 \log \widehat{p}_{fdt} + \beta_2 \log \overline{gdp}_{ft} + \mu_{dt} + \mu_{fd} + \varepsilon_{fdt} \quad (4.11)$

Step2：$\quad \log p_{fdt} = \gamma_1 \log \overline{ER}_{ft} + \gamma_2 \log \overline{gdp}_{ft} + \mu_{dt} + \mu_{fd} + \xi_{fdt} \quad (4.12)$

其中，$\overline{ER}_{ft} = \sum_d w_{ofd} \times er_{dt}$。$\overline{ER}_{ft}$ 为企业在第 t 年进口中间产品的国家的平均汇率，er_{dt} 表示进口中间产品国家的名义汇率或者实际汇率，w_{ofd} 表示每个中间产品进口国家的权重，o 表示第一次进口中间产品的年份，比如，企业 f 在 2006 年开始从 A、B、C 三个国家进口中间产品，o 则为 2006。A 国的权重即为企业 f 从 A 国进口额占企业 f 总进口额的比例。$\overline{gdp}_{ft} = \sum_{d} w_{fdt} \times gdp_{dt}$，$\overline{gdp}_{ft}$ 为企业 f 在 t 年进口产品的国家的平均 GDP，用于控制中间品进口国家的偏好等因素。如果企业 f 从 A、B、C 三个国家进口中间品，GDP 则是这三个国家的加权 GDP，权重为进口额占总进口额的比例。μ_{dt} 和 μ_{fd} 为相应的固定效应。结合式（4.10），给定产品 i，q_{fdt} 代表企业 f 在 t 年出口 i 产品到 d 国的产品质量，如下：

$$q_{fdt} = \gamma_2 \log \overline{gdp}_{ft} + \mu_{fd} + \varepsilon_{fdt} \tag{4.13}$$

第四节　中国出口产品升级典型事实

一、中国出口产品升级：国际比较

基于上文估计得到产品技术复杂度和产品质量，我们从产品技术复杂度和产品质量两个方面，将中国与其他出口国出口的产品进行对比，以研究中国出口产品的升级情况。试图回答相较于发达国家，中国出口产品的技术复杂度是否提高这一问题？利用 UN Comtrade 数据库数据，通过上述方法估算 1998~2014 年的国家经济复杂度。图 4-17（a）为部分发达国家与中国经济复杂度的变化趋势，纵坐标为标准化后的国家经济复杂度，横坐标为时间。具体而言，1998~2014 年，中国的经济复杂度确实是在不断上升的，与发达国家，如日本、瑞士和美国的经济复杂度之间的差距不断缩小。这主要是因为发达国家出口产品结构已经相对稳定，出口的产品技术复杂度本身较高，已然位于高经济复杂度国家之列，故而经济复杂度的变化较小。比较而言，韩国、中国等高速发展的新兴国家，产品结构不断调整，开始更多地向高技术复杂度产品演化。国家经济复杂度不断上升，与发达国家经济复杂度的差距不断缩小。图 4-17（b）显示的是中国在 1998~2014 年经济复杂度变化情况，可以直观地了解中国经济复杂度不断上升的事实。具体来看，受金融危机的影响，2008 年国家经济复杂度有一定程度的下降。总体来说，中国经济复杂度不断上升，金融危机对中国经济复杂度的变化产生了一定的影响。

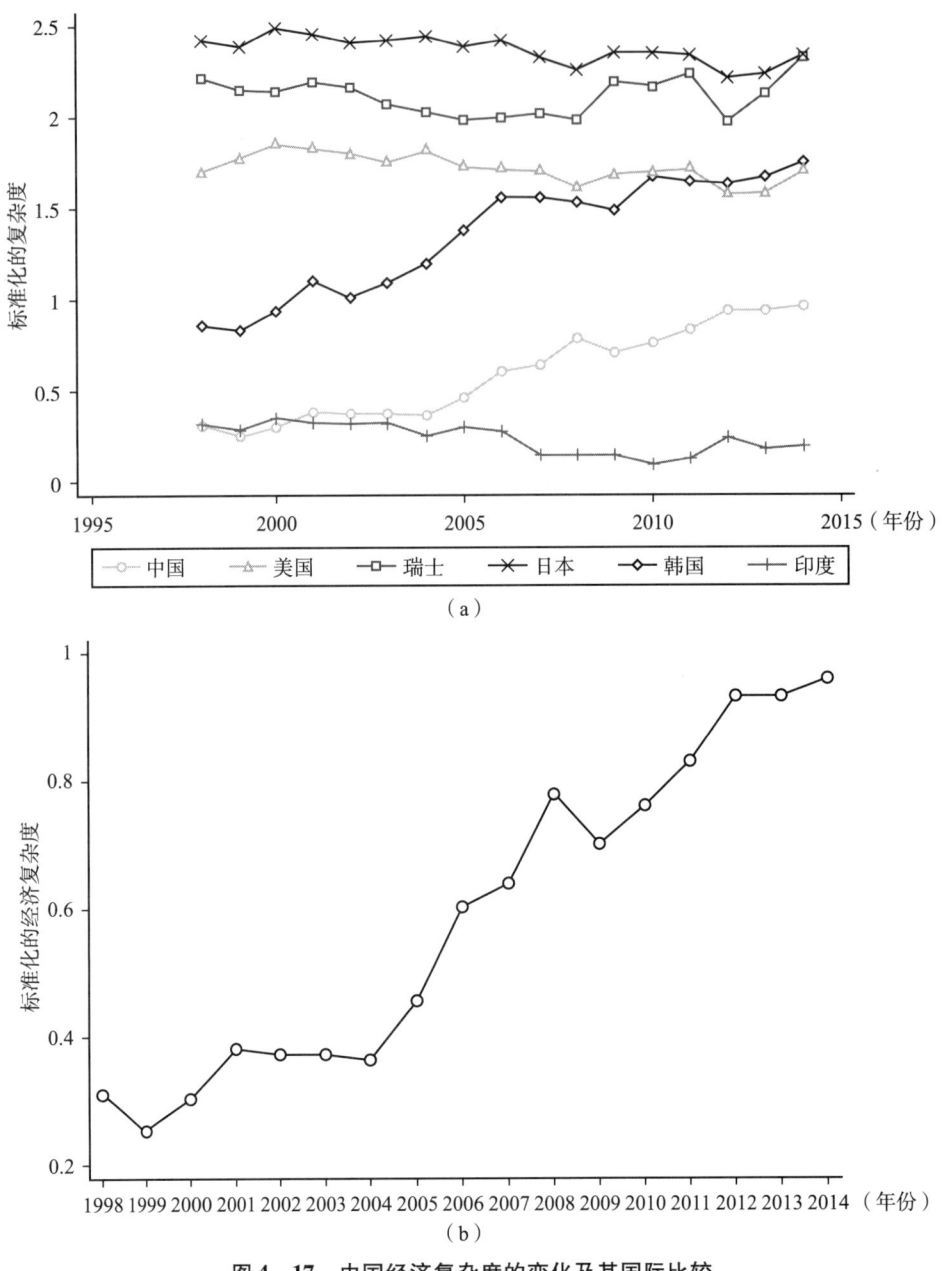

图4-17 中国经济复杂度的变化及其国际比较

在明确国家经济复杂度的变化趋势后,我们接着讨论中国与部分国家出口产品结构变化情况。图4-18选择部分高经济复杂度国家(瑞士、美国和日本)与新兴国家(韩国、中国和印度),研究其出口产品技术复杂度的分布情况,并对比这些国家出口产品技术复杂度的变化情况。由图可见,高经济复杂度国家出口产品技术复杂度多分布在技术复杂度中位线以右,然而出口产品结构也随时间发生了一定程度的变化。例如,2000~2014年,瑞士的高技术复杂度产品数量显然减少了,这种情况同样出现在日本和美国。再看新兴国家，中国和韩国的产品不断向高技术复杂度产品演化，出口产品技术复杂度分布的峰值从1998年的中位线位置明显右移。然而，虽然峰值右移，两个国家出口产品分布平均值还是集中在中位线附近。相较于瑞士、美国和日本距离中位线以右的分布仍有一定的差距。印度出口产品技术复杂度的变化并不大，产品结构升级还不显著。

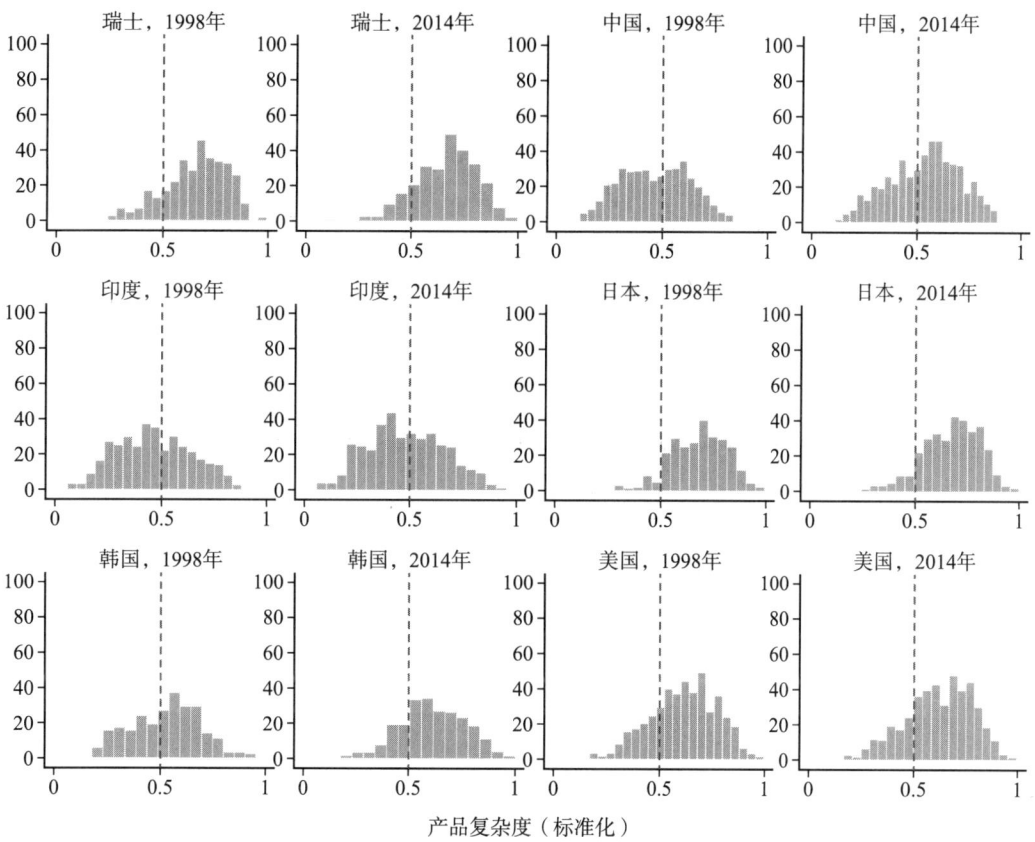

图4-18　1998年和2014年典型国家出口产品技术复杂度分布

二、中国出口产品升级的区域差异

（1）产品间升级：出口产品技术复杂度。

中国出口产品技术复杂度升级存在显著的区域差异。图4-19为2000~2011年我国部分省区市经济复杂度变化情况。总体来说，2000~2011年，中国部分省区市的经济复杂度的相对变化不大，排名情况较为稳定。从曲线的变化来看，变化多发生在2007~2011年间，该时间段的曲线变化较为紊乱。经济复杂度较高的省市分别为广东、上海、福建、浙江等。排名顺序在 2011 年发生了细微的变化，经济复杂度前 10 的省市变为广东、上海、江苏、浙江、福建、山东、北京、湖北、天津和辽宁。事实上，我们计算的经济复杂度主要是基于出口产品的数据，出口空间还不能完全代表我国产业发展或者生产空间的复杂度。排名前列的多为沿海出口产业较为发达的地区，内陆地区多为一些沿江省市。沿江的航运系统可以降低出口的交通运输成本，故而出口产品规模相对较大，出口产品技术复杂度也相对较高。

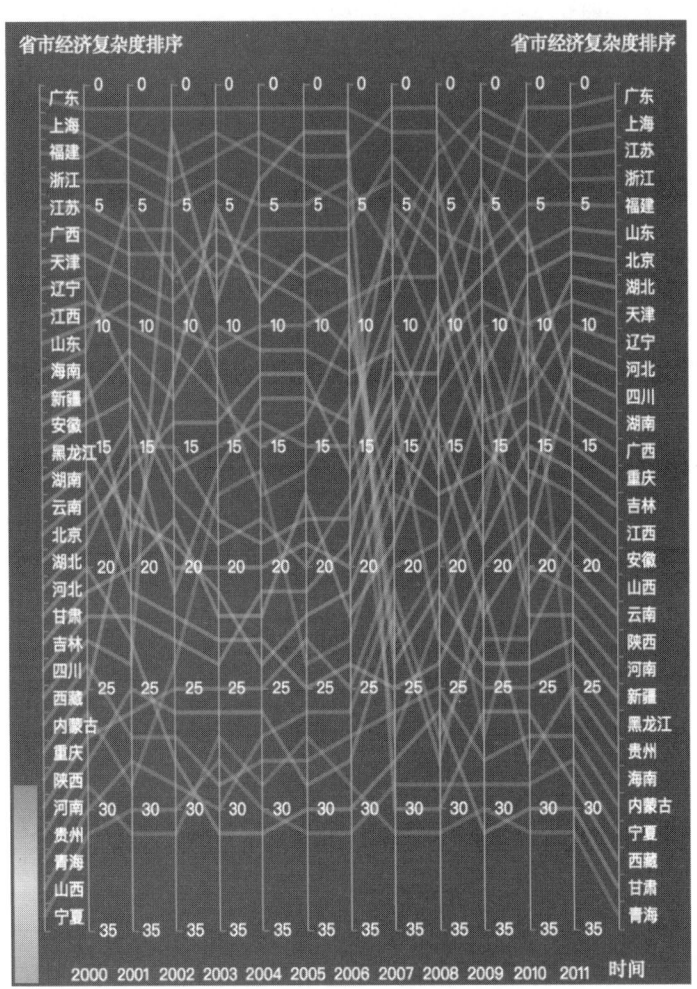

图 4-19 2000~2011 年中国部分省区市经济复杂度排名

资料来源：作者根据中国海关进出口贸易数据库数据计算，下同。

具体到中国出口城市，图 4-20 为 2000 年和 2011 年出口产品多样化程度 $K_{c,0}$ 和城市经济复杂度 $K_{c,14}$ 之间的关系。此处，选择迭代 15 次主要是为了能保留更多城市之间经济复杂度的差异的信息。按照其所在的区位将城市分为 5 大区域，图中每个点代表一个城市。城市出口产品多样化程度和城市经济复杂度具有较为明显的正相关关系,2011年这种相关关系尤为明显。东部地区城市(实心圆圈符号)出口产品多样化程度与经济复杂度均较高,位于散点图的右上方。西北地区城市(十字符号)出口产品多样化程度和经济复杂度均较低,经济复杂度和多样化程度存在较为明显的空间差异。

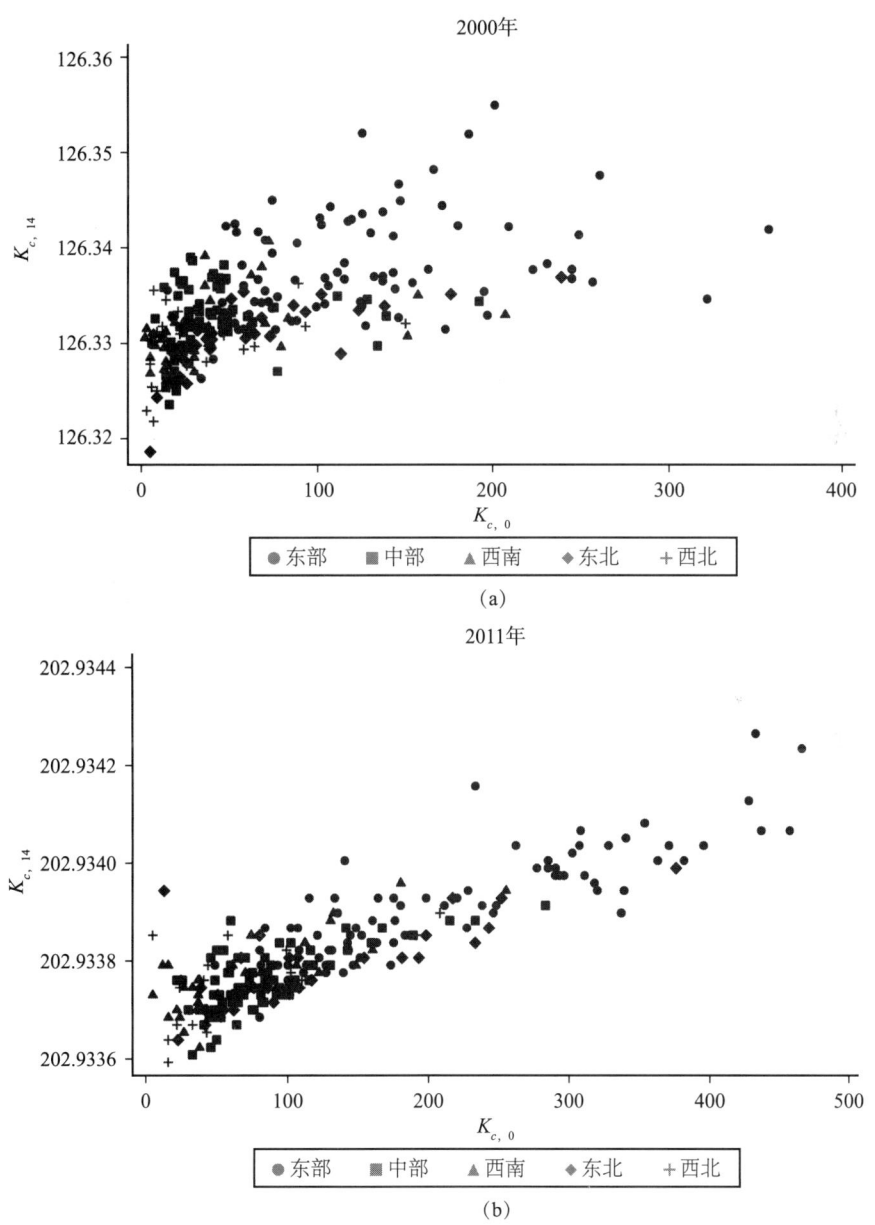

图 4-20 2000 年和 2011 年中国城市多样化程度与经济复杂度关系

(2) 产品内升级:出口产品质量。

基于估计得到年份—企业—产品—目的国(地区)4 个维度的出口产品质量,我们通过出口份额加权企业出口产品质量，得到行业—省区市维度的出口产品质量。为了对比同一产品在不同省区市的质量差异，图4-21同时展示省区市和产品两个维度的产品质量信息。图中颜色由浅到深代表产品质量由小到大，横坐标为相应的省区市，纵坐标为出口产品的分类。首先，在2000~2011年，图中左下方由浅变深，即左边的省区市出口产品质量提升较快，而右边的省区市出口产品质量提升相对较慢。横坐标左侧的省市多为沿海省市，如北京、天津、上海、江苏、浙江等。其次，固定一种产品，我们对比不同省区市出口的该产品的质量差异。总体来说，我国出口产品中，机械及其电子制品、金属及其制品、纺织服装及其纺织制品、鞋帽制品的质量较高。当我们固定一种产品，横坐标中不同省区市出口的该产品的质量有较大的差异。例如，高质量的化工产品多出自福建、北京、上海、浙江和江苏；而高质量的鞋帽制品多出自江苏、天津、福建、山东和广东。当我们固定到一个省市，不同产品的质量也存在一定的差异。例如，江苏省出口的产品中，机械及电子制品、木材制品（包含造纸）、鞋帽制品、化工产品及其皮革制品产品质量相对较高；广东省出口的产品中，质量较高的产品为交通运输设备、机械及电子制品和鞋帽制品等。

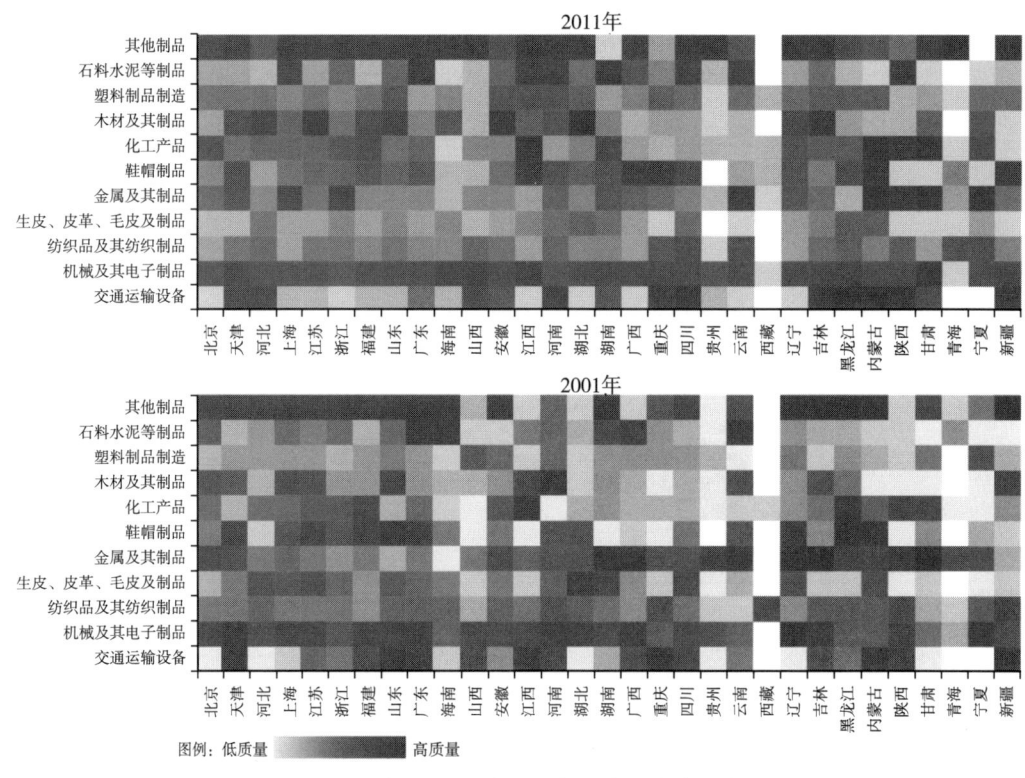

图4-21 2001年和2011年中国部分省区市出口产品质量

三、中国企业出口产品升级

中国城市经济复杂度与质量变化存在较大的区域差异。企业是出口升级的实施单位，因此，我们将从企业层面分析我国城市出口产品升级问题，试图找出企业出口升级路径选择存在的区域和行业差异。结合前文计算得到的产品技术复杂度，我们给企业出口该产品的份额进行加权，从而得到每个企业出口产品的经济复杂度。表4-1显示我国企业出口产品技术复杂度和出口产品质量变化的统计结果。在2000~2011年，我国出口企业数量也经历了较快增长，从54895家企业增长到2011年的180969家。总体来说，企业出口产品技术复杂度的平均值也不断上升，从2000年的0.498上升到2011年的0.560。标准差从0.177增加到0.181，企业出口产品技术复杂度之间的差异也开始变大。企业出口产品质量也不断增加，从2000年的2.587增长到2011年的3.398。企业出口产品质量之间的差异也不断增加。

表4-1　　　　2000~2011年中国企业出口产品技术复杂度与产品质量

年份	产品技术复杂度			产品质量		
	企业数	均值	标准差	企业数	均值	标准差
2000	54895	0.498	0.177	34927	2.587	4.232
2001	59701	0.503	0.177	37177	2.731	4.170
2002	67903	0.509	0.178	41112	2.886	4.328
2003	81158	0.515	0.179	46653	2.951	4.407
2004	98757	0.521	0.18	52881	2.996	4.443
2005	114733	0.529	0.181	58694	3.087	4.563
2006	130215	0.535	0.182	63358	3.039	4.558
2007	142981	0.539	0.18	66813	3.239	4.699
2008	152533	0.548	0.181	67268	3.251	4.618
2009	157905	0.551	0.181	66222	3.295	4.664
2010	168411	0.555	0.181	69500	3.417	4.648
2011	180969	0.56	0.18	72499	3.398	4.552

资料来源：作者根据中国海关进出口贸易数据库数据计算。

基于中国企业出口产品不断升级的事实，我们分别从出口目的地、出口区域、出口企业所有制和出口贸易方式多个维度分析企业升级的差异。以企业所在地分，图4-22显示2000~2011年，中国企业出口产品技术复杂度总体呈现上升的趋势。其中，东部地区的企业出口产品技术复杂度最高，其次为中部和东北地区的企业。而西北地区的企业出口产品技术复杂度最低。对于出口产品质量，2000～2011年间，五大地区企业出口产品质量都在不断上升。其中，西北地区企业出口产品质量增长较快，在2008年超越西南地区和中部地区。2006年以前，东部地区企业出口产品质量最高，其次为东北地区、中部地区、西南地区和西北地区。结合图4-22（a）企业出口产品技术复杂度，西北地区企业出口产品技术复杂度最低，2006年之后，企业出口产品质量得到较大幅度的增长。

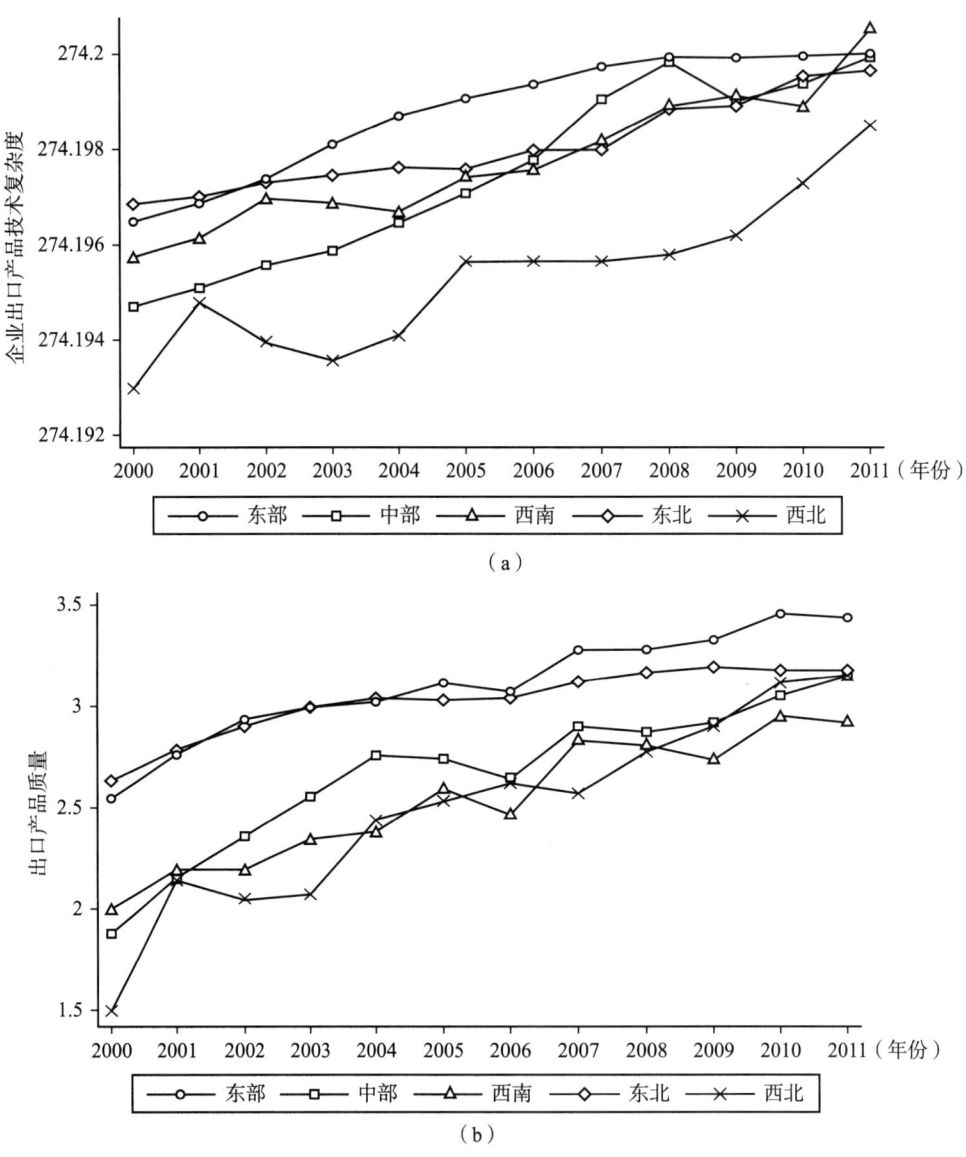

图4-22 2000～2011年企业出口产品升级的区域

资料来源：作者根据中国海关进出口贸易数据库数据计算，下同。

图4-23展示了企业出口产品技术复杂度、产品质量与出口目的国（地区）的关系。图4-23（a）显示出口到低收入国家的产品技术复杂度最低，而出口到高收入国家、中高收入国家和中低收入国家的产品技术复杂度变化较为明显。在2000~2005年间出口到高收入国家的产品技术复杂度不断增加。然而，在2006年后，出口的产品技术复杂度有一定程度的下降，2009年后技术复杂度恢复增长。企业出口到中高收入国家的产品复杂度变化趋势与出口到高收入国家的产品技术复杂度正好相反。相比之下，出口到中低收入国家的产品技术复杂度变化程度较小。

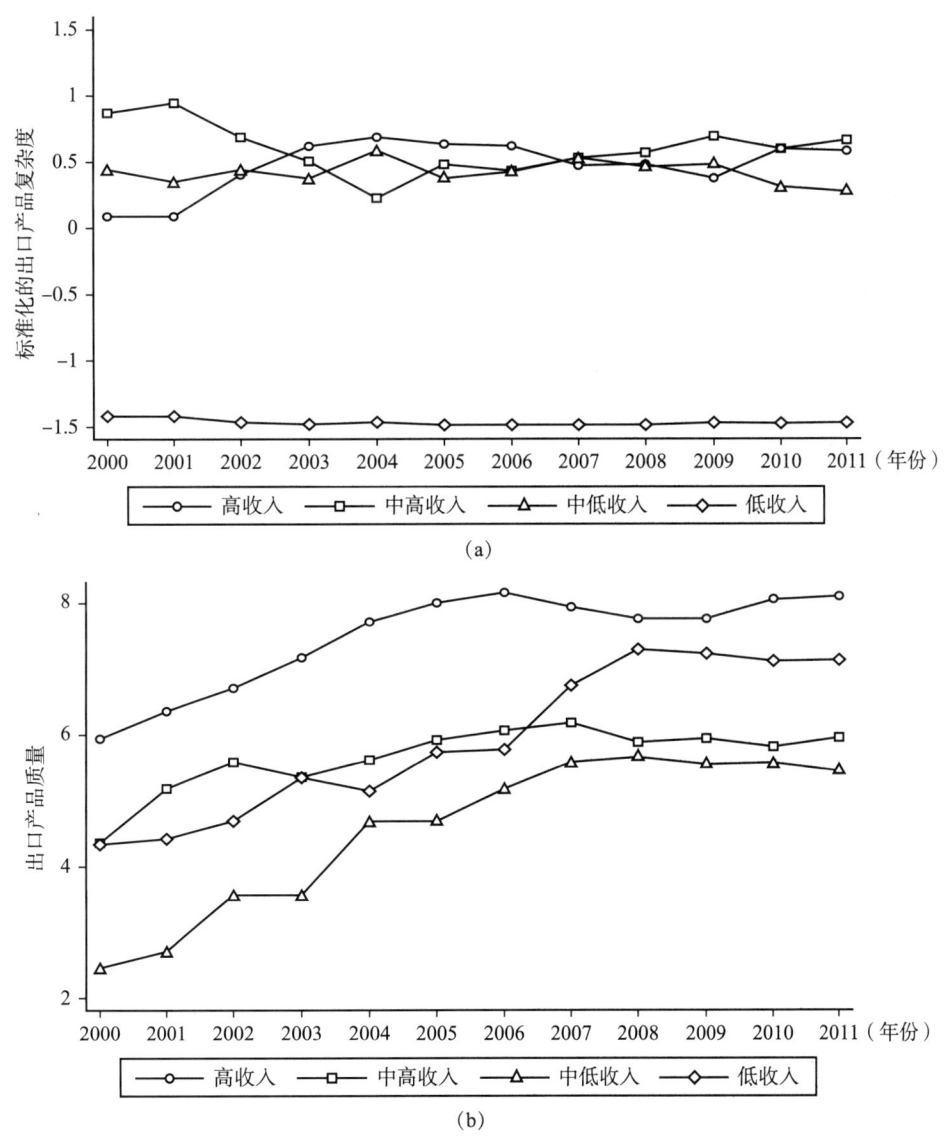

图4-23 2000~2011年中国企业出口产品升级的目的国（地区）差异

出口到不同国家产品的技术复杂度变化反映了中国出口产品比较优势的变化。在国际贸易中，中国以低廉的劳动力比较优势，专业化出口一些劳动力密集型的低技术复杂度产品。中国出口产品的比较优势决定了中国在高收入国家的市场上主要以较低技术复杂度的产品为主。在中高和中低收入的国家市场上，出口较高技术复杂度的产品。中国出口到高收入国家产品的复杂度不断上升，一定程度上也反映了出口高技术复杂度产品的比较优势在不断的积累，也反映出中国出口产品在不断升级的事实。相较于出口产品技术复杂度，出口到不同国家产品的质量也存在显著的差异。出口到高收入国家的产品质量最高，其次为中高收入国家、低收入国家和中低收入国家。企业出口产品的技术复杂度与产品质量在出口目的国（地区）之间的差异，一方面，展示了两个指标在产品升级上代表的信息差异；另一方面，也反映出要保持或者获取出口产品的竞争优势，对不同目的国（地区）需要选择不同的升级路径。例如，对于高收入国家，中国虽然在高技术复杂度产品上不具备优势，但要占领该出口市场，提高产品质量可以是一种产品升级战略。

不同所有制企业出口产品升级的路径可能不同。图4-24显示不同所有制企业出口产品技术复杂度和质量差异。总体而言，外资企业出口产品的技术复杂度和质量都远高于国有企业和私营企业。国有企业和私营企业在出口产品技术复杂度和质量上的选择不同：国有企业出口产品技术复杂度高于私营企业，而私营企业出口产品质量高于国有企业。在2000年左右，国有企业和私营企业出口产品技术复杂度相差较小，之后差距开始扩大，国有企业出口产品技术复杂度高于私营企业。这主要是因为改革开放以来，以"抓大放小"为战略部署的国企改革，使得现存的国有企业大多集中在能源、化工、通

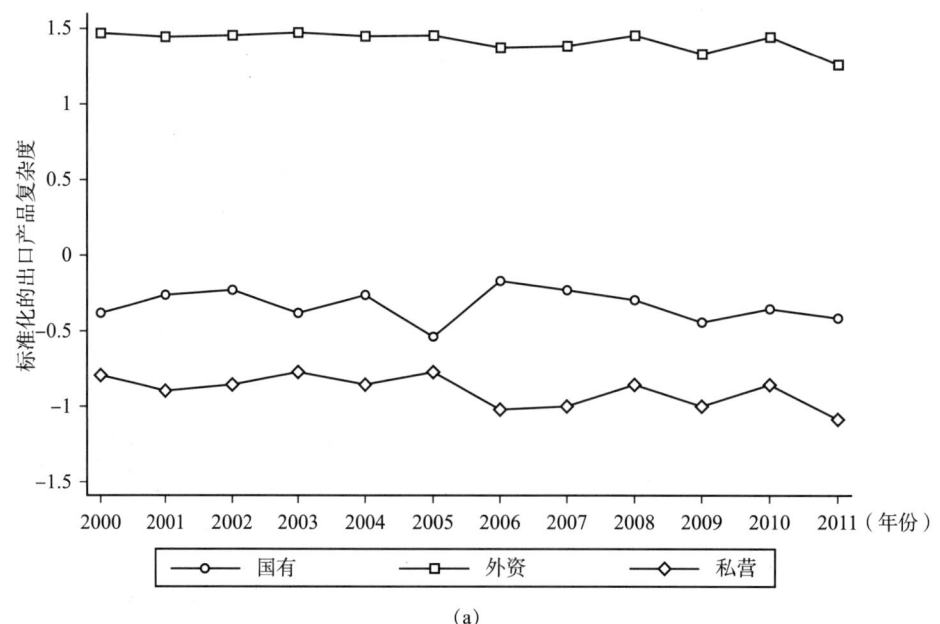

(a)

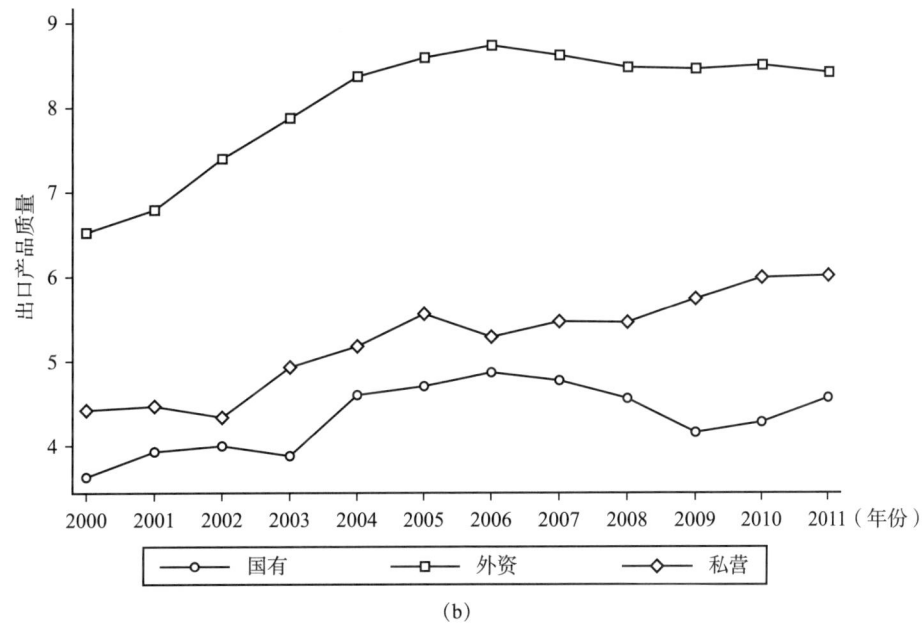

(b)

图 4-24 2000~2011 年企业出口产品升级的所有制差异

信、电力、交通、钢铁、国防等行业中，出口产品技术复杂度相对较高。而"抓大放小"的改革政策使私营企业多进入一些纺织服装、鞋帽制造、木材制造等传统行业中，相比而言，其出口产品技术复杂度较低。然而，国有企业出口产品质量相对较低。现有研究多发现，国有企业生产效率低下（吴延兵，2012；胡智勇和林初昇，2008），在生产过程中创新和提升产品质量的动机不足，故而出口产品质量相对较低。

图 4-25 统计了不同贸易方式企业出口产品技术复杂度和产品质量差异。在中国进出口贸易库数据中，总共包含了 18 种贸易方式。考虑到中国出口产品的特殊情况，我们对比加工贸易和一般贸易企业出口产品升级的差异。另外，由于部分企业不仅进行加工贸易，还进行一般贸易，我们将此称作混合贸易。图 4-25（a）显示，在 2003 年中国加入世界贸易组织之前，混合贸易的企业出口产品技术复杂度最高，其次为加工贸易，一般贸易最低。在 2003 年之后，纯加工贸易企业出口产品技术复杂度最高，其次是混合贸易，一般贸易最低。从不同贸易方式企业出口产品质量差异的分布来看，混合贸易企业出口产品质量最高，其次是加工贸易，最后是一般贸易。加工贸易出口的产品质量较高可能是因为加工贸易进口的原料质量本身就较高。从质量的增长情况来看，加工贸易企业出口产品的质量从 2006 年开始不断下降，一般贸易企业出口产品质量不断增加，逐步缩减与加工贸易生产的产品质量之间的差距。2006 年后加工贸易出口产品的质量不断下降，可能是因为劳动力成本上升和金融危机的影响。加工贸易和混合贸易企业是"干中学"效应的直接受益者。在加工贸易发展过程中，部分加工贸易企业由单纯的贴牌生产（OEM）向委托设计（ODM）、自有品牌（OBM）方向发展。因此，

混合贸易集合了加工贸易本身的出口产品的生产能力，尤其是在 2007 年金融危机以后，在国外订单萎缩的情况下，由加工贸易向一般贸易转型，出口产品质量得以稳步上升。

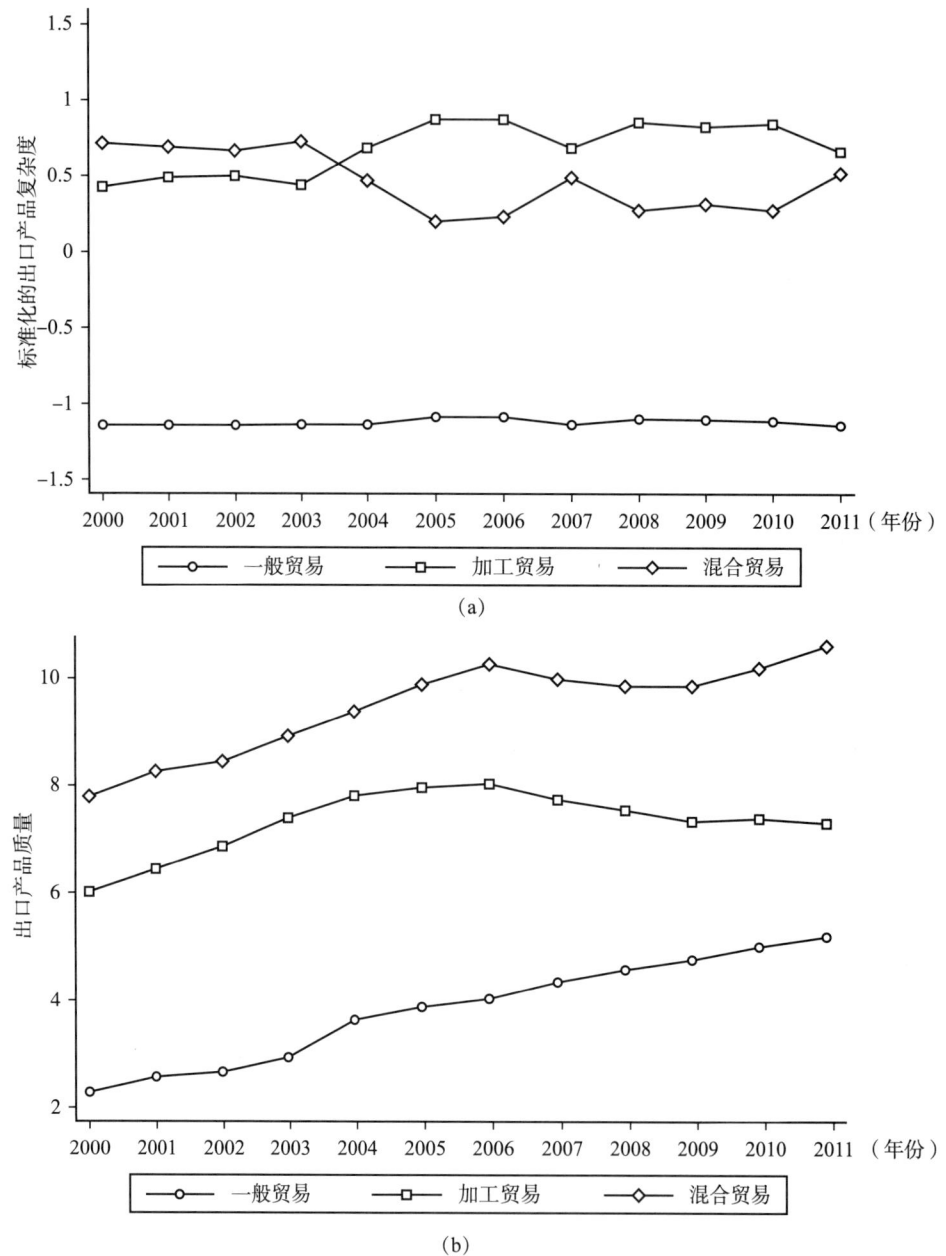

图 4-25　2000~2011 年不同贸易方式出口产品技术复杂度与产品质量

第五节 中国出口产品升级：产品内升级还是产品间升级？

提高出口产品技术复杂度和提高出口产品质量是企业在出口升级过程中两种可能的升级路径。企业可以根据自身的生产能力选择相应的升级路径。表4-2为2000年~2011年不同区域城市经济复杂度和产品质量变化的情况。对比来看，东部地区城市经济复杂度较高，在2000年~2011年间，其升级方式主要为提高出口产品质量；中部地区和西北地区城市在提高产品技术复杂度和质量上同时进行；西南地区城市出口产品升级主要以提升城市出口产品技术复杂度为主。2000~2011年，东北地区城市出口产品升级的趋势不明显。不同地区城市出口产品技术复杂度和质量的变化，一方面取决于其出口产品的结构和质量；另一方面，城市储备的产品生产能力也有重要影响。

表4-2　　　　2000年和2011年五大区域城市出口产品升级情况

地区	城市经济复杂度				产品质量			
	2000年	2011年	变化率	排名	2000年	2011年	变化率	排名
东部	127.188	139.022	9.304	5	19.351	40.292	108.212	1
中部	127.187	139.022	9.305	2	8.368	13.310	59.051	3
西南	127.187	139.022	9.305	1	4.347	6.653	53.039	4
东北	127.188	139.022	9.305	4	14.673	12.055	-17.837	5
西北	127.187	139.022	9.305	3	5.529	8.908	61.124	2

资料来源：作者根据中国海关进出口贸易数据库数据计算。

那么，在升级过程中，中国城市主要表现为出口产品质量的升级还是出口产品技术复杂度的升级呢？图4-26将产品质量的变化与技术复杂度的变化进行对比，并制作散点图。如果城市同时表现为产品内升级和产品间升级，即两者的变化率相同，散点应位于图中的45°拟合线上。如果散点位于45°线右下方，则表明城市表现为产品内升级；而如果位于45°线左上方，则表明城市主要表现为产品间升级。图4-26显示两种升级路径拟合曲线斜率小于1，表明中国城市更多地表现为产品内升级。具体来看，东部地区城市（实心圆圈符号）多位于拟合线下方，即东部地区城市更多地表现为产品内升级。而东北、西北、西南的大部分城市更多地表现为产品间升级。这主要是因为，我国东部地区城市是出口产品的主要出口地，出口产品多样化程度较高，故而选择通过扩展高技术复杂度产品进行多样化的升级空间较小。在此阶段，东部地区城市更多表现为产品内升级。出口产品质量提升需要人力资本驱动创新，以推动升级的发生。我国中西部地区城市人力资本水平较低，促进升级的动力不足。同时，中西部地区城市出口产品结构本身还处于产品种类少、产品技术复杂度低的阶段，因此，产品间升级是主要的升级路径。

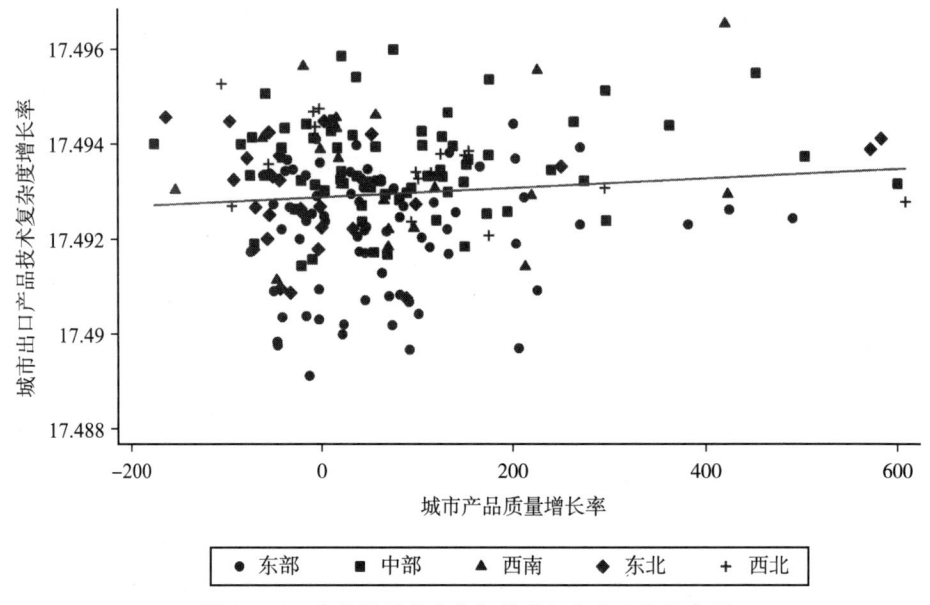

图 4-26　产品质量的变化与技术复杂度变化散点图

本 章 小 结

本章首先从目的国（地区）—区域—产品结构描述了中国制造业出口额变化，在估算得到出口产品技术复杂度和产品质量指标后，基于产品内升级还是产品间升级的分析框架，分析我国出口产品升级的路径及其存在的区域差异。最后，在企业—产品尺度，讨论中国企业出口产品升级路径。研究发现，首先，加入 WTO 以后，中国制造业出口规模呈指数增长趋势。其次，从出口区域来看，东部地区为我国主要出口区域，出口规模占比最高，且呈逐年上升的趋势。事实上，2000~2011 年，我国制造业出口空间没有出现明显的向内陆扩散的趋势，东部地区以外的四大地区出口额占全国的比重不断下

第四章 中国出口产品升级：产品内升级还是产品间升级？

降，出口空间反而进一步向东部地区集中，且该过程主要发生在 2000~2007 年。再次，从出口的产品结构来看，2000~2011 年，我国出口产品结构发生了较大变化，电气及电子设备制造业的出口规模始终位于各行业之首，纺织服装业作为传统的优势出口行业，其占比大幅下降。交通运输制造、机械制造、金属冶炼等资本密集型行业表现出更快的增长趋势。最后，从出口目的国（地区）来看，我国出口国家更加多样化，并且出口目的国（地区）的产品结构也在不断调整。具体而言，出口到高收入国家的资本、技术密集型产品的份额不断上升，一定程度上反映出我国资本、技术密集型产品的竞争优势不断加强。

我国出口产品技术复杂度和产品质量不断提升。本章基于伊达尔戈和奥斯曼（2009）的迭代法估算出口产品技术复杂度，以最大程度控制已有方法的内生性问题。同时，基于皮韦托和斯马格休（2013）、鲍德温和哈里根（2011）的模型，构建产品质量的局部均衡模型，并引用工具变量的方法控制内生性问题，从而得到不同年份—企业—产品—市场层面的出口产品质量。研究结果表明，首先，在 2000~2011 年间，我国出口产品整体上表现为产品内升级，但产品间升级也相伴发生。其次，分区域来看，东部地区城市主要表现为产品内升级，而中部、东北、西南和西北地区城市多表现为产品间升级。当然，上述结论中东部地区表现为产品内升级，并不代表东部地区只进行了产品内升级，此处主要是指某种升级方式占主导。总体来说，东部地区城市经济复杂度和出口产品质量都相对较高。即使是同一种产品，东部地区城市出口的产品质量相对更高。从产品来看，我国出口的机械及电子通信设备制造业、纺织服装和化工产品等产品的质量相对较高。

本章结论有一定的政策意义。在新时代的背景下，推动我国出口产品进行结构调整和产品质量的提升是当前阶段增强出口竞争力和促进经济持续增长的重要课题。已有研究发现我国出口产品技术复杂度已达到发达国家水平，处于中国人均收入六倍的国家之列。然而，我国出口产品的质量与发达国家还存在较大的差距。可见，如果仅仅以出口产品的技术水平来测度出口产品升级，可能导致对升级观察的高估。本研究发现中国出口产品技术复杂度和产品质量升级在同时进行，且表现出显著的区域差异。沿海地区城市更多地表现为多进行产品内升级，而中西部地区更多地表现为产品间升级。现阶段，我们需要正确认识升级的组成部分，扩展对线性升级路径的认识。已有研究或者地方政府仅仅关注产品间升级，主要集中在通过产业政策不断提升出口产品技术含量，这部分认识开始影响我国的产业升级实践，对我国产业升级路线并未起到良好的指引作用。基于本研究的结论，我们认为中国现阶段要实施产业间升级和产业内升级同步迈进，并在不同的地区实施差异化的产业政策以推动升级的发生。当然，本章只是探讨了中国城市出口产品技术复杂度和质量的水平，而中国出口产品升级的来源以及动力机制则是下文将要重点讨论的话题。

本章参考文献

[1] 戴翔, 张二震. 中国出口技术复杂度真的赶上发达国家了吗 [J]. 国际贸易问题, 2011 (7): 3-16.

[2] 杜传忠, 张丽. 中国工业制成品出口的国内技术复杂度测算及其动态变迁——基于国际垂直专业化分工的视角 [J]. 中国工业经济, 2013 (12): 52-64.

[3] 樊纲, 关志雄, 姚枝仲. 国际贸易结构分析: 贸易品的技术分布 [J]. 经济研究, 2006 (8): 70-80.

[4] 胡智勇, 林初昇. 中国国有企业生产效率的区域差异 [J]. 地理学报, 2008 (10): 1073-1084.

[5] 施炳展, 邵文波. 中国企业出口产品质量测算及其决定因素——培育出口竞争新优势的微观视角 [J]. 管理世界, 2014 (9): 90-106.

[6] 吴延兵. 国有企业双重效率损失研究 [J]. 经济研究, 2012, 47 (3): 15-27.

[7] 杨汝岱, 姚洋. 有限赶超与经济增长 [J]. 经济研究, 2008 (8): 29-41, 64.

[8] 余淼杰, 张睿. 中国制造业出口质量的准确衡量: 挑战与解决方法 [J]. 经济学 (季刊), 2017 (2): 463-484.

[9] 张杰, 郑文平, 翟福昕. 中国出口产品质量得到提升了吗? [J]. 经济研究, 2014 (10): 46-59.

[10] Ahn J., Khandelwal A. K. and Wei S. J. The Role of Intermediaries in Facilitating Trade [J]. Journal of International Economics, 2011, 84 (1): 73-85.

[11] Albeaik S., Kaltenberg M., Alsaleh M. and Hidalgo C. A. 729 New Measures of Economic Complexity (Addendum to Improving the Economic Complexity Index). arXiv: 170804107 [q-fin] [Z]. http://arxiv.org/abs/1708.04107. 2017.

[12] Amiti M. and Freund C. The Anatomy of China's Export Growth [J]. NBER, 2010, 35-56.

[13] Baldwin R. and Harrigan J. Zeros, Quality, and Space: Trade Theory and Trade Evidence [J]. American Economic Journal: Microeconomics, 2011, 3 (2): 60-88.

[14] Feenstra R. C. and Romalis J. International Prices and Endogenous Quality [J]. The Quarterly Journal of Economics, 2014, 129 (1): 477-527.

[15] Hallak J. C. and Sivadasan J. Product and Process Productivity: Implications for Quality Choice and Conditional Exporter Premia [J]. Journal of International Economics, 2013, 91 (1): 53-67.

[16] Hausmann R., Hwang J. and Rodrik D. What You Export Matters [J]. J Econ Growth, 2006, 12 (1): 1-25.

[17] Hidalgo C. A. and Hausmann R. The Building Blocks of Economic Complexity [J]. PNAS, 2009, 106 (26): 10570-10575.

[18] Jarreau J. and Poncet S. Export Sophistication and Economic Growth: Evidence from China [J]. Journal of Development Economics, 2012, 97 (2): 281-292.

[19] Kemeny T. Are International Technology Gaps Growing or Shrinking in the Age of Globalization?

[J]. Journal of Economic Geography, 2011, 11 (1): 1 –35.

[20] Khandelwal A. The Long and Short of Quality Ladders [J]. Review of Economic Studies, 2010, 77 (4): 1450 –1476.

[21] Khandelwal A. K, Schott P. K. and Wei S. J. Trade Liberalization and Embedded Institutional Reform: Evidence from Chinese Exporters [J]. The American Economic Review, 2013, 103 (6): 2169 –2195.

[22] Manova K. and Zhang Z. Export Prices Across Firms and Destinations [J]. Q J Econ, 2012, 127 (1): 379 –436.

[23] Pierce J. R. and Schott P. K. Concording U. S. Harmonized System Categories Over Time [Z]. SSRN Scholarly Paper no. NY: Social Science Research Network. https://papers.ssrn.com/abstract = 2054762. 2012.

[24] Piveteau P. and Smagghue G. A New Method for Quality Estimation Using Trade Data An Application to French Firms [Z]. Columbia University Working Papers, 2013.

[25] Rodrik D. What's So Special about China's Exports? [J]. China World Economy, 2006, 14 (5): 1 –19.

[26] Schott P. K. The Relative Sophistication of Chinese Exports [J]. Economic Policy, 2008, 23 (53): 6 –49.

[27] Xu B. The Sophistication of Exports: Is China Special? [J]. China Economic Review, 2010, 21 (3): 482 –493.

[28] Xu B. and Lu J. Foreign Direct Investment, Processing Trade, and the Sophistication of China's Exports [J]. China Economic Review, 2009, 20 (3): 425 –439.

第五章
中国出口产品升级来源

第一节 引 言

在全球生产网络的背景下,相较于出口多少,出口什么对增强国家出口产品的竞争和推动出口增长更为重要(Hausmann and Klinger, 2007)。罗德里克(2006)、斯科特(2008)、许(2010)以及姚洋和章林峰(2008)等认为,中国出口产品技术复杂度的提高和出口技术含量的提升对理解中国出口贸易的增长非常重要。施炳展和冼国明(2012)从国外消费者技术复杂度偏好的视角解读中国出口奇迹,研究发现中国出口产品技术复杂度的提高和国外技术复杂度偏好的提升共同促进了中国出口规模的扩张。产品技术复杂度主要反映产品间要素集合的差异,体现出口产品结构的升级。产品质量反映产品内要素集合的差异,开始得到越来越多学者的关注。对于同一种产品,中国出口产品的质量相较于发达国家还具有一定的差距。部分学者开始关注产品质量对一国出口贸易的影响(Cagé and Rouzet, 2015)。施炳展、王有鑫和李坤望(2013)分析了产品质量与中国企业出口行为及出口持续时间的关系。李小平等(2015)则从出口产品质量提升满足国外需求的视角,对中国典型行业进行实证分析,他们认为出口产品质量的提升是中国出口增长的重要贡献者。这个文献为我们理解中国出口贸易的快速增长提供了多维度的研究视角和有益借鉴。

中国出口规模经历了爆炸式增长,被学术界称为中国对外贸易增长之谜。越来越多的研究开始关注出口增长的来源,并将主要精力集中在如何理解中国的出口贸易扩张上。一部分文献从供给和需求两个层面分析推动中国出口增长的原因。供给层面因素主要包括外资(Lemoine, 2000)、先进设备和中间品的进口(Feng et al., 2016;张杰等,2014)、贸易优惠政策和贸易自由化(Wang and Wei, 2008)及补贴(Eckaus, 2006)等。需求层面因素主要强调中国出口产品满足国外消费需求及其对中国出口增长的贡献,比如中国出口产品的价格优势(Schott, 2008;Xu, 2010)。另一部分文献开始关注中国出口增长的内在原因。中国出口产品增长及其来源是出口贸易研究的重要部分,也已形成较为完整的认识。企业异质性贸易模型开始将出口增长分解为集约边际(the intensive margin)和扩展边际(the extensive margin)。集约边际意味着出口增长主要来源于现有出口企业和出口产品在单一方向上出口规模的扩张;扩展边际则表明出口增长主要是基于新企业进入出口市场以及出口产品种类的增加。早期的研究集中在基于贸易结构的二元边际分解,形成的一个共同认识是中国出口增长主要来源于集约边际(施炳展,2010;钱雪锋,2008;钱学锋和熊平,2010)。阿米蒂和弗罗因德(Amiti and Freund，2010）发现中国出口增长的主要来源是集约边际，扩展边际的贡献较小。钱海峰和熊平（2010）基于企业异质性贸易理论框架，也发现中国的出口增长主要来源于集约边际，扩展边际的贡献很小。

之后，伴随新新贸易理论的发展以及对出口产品质量的关注，出口增长来源也开始从二元边际扩展为三元边际。施炳展（2010）将胡梅尔斯（Hummels）和克莱诺（Klenow，2005）的二元边际扩展为三元边际，发现中国出口产品价格低、数量高，集约边际为出口增长的主要来源，其次为扩展边际，而价格对出口增长几乎没有影响。

上一章我们发现，中国出口产品技术复杂度和出口产品质量都有所增加，那么，出口产品升级的驱动因素是什么呢？企业绝对的技术进步和企业间资源配置效率改善均可以推动出口产品升级，虽然结果一样，但其中的机制和意义大不相同。假设一个经济体有 n 个出口企业，每个企业的出口产品技术复杂度或者产品质量均提高10%，可以实现整体出口产品技术复杂度或者产品质量提高10%。这是绝对技术水平提高，这种提升需要有持续不断的研发投入作为支撑。随着经济体规模越来越大，可持续性也会越来越难。另外，即使每个企业的技术水平都没有发生变化，但是资源由低效率企业流向高效率企业，同样可以实现整体出口产品技术复杂度或者质量的不断提高。在多产品企业模型中，贸易自由化不仅会带来产业内企业间资源优化配置，还能引起企业内资源的优化配置（Bernard et al.，2011；Iacovone and Javorcik，2010；Qiu and Yu，2013）。企业进行新产品的扩展或者淘汰部分产品来优化资源的配置（金毓，2014）。因此，出口产品本身质量的变化以及产品间资源的再配置均可以有效促进出口产品升级。

基于此，本章将在第四章估计的产品技术复杂度和产品质量的基础上，从出口增长和资源配置效率变化两个角度，考察中国出口产品升级的来源。本章试图回答中国出口产品升级的来源是什么，升级来源是否存在区域和企业差异两个问题。

第二节 出口产品升级来源分解的技术方法

本章使用的数据主要为中国海关进出口数据库（2000～2011）。数据清理的具体细节见第四章。已有研究对出口规模增长来源的研究主要是基于二元边际，将出口规模的增长分解为集约效应和扩展效应。本章在该思路的基础上，探究我国出口产品升级的来源。基于第四章估算得到的衡量产品间差异的4位数产品技术复杂度以及每个企业出口到每个目的国（地区）市场中的产品质量，我们估算衡量城市出口的产品技术复杂度和质量的综合指数（TECH），以此反映中国城市出口产品在技术复杂度和质量上的差异：

$$TECH_{ct} = \sum_i \text{sophistication}_i \cdot quality_{cit} \cdot x_{cit} \qquad (5.1)$$

其中，i，c 和 t 分别代表产品、城市和时间。sophistication 衡量出口产品的技术复杂度，quality 衡量出口产品的质量，TECH 为出口产品技术含量的综合指数。x 为时间 t 城市 c 出口产品 i 的份额。基于计算的城市 c 时间 t 出口产品的技术含量（TECH），对该指标的变化进行分解。分解过程中，主要采用福斯特（Foster）等（2001）对企业生产率分解的方法。该方法可以对每年 TECH 的变化进行分解，具体分解过程如下：

$$\Delta TECH_{c,t} = \sum_{g \in C} x_{ict-1} s_i \Delta q_{ict} + \sum_{g \in C} (s_i q_{ict-1} - TECH_{ct-1}) \Delta x_{ict} + \sum_{g \in C} s_i \Delta q_{ict} \Delta x_{ict}$$
$$+ \sum_{g \in E} x_{ict} (s_i q_{ict} - TECH_{ct-1}) - \sum_{g \in L} x_{ict-1} (s_i q_{ict-1} - TECH_{ct-1}) \qquad (5.2)$$

其中，$TECH_{c,t}$ 代表城市 c 在时间 t 出口产品的技术含量；$x_{i,c,t}$ 表示时间 t 产品 i 在城市 c 的出口份额；q_{ict} 表示时间 t 城市 c 出口产品 i 的产品质量；s_i 表示产品 i 的技术复杂度。第一项和第二项为产品内资源配置效应"within-effect"，衡量出口产品质量和出口份额变化所贡献的升级。其中，第一项衡量产品质量变化的贡献；第二项衡量产品出口份额变化的贡献；第三项是出口产品质量和出口份额变化的混合效应；第六项和第七项分别表示新产品进入和产品退出份额的贡献。

第三节 中国出口产品升级的来源

一、我国城市出口产品升级来源

基于第四章估算得到的出口产品技术复杂度和产品质量，我们计算中国城市出口产品的技术含量，并对该技术含量指标进行分解，以研究中国城市出口技术含量增长的来源，结果见表5-1。结果显示，2000~2011年，中国出口产品技术含量增长的主要来源是产品质量的提升和资源配置效率的改善。资源配置增量是产品质量与产品出口份额调整共同作用的结果，其可能来源于高质量产品份额的增长以及低质量产品份额的降低。其次，2000~2011年，新产品进入是城市出口产品技术含量增长的第三大贡献者，且进入增量主要发生在2007~2011年。分区域来看，进入增量主要是中部、西北地区城市出口产品技术含量增长的主要贡献者。究其原因，这两大区域生产基础本身较弱，出口产品的多样化程度也相对较低，故而新产品的进入对这两大地区城市出口升级贡献度较高。这一结果与我国出口产品结构调整与经济转型的步伐一致。中华人民共和国成立以来,我国出口产品结构调整的方向一定程度上反映出我国出口产品结构在不断调整升级。中华人民共和国成立到改革开放前夕,获取外汇是出口贸易的主要目的,这段时间出口产品结构以石油等资源密集型产品为主。20世纪70年代后期,石油出口占到总出口额的15%~20%左右,为中国第一大出口产品,其余出口产品以初级产品和工业品为主。在"三来一补"的贸易政策推动下,劳动力比较优势得以发挥,劳动力密集型的纺织服装产品成为中国第一大出口产品,由此也标志着我国出口贸易结构从资源密集型产品向劳动力密集型产品转型。1995年,机电产品的出口第一次超过纺织服装产品的出口,标志着中国出口产品开始由劳动力密集型向资本密集型转型。20世纪以来,尤其是2002~2007年,是我国出口增长的黄金阶段,也是我国出口产品结构调整的关键时期。到2007年,机械及运输设备产品的出口规模占出口总规模的47.28%。到2016年,我国出口产品结构中,初级产品只占总额的4.88%,工业制成品占到了出口总额的95.11%。其中,机械及运输设备出口规模占出口总额的46.12%。我国出口产品结构不断调整,而不同时期新的优势产品一定程度上可以体现进入增量对出口技术含量的贡献。新的优势产品的进入也促使资源密集型优势产品和劳动力密集型优势产品的退出。进入增量和退出增量反映资源在企业间、产品间的再配置,两者共同推动了我国出口产品技术含量的增长。

分区域来看,2000~2011年,东部地区出口产品技术含量的增长主要来源于资源配置和质量增长。在所有区域中,质量增长对东部地区城市出口产品技术含量增长的贡献最大。退出增量对西北和东北地区城市出口产品技术含量增长的贡献最大,同时,进入增量是西部地区城市出口产品技术含量的第一大贡献者。由此可见,西北地区城市出口产品升级是城市内产品动态调整的结果。东北地区,资源配置增量和退出增量贡献突出,也反映出东北地区城市在不断地进行产品结构的调整。然而,东北地区城市的质量增量和进入增量均为负。东北地区是我国制造业老工业基地,已出口产品质量提升不足。目前依靠淘汰低技术复杂度产品或者低质量产品方式来进行产品结构的调整,但该路径较难实现可持续发展。

表5–1　　　　　　　　　　中国城市出口产品升级来源及其区域差异

年份	地区	质量增量	结构增量	资源配置	进入增量	退出增量
2000~2011	全国	0.945	-0.903	3.263	0.877	0.197
	东部	5.823	-1.226	11.037	0.106	0.168
	中部	1.108	-0.417	0.339	1.977	0.082
	西南	0.088	-0.514	1.249	0.549	-0.006
	东北	-3.081	-1.563	2.417	-0.870	0.287
	西北	0.785	-0.797	1.274	2.621	0.455

续表

年份	地区	质量增量	结构增量	资源配置	进入增量	退出增量
2007~2011	全国	0.037	-0.793	1.586	0.159	0.299
	东部	2.029	-0.528	2.841	-0.318	0.332
	中部	0.139	-0.635	1.300	0.275	0.201
	西南	-0.122	-0.591	0.863	0.122	0.237
	东北	-1.658	-1.497	1.374	0.122	0.436
	西北	-0.204	-0.715	1.553	0.596	0.288
2000~2006	全国	0.201	-0.197	0.954	0.012	0.308
	东部	1.365	-0.451	2.455	-0.181	0.192
	中部	0.211	-0.210	0.295	0.309	0.113
	西南	0.003	-0.206	0.470	0.215	-0.080
	东北	-0.910	-0.088	1.257	-0.567	0.832
	西北	0.335	-0.028	0.294	0.286	0.483

资料来源：作者根据中国海关进出口贸易数据库数据计算，下同。

二、中国企业出口产品升级来源

按照对中国城市出口产品技术含量增长的分解方式，我们对中国制造业企业出口产品技术含量的增长进行进一步分解，结果见表5-2。分解结果显示，2000~2011年，我国制造业企业出口产品技术含量升级的主要来源是企业在位产品质量增长和新产品的进入。其中，东部地区以新产品的进入贡献最大，中部地区、西南地区、东北地区和东北地区企业更多地依赖在位产品质量的提升。退出增量影响的区域差异方面，东北地区制造业企业的退出增量为正。在产品结构调整过程中，东北地区企业通过淘汰低技术复杂度和低质量产品来进行企业出口升级。

不同阶段不同地区企业出口产品升级的来源不同。分时间阶段来看，在2000~2006年和在2007~2011年，企业出口产品升级主要来源于产品质量增长和进入增量。在2000~2006年，质量增量为东部地区企业出口产品升级的主要来源。2007~2011年，进入增量为东部地区企业出口产品升级的主要来源。加入WTO之后，我国对外贸易企业选择了不同的升级路径来推动出口产品技术含量的增长。受产品市场和我国出口贸易发展的制约，前期主要依靠提高已有出口产品质量来促进出口升级，即进行产品内升级。在产品内升级达到一定程度后，第二个阶段主要以扩展新产品提高产品技术复杂度来推动出口产品技术含量的增长。然而，进入增长的贡献可以从两方面来实现：引入高技术复杂度产品,或者引入高质量产品。这两者选择的区别以及影响因素将在第八章中进行详细讨论。

表5-2　　　　　　　　中国制造业企业出口升级来源及其区域差异

区域	质量增量	结构增量	资源配置	进入增量	退出增量
2000~2011年	0.01285	-0.00014	-0.00592	0.00854	-0.00084
东部	0.00863	0.00016	-0.00456	0.00933	-0.00076
中部	0.00604	0.00044	-0.00212	0.00342	0.00001
西南	0.00913	0.00038	-0.00469	0.00680	-0.00091
东北	0.02117	-0.00138	-0.01888	0.01234	0.00212
西北	0.01926	-0.00032	0.00063	0.01080	-0.00469
2000~2006年	0.01690	0.00014	-0.00415	0.01346	0.00008
东部	0.01506	0.00065	-0.00756	0.01346	-0.00058
中部	0.02490	0.00093	-0.00365	0.00668	0.00193
西南	0.01399	0.00021	-0.00207	0.00190	-0.00063
东北	0.01407	-0.00090	-0.00740	0.03326	0.00091
西北	0.01650	-0.00022	-0.00007	0.01202	-0.00125
2007~2011年	0.00929	0.00099	-0.01049	0.00912	0.00009
东部	0.01213	0.00004	-0.00996	0.01285	-0.00025
中部	0.02663	-0.00009	-0.00807	0.01169	0.00043
西南	0.01349	-0.00144	-0.01439	0.00087	0.00100
东北	-0.03027	0.00039	-0.02044	0.00818	0.00022
西北	0.02449	0.00606	0.00041	0.01200	-0.00095

本 章 小 结

技术进步和企业间资源配置效率改善均可以推动出口产品升级。从资源配置视角探讨中国出口产品升级的来源对于更好地认识出口产品升级行为具有重要的意义。本章基于第四章估计的产品技术复杂度和中国企业出口产品质量,构建衡量中国城市和中国企业出口产品技术含量的综合指标,并基于福斯特等(2001)的方法对出口产品技术含量进行分解。分解结果发现,2000~2011年,中国出口产品升级的主要来源是产品质量的提升和资源配置效率的改善。新产品进入增量是我国出口产品升级的第三大重要来源，且该增长的贡献主要发生在 2007~2011 年。资源再配置和质量增长是东部地区城市升级的主要贡献者，进入增量是中部、西北地区城市出口产品升级的主要来源，退出增量对西北和东北地区的贡献最大。对于企业升级而言，中国企业出口升级的主要来源为在位产品质量的增长和新产品进入。其中，进入增量是东部地区企业的重要贡献者，中部地区、西南地区、东北地区和东北地区企业出口产品升级主要依赖于在位产品质量的提升。分时间阶段来看，产品质量的增长和进入增量分别是 2000~2006 年和 2007~2011 年的企业出口产品升级的主要贡献者。

  总体来说，产品质量提升与进入增量是我国出口产品升级的主要来源。此处，进入增量可能包含高技术复杂度产品进入，也可能来源于高质量产品进入。接下来的章节，我们将在"企业—空间"互动的框架下，讨论我国出口产品升级路径选择的影响机制。同时，将进入增量细分为高技术复杂度产品的进入和高质量产品的进入，从产品动态的视角研究我国出口产品升级路径选择的影响因素。

本章参考文献

  [1] 金毓. "新新贸易理论"中的选择效应与生产率进步 [J]. 国际经贸探索，2014 (8)：29 - 40.

  [2] 李小平，周记顺，卢现祥，胡久凯. 出口的"质"影响了出口的"量"吗？[J]. 经济研究，2015 (8)：114 - 129.

  [3] 钱学锋. 企业异质性、贸易成本与中国出口增长的二元边际 [J]. 管理世界，2008 (9)：48 - 56，66，187.

  [4] 钱学锋，王胜，陈勇兵. 中国的多产品出口企业及其产品范围：事实与解释 [J]. 管理世界，2013 (1)：9 - 27，66.

  [5] 钱学锋，熊平. 中国出口增长的二元边际及其因素决定 [J]. 经济研究，2010，45 (1)：65 - 79.

  [6] 施炳展，王有鑫，李坤望. 中国出口产品品质测度及其决定因素 [J]. 世界经济，2013 (9)：69 - 93.

  [7] 施炳展，冼国明. 要素价格扭曲与中国工业企业出口行为 [J]. 中国工业经济，2012 (2)：47 - 56.

  [8] 施炳展. 中国出口增长的三元边际 [J]. 经济学（季刊），2010 (4)：1311 - 1330.

  [9] 姚洋，章林峰. 中国本土企业出口竞争优势和技术变迁分析 [J]. 世界经济，2008 (3)：3 - 11.

  [10] 张杰，郑文平，翟福昕. 中国出口产品质量得到提升了么？[J]. 经济研究，2014 (10)：46 - 59.

  [11] Amiti M. and Freund C. The Anatomy of China's Export Growth [J]. NBER，2010：35 - 56.

  [12] Bernard A. B，Redding S. J. and Schott P. K. Multiple - Product Firms and Product Switching [J].

The American Economic Review, 2010, 100 (1): 70 – 97.

[13] Bernard A. B. , Redding S. J. and Schott PK. Multiproduct Firms and Trade Liberalization [J]. The Quarterly Journal of Economics, 2011, 126 (3): 1271 – 1318.

[14] Cagé J. and Rouzet D. Improving "National Brands": Reputation for Quality and Export Promotion Strategies [J]. Journal of International Economics, 2015, 95 (2): 274 – 290.

[15] Eckaus R. S. China's exports, Subsidies to State-owned Enterprises and the WTO [J]. China Economic Review, 2006, 17 (1): 1 – 13.

[16] Feng L. , Li Z. and Swenson D. L. The Connection between Imported Intermediate Inputs and Exports: Evidence from Chinese Firms [J]. Journal of International Economics, 2016, 101: 86 – 101.

[17] Foster L. , Haltiwanger J. C. and Krizan C. J. Aggregate Productivity Growth [J]. Lessons from Microeconomic Evidence. NBER, 2001, 303 – 372.

[18] Hausmann R. and Klinger B. The Structure of the Product Space and the Evolution of Comparative Advantage [Z]. Center for International Development at Harvard University. http: //scholar. google. com/scholar? cluster = 14035101216413974344&hl = en&oi = scholar. 2007.

[19] Hummels D. and Klenow P. J. The Variety and Quality of a Nation's Exports [J]. The American Economic Review, 2005, 95 (3): 704 – 723.

[20] Iacovone L. and Javorcik B. S. Multi – Product Exporters: Product Churning, Uncertainty and Export Discoveries*[J]. The Economic Journal, 2010, 120 (544): 481 – 499.

[21] Lemoine F. FDI and the Opening up of China's Economy [J]. CEPII Research Center Working Papers, 2000, 11.

[22] Mayer T. , Melitz M. J. and Ottaviano G. I. P. Market size, Competition, and the Product Mix of Exporters [J]. National Bureau of Economic Research, 2011.

[23] Melitz M. J. The Impact of Trade on Intra – Industry Reallocations and Aggregate Industry Productivity [J]. Econometrica, 2003, 71 (6): 1695 – 1725.

[24] Melitz M. J. and Ottaviano G. I. P. Market Size, Trade, and Productivity [J]. Review of Economic Studies, 2008, 75 (1): 295 – 316.

[25] Qiu L. and Yu M. Multiproduct Firms, Export Product Scope and Trade Liberalization [Z]. Working Paper. http: //scholar. google. com/scholar? cluster = 13101065203231025561&hl = en&oi = scholar. 2013.

[26] Rodrik D. What's So Special about China's Exports? [J]. China World Economy, 2006, 14 (5): 1 – 19.

[27] Schott P. K. The Relative Sophistication of Chinese Exports [J]. Economic Policy, 2008, 23 (53): 6 – 49.

[28] Wang Z. and Wei S. J. The Chinese Export Bundles: Patterns, Puzzles and Possible Explanations [Z]. Working Paper no. 226, Working Paper. https: //www. econstor. eu/handle/10419/176244. 2008.

[29] Xu B. The Sophistication of Exports: Is China Special? [J]. China Economic Review, 2010, 21 (3): 482 – 493.

第六章
出口产品演化与升级——
　　基于产品空间视角

第一节 引 言

区域产业发展和升级是地区生产能力积累并不断演化的结果。已有经济增长理论和国际贸易理论认为地区产业升级的过程是比较优势不断演化发展的过程，比较优势的动态演化不断推动地区的经济发展和产业升级。已有反映区域比较优势的指标难以从整体上评判静态比较优势，也不能对区域产业结构不断调整过程中累积的动态比较优势给予有效评价（邓向荣和曹红，2016）。伊达尔戈等（2007）借助社会网络法实现了对全球产品空间的可视化，创造性地提出了产品空间的分析框架（Product Space）。该框架从比较优势动态演化视角来观察地区能力禀赋对产业演化的影响，发现产品空间有紧密联系产品组成的"核心区"，也有联系不紧密的产品组成的"边缘区"，呈现明显的"核心—边缘"结构，具有明显的异质性。基于产品空间，其认为从生产一种产品转换到另一种产品的过程中能力具有不完全替代性，能否成功转换取决于产品之间的距离，距离的大小则由产品间的相似性决定。在此基础上，奥斯曼和伊达尔戈（2010，2011）、伊达尔戈等（2007）结合产品空间与比较优势演化理论，认为产品是知识和能力的载体，区域能生产该产品反映出区域储备了生产该产品的各种要素禀赋信息，故而产品空间的异质性是解释不同地区经济发展差异的关键。

短短几年内，产品空间得到了学者广泛的关注，并被应用在解释产业结构演化升级、区域经济发展、企业创新和生存等问题中。其中，最为关键的部分是如何测算产品技术关联。已有研究主要通过产品要素投入结构、市场需求等的相似性来衡量产品之间的关联程度。然而，产品生产过程中的投入要素比较繁杂，基于投入相似性方法难以达成共识。奥斯曼和克林格尔（2006）基于不可知论提出"产出"（outcome-based）相似性的测量方法更具客观性和说服力。其基本思路如下：当一国具有某产品生产的比较优势时，其在出口升级过程中更倾向于引入生产关联性较高的产品，且该选择也更容易实现。因此，在全球范围内，如果两种产品总是高概率地被同一国家出口，则可以认为生产这两种产品所需要的生产能力相似，故这两种产品较为相似。根据所有产品之间的相似程度构建产品空间，在产品空间中，如果新产品所需的能力与区域已出口产品邻近，区域升级过程中转换或跳跃距离小；反之，如果所需资源与能力差别较大，区域升级过程中需要的转换投入较大，跳跃发生较为困难。如果一国出口的产品在产品空间的密集区域，那么，该国储备了生产并出口与已出口产品邻近产品的生产能力，因此，该产品成为该国未来优势产品的可能性就越大。

第六章 出口产品演化与升级——基于产品空间视角

然而,在产品技术关联的计算过程中,其主要以国家出口产品结构为基础,两种产品被同一国家高概率出口也可能受到其他非产品生产或者出口市场信息的影响。与国家相比,企业是生产和出口的主体。如果两种产品高概率地被同一生产企业出口,说明这两种产品对生产过程中的资源要素、生产技术、人力资本组合等有相似的需求。基于此,本章将对该方法进行改进,基于企业—产品数据测算产品技术关联,并以此构建产品空间。基于构建的产品空间,从区域、企业不同维度来展示我国出口产品动态演化。

第二节 数据与技术方法

产品技术关联是构建产品空间和研究企业和区域产业演化的关键。最常用的测量方法是直接利用标准行业分类(Frenken et al., 2007; Boschma and Iammarino, 2009),即如果两个产品属于同一个大类行业,就认为它们相关,否则不相关(Caves, 1981)。然而,该方法忽略了不在同一大类行业的产品也可能存在技术相关(Essletzbichler, 2015)。第二种测量方法是用投入产出表计算不同行业在投入结构上的相似程度(Lemelin, 1982),也被应用于技术相关度的测量(Farjoun, 1994; Dumais et al., 2002)。然而,投入产出表的行业分类比较粗糙,只能到三位数国民行业分类。另外,该方法虽揭示了产品在投入方面的相似性,却忽略了分配系统和市场模式等方面的关系。第三种测量方法是伊达尔戈(2007)提出的共存分析方法(a co-occurrence approach)。其假设如果两种产品高概率地被同一国家出口,说明它们共享相似的制度、基础设施、生产要素组合等,据此计算两种产品同时被同一国家出口的条件概率来测算产品间技术关联程度,具体计算公式如下:

$$\varphi_{ijt} = \min\{P(RCA_{nit} \mid RCA_{njt}), P(RCA_{njt} \mid RCA_{nit})\} \tag{6.1}$$

其中,RCA_{nit} 代表产品 i 在国家 n 是否具有比较优势,比较优势以该产品在该国的区位熵大小来反映,如果区位熵大于1,则 RCA_{nit} 为1,否则为0。如果 φ_{ij} 很高,说明 i 产品和 j 产品频繁地被同一个国家出口,表示两产品的技术关联度高;反之,则技术关联度低。

然而,该方法也面临着一些挑战。如果产品被同一个国家出口仅仅是由于该国本身具备较高的生产基础设施和生产条件,这些条件可以为这些产品的生产带来成本节约。随后学者开始仿照这个思路计算两种产品同时被同一区域出口的条件概率来测算产品技术关联或行业相关度(Guo and He, 2015)。然而两种产品被同一区域高概率出口或生产,也可能是因为需要共享某些基础的生产条件,例如制度、土地和基础设施,因此产品被同一区域同时出口的条件概率也不能准确地衡量产品间的技术关联。与国家或区域相比，企业才是最微观的生产主体，如果两种产品高概率地被同一生产企业出口，说明这两种产品对企业的生产技术、劳动力技能、资本组合等有相似的要求。因此，我们沿用伊达尔戈等（2007）的思路，利用海关数据库，计算任意两种产品被同一企业出口的条件概率来测量产品技术关联，具体计算公式如下：

$$\varphi_{ij} = \min\{P(V_{fi} > 0 | V_{fj} > 0), P(V_{fj} > 0 | V_{fi} > 0)\} \tag{6.2}$$

其中，f 代表企业，i 和 j 代表 HS 四位数出口产品，如果 f 企业的 i 产品出口额大于 0，则 V_{fi} 为 1，否则为 0。$V_{fi} > 0$，$V_{fj} > 0$ 则表明企业 f 同时出口 i 和 j 两种产品。由于不同时期的企业都在进行出口产品结构调整，因此，我们将 2000～2011 年所有企业出口的所有产品均纳入计算，去掉时间效应。

如果 φ_{ij} 很高，说明 i 产品和 j 产品的技术关联程度高；反之，则技术关联程度低。所有产品中两两之间的技术关联集合构成产品空间（Hidalgo et al.，2007），是一个 1021×1021 的对称矩阵，矩阵中每一对关系是一对 HS 四位码产品的技术关联度。所谓对称就是没有方向，尽管产业相关度有可能有方向，但对称的假设极大地简化了计算（Hidalgo et al.，2007）。此外，取两个条件概率的最小值可以避免过大地估计产品技术关联。在企业层面用共存分析的思路计算产业技术关联的方法，早在蒂斯等（Teece et al.，1994）的研究中就被提出和使用，但因无法处理条件概率的不对称性，所以只计算了不同产业在同一企业共存的频数。频数受行业规模（行业内企业数量）等影响较大，因而我们采用最小条件概率，既综合了伊达尔戈等（2007）和蒂斯等（1994）的优点，又规避了两者的缺点。此外，在产品—产品的技术关联矩阵中，对角线取 0，即同产品之间的相关度被定义为 0，这样方便后文计量分析时可以区分地方化经济（同产业集聚），避免共线性和内生性。值得注意的是，中国海关库中包含很多贸易公司，一些生产型企业并不是自己进行出口报关，而是委托贸易公司完成，该出口行为则记录在贸易公司名下。故而，两产品高概率被贸易公司出口的现象与产品技术关联无关，因此在计算产品技术关联之前要将贸易公司剔除。

伊达尔戈等（2007）采用国家出口产品数据计算产品技术关联，并绘出"产品空间"，其方法在后来演化经济地理学者的研究中得到了大量的应用（Abdon and Felipe，2011；Bishop and Gripaios，2010；Boschma et al.，2014；Neffke et al.，2009）。本章根据伊达尔戈等（2007）的国家层面的共存分析方法以及企业层面的产品共存方法，分别计算产品技术关联，得到技术关联的分布，见图 6-1。由于企业出口产品种类小于国家出口产品种类，一对产品被同一企业同时出口的概率小于一对产品被同一国家出口的概率。图 6-1（a）中为企业—产品共存分析方法计算得到的产品技术关联，图 6-1（b）为国家—产品共存分析方法计算得到的产品技术关联。可以看出，两种方法计算得到的产品技术关联指数向右偏，且基于企业计算的产品技术关联密度分布的波峰相较于基于国家贸易数据计算的技术关联密度分布的波峰靠左,即基于企业数据计算的产品技术关联相对较小。

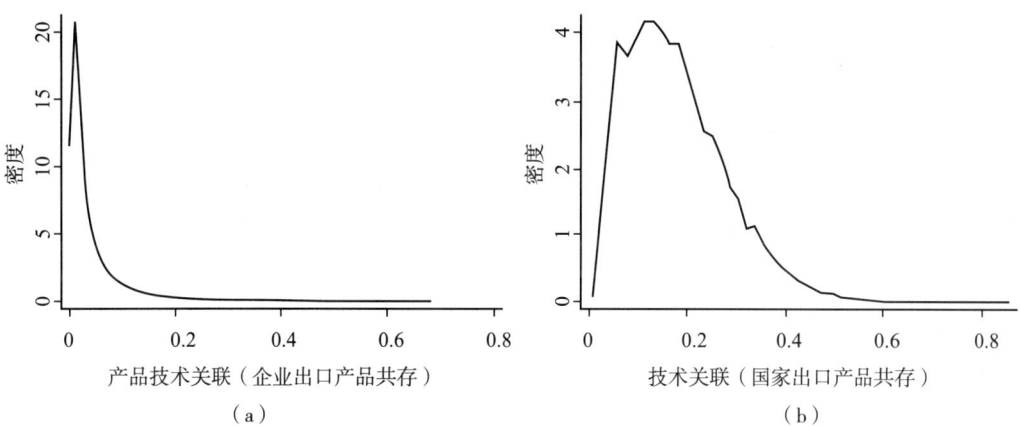

图 6-1　出口产品技术关联核密度分布

资料来源:作者根据 UN Comtrade 数据库和中国海关进出口贸易数据库数据计算,下同。

基于上述两种方法计算得到的产品技术关联在产品空间中的产品数和关联对数描述统计见表 6-1。基于国家出口产品共存分析方法计算得到的产品技术关联大于 0.55 的有 603 种产品,共有 1437 对关联产品;而基于中国企业出口产品数据计算得到的产品技术关联大于 0.25 的有 527 种产品,5346 对关联产品。据此,本章在这两种产品空间当中,分别选择 0.55 和 0.25 作为关联门槛,以此更好地展示产品空间结构,见图 6-2 和图 6-3。图中不同颜色(黑色和灰色)的圆圈代表不同产品。我们按照 4 位数分类码将产品归类入 15 个大类,具体的产品信息见图例。

表 6-1　　　　　　　　　　两种产品空间网络描述统计

基于国家出口产品数据计算的产品技术关联			基于中国企业出口产品数据计算得到的产品技术关联		
产品技术关联	产品数	关联数	产品技术关联	产品数	关联数
≥0.5	945	4598	≥0	657	11521
≥0.55	603	1437	≥0.25	527	5346
≥0.6	377	576	≥0.3	388	2302

图 6-2 展示中国出口产品空间中大部分产品之间存在紧密的关联网络。产品空间中有 3 个明显的关联核心,分别是电气机械及电子产品、化学及相关产品、金属制品和纺织品等产品核心集团,围绕着核心集团存在很多关联束,这些关联束表现出明显的专业化特征。产品空间中两个产品之间线的长度表示这两个产品的关联程度,两种产品相

互邻近或集聚说明同行业内的产品技术关联较强,生产这两种产品所需要的"生产能力"更相似。同时,在产品集团之外,还存在较多零散的小集团,比如图中左边的畜产品、右边的鞋帽产品等。

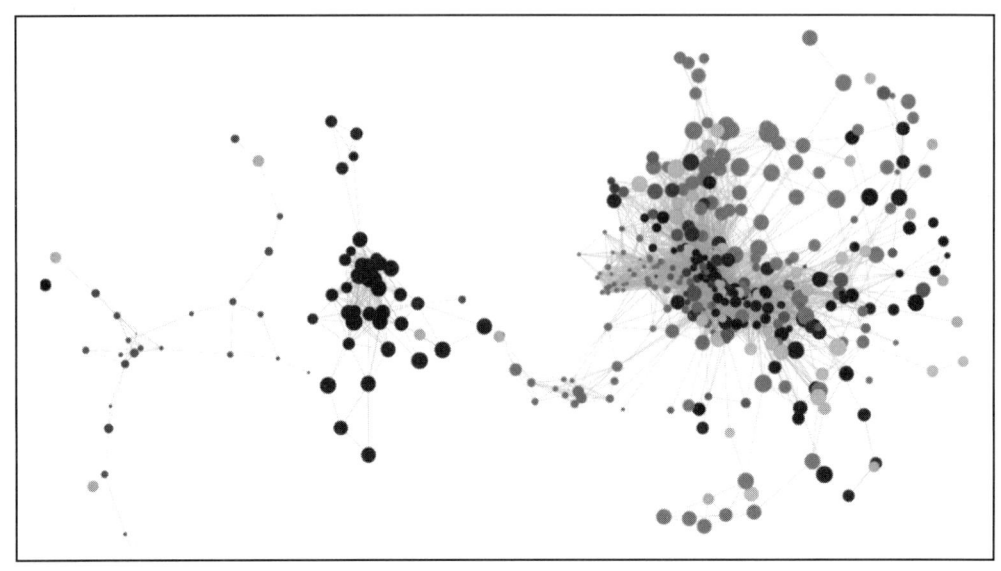

图 6-2 基于企业出口产品共存概率的产品空间

注:此处的产品空间并不是代表地理属性的空间,而是根据产品之间的技术关联程度构建的产品与产品之间的距离的空间。
资料来源:作者根据中国海关进出口贸易数据库数据计算并绘制。

伊达尔戈等(2007)提出的产品空间得到了广泛的应用(Abdon and Felipe, 2011; Hidalgo et al., 2007),研究多将产品空间分为"核心—边缘"结构,并认为发展中国家出口产品多位于产品空间的边缘区域,而发达国家多位于产品空间的核心区域。核心区域多为高技术、资本密集型产品,而边缘区域多为资源、劳动力密集型产品。因此,位于产品空间稀疏区域的发展中国家很难跳跃到产品空间的核心区域,更多地表现为路径锁定(Hidalgo et al., 2007; Boschma and Capone, 2015)。已有研究通过产品空间的核心—边缘结构来描述区域产业演化的方向,然而,仅以核心—边缘的二元分类来区分产品的差异,使得发展中国家难以看到发展的希望。基于产品空间中的产品具有异质性的特征,我们通过产品技术复杂度来数量化产品间的差异,以此测度区域出口升级的程度。图中每个圆圈代表一种 4 位数产品,圆圈的大小代表该产品技术复杂度的高低。产品技术复杂度主要是通过第四章中的映射方法计算所得。中国的出口产品空间中,一些复杂度较高的产品以集团的组织方式位于产品空间的边缘区域,例如机械和电子产品、化学及其相关产品和金属制品。因此,一定程度上,图 6-2 的产品空间仅能反映产品之间的关联程度。

第六章 出口产品演化与升级——基于产品空间视角

以国家出口产品共存方法计算产品技术关联,并以此构建全球出口产品空间,见图6-3。选择国家出口产品共存法计算产品技术关联并构建产品空间,主要是因为仅以中国出口数据构建产品空间不能很好地以产品结构演化来反映出口升级的方向。另外,本研究试图将中国出口的产品与其他国家对比。以国家为研究单位,可以更好地展示中国在世界出口产品空间中的位置以及升级过程中可能的演化方向。图6-3展示的是以国家出口产品共存概率构建的产品空间,其存在两个明显的核心集团,左上角的化学及相关产品、机械和电子产品和金属制品位于产品空间的核心区域,纺织产品和木制品位于产品空间稀疏的边缘区域。同时,与奥斯曼和伊达尔戈(2010)等研究结论相似,产品空间中核心区域的产品的圆圈相对较大,多为高技术复杂度产品。以国家出口产品数据构建的产品空间可以很好地展示中国在2000~2011年出口产品演化的方向,同时也可以更好地与相关的国际研究进行对比分析。

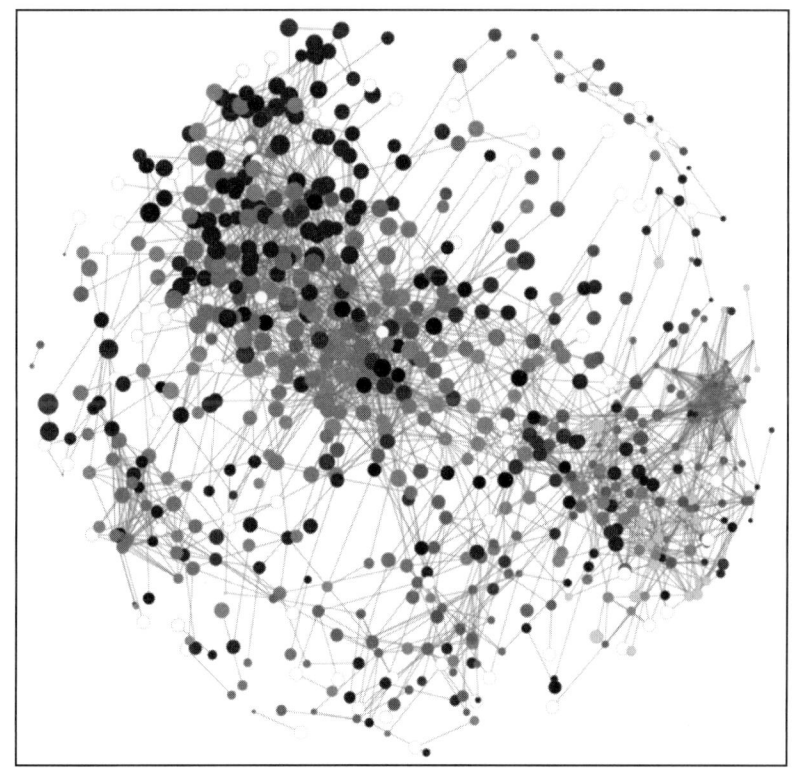

图6-3 基于国家出口产品数据构建的产品空间

注:此处的产品空间并不代表地理属性的空间,而是根据产品之间的技术关联程度构建的产品与产品之间的距离的空间。

资料来源:作者根据UN Comtrade数据库和中国海关进出口贸易数据库数据计算,下同。

第三节　中国出口产品演化及其区域差异

一、中国出口产品演化

基于国家出口产品共存概率方法和企业出口产品共存概率方法计算得到产品技术关联，分别构建产品空间，并分别展示 2000 年和 2011 年中国优势产品，见图 6-4。在产品空间中，中国具有优势的产品显示颜色（黑色和灰色），没有优势的产品则显示为白色。图 6-4 为中国出口产品在两种产品空间中演化情况。图 6-4（a）显示 2000~2011 年，中国出口优势产品集中在左侧集团的化学及其相关产品、机械及其电子产品和金属制品等方面。在这 11 年间，我国保持了在纺织产品的出口优势，同时也开始向技术复杂度更高的产品演进。

图 6-4（b）显示中国出口优势产品更多地向产品空间的核心区域（密集）演进，也就是向技术复杂度更高的产品演化，表现为产品升级路径中的"产品间升级"。另外，为了识别 2000~2011 年中国出口产品演进方向，我们将新进入产品和退出产品用不同形状的符号展示在产品空间中。首先，我们识别出 2000 和 2011 年中国出口的优势产品，将 2000 年有比较优势而 2011 年没有比较优势的产品定义为 2000 年的退出产品；将 2000 年没有比较优势而 2011 年有比较优势的产品定义为 2011 年的进入产品。以产品的进入和退出来识别出口产品升级的方向。图 6-4（b）中 2000 年有颜色（黑色和灰色）圆圈代表 2000 年退出的产品，2011 年中有颜色的圆圈代表 2011 年新进入产品。在产品空间中，有颜色的圆圈和三角形表示中国有出口该产品的比较优势。具体来看，2011 年新进入产品多为化学及其相关产品、金属品制造和机械及其电子产品。作为中国优势产品的纺织品，其企业也开始向更高技术复杂度的纺织产品演化。

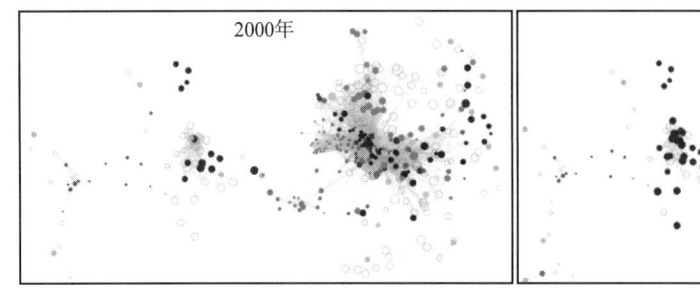

(a) 基于中国出口数据构建的产品空间

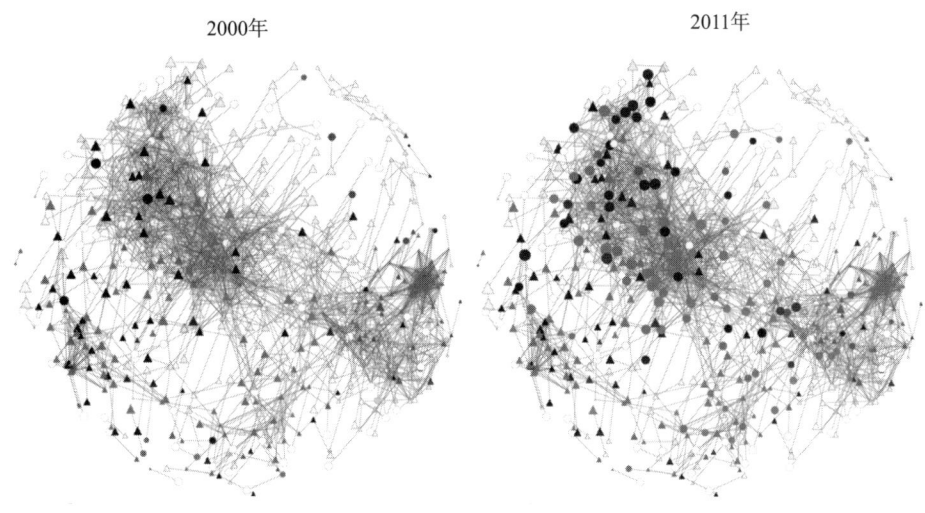

(b) 基于国际数据构建的产品空间

图 6-4　2000 年和 2011 年中国出口优势产品演化

注：左图中有颜色（黑色和灰色）的圆圈代表在 2000 年具有比较优势，而在 2011 年没有比较优势的产品；右图中的圆圈代表的是在 2011 年具有比较优势而在 2000 年没有比较优势的产品。

二、中国各省区市出口产品空间演化

中国的出口空间具有较大的区域不平衡性，为更好地展示我国出口产品演化的区域差异并与国际研究相对比，我们将以国家出口产品数据构建产品空间，并结合中国各省区市优势产品，研究我国各省区市出口产品演化，结果见图 6-5。2000~2011 年，我国各省区市产品空间发生了较为显著的变化。分区域来看，2000 年东部地区省区市优势产品多集中在产品空间的核心区域，到 2011 年该趋势得到进一步加强。中部地区省区市优势产品也多集中在产品空间的核心区域，但优势产品数量相对更少。西部地区优势产品相较东部地区和中部地区更少。东部地区优势产品遍布了产品空间的核心和边缘地区，产品结构更多元化。

具体到每个省区市，区域内部各省区市之间的产品空间也存在极大的不平衡性。对比来看，东部地区各省市之间的差异相对较小，各省市的优势产品也较为相似。例如，在 2001 年，机械及电子产品是北京、上海、江苏、浙江、山东的优势产品，到 2011 年，开始在河北、天津表现出较强的竞争力。在 2000 年，东部地区 10 个省市中，有 8 个省市均在化学及其相关产品的出口中具有出口优势。中部地区各省市之间的出口结构差异也相对较小，化学及其相关产品、机械和电子产品是中部地区 6 个省的优势产品。对比来看，西部和西北地区省区市的出口产品空间相差较大，优势产品较多的省区市分别为重庆、四川、云南、广西和辽宁。在 2001 年，四川和重庆出口产品结构较为相似，

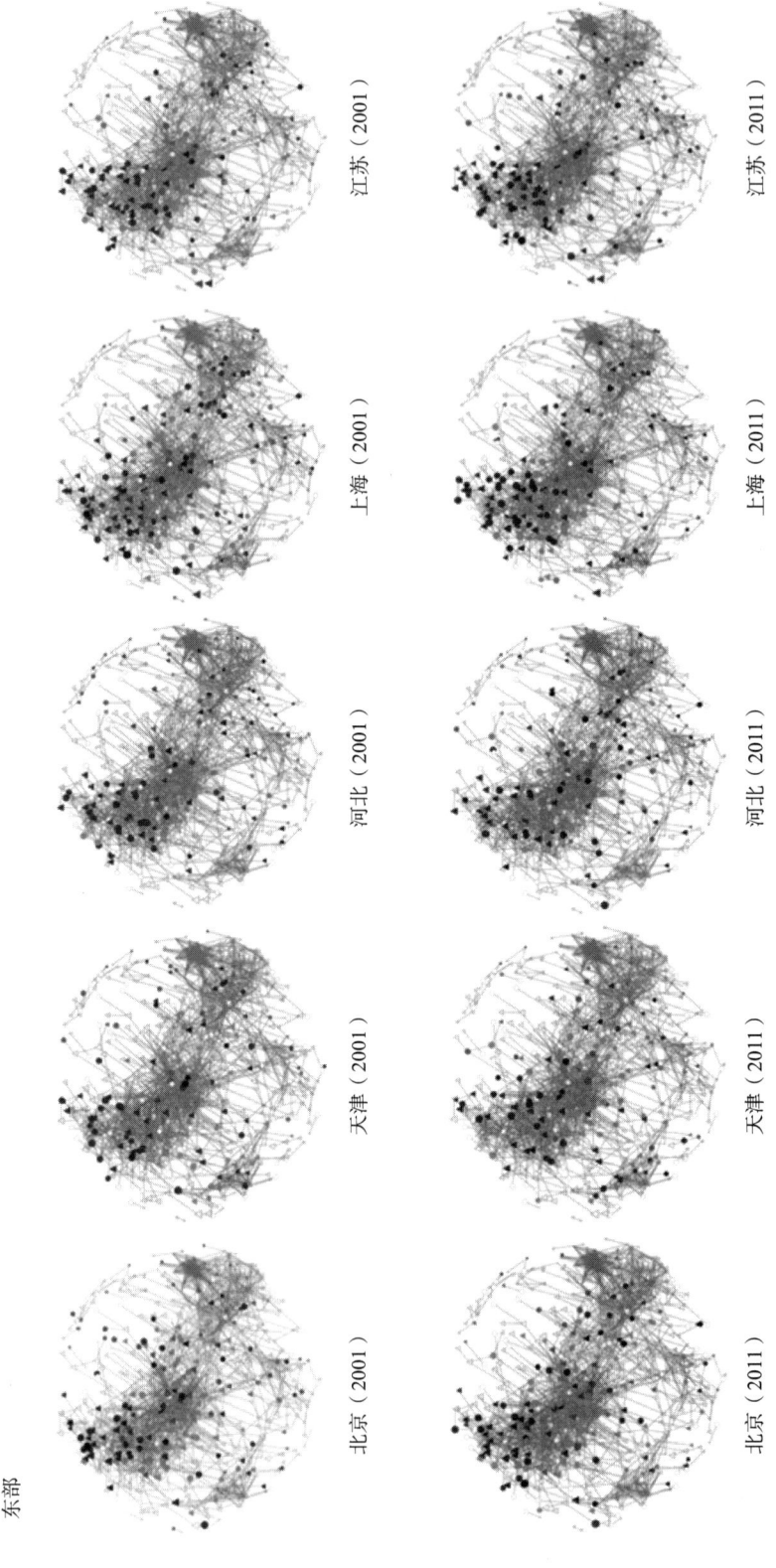

第六章 出口产品演化与升级——基于产品空间视角

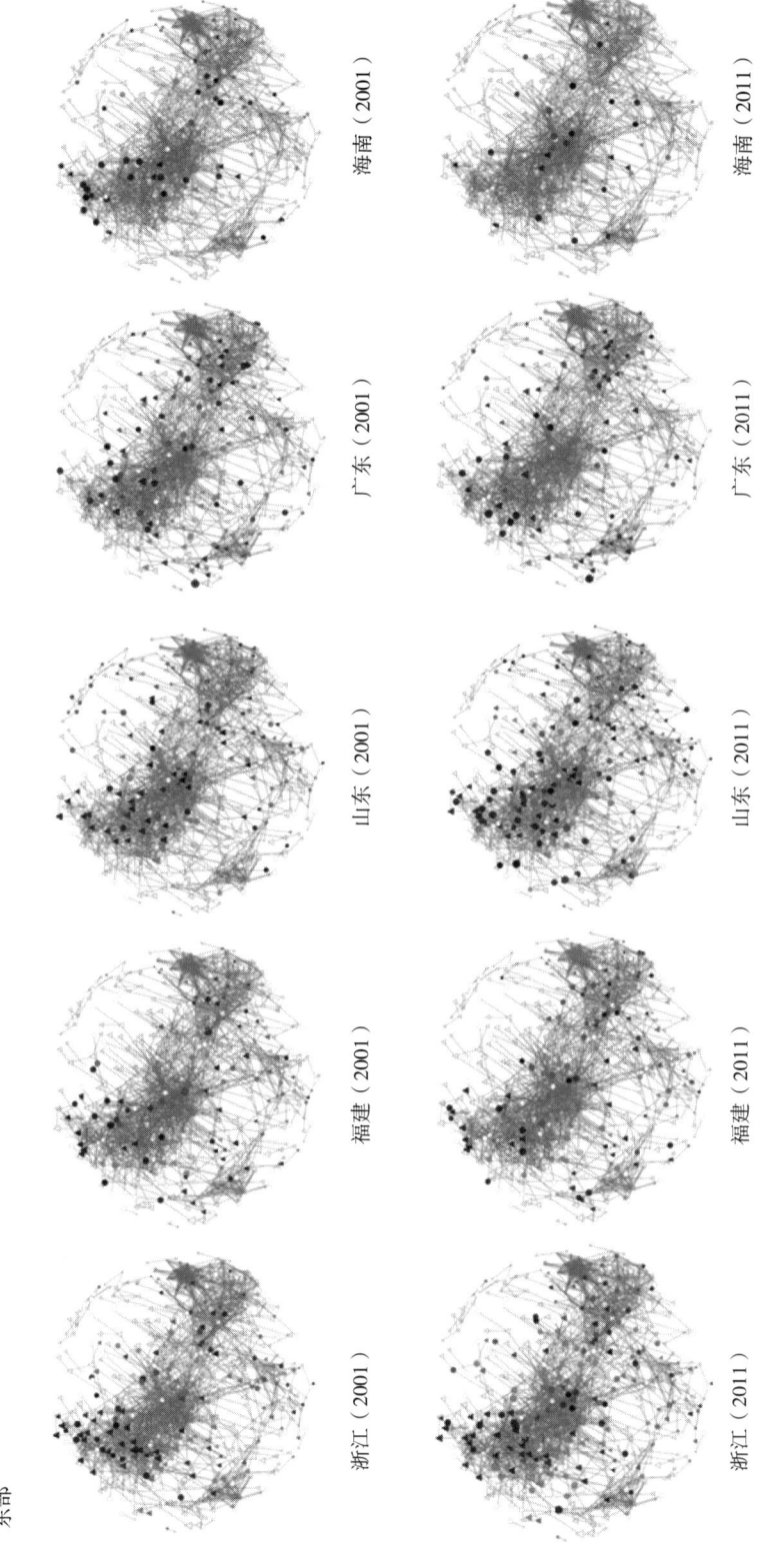

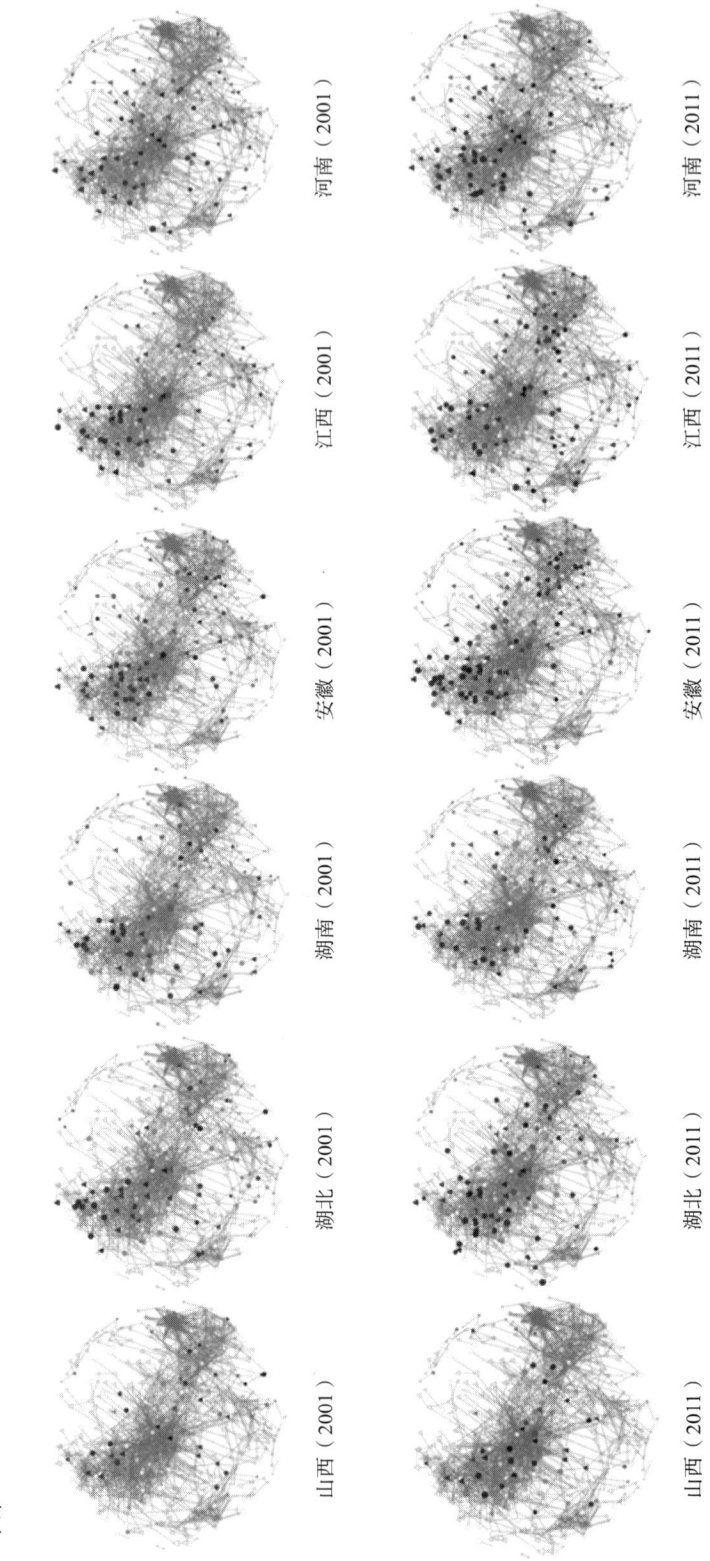

第六章 出口产品演化与升级——基于产品空间视角

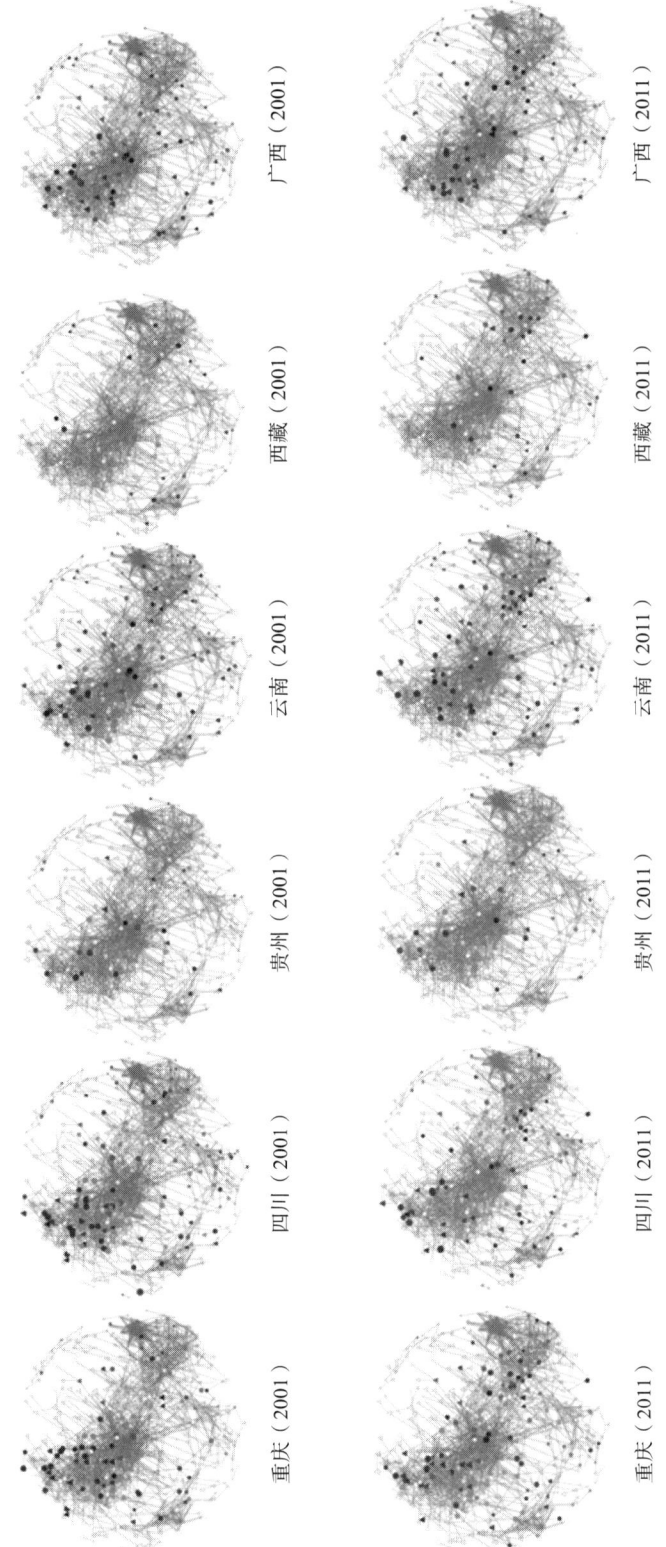

西南 重庆（2001） 重庆（2011） 四川（2001） 四川（2011） 贵州（2001） 贵州（2011） 云南（2001） 云南（2011） 西藏（2001） 西藏（2011） 广西（2001） 广西（2011）

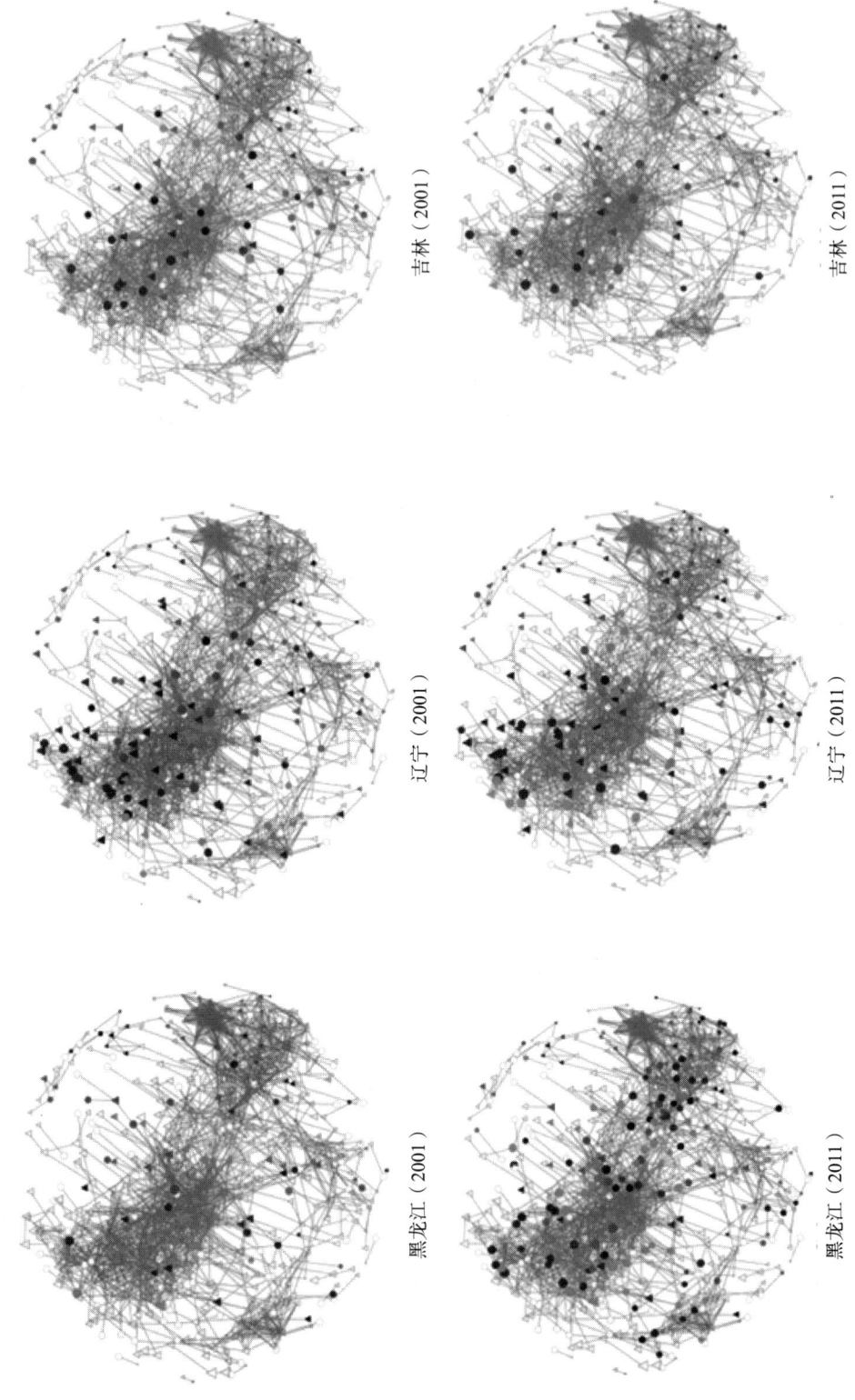

第六章 出口产品演化与升级——基于产品空间视角

西北

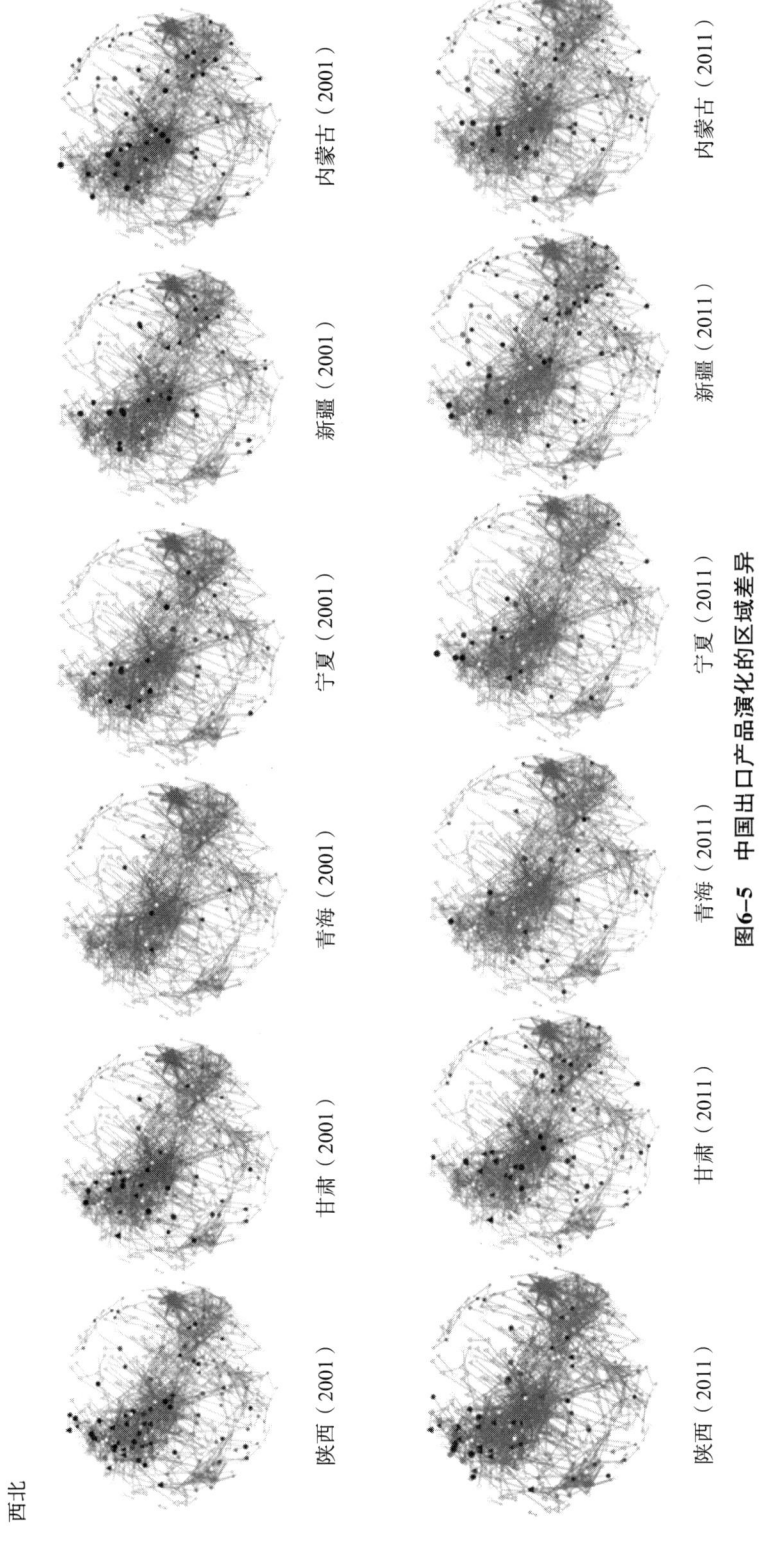

图6-5 中国出口产品演化的区域差异

出口优势产品集中在化学及其相关产品、机械和电子产品和金属制品上。对比来看，除了产品空间核心部分的产品外，四川省出口优势产品在产品空间的边缘地区也有涉及，例如纺织品和粮食作物等。东北地区辽宁省出口产品多样化程度较高，优势产品集中在化学及其相关产品、机械和电子产品和金属制品、粮食作物和木制品。

2000~2011年，我国各省区市出口产品结构向多元化、差异化方向演化趋势明显。2000~2011年，北京市、天津市、浙江省、山东省和黑龙江的优势产品数量在产品空间的核心区域和边缘区域均有所增加。比较而言，2000~2011年，上海市和广东省产品空间更加精简化，产品空间边缘地区的优势产品数量进一步减少。四川省和重庆市出口产品结构调整较为明显。在2000年，四川省出口优势产品为化学及其相关产品、机械和电子产品、金属制品、纺织品和粮食作物，到2011年，优势产品精简化为化学及其相关产品、机械和电子产品、金属制品。重庆市的优势产品从化学及其相关产品、机械和电子产品、金属制品和纺织品调整为化学及其相关产品、机械和电子产品、金属制品和纺织品、木制品、塑料橡胶制品和矿石玻璃制品，产品结构更加多元化。总体而言，我国各省区市出口产品演化路径存在较大的差异，总结来看主要表现为三种路径：产品结构相对不变，多元化和精简化。那么，不同路径选择有何特征？我们将分别选择广东省、浙江省和山东省来对比分析。

在明确我国出口产品演化的区域差异后，我们选择浙江省、广东省和山东省来讨论各省区市出口产品演化的特征。参照图6-4的展示方法，我们识别了2000年和2011年优势产品的新进入产品和退出产品，以更好地讨论产品演化的方向。图6-6为2000~2011年浙江省出口产品演化情况，11年来，浙江省出口产品结构进一步多元化。具体来看，浙江省出口产品多集中在产品空间的核心部分。2011年新进入产品多为金属制品、化学及相关产品以及复杂度更高的纺织品等。具体来看，纺织品一直为浙江省的优势产品。在2000年和2011年，浙江省纺织品的出口额分别占到了全国的12.38%和27.02%。对比两年纺织品的演化，在2000年浙江省的纺织品主要分布在产品空间的边缘区域，这部分纺织品的技术复杂度相对较低，主要集中在产品空间的右下角，多为初级服装等产品制造。在2011年，浙江省的纺织品开始更多地出现在产品空间的核心区域以及部分边缘区域，这部分纺织品的技术复杂度相对较高。由此可见，即使为同一两位数产品编码的纺织服装产品，产品内部的四位数产品间也存在显著的差异。因此，仅以核心—边缘结构来反映出口升级过程可能会低估产品升级行为，尤其是低估在产品边缘区域出现的产品升级情况。

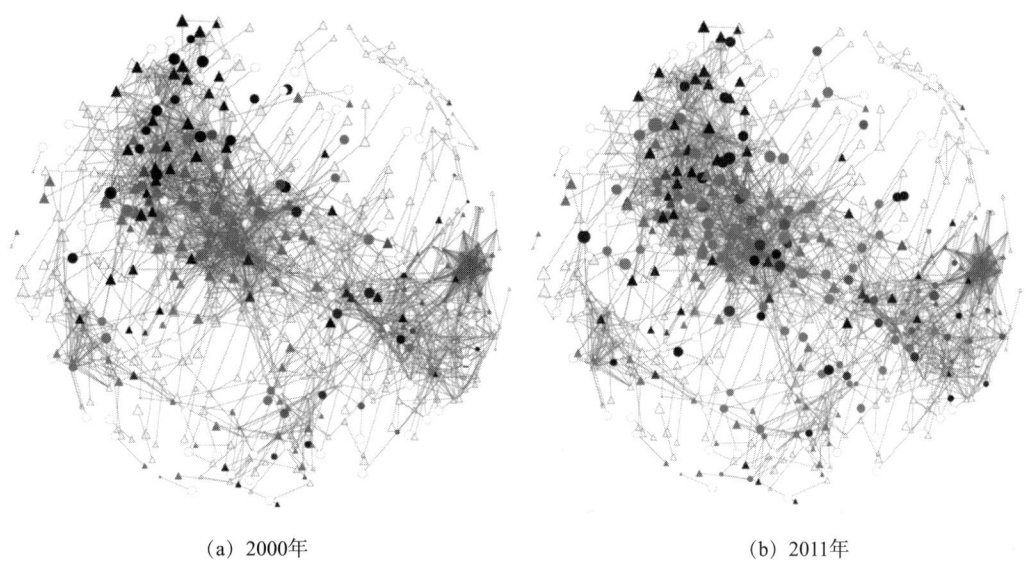

(a) 2000年　　　　　　　　　　　(b) 2011年

图 6-6　2000 年和 2011 年浙江省出口产品空间

注：左图圆圈为退出产品，右图圆圈为进入产品，下同。

图 6-7 为山东省 2011 年和 2000 年出口产品空间。2000~2011 年，山东省出口产品具有明显的向产品空间核心区域演进的趋势。新进入的产品主要集中在产品空间核心区域的化学及其相关产品、机械及电子产品、金属制品、运输工具和塑料及橡胶制品以及产品空间边缘的木制品和粮食作物等。木制品出口份额当中，在 2000 年和 2011 年，山东省出口总额占全国出口总额分别为 7.95% 和 12.49%。山东省造纸以文化纸及大宗高附加值产品为主，生产规模和技术水平都处于国内较为领先的水平，某些纸种甚至在国际上也具有一定优势。例如，新闻纸、文化用纸、铜版纸、涂布白纸板等大宗产品的

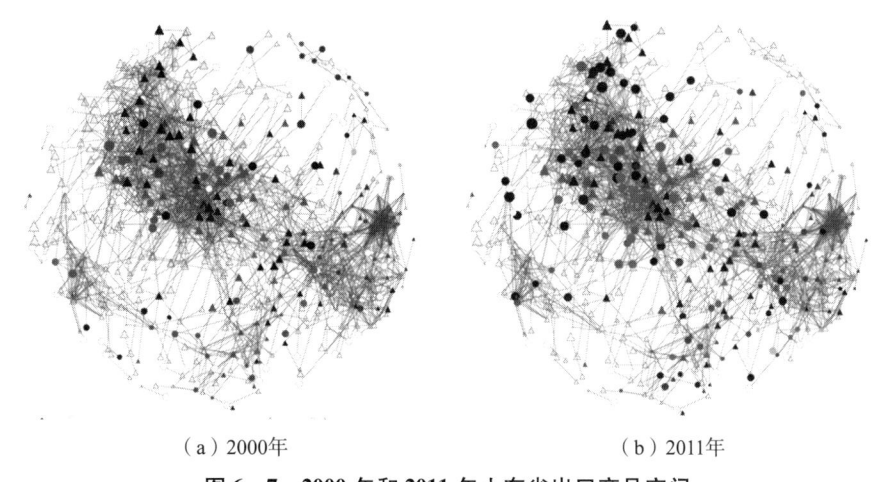

（a）2000年　　　　　　　　　　（b）2011年

图 6-7　2000 年和 2011 年山东省出口产品空间

规模效益在国内外均具有优势。然而，造纸原料成本占造纸总成本的50%~60%。山东省本地优质廉价原料缺乏，自制原生木浆及草浆占总使用比例较低，2013年占比在33%左右，而大量的木浆需外购。原材料获取受外部及国际市场制约较大，直接影响了生产成本与产品价格，从而可能会显著影响出口产品升级的发生。

图6-8为广东省出口产品空间。总体来说，广东省出口产品多位于产品空间的第二个集团，集中在化学及其相关产品、塑料及橡胶制品、矿石及玻璃制品等方面。2000~2011年，广东省出口产品空间变化较小，这主要与广东省出口产品多元化程度较高有关。图6-9为2000年和2011年广东省出口产品占全国该产品的比重。广东省出口的大部分产品份额占到了全国出口份额的20%以上，矿石及玻璃制品、机械及电子产品、鞋帽制品等出口份额占到了35%以上。另外，从图6-9也可以看出广东省出口产品结构也在不断调整。在2000年和2011年，广东省机械及电子产品、化学及其相关产品和金属制品等大部分产品的出口份额有一定的下降，仅矿石与玻璃制品、皮革与毛皮制品和矿产品的出口份额有所增加。该变化主要与我国其他地区出口产品进一步增长有关，但这并不是说广东省这部分产品出口额在下降。事实上，在2014年，服装出口363.4亿美元，增长9.8%；家具及其零件出口196.5亿美元，增长12.6%；鞋类出口153.9亿美元，增长6.4%；纺织纱线织物及制品出口120.2亿美元，增长1.9%；箱包出口89.7亿美元，增长14.7%；塑料制品出口104.1亿美元，增长17.8%；玩具出口95.3亿美元，增长12.6%。改革开放以来，广东省抓住机遇，成为我国对外开放的前沿阵地，也是我国的出口大省。广东省产品空间较为稀疏，主要与其出口产品多元、各产品出口额差距较小有关。通过产品空间的变化，我们也可以看出广东省出口结构在向矿石玻璃制品以及皮革、皮毛制品等产品调整。

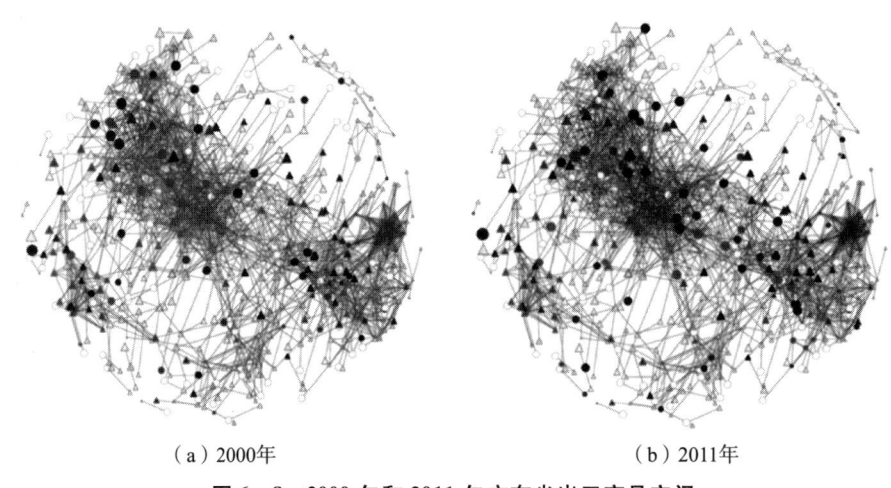

（a）2000年　　　　　　　　（b）2011年

图6-8　2000年和2011年广东省出口产品空间

第六章 出口产品演化与升级——基于产品空间视角

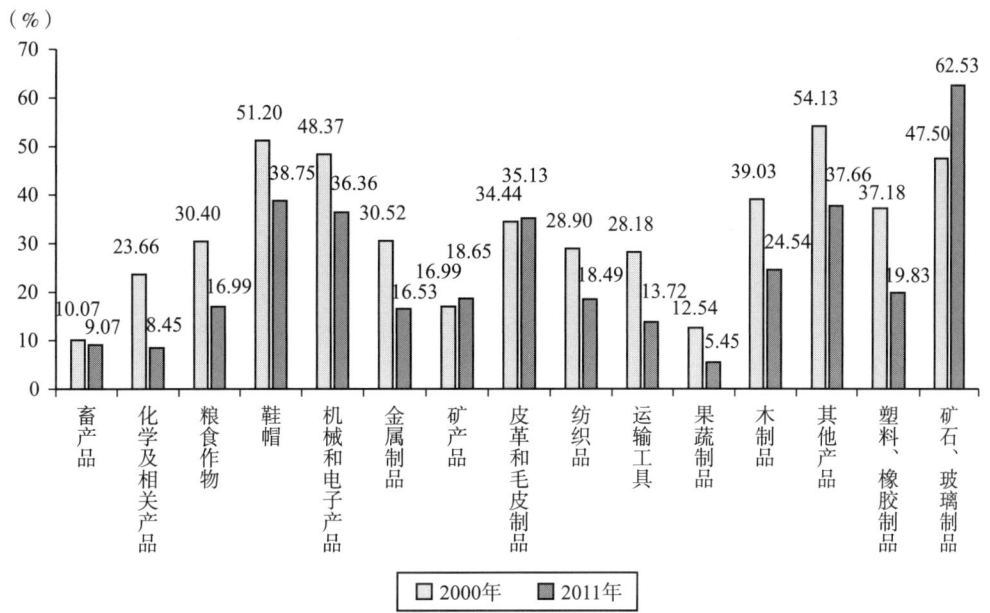

图6-9 2000年和2011年广东省出口产品结构

资料来源：作者根据中国海关进出口贸易数据库数据计算。

三、中国企业出口产品演化

由于自身生产能力和资源储备水平的差异，国有企业、外资企业与私营企业可能会选择不同的升级路径以进行出口升级。相较于外资企业和私营企业，国有企业更容易获得升级的外部资源。外资企业在国际生产网络中具有天然优势，更容易从母国或母公司获取到技术、资本、人员、中间产品和市场信息等方面的支持，也更容易获取地方政府的政策支持。相较来说，私营企业资源获取难度相对较高。我们将企业按照所有制差异，以不同类型企业为分析单位，计算出不同类型企业在2000年和2011年的比较优势，并识别出2000年的退出产品以及2011年的进入产品，构建起产品空间，结果见图6-10。图6-10显示2000年国有企业出口产品多分布在产品空间的核心区域，以机械和电子产品、化学及相关产品、金属制造等高技术复杂度产品为主。同时，也涵盖了产品空间边缘区域的纺织服装制品等产品。在2011年，国有企业出口产品结构进一步精简，产品空间边缘区域的产品几乎消失，核心区域的产品也进一步简化。在2000年，外资企业出口产品也多位于产品空间核心区域。在2011年，外资企业出口产品结构调整较为明显，优势产品出现在产品空间核心区域，集中在化学及其工业、机械及电子产品等产品上。2000~2011年，私营企业出口产品结构多元化趋势明显，同时出口产品开始向核心区域集中。在2000年，私营企业出口产品主要分布在产品空间的核心区域以及部分边缘地区。在 2011 年，私营企业出口的优势产品在产品空间均有分布，尤其集中在核心区域的化学及其制品、机械及其电子产品、金属制品，以及产品空间的边缘区域纺织服装制品等方面。

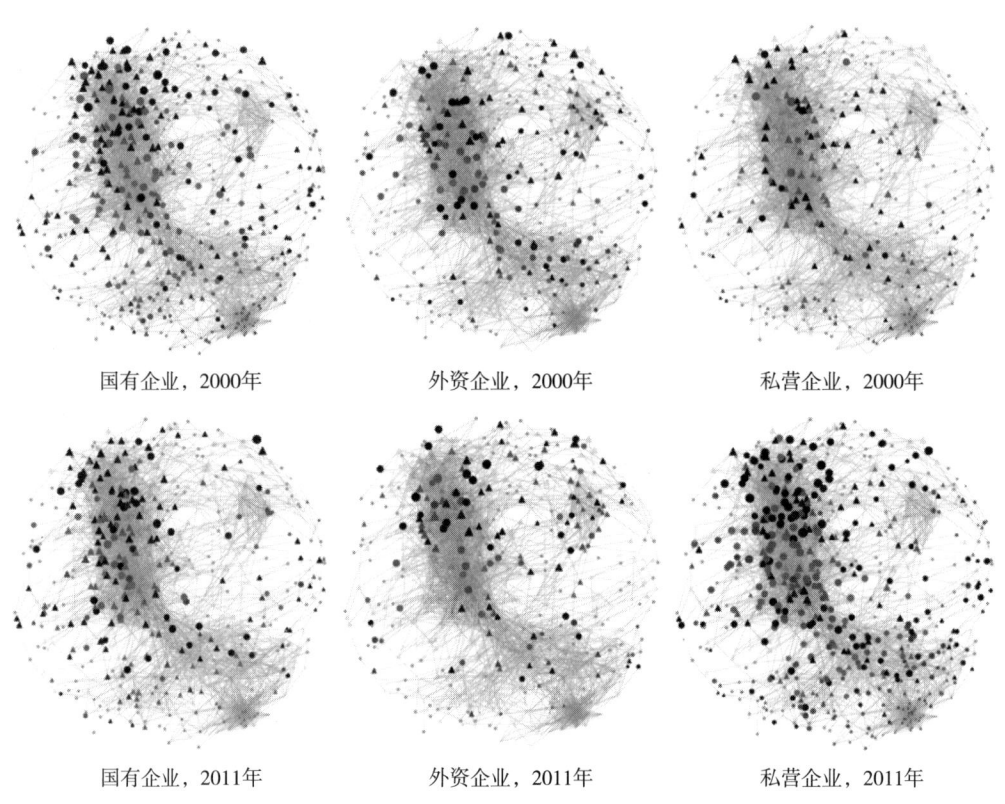

图 6-10　2000 年和 2011 年不同所有制企业出口产品空间
资料来源：作者根据 UN Comtrade 和中国海关进出口贸易数据库数据计算，下同。

不同贸易方式企业出口产品演化也有较大的差异。加工贸易是发展中国家非常常见的一种贸易方式（余淼杰，2011）。该贸易模式是指企业从国外进口原材料或中间产品，在本国加工以后再予以出口，主要赚取加工环节的附加值。加工贸易主要涉及产品生产的最后组装环节。我们按照企业出口贸易模式，分为加工贸易、一般贸易和混合贸易，分别构建其出口产品空间，见图 6-11。由图可见，在 2000 年，一般贸易企业出口产品主要集中在产品空间的核心区域。到 2011 年，一般贸易企业出口产品在产品空间的核心和边缘区域都有所增加，出口产品多样化程度不断提高。对比来看，在 2000 年，加工贸易企业出口产品主要集中在产品空间核心区域，机械和电子产品、化学及相关产品为主要出口产品集。在 2011 年，加工贸易企业出口产品进一步减少。在 2000 年，同时拥有一般贸易和加工贸易的企业出口产品多集中在产品空间的核心区域。到 2011 年，出口产品种类虽然有所下降，但出口产品仍集中在产品空间的核心区域。不同贸易方式企业出口产品结构的演化,反映了我国出口产品开始由以贴牌加工的贸易方式转向自主生产的贸易方式。受制于改革开放初期资本、研发投入不足等因素,中国以加工贸易、贴牌等方式嵌入全球价值链分工体系,由此形成"低端道路"的路径依赖式发展模式(洪银兴,2002;刘志彪和张杰,2007)。然而,在加工贸易过程中,"干中学"等也为我国企业出口产品升级带来了新的技术、知识等,一般贸易企业出口产品演化开始成为推动我国出口产品升级的主要力量。

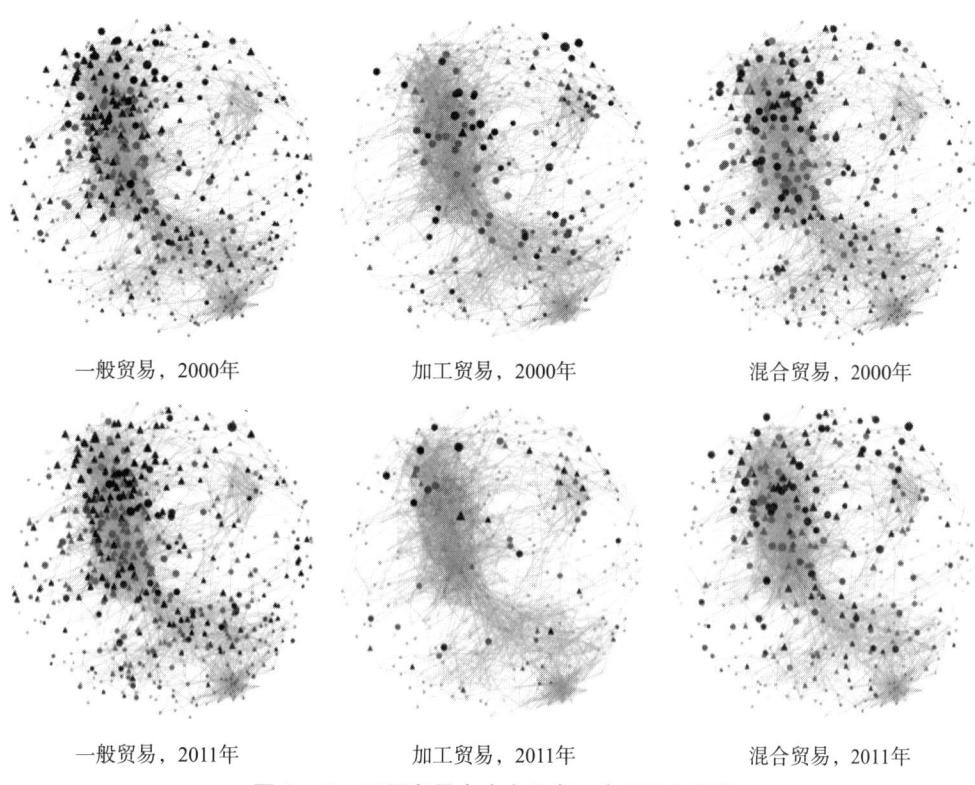

图 6-11 不同贸易方式企业出口产品演化路径

本 章 小 结

伊达尔戈等(2007)借助社会网络方法对全球出口产品技术关联进行测度并可视化,创造性地提出产品空间的分析框架。本章借鉴伊达尔戈等(2007)的共存分析方法思路并加以修订,利用企业出口产品共存概率来计算产品技术关联程度,以更准确地测度产品技术关联。在此基础上,利用中国海关进出口贸易数据,构建中国出口产品空间,并与伊达尔戈等(2007)构建的产品空间进行对比,以研究中国出口产品演化。伊达尔戈等(2007)认为发展中国家出口产品多位于产品空间的边缘区域,而发达国家多位于产品空间的核心区域。因此,位于产品空间稀疏区域的发展中国家很难跳跃到产品空间的核心区域。然而,仅以核心—边缘的二元分类来区分产品的差异,使得发展中国家难以看到发展的希望。我们通过产品技术复杂度来数量化产品间的差异,以此测度出口升级的程度。我们发现,首先,基于企业出口产品数据计算的产品技术关联优于以往的国际数据测算的技术关联,该方法具有开创性。其次,2000~2011年,中国出口优势产品更多地向产品空间的核心区域(密集)演进,也即是向技术复杂度更高的产品演化,表现为产品升级路径中的"产品间升级"。再次,不同区域出口产品空间具有显著的差异,出口产品演化方向差异也较大。最后,不同所有制企业和贸易方式企业出口产品空间不同,其演化方向也不相同。

演化经济地理将区域发展视为内生发展过程,强调区域产业发展过程中的路径依赖特征。区域、企业出口产品多样化的过程也即区域、企业在异质性产品空间中进行不断跳跃的过程,而跳跃的范围受到了一定的限制。相较于后进国家和私营企业,产品空间核心区域的发达国家、国有企业、外资企业就有更多的机会跳跃到新产品中。本章对不同区域、不同企业出口产品空间的差异进行了分析,然而,促进区域从产品空间边缘区域向核心区域跳跃的动力机制是什么?为什么不同的企业选择了不同的演化路径?我们将在接下来的章节中对这些问题进行进一步的讨论。

本章参考文献

[1] 邓向荣,曹红. 产业升级路径选择:遵循抑或偏离比较优势——基于产品空间结构的实证分析 [J]. 中国工业经济,2016(2):52-67.

[2] 洪银兴. 经济全球化条件下的比较优势和竞争优势 [J]. 经济学动态,2002(12):6-10.

[3] 刘志彪,张杰. 全球代工体系下发展中国家俘获型网络的形成、突破与对策——基于 GVC 与 NVC 的比较视角 [J]. 中国工业经济,2007(5):39-47.

[4] 余淼杰. 加工贸易、企业生产率和关税减免——来自中国产品面的证据 [J]. 经济学(季刊),2011(4):1251-1280.

[5] Abdon A. and Felipe J. The Product Space: What Does it Say About the Opportunities for Growth and Structural Transformation of Sub - Saharan Africa? [Z]. NY: Social Science Research Network. http://papers.ssrn.com/abstract=1846734. 2011.

[6] Bishop P. and Gripaios P. Spatial Externalities, Relatedness and Sector Employment Growth in Great Britain [J]. Regional Studies, 2010, 44 (4): 443-454.

[7] Boschma R. and Capone G. Institutions and Diversification: Related Versus Unrelated Diversification in a Varieties of Capitalism Framework [J]. Research Policy, 2015, 44 (10): 1902-1914.

[8] Boschma R., Heimeriks G. and Balland P. A. Scientific Knowledge Dynamics and Relatedness in

Biotech Cities [J]. Research Policy, 2014, 43 (1): 107 – 114.

[9] Boschma R. and Iammarino S. Related Variety, Trade Linkages, and Regional Growth in Italy [J]. Economic Geography, 2009, 85 (3): 289 – 311.

[10] Caves R. E. Diversification and Seller Concentration: Evidence From Changes, 1963 – 1972 [J]. Review of Economics & Statistics, 1981, 63 (2): 289 – 293.

[11] Dumais G., Ellison G. and Glaeser E. L. Geographic Concentration as a Dynamic Process [J]. The Review of Economics and Statistics, 2002, 84 (2): 193 – 204.

[12] Essletzbichler J. Relatedness, Industrial Branching and Technological Cohesion in US Metropolitan Areas [J]. Regional Studies, 2015, 49 (5): 752 – 766.

[13] Farjoun M. Beyond Industry Boundaries: Human Expertise, Diversification and Resource – Related Industry Groups [J]. Organization Science, 1994, 5 (2): 185 – 199.

[14] Frenken K., Van O. F. and Verburg T. Related Variety, Unrelated Variety and Regional Economic Growth [J]. Regional Studies, 2007, 41 (5): 685 – 697.

[15] Guo Q. and He C. Production Space and Regional Industrial Evolution in China [J]. Geo Journal, 2015, 1 – 18.

[16] Hausmann R. and Hidalgo C. Country Diversification, Product Ubiquity, and Economic Divergence [Z]. NY: Social Science Research Network. http://papers.ssrn.com/abstract = 1724722. 2010.

[17] Hausmann R. and Hidalgo C. A. The Network Structure of Economic Output [J]. Journal of Economic Growth, 2011, 16 (4): 309 – 342.

[18] Hausmann R. and Klinger B. Structural Transformation and Patterns of Comparative Advantage in the Product Space [Z]. SSRN Scholarly Paper No. NY: Social Science Research Network. https://papers.ssrn.com/abstract = 939646. 2006.

[19] Hidalgo C., Klinger B., Barabasi A. L. and Hausmann R. The Product Space and its Consequences for Economic Growth [Z]. http://adsabs.harvard.edu/abs/2007APS.MARA22006H. 2007.

[20] Hidalgo C. A., Klinger B., Barabási A. L. and Hausmann R. The Product Space Conditions the Development of Nations [J]. Science, 2007, 317 (5837): 482 – 487.

[21] Lemelin A. Relatedness in the Patterns of Interindustry Diversification [J]. The Review of Economics and Statistics, 1982, 64 (4): 646 – 657.

[22] Neffke F., Henning M. and Boschma R. How Do Regions Diversify over Time? Industry Relatedness and the Development of New Growth Paths in Regions [J]. Economic Geography, 2011, 87 (3): 237 – 265.

[23] Teece D. J., Rumelt R., Dosi G. and Winter S. Understanding Corporate Coherence: Theory and Evidence [J]. Journal of Economic Behavior & Organization, 1994, 23 (1): 1 – 30.

第七章
技术关联与城市出口产品演化

第一节 引　　言

区域产业不断演化与升级推动着区域经济发展，这一主题也是经济地理学长期关注的重要课题（Martin，2009）。然而，区域产业演化是历史偶然的结果还是规律的产物，以及影响产业演化的机制是什么等问题并没有得到一致的结论。斯托珀和沃克（Storper and Walker，1989）认为区域新产业的发展独立于区域已有产业知识和产业结构，以此提出"区位机会窗口"理论，尤其在经济全球化时代，高度流动性的产业资本，导致了很多"松脚型"产业的形成，由此也创造出了许多新发展路径。马西和斯科特（Massey and Scott，2006）则认为区域经济发展是历史的产物，是依赖于已有发展路径不断演化的。近年来发展起来的演化经济地理学也认为区域产业演化不是偶然的，而是基于区域一系列特定的资源条件发展而来的。区域产业衍生（regional branching）是区域新产业发展的重要机制，即区域倾向于发展与本地产业结构存在较强技术关联的产业（Frenken and Boschma，2007）。因此，演化经济地理学研究框架下的区域发展是一个由产业技术关联决定的路径依赖过程。

演化经济地理学认为区域产业发展和演化是一个内生的过程，由区域自身的一些内生变量来推动产业演化（He et al.，2015），如知识创造与溢出、产业间技术关联等。然而，由于研究样本和研究对象的局限，已有的研究结果所描绘的产业演化过程并不完整。一方面，现有的大部分实证研究证据主要来源于欧美发达国家。该类国家已经进入后工业化社会以技术创新等来驱动发展的阶段，其产业演化路径已经更多地依赖区域内生力量。对于发展中国家来说，虽然内生驱动力量不足，但同时也存在创造新发展路径的机会。另一方面，即使是内生因素，现有研究多强调区域产品技术关联的影响，区域内具有关联技术的知识溢出对产业演化的影响也值得进一步讨论。再有，现有研究多强调企业作为经济发展的源动力，忽略了其他经济主体的重要作用，例如，政府产业政策、制度环境等。改革开放以来，中国通过对外贸易利用国内外两种资源和两个市场推动中国经济发展，海外资本、知识和资源等成为推动区域发展的重要外部力量。近年来，经济转型推动各区域经济主体开始优化创业环境和制度环境，为区域产业演化创造了本地条件和制度条件。那么，在产业转型背景下，中国城市出口产品演化是否受制于技术关联，是表现出路径依赖还是路径突破？如果表现出路径依赖，区域如何能够突破技术关联的约束，创造新路径？对于该问题的讨论，一方面为认识两种产业演化路径——依托于技术关联的路径依赖式演化和不断培育区域经济新发展核心的路径创造，贡献了一个来自发展中国家的案例。另一方面，关于如何超越路径依赖并创造新发展路径的研究结论，也可为中国的区域产业发展提供参考。

第二节 文献综述及研究假说

自 1980 年以来，路径依赖被广泛地应用于人类学、历史学、社会学和经济学等诸多学科。经济地理学的文化、制度和关系转向以及演化经济地理也开始引入路径依赖的概念，甚至认为经济景观的基本特征是路径依赖（Martin and Sunley，2006）。路径依赖是经济地理学研究区域产业发展的重要理论视角，但是有些区域能够突破现有路径甚至创造新路径（Setterfield，1993）。马丁（Martin，2009）认为路径依赖模型过于强调区域系统的一致性和稳定性，并将产业演化路径模型归纳为四个阶段：(1) 历史偶然性（historical accident）。由某个历史偶然事件或随机事件导致了企业最初区位。区位机会窗口（window of locational opportunity）理论认为基于新技术的新产业拥有大量符合其发展要求的区位以供选择。相应的，新企业可以选择能满足其要求的任何地方，而这种选择则可能受到偶然性事件影响（Lambooy and Boschma，2001）。(2) 初始路径创造（early path creation）。当企业由于偶然性进入某区域后，该区域就可以通过企业的区位选择进行自我强化，完成初始路径创造。(3) 路径依赖和锁定（path dependent and lock in）。不断强化的企业区位带来规模效应递增，甚至导致路径锁定。(4) 路径解锁（path delocking）。不可预测、非预期的外部冲击导致产业衰退与消失。本章所提及的路径创造，主要是指第三个阶段，即打破现有产业发展路径，实现路径解锁而创造新路径。技术关联是区域发生路径锁定的重要力量，而区域应如何打破对现有发展路径的依赖实现路径解锁？现有研究分别从内部力量和区域外部力量（Zhu et al.，2017）的角度，研究不同经济主体在路径解锁中的作用。

一、技术关联与路径依赖

技术关联被广泛应用于解释新技术、新产品、新产业和新集群的产生。区域路径依赖由诸多原因造成，包括自然资源、地方基础设施、现有的产业基础、区域制度、社会习俗与文化传统以及区际联系与相互依赖性，等等（Martin and Sunley，2006）。这些要素是产业发展的基础，也是区域支撑该产业发展的能力。博施马（2005）强调产业之间

"认知邻近"的重要性，认知距离近的产品对生产要素（劳动力、土地、资本等）、技术、制度有相似的要求，因此国家或者区域更容易向具有比较优势的关联产品演化（Hidalgo et al.，2007）。伊达尔戈等（2007）采用国家层面贸易数据计算产品间技术关联程度，并基于产品间技术关联度计算出区域产品技术关联密度，并称之为"技术包"。所谓"技术包"就是这个国家所具备的该产品的生产能力，包括文化、制度、基础设施及其他生产条件等方面。研究发现新产品所需要的生产要素与国家所能提供的能力越近似，该产品出现的概率就越大。内夫克等（2011）发现瑞典的区域产业演化遵循强烈的路径依赖，即那些与区域具有比较优势的产业有紧密技术关联的新产业，更可能进入该区域。埃斯莱茨比克勒（Essletzbichler，2015）利用美国大都市区数据得到了类似的结论。博施马和卡彭（2015）不仅验证了内夫克等（2011）结论，在对西班牙区域产业演化的研究中，还进一步探讨了区域能力的尺度效应，发现区域层面的生产能力比国家层面的生产能力的影响更大，说明生产能力具有本地化特征，跨区域流动并不容易。基于此，提出本章的第一个假说：

假说1：区域更倾向于引入与本地产品具有技术关联的新产品。

二、区域产业演化的路径创造

路径创造的过程是突破现有技术和发展能力，引入新技术和新产业的过程。在伊达尔戈提出的产品空间中，发达国家专业化生产产品空间核心区域的产品，储备了新产品生产所需要的大多数要素，其扩展到新产品的概率就会提高，因而更容易通过产品联系去发展距离较近的产品实现结构转变；而发展中国家专业化生产，与其他产品距离较远，很难实现区域产品更新。对于发展中国家而言，如何突破较少生产能力所带来的跳跃障碍，引入新产品和新技术实现路径打破是摆脱贫困魔咒的途径之一（Boschma and Capone，2015）。新产业和新技术的产生需要区域增加相应的知识、资源和生产能力，以削弱处于产品空间边缘的区域生产能力的限制。集聚经济是区域获取溢出知识发展新技术和新产业的重要途径。传统集聚经济研究认为企业在地理空间上邻近可以通过共享（sharing）、匹配（matching）和学习（leaning）来获取外部性（Duranton and Puga，2004）。学习效应是影响新技术、新产业产生的重要来源，非编码和不易模仿的隐性知识的扩散和溢出需要通过交互式或面对面的学习，因此地理上邻近更有利于此类知识的溢出，从而促进新技术、新产业的出现（Maskell and Malmberg，1999）。经济集聚经济带来的溢出效应得到了经济地理学者大量实证研究的证实（Audretsch and Feldman，1996）。然而，近期的相关实证研究发现并不是只要在空间中集聚，知识溢出效应就会发生。地理邻近性不是知识溢出的充分必要条件，产业间的认知距离直接影响知识溢出效应（Nooteboom，2001）。不同产业间存在认知距离，认知距离近、技术关联性强的产业之间更可能会发生知识溢出，甚至属于不同产业但存在技术关联的本地企业之间更容易从知识溢出中获益（Boschma and Frenken，2011）。越来越多的研究发现，与地理邻近相比，企业之间的认知邻近对知识溢出的影响可能更重要。

事实上，早在20世纪80年代，产业之间的技术关联对知识溢出和产业间学习的影响就开始得到关注（Boschma，2017）。地方化经济和城市化经济也是对产业间距离的一个粗分，然而仅以产业内和产业间来区分产业之间的认知距离本身就存在很大的人为要素。波特（2003）也认为地方化经济和城市化经济作为集聚经济的两种形式的划分过于简单。随着产业认知距离的提出和测度，以技术关联刻画的相关专业化、相关多样化和不相关多样化开始成为集聚经济研究的重要发展方向（Caragliu et al.，2016）。现有研究均发现技术关联刻画的相关多样化对区域产品演化具有正显著影响（Boschma et al.，2013）。博施马和弗伦肯（2011）认为知识溢出多发生在区域拥有类似知识基础的产业之间，相关多样化程度高的区域能获得更多的机会去扩展规模或者转型到相关产业。据此得出本章的第二个假说：

假说2：城市技术关联集聚经济有利于促进城市发展与本地产品技术关联较小的新产品。

区域的外生力量或突变会导致路径突破。从全球性或国家层面的技术革新、经济危机到政府刺激性发展政策，都被认为是区域打破现有路径，实现路径解锁的外生力量。当专业化程度较高的地区面临路径锁定时，可以通过全球联系吸引关联产业并结合本地知识基础实现创新和发展（Boschma and Capone，2015）。伴随着经济的全球化，区域与外部的投资和贸易联系更加紧密，这些联系同时也带来了新知识，成为区域突破已有路径，创造新路径的重要渠道（Bathelt et al.，2004；Martin and Sunley，2006）。外商直接投资可以通过示范效应和竞争效应等，对东道国产生技术溢出效应（Blomström and Persson，1983）。此外，国际贸易能够通过技术扩散促进技术进步（Grossman and Helpman，1991），开放程度越强的国家，相应地也更容易从国际贸易中获取先进技术（Findlay，1978）。积极参与国际贸易还可以在产业间和产业内国际分工中，为本地带来新的产业机会，从而推动本地产业不断演化发展。改革开放以来，中国积极引入外资和参与国际贸易。在全球—地方相互作用下，大量外资企业入驻中国，并由此带来新的管理经验和先进技术，促进了对本地企业的正向溢出效应。据此，提出本章的第三个假说：

假说3：对外联系越紧密越有利于促进城市发展与本地技术关联较小的新产品。

知识溢出是区域内集聚效应和对外联系促进区域新路径产生的重要微观机制，而区域内良好的制度环境是知识溢出发生的重要保障。在计划经济体制下，政府主导资源配置的过程，市场机制缺失导致要素自由流动受到限制，知识在行业间流动和溢出也较难实现和发挥。随着中国经济转型并逐渐步入市场经济体制，要素市场及其流动性逐步建立并确立。市场化提高促进了资本和劳动力要素的自由流动,进而推动了企业间知识溢出以及新产业产生。研究表明,市场化水平高的地区往往拥有更紧密的产业内和产业间联系网络（Zhu and He, 2013）,更容易吸引新产业进入。市场化为区域产业发展演化创造了有利条件,一方面可能使得区域产业沿着既有的路径演化,表现出路径依赖特征;同时市场竞争也可能为路径创造提供条件。除了经济制度环境以外,社会环境中对新技术和新产品的包容度也是影响新路径出现的重要原因。开放式的社会制度环境同样也能更好地鼓励创新以及采用一些新奇的知识等,从而有利于新产业和新技术的出现。据此,提出本章的第四个假说:

假说4：良好的城市制度环境有利于城市突破已有产品结构的束缚而发展与本地联系较小的新产品。

第三节 典型事实与模型设置

本章所使用的数据主要来源于中国海关进出口数据库（2000~2011年）。数据的处理见第四章。测度产品之间的关联程度是计算相关关键变量最为重要的部分。本章利用企业层面的数据,认为如果两种产品高概率地被同一生产企业出口,更能说明这两种产品对企业的生产技术、劳动力资本组合、劳动力素质等有相似的要求,从而有利于降低来自其他影响两种产品被同一区域出口因素的干扰。具体的计算方法见第六章。

一、中国城市出口产品演化典型事实

中国对外贸易存在较大的空间差异,图7-1为2001~2013年不同种类产品在不同区域产品进入和退出情况。图7-1（a）为不同种类产品在不同区域的进入率。从进入的地理空间来看,新产品多进入安徽、福建、江西、湖北、湖南、重庆和四川等中西部地区；而从产品来看,进入产品多为机械及电子产品、金属及其制品和矿产品等。从产品的进入空间来看,东部地区新进入产品种类较少,进入产品多为机械及其电子产品、金属及其制品以及交通运输设备等技术、资本密集型产品；中部地区的安徽、河南、湖北和湖南成为新产品的主要进入地区,进入产品多为矿产品、鞋帽制造等劳动力密集型产品；而西部地区重庆、四川多进入一些机械及其电子产品、鞋帽制造、金属及其制品、木材及其制品等；贵州新进入产品较多,多为纺织品及其制品、生皮、皮革、皮毛

及制品以及石料、水泥等制品。退出空间中北京、上海多退出一些塑料制品、金属及其制品产品；浙江退出产品中多为矿产品、粮食产品等；四川、重庆多退出一些纺织品及其纺织制品、皮革产品、矿产品和化工产品。东部地区产品结构的调整主要体现为资本技术密集型产品的进入以及资源密集型产品的退出；中部地区表现为劳动力密集型产品的大量进入；而西部地区经济条件较好的重庆等地区新进入产品种类丰富，不仅有资本技术密集型产品，也有劳动力密集型产品等。不同种类产品在空间上的进入和退出一定程度上反映了我国产业结构以及空间调整的方向。

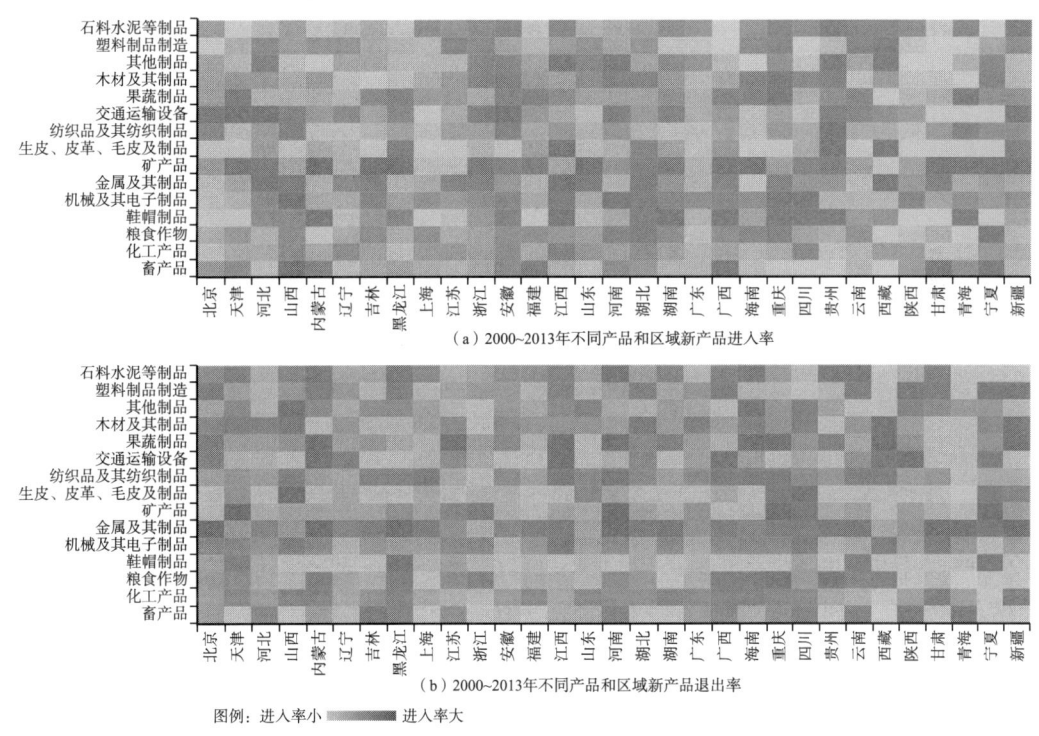

图7-1　2001~2013年出口产品动态

二、技术关联与中国城市出口产品演化

产品的进入和退出可能依赖于城市在该产品的技术关联密度，我们观察2001~2013年的新产品（$x_{c,i,2001}=0$且$x_{c,i,2013}=1$）、生存产品（$x_{c,i,2001}=1$且$x_{c,i,2013}=1$）和潜在产品（$x_{c,i,2001}=0$且$x_{c,i,2013}=0$）的技术关联密度的核密度分布，见图7-2。其中，横轴是产品在2001年与城市出口产品技术关联密度，纵坐标为核密度分布。与预期一致，潜在产品分布在新产品的左侧，位于生存产品的左侧，说明潜在产品与城市技术关联程度小于新产品与城市关联程度，小于生存产品与城市关联程度。也就是说，与城市技术关联相近的产

品被城市出口的概率大于远的产品。经 ANOVA 检验，三个分布的差异在统计上显著。路径依赖和锁定是依赖于地方本身的，因此也可能存在显著的区域差异（Ahn，Khandelwal and Wei，2011）。在全国城市规律的基础上，将城市所在的区位分为四大区域，考察产品关联密度的区域差异性。结果发现在核密度分布上，生存产品均分布于新产品的右侧，同时，位于潜在产品的右侧，也即四个区域出口产品的演化均表现出对产品关联密度的依赖。其中，东部地区三种类型产品技术关联密度分布的差异明显大于内陆地区城市，说明东部地区城市出口产品的扩展更依赖于产品技术关联密度，产品演化过程表现为更为强烈的路径依赖。其次是中部和东北地区。三种类型产品的城市技术关联密度分布差异相对较小。该结论也表明技术关联密度对城市出口产品演化的影响可能存在区域差异。

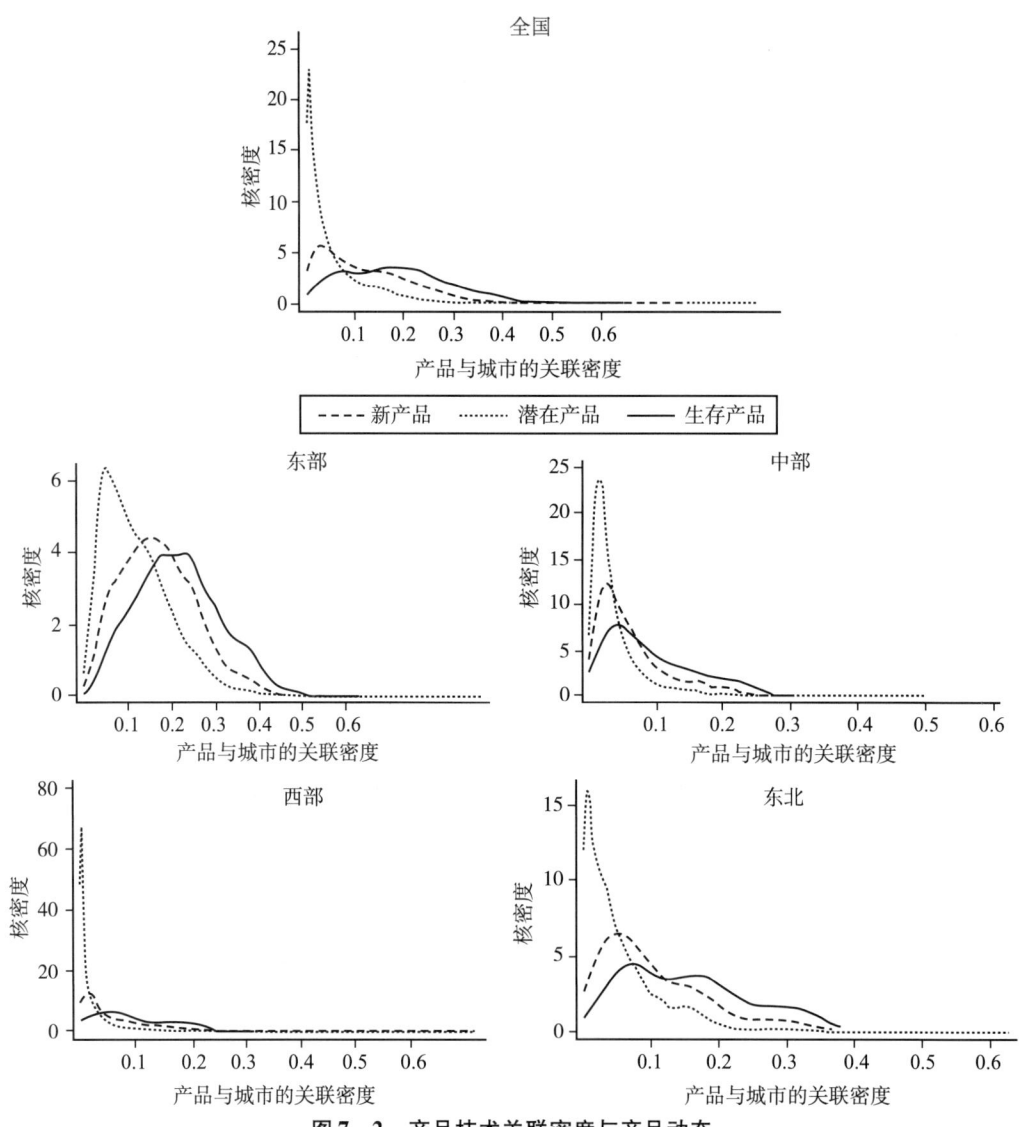

图 7-2 产品技术关联密度与产品动态

为讨论城市出口产品技术关联密度与城市新产品进入的关系，图7-3分别为2001~2006年和2007~2013年出口产品技术关联密度与城市新产品进入的概率。其中，2001~2006年散点图的拟合曲线的拟合度达到0.783，曲线的斜率为0.517。对比而言，2007~2013年两者关系的拟合度降低为0.674，曲线的斜率也降低为0.362。曲线斜率的变化表明：相较于2001~2006年，2007~2013年间城市新产品的进入对技术关联密度的依赖呈下降趋势。曲线斜率的下降则表明城市技术关联密度并不能完全决定城市是否出口该产品，城市内生力量以外的力量开始影响中国城市出口产品的演化。

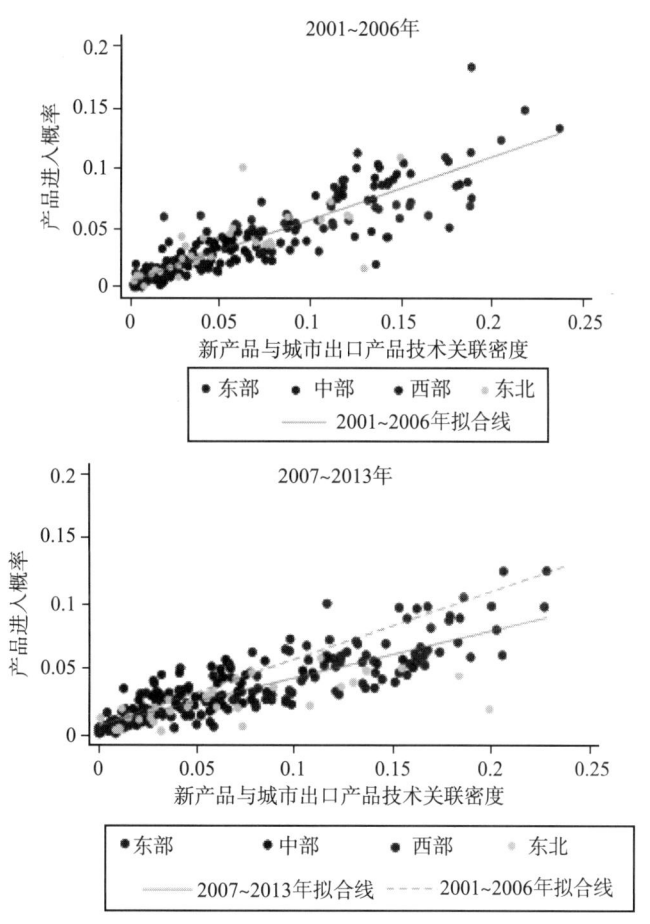

图7-3 2001~2006年与2007~2013年产品技术关联密度与新产品进入概率

三、模型设置

为分析我国城市出口产品演化的影响因素，并识别突破城市出口产品路径依赖的要素，我们沿用博施马等（2013）的方法，构建如下方程：

$$\begin{aligned}
x_{c,i,t2} =\ & \alpha_0 + \alpha_1 x_{c,i,t1} + \alpha_2\, density_{c,i,t1} + \beta_1 FDI_{c,i,t1} + \beta_2 Import_{c,i,t1} + \beta_3 RV_{c,i,t1} \\
& + \beta_4 UV_{c,i,t1} + \beta_5 SO_{c,i,t1} + \beta_6 EO_{c,i,t1} + \gamma_1 x_{c,i,t1}\, density_{c,i,t1} FDI_{c,i,t1} \\
& + \gamma_2 (1 - x_{c,i,t1})\, density_{c,i,t1} FDI_{c,i,t1} + \gamma_3 x_{c,i,t1}\, density_{c,i,t1} Import_{c,i,t1} \\
& + \gamma_4 (1 - x_{c,i,t1})\, density_{c,i,t1} Import_{c,i,t1} + \gamma_5 x_{c,i,t1}\, density_{c,i,t1} RV_{c,i,t1} \\
& + \gamma_6 (1 - x_{i,c,t1})\, density_{c,i,t1} RV_{c,i,t1} + \gamma_7 x_{c,i,t1}\, density_{c,i,t1} UV_{c,i,t1} \\
& + \gamma_8 (1 - x_{c,i,t1})\, density_{c,i,t1} UV_{c,i,t1} + \gamma_9 x_{c,i,t1}\, density_{c,i,t1} SO_{i,c,t1} \\
& + \gamma_{10} (1 - x_{c,i,t1})\, density_{c,i,t1} SO_{c,i,t1} + \gamma_{11} x_{c,i,t1}\, density_{c,i,t1} EO_{c,i,t1} \\
& + \gamma_{12} (1 - x_{c,i,t1})\, density_{c,i,t1} EO_{c,i,t1} + \delta X + \varepsilon_{c,i,t1} \quad (7.1)
\end{aligned}$$

式中，$t2 > t1$，$x_{c,i,t2}$ 和 $x_{c,i,t1}$ 的定义见公式（5.1），$density_{c,i,t1}$ 表示 $t1$ 年城市 c 产品 i 的技术关联密度；$FDI_{c,i,t1}$ 表示 $t1$ 年城市 c 产品 i 所属行业的外资比重；$Import_{c,i,t1}$ 表示 $t1$ 年城市 c 产品 i 的进口额占比；$RV_{c,i,t1}$ 表示 $t1$ 年城市 c 的相关多样化程度；$UV_{c,i,t1}$ 表示 $t1$ 年城市 c 的不相关多样化程度，两个指标的计算方法参照伊达尔戈等（2007）的方法；$SO_{c,i,t1}$ 表示 $t1$ 年城市 c 的社会开放程度，以城市每万人麦当劳和肯德基门店数代表；$EO_{c,i,t1}$ 表示 $t1$ 年城市 c 的经济开放程度，以城市非国有企业占比来表示。X 为控制变量；ε 为残差项。

本章研究年限为 2001~2013 年。大多研究认为产品演化周期为 5 年左右，考虑到数据本身的长度，也为区分不同阶段的影响，本章将研究年限切分为 2001~2006 年和 2007~2013 年两段，这样也可控制金融危机对中国城市出口产品结构演化的影响。另外，由于城市的出口产品动态变化不稳定，本章将 2001 年和 2002 年城市均具有比较优势的产品定义为 2001 年的优势产品；在 2005 年和 2006 年均有比较优势的产品定义为 2006 年的优势产品。同理，2007 年和 2008 年均有比较优势以及 2012 年和 2013 年均有比较优势的产品分别定义为 2007 年和 2013 年的优势产品。

第四节　实证结果分析

在描述性分析基础上，我们利用 LPM 模型来探讨中国城市出口产品演化及其空间差异，见表 7-1。结论显示：无论是 2001~2006 年还是 2007~2013 年，全国基准模型结果显示技术关联密度对新产品的进入的影响显著为正，验证了已有研究中提出的区域产业衍生过程中倾向于发展与原有产业关联性较强的产业。研究结论与现有中国产业演化的结论一致，表明中国的区域产业演化一定程度上遵循路径依赖的模式（Boschma et al., 2013; Martin and Sunley, 2006）。按照上面的分析，中国城市出口产品演化路径存

表7-1　技术关联对中国城市出口产品演化的影响

变量	2001~2006年					2007~2013年				
	全国	东部	中部	西部	东北	全国	东部	中部	西部	东北
$x_{c,i,t1}$	0.549*** (0.021)	0.674*** (0.019)	0.581*** (0.016)	0.465*** (0.021)	0.505*** (0.037)	0.566*** (0.017)	0.619*** (0.019)	0.560*** (0.016)	0.478*** (0.022)	0.571*** (0.058)
$density \times (1-x_{c,i,t1})$	1.728*** (0.468)	3.191*** (0.179)	3.930*** (0.347)	0.438* (0.228)	2.882*** (0.334)	2.410*** (0.163)	2.457*** (0.123)	3.801*** (0.242)	1.939*** (0.398)	1.446** (0.593)
$density \times x_{c,i,t1}$	1.594*** (0.234)	1.880*** (0.178)	2.994*** (0.286)	1.315*** (0.221)	2.562*** (0.458)	1.721*** (0.217)	1.601*** (0.128)	2.694*** (0.225)	1.716*** (0.370)	0.721 (0.991)
City Fe	Yes	Yes	Yes	Yes	Yes	Yes	Yes	Yes	Yes	Yes
Product Fe	Yes	Yes	Yes	Yes	Yes	Yes	Yes	Yes	Yes	Yes
_cons	-0.032** (0.016)	-0.143*** (0.016)	-0.056*** (0.009)	-0.000 (0.008)	-0.070*** (0.020)	-0.061*** (0.009)	-0.126*** (0.016)	-0.069*** (0.013)	-0.020* (0.012)	-0.046 (0.034)
N	375024	100968	93756	137028	43272	375024	100968	93756	137028	43272
R^2	0.580	0.587	0.430	0.418	0.518	0.566	0.577	0.432	0.426	0.490

注：括号内的数字为以城市为聚类的稳健标准误，*表示 $p<0.1$，**表示 $p<0.05$，***表示 $p<0.01$。

在强烈的区域差异。表 7-1 中的模型是在控制城市异质性的基础上,讨论不同区域内城市出口产品演化的路径差异。2001~2006 年以及 2007~2013 年的结果显示,无论是对新产品的进入还是已有产品维系,技术关联密度均显著为正,不同的是东部地区和中部地区估计结果系数相对较大,表明东部和中部地区城市出口产品的演化更多地表现为路径依赖,而西部地区和东北地区城市出口产品演化虽然也表现为对计算关联密度的依赖,但程度相对较轻。对此我们的解释是,东部地区城市本身储备的产业发展的要素禀赋有利于促进城市向其具有比较优势的产业演化,而西部和东北地区由于城市产业发展基础相对薄弱,故而对城市已有要素禀赋的依赖相对较弱。总之,从结果中可以观察到,中部、东部、东北和西部的产品关联对于城市产品演化的作用呈递减顺序,虽然都遵循路径依赖过程,相较于中部和东部地区,西部和西北地区向相关产品扩展的可能性较低。

中国城市出口产品演化存在区域差异的同时也存在显著的产品差异。表 7-2 为纺织品、机械与电子产品以及矿产品在 2001~2006 年以及 2007~2013 年技术关联密度与出口产品演化的影响。结果显示,三类产品出口演化也均受到技术关联密度的影响,表现为路径依赖的特征。不同的是,机械与电子产品的系数均大于纺织产品大于矿产品。也就是说,相较于纺织等劳动力密集型产品与矿产品等资源密集型产品,机械与电子产品等资本、技术密集型产品演化扩展时更倾向于向技术关联强的产品扩展,体现为相关相似知识"技术包"对技术密集型产品的重要影响。

表 7-2 技术关联影响的产品差异性

变量	2001~2006 年			2007~2013 年		
	纺织品	机械与电子产品	矿产品	纺织品	机械与电子产品	矿产品
$x_{c,i,t1}$	0.515*** (0.027)	0.530*** (0.027)	0.509*** (0.028)	0.532*** (0.032)	0.600*** (0.019)	0.514*** (0.028)
$density \times (1-x_{c,i,t1})$	1.718*** (0.512)	2.906*** (0.806)	1.699*** (0.272)	2.454*** (0.215)	4.905*** (0.359)	1.573*** (0.166)
$density \times x_{c,i,t1}$	1.641*** (0.259)	2.608*** (0.540)	1.880*** (0.262)	1.881*** (0.270)	3.273*** (0.341)	1.344*** (0.236)
City Fe	Yes	Yes	Yes	Yes	Yes	Yes
Product Fe	Yes	Yes	Yes	Yes	Yes	Yes
_cons	0.022 (0.034)	-0.054 (0.058)	-0.023* (0.012)	-0.027 (0.020)	-0.162*** (0.031)	-0.008 (0.010)
N	46800	41184	20280	46800	41184	20280
R^2	0.617	0.595	0.488	0.596	0.580	0.459

注:括号的数字为以城市为聚类的稳健标准误,* 表示 $p<0.1$,** 表示 $p<0.05$,*** 表示 $p<0.01$。

第七章 技术关联与城市出口产品演化

上面显示中国城市出口产品演化高度依赖于城市出口产品的技术关联密度。那么中国城市出口要如何突破路径依赖而创造新路径呢？表7-3为对外联系、技术关联集聚经济以及区域制度环境在出口产品演化过程中的作用。模型（1）和模型（7）分别为2001～2006年和2007～2013年三类要素的单变量对出口产品演化的影响，结果显示对外联系、技术关联集聚经济以及社会制度环境均有利于城市新产品的出现。模型（2）～（6）和模型（8）～（12）分别讨论对外联系、区域溢出效应与制度环境在出口产品演化过程中是否能打破技术关联密度的影响，从而实现路径创造。结果显示，在2001～2006年和2007～2013年间，对外联系的强度、溢出效应与良好制度环境均有利于打破对城市技术关联密度的依赖，实现路径突破。具体而言，对外联系中进口规模显著为负，FDI在维持模型中显著为负；区域溢出效应变量和制度变量均在维持模型中显著为负，而在引入新产品模型中不显著。该模型结果表明对外联系带来的知识溢出等效应有利于削弱技术关联引起的路径依赖，而区域本身的溢出效应和制度环境更有利于削弱对已有产品维持作用的路径依赖效应。总体来说，对外联系越强，区域溢出效应越强，社会文化越开放，经济环境自由程度越高，越有利于促进区域突破现有发展路径，创造新的发展路径，该结论与现有对制度环境在促进区域产业演化的研究一致（Hidalgo, et al., 2007）。

本 章 小 结

本章利用中国海关进出口数据，研究中国出口产品的演化路径。首先，借鉴伊达尔戈等（2007）共存分析方法的思路并加以修订，利用企业层面的产品共存概率计算产品间技术关联程度，更准确地反映了产品技术关联的真正含义。这一计算方法优于以往的技术关联测算方法，具有开创性。研究结论表明，总体上，中国城市出口产品演化受到原有产品结构的影响，与其关联度越高的产品，被城市出口的概率越大，表现为路径依赖。但是这种路径依赖发展模式存在显著的区域差异。具体而言，相较于西部和东北地区，东部和中部地区城市更倾向于扩展与城市具有技术关联的产品。在如何突破中国城市出口产品演化对城市已有产品技术关联的影响方面，对外联系、技术关联集聚经济和制度环境均有利于城市削弱对现有产品结构技术关联密度的影响。

演化经济地理将区域发展视为内生发展过程，强调区域产业发展的路径依赖性。而源于发达成熟市场经济的演化经济地理学具有明显的局限性，尤其是后进区域，存在很多路径创造的机会和可能。目前大量演化经济地理学研究过于重视内生因素，忽略了外

表 7-3 中国城市出口产品演化的路径创造（2001~2006 年）

变量	(1)	(2)	(3)	(4)	(5)	(6)
$density$	0.605***	1.898***	2.039***	2.539***	2.248***	2.001***
$X_{c,i,t1}$	0.064***	0.534***	0.560***	0.605***	0.586***	0.528***
FDI	2.84e-11	0.0444**				
IMP	0.001***	6.48e-10**	6.18e-10**	5.44e-10**	6.01e-10**	5.64e-10**
RV	0.061***		-0.000470			
UV	8.565***			-0.0235***		
SO	0.0223					6.738***
EO					-0.0187	
$Import \times density \times (1 - x_{c,i,t1})$		-2.33e-09	-2.44e-09	-2.20e-09	-2.42e-09	-2.21e-09
$Import \times density \times x_{c,i,t1}$		-2.34e-09**	-2.21e-09**	-1.99e-09**	-2.11e-09**	-1.96e-09**
$FDI \times density \times (1 - x_{c,i,t1})$		0.334				
$FDI \times density \times x_{c,i,t1}$		-0.661***				
$RV \times density \times (1 - x_{c,i,t1})$			0.003			
$RV \times density \times x_{c,i,t1}$			-0.007**			
$UV \times density \times (1 - x_{c,i,t1})$				-0.036		
$UV \times density \times x_{c,i,t1}$				-0.315***		
$EO \times density \times (1 - x_{c,i,t1})$					-0.074	
$EO \times density \times x_{c,i,t1}$					-0.832**	
$SO \times density \times (1 - x_{c,i,t1})$						-20.96
$SO \times density \times x_{c,i,t1}$						-38.75***
City Fe	Yes	Yes	Yes	Yes	Yes	Yes
Product Fe	Yes	Yes	Yes	Yes	Yes	Yes
_cons	-0.0919**	0.0205	-0.0230	0.0251	0.0304	0.0491
N	234224	234224	234224	234224	234224	234224
R^2	0.548	0.570	0.571	0.573	0.571	0.571

续表

变量	2007~2011年					
	(7)	(8)	(9)	(10)	(11)	(12)
$density$	0.582***	1.402***	1.973***	3.462***	1.416**	1.400***
$X_{c,i,t1}$	0.057***	0.514***	0.524***	0.547***	0.572***	0.509***
FDI	5.48e−13	0.080***				
IMP	−0.0001	1.56e−10***	1.58e−10***	1.20e−10***	1.51e−10***	1.10e−10***
RV	0.059***		−0.000655*			
UV	9.102***			−0.008		
SO	0.028					8.072***
EO					−0.0251	
$Import \times density \times (1-x_{c,i,t1})$		−6.56e−10***	−6.73e−10***	−5.24e−10***	−6.54e−10***	−4.83e−10***
$Import \times density \times x_{c,i,t1}$		−5.53e−10***	−5.47e−10***	−4.31e−10***	−5.07e−10***	−4.04e−10***
$FDI \times density \times (1-x_{c,i,t1})$		−0.242				
$FDI \times density \times x_{c,i,t1}$		−0.265				
$RV \times density \times (1-x_{c,i,t1})$			−0.005			
$RV \times density \times x_{c,i,t1}$			−0.0101***			
$UV \times density \times (1-x_{c,i,t1})$				−0.570***		
$UV \times density \times x_{c,i,t1}$				−0.705***		
$EO \times density \times (1-x_{c,i,t1})$					0.278	
$EO \times density \times x_{c,i,t1}$					−0.271	
$SO \times density \times (1-x_{c,i,t1})$						−17.77
$SO \times density \times x_{c,i,t1}$						−21.94
City Fe	Yes	Yes	Yes	Yes	Yes	Yes
Product Fe	Yes	Yes	Yes	Yes	Yes	Yes
_cons	−0.103**	0.0582**	−0.0471*	−0.131***	0.0791*	−0.0113
N	240382	240382	240382	240382	240382	240382
R^2	0.534	0.549	0.555	0.554	0.550	0.551

注：*表示p<0.1，**表示p<0.05，***表示p<0.01。

生因素。基于路径依赖的区域出口产品多样化的过程也就被理解为区域在异质性产品空间的跳跃过程,而区域仅能在一定的范围内跳跃。因此,相较于后进国家,处于产业空间核心区域的发达国家就更有机会跳跃到新的相关产业当中。尽管基于产业技术关联的研究并不排除发展中国家跳跃到核心区域的可能,但现有的实证研究还多集中在强调产业关联在区域经济发展中的作用。我们区分了两种类型的新路径创造——路径依赖和路径打破。研究结论对于发展中国家在全球竞争中如何打破路径依赖找到了一个未来:加强对外联系、提高技术关联的集聚经济的溢出效应以及培育一个开放的社会制度背景,以加强培育新产业从而创造新路径,以实现从产品空间的边缘地区跳跃到核心区域。本章为现有关于区域产业演化的研究提供了一个定量研究的证据,同时也可为地方政府厘清本地产业知识条件,制定产业政策推动产业演化升级提供理论支持。

本章参考文献

［1］Ahn J., Khandelwal A. K. and Wei S. J. The Role of Intermediaries in Facilitating Trade［J］. Journal of International Economics, 2011, 84（1）: 73 - 85.

［2］Audretsch D. B. and Feldman M. P. R&D Spillovers and the Geography of Innovation and Production［J］. The American Economic Review, 1996, 86（3）: 630 - 640.

［3］Bathelt H., Malmberg A. and Maskell P. Clusters and knowledge: Local buzz, Global Pipelines and the Process of Knowledge Creation［J］. Progress in Human Geography, 2004, 28（1）: 31 - 56.

［4］Blomström M. and Persson H. Foreign Investment and Spillover Efficiency in an Underdeveloped Economy: Evidence from the Mexican Manufacturing Industry［J］. World Development, 1983, 11（6）: 493 - 501.

［5］Boschma R. Proximity and Innovation: A Critical Assessment［J］. Regional Studies, 2005, 39（1）: 61 - 74.

［6］Boschma R. Relatedness as Driver of Regional Diversification: A research agenda［J］. Regional Studies, 2017, 51（3）: 351 - 364.

［7］Boschma R. and Capone G. Institutions and Diversification: Related Versus Unrelated Diversification in a Varieties of Capitalism Framework［J］. Research Policy, 2015, 44（10）: 1902 - 1914.

［8］Boschma R. and Frenken K. The Emerging Empirics of Evolutionary Economic Geography［J］. J Econ Geogr, 2011, 11（2）: 295 - 307.

［9］Boschma R., Minondo A. and Navarro M. The Emergence of New Industries at the Regional Level in Spain: A Proximity Approach Based on Product Relatedness［J］. Economic Geography, 2013, 89（1）: 29 - 51.

［10］Caragliu A., Dominicis L. de and Groot H. L. F de. Both Marshall and Jacobs Were Right!［J］. Economic Geography, 2016, 92（1）: 87 - 111.

［11］Duranton G. and Puga D. Micro - Foundations of Urban Agglomeration Economies［J］. Handbook of Regional and Urban Economics, 2004, 4: 2063 - 2117.

[12] Essletzbichler J. Relatedness, Industrial Branching and Technological Cohesion in US Metropolitan Areas [J]. Regional Studies, 2015, 49 (5): 752-766.

[13] Findlay R. Relative Backwardness, Direct Foreign Investment, and the Transfer of Technology: A Simple Dynamic Model [J]. The Quarterly Journal of Economics, 1978, 92 (1): 1-16.

[14] Frenken K. and Boschma R. A. A Theoretical Framework for Evolutionary Economic Geography: Industrial Dynamics and Urban Growth as a Branching Process [J]. Journal of Economic Geography, 2007, 7 (5): 635-649.

[15] Grossman G. M. and Helpman E. Trade, Knowledge Spillovers, and Growth [J]. Uropean Economic Review, 1991, 35 (2): 517-526.

[16] He C., Yan Y. and Rigby D. Regional Industrial Evolution in China [J]. Papers in Region Science, 2015, 97 (2), 173-198.

[17] Hidalgo C., Klinger B., Barabasi A. L. and Hausmann R. The Product Space and its Consequences for Economic Growth [Z]. http://adsabs.harvard.edu/abs/2007APS.MARA22006H. 2007.

[18] Lambooy J. G. and Boschma R. A. Evolutionary Economics and Regional Policy [J]. The Annals of Regional Science, 2001, 35 (1): 113-131.

[19] Martin R. Roepke Lecture in Economic Geography–Rethinking Regional Path Dependence: Beyond Lock-in to Evolution [J]. Economic Geography, 2009, 86 (1): 1-27.

[20] Martin R. and Sunley P. Path Dependence and Regional Economic Evolution [J]. Journal of Economic Geography, 2006, 6 (4): 395-437.

[21] Maskell P. and Malmberg A. Localised Learning and Industrial Competitiveness [J]. Cambridge Journal of Economics, 1999, 23: 19.

[22] Massey D. B. and Scott A. J. Spatial Divisions of Labor: Social Structures and the Geography of Production [M]. London: Psychology Press, 1995. Scott A. J. Geography and Economy. Oxford: Oxford University Press, 2006.

[23] Nooteboom B. Learning and Innovation in Organizations and Economies [J]. Learning & Innovation in Organizations & Economies, 2001 (14): 177-205.

[24] Porter M. The Economic Performance of Regions [J]. Regional Studies, 2003, 37 (6-7): 549-578.

[25] Setterfield M. A Model of Institutional Hysteresis [J]. Department of Economics, University of Tennessee, 1993, 27 (3): 755-774.

[26] Storper M. and Walker R. The Capitalist Imperative: Territory, Technology and Industrial Growth [M]. New York: Basil Blackwell, 1989.

[27] Zhu S. and He C. Geographical Dynamics and Industrial Relocation: Spatial Strategies of Apparel Firms in Ningbo, China [J]. Eurasian Geography and Economics, 2013, 54 (3): 342-362.

[28] Zhu S., He C. and Zhou Y. How to Jump Further and Catch Up? Path-breaking in an Uneven Industry Space [J]. Journal of Economic Geography, 2017, 17 (3): 521-545.

第八章
集聚类型与城市出口产品技术复杂度

第一节 引 言

伴随着中国出口规模的爆炸式增长，中国出口产品的技术复杂度也不断提高。与此同时，中国经济发展的地理空间集聚程度也不断加强，产业分布、出口贸易以及外商直接投资等经济活动也向东部沿海地区集聚。具体来说，东部地区不仅在出口规模上具有明显优势，其出口产品的技术复杂度水平也明显较高。近年来，随着中国步入中等收入国家行列，面对来自更多发展中国家的强势竞争，以及中国国内土地、能源、劳动力等要素成本的上升，原来支撑经济高速增长的一些因素正在发生转变。而在出口规模增长这一巨大的成就背后，很多学者指出中国与发达国家仍然存在较大的差距，还主要是以低端嵌入的方式融入全球分工体系（刘志彪和张杰，2007），从事低附加值的产品生产，其生产的产品多属于劳动力密集型等低技术复杂度产品（Koopman et al.，2008）。在上述背景下，党的十九大政府工作报告提出必须推动经济发展质量变革，以优化经济结构，转变经济增长动力。已有研究发现，那些采取"有限赶超"战略，即出口了更多高复杂度产品的国家能够实现更快速的经济增长（杨汝岱和姚洋，2008）。这就引出了一个十分重要的问题，经济活动的集聚是否有利于促进出口结构的演化？是否有利于增加高技术复杂度产品进入的概率？是否会降低高技术复杂度产品退出的风险？显然该问题的解决直接关系到新时期进一步经济发展变革和未来经济的转型发展，是当前亟待探索的重要课题。

出口结构升级是突破现有技术引入新产品的过程，而引入高技术复杂度产品则是优化贸易结构、推动出口结构升级的重要途径。部分文献对如何推动出口产品技术复杂度的升级进行了初步探索，认为 FDI 及 OECD 国家的加工贸易（Xu and Lu，2009；Amiti and Freund，2010）、良好的产业基础和产品分工（刘竹青等，2014；戴翔和金碚，2014）推动了中国出口产品技术复杂度的提高。前者的主要思想是基于外资以及加工贸易产生的知识、信息等溢出效应来影响技术复杂度的提升，后者则主要是通过影响产品生产的成本来影响技术复杂度的提升（Cerina and Mureddu，2014；Acs and Storey，2004）。马歇尔集聚外部性理论认为，地区专业化有利于知识信息的溢出，而雅各布斯外部性理论则认为，最重要的知识溢出往往来自多样化产业之间。产业结构多样化有利于产生更具有生产力的新思想和新技术，比同产业的集中更能促进创新（Feldman and Audretsch，1999）。早期的经验文献主要关注集聚经济的影响机制。迪朗东和普加（2004）对城市集聚经济的微观基础做出了更加全面的总结，认为集聚经济主要源于集聚过程中的共享（sharing）、匹配（matching）以及学习（learning）。随后，关于集聚经济的研究开始延伸到对产业边界的讨论。"地方化经济和雅各布斯外部性谁的作用更大"引起了激烈的讨论（Henderson，1997；Acs and Storey，2004），不过这些实证研究并没有得到一致的结论。

那是不是经济活动只要在空间中集聚就能产生溢出效应呢？知识是否会在任意两个不同产业间发生溢出？事实上，产业之间存在认知距离，不同类型的知识，其传播渠道和难易程度有较大的差异。越来越多的研究发现，行业之间的认知邻近对知识溢出比地理邻近的影响可能更重要（Caragliu et al.，2016）。伊达尔戈等（2007）提出的测度不同行业间认知距离的方法，被学术界广泛运用，推动了集聚溢出效应的进一步发展。基于产业间认知距离，多样化被分解为相关多样化和不相关多样化。博施马等（2013）和博施马（2016）发现拥有相似知识的产业之间更容易发生知识的溢出。相关多样化程度高的区域，经济增长越快（Boschma et al.，2012）。不相关多样化对区域产业增长的影响主要体现为多样化的产业集合有利于抵御区域发展的风险（Frenken et al.，2007）。

现有关于集聚经济如何促进出口结构优化调整和推进技术复杂度提升的研究相对较少，尤其缺乏实证检验。刘竹青（2014）利用2000~2007年中国制造业企业的非平衡面板数据，考察了地理集聚对中国出口贸易的影响，发现集聚程度的提高显著促进了技术复杂度较高企业的出口倾向和出口量。莫莎和何桂香（2013）利用2005~2011年间我国25个省市数据，发现产业集聚对高新技术产品出口复杂度的作用影响显著。刘洪铎（2016）利用2002~2011年我国的省际面板数据进行实证检验，研究结果也证实了地区的产业集聚水平对该地区出口技术复杂度的升级具有正面的促进作用。已有文献的结论一定程度上证实了集聚经济与区域出口技术复杂度之间的正相关关系，但仍有一些问题值得进一步的讨论。首先，现有研究大多以省市出口产品复杂度为解释变量，研究集聚经济与出口产品技术复杂度的关系，而对于集聚经济的影响途径及影响机制等问题还未涉及。其次，相较于地理距离，产业间认知距离所刻画的集聚经济在促进出口产品技术复杂度提升上还未有研究涉及。再有，这些文献大多采用了奥斯曼以国家人均GDP为权重加权产品的出口份额的计算方法，该方法存在富裕国家出口富裕产品集合的内生性问题。

集聚经济是如何通过影响出口结构的调整来促进出口产品技术复杂度提升的呢？我们从新产品扩展和已有产品生存两个角度分析集聚经济影响出口产品技术复杂度提升途径和机制。集聚经济的溢出效应将通过降低扩展高技术复杂度新产品和生产已有产品的成本和不确定性来推动区域出口结果的演化。区域出口产品结构是在市场中进行小规模"自我探索"（self-discovery）的结果（Hausmann et al.，2006）。梅里兹（2003）假设生产率一定的情况下，企业在初期需要支付足够的沉没成本以扩展新产品。扩展的新产品技术复杂度越高，扩展更高技术复杂度产品过程中受外部风险和不确定性影响的概率越高（North，1990），需要支付的沉没成本也越高。已有研究已经证实了在出口关系扩展过程中存在"试错"机制（杨汝岱和李艳，2016；李坤望等，2014）。因此，如何降低试错成本成为新产品产生的关键。首先，企业所处地区的知识信息溢出能增加企业获取生产新产品的技术以及出口产品的知识、信息等的概率，以降低扩展高技术复杂度产品的不确定性和试错成本。区域出口产品集合越多，企业共聚在城市中，获取新产品生产技术和出口信息等的概率越高，扩展新产品的风险和不确定性越低，已有产品生存的概率越高。其次，企业集聚在一定的地区，可以通过共享地区的基础设施和劳动力匹配池来降低产品的生产成本，有利于企业合理配置生产要素，从而增加了扩展高技术复杂度新产品成本的来源和改善已有产品生产效率等。共享、匹配和学习的结果可以有效地降低潜在进入产品尤其是高技术复杂度产品的进入成本，同时提高已有产品生存的概率，进而有利于城市出口产品技术复杂度的提高。考察集聚经济对出口贸易的影响机制和影响途径，为我们研究中国出口贸易扩张和出口结构改善提供了新的思路，这对于进一步推动出口结构乃至产业结构升级具有重要的政策含义。

对上述问题的考察具有非常强的理论和现实意义：一方面，产业升级已成为当今国民经济发展的重要发展战略。其中，如何实现经济的赶超和快速增长是最为关键的问题之一。提高出口技术复杂度对促进经济增长的作用已经为大量经验研究所证实（Jarreau and Poncet，2012）。因此，从理论和实证上研究集聚经济如何推动出口产品结构转型，提高出口产品技术复杂度有助于我们理解集聚经济影响经济增长的渠道和微观机制；另一方面，考察集聚经济对出口贸易的影响机制和影响效果，为我们研究中国出口贸易扩张和出口结构改善提供了新的思路，这对于进一步推动出口结构乃至产业结构升级具有重要的政策含义。

基于此，本章引入产品技术复杂度，分析不同类型集聚经济对中国出口贸易结构演化的微观影响机制。与已有研究相比，本研究在以下三个方面有所贡献：第一，在研究视角方面，与现有文献主要考察集聚经济带来的知识溢出与最终产品贸易之间关系不同，本研究以产品动态这一视角为切入点，研究集聚经济对城市不同技术复杂度产品的进入和退出的影响，来分析集聚经济的影响机制和渠道。第二，在研究内容上，本研究区分集聚经济的不同类型，研究地理距离和认知距离刻画的集聚经济的作用差异，也扩展了对集聚经济及其溢出机制的认识。第三，在实证研究方面，本研究借用伊达尔戈和奥斯曼（2009）的迭代法，利用联合国 UN Comtrade 贸易数据测算出产品技术复杂度，大大降低了现有文献采用以国家信息加权出口份额得到的产品技术复杂度存在的内生性问题的影响。研究结果不仅支持了我们的理论预测，而且也丰富了对集聚经济理论和出口技术复杂度等问题的经验认识。

第二节 数据说明与指标构建

一、数据来源

本研究所使用的数据主要来源于中国海关进出口数据库（2000～2011年）和2000年联合国UN Comtrade国际贸易数据。中国海关进出口数据是我国现阶段最为翔实的出口贸易数据。每条出口记录包括进出口时间、企业代码、产品计量单位、出口数量、出口金额等详细信息。研究年限内产品代码经历了两次调整，涵盖了HS1996、HS2002和HS2007。因此，我们参照皮尔斯和斯科特（2012）对美国出口数据HS编码进行调整，将出口产品编码均调整为HS2007。另外，中国海关库中包含很多贸易公司。这些贸易公司本身并不进行生产，其主要业务主要是帮助生产企业进行出口报关等工作。因此，基于马诺娃和张的方法删除了贸易公司（Manova and Zhang，2012）。考虑到产品间差异随时间变化幅度较小，本研究选择2000年的联合国UN Comtrade国际贸易数据，计算产品的技术复杂度。

二、指标测量

我们首先要解决的问题是估算产品的技术复杂度，测算方法见第四章。其次，我们需要测量不同类型的集聚经济变量。在技术关联、集聚经济等指标设定之前，需要测算出产品与产品之间的技术关联程度，具体见第六章。再有，现有研究对出口产品多样化的衡量主要依靠区域出口产品种类来刻画。产品集主要来源于同一个大产品集合分类下小产品分类。我们则采用博施马等（2012）的方法，选取两个产品之间技术关联系数在0.25以上的产品作为相关产品集，并引用熵的形式计算相关产品的集：

$$H_r = \sum_{i \in Sr} \frac{P_i}{P_r} \log_2\left(\frac{1}{P_i/P_r}\right) \tag{8.1}$$

其中，P_i为四位数产品出口额占城市出口总额的比重，P_r则为城市c中关联产品集r占城市总出口产品集的比重。相关多样化则为该城市相关产品熵加权相关产品份额：

$$RV = \sum_{r=1}^{R} P_r H_r \tag{8.2}$$

不相关多样化以相同的原理计算，以每个两位数产品作为不相关多样化产品集合：

$$UV = \sum_{j=1}^{N} P_j \log_2 \left(\frac{1}{P_j} \right) \tag{8.3}$$

其中，P_j 则为每个两位数产品占城市出口产品总额的比重。

第三节 典型事实

一、中国城市出口产品技术复杂度演化

中国出口空间存在巨大差异，城市经济复杂度也存在显著的区域差异。第四章得到产品技术复杂度后，以城市出口产品份额加权产品技术复杂度得到中国城市经济复杂度，并以城市所在的区域分组，不同区域城市经济复杂度见图8-1。总体来说，在2000~2011年间中国城市经济复杂度不断上升。具体而言，中国东部地区城市经济复杂度最高，其次为中部地区。2004年的中部崛起计划极大地推动了中部地区城市经济复杂度的提升。2003年，"振兴东北"战略实施后，2004年东北地区城市经济复杂度持续上升。2000年的西部崛起政策推动了西部地区城市经济复杂度的提升，但是持续时间不长，在2002年出现下降现象，之后，城市经济复杂度不断上升。这可能是东部地区工人工资上涨速度太快，使得一部分加工贸易企业从东部迁往西部造成的。

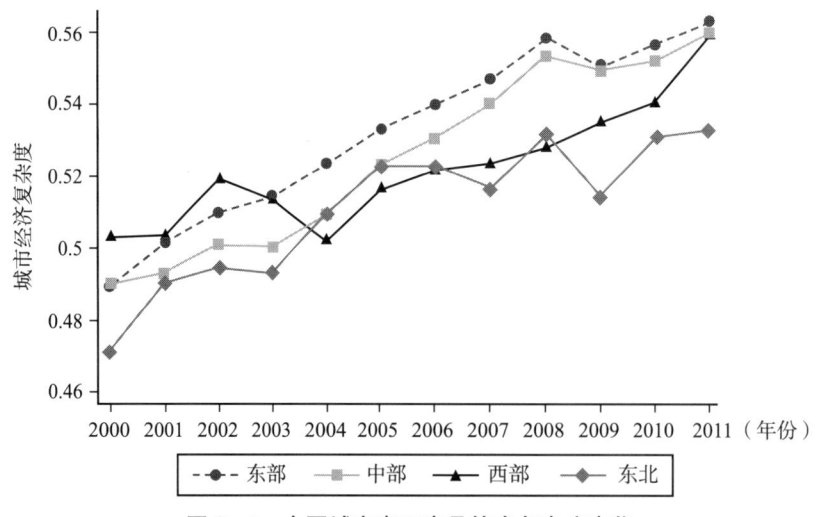

图8-1 中国城市出口产品技术复杂度变化

二、集聚经济与中国城市出口产品技术复杂度

图 8-2 为出口产品相关多样化与城市出口产品技术复杂度的关系,散点图的形态显示两者之间也具有显著的正相关关系;同时,相较于中西部地区城市,东部地区城市的出口产品相关多样化也相对较高,而西北地区的城市相关多样化程度最低。

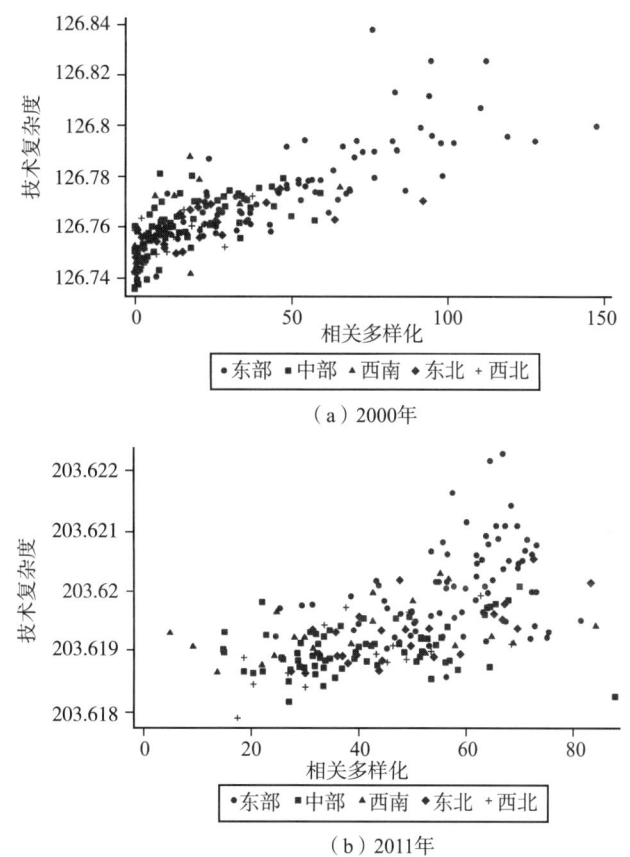

图 8-2 城市出口产品相关多样化与城市出口产品技术复杂度

图 8-3 为城市出口产品技术复杂度与出口产品不相关多样化关系的散点图,显示相较于城市出口产品的专业化和相关多样化,城市出口产品的不相关多样化对城市出口产品技术复杂度的影响的线性关系更加发散,一定程度上可以说明由于不相关产品集聚所带来的溢出效应相对较弱,其对城市出口产品技术复杂度变化所带来的溢出影响较弱。不同种集聚所带来的溢出效应对城市出口产品技术复杂度变化影响存在较大差异,下面将通过计量模型对这一关系进行讨论。

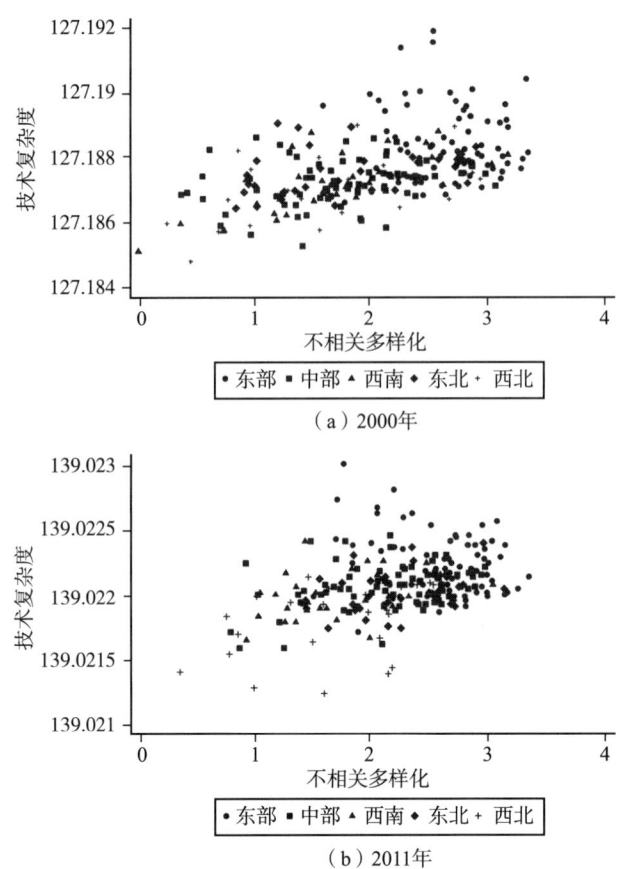

图 8-3　城市出口产品不相关多样化和城市出口产品技术复杂度

本章通过第四章中的迭代法计算我国城市出口产品技术复杂度。在计算过程中，一方面，出口规模小的城市由于出口产品种类较少，数据可靠性较低；另一方面，在出口产品较少的情况下，具有比较优势的出口产品也并不能较好地反映其出口能力。因此，我们主要依据出口产品总量和城市人口来剔除部分出口规模较低和产品生产能力较弱的城市。首先，出口能力与地区人力资本相关，我们选择城市人口在 100 万以上的城市；其次，我们选择在 2008 年出口规模达到 1000 万美元以上的城市。依据以上准则，我们最后选择了 242 个城市作为城市出口产品技术复杂度计算样本，以此计算中国城市出口产品技术复杂度。其中，选择的城市出口总额占全国出口总额的 85% 以上。

计算得到的城市出口产品技术复杂度与人均 GDP 具有明显的正相关关系。图 8-4 为 2000 年和 2011 年我国城市出口产品技术复杂度与城市人均 GDP 的关系图。人均 GDP 越高的地区，出口产品技术复杂度也越高。将中国城市按照其所在的地理位置，图中散点不同的符号代表城市所在的地区，分为五大区域。东部（实心圆圈符号）的城市具有较高出口产品技术复杂度，与其他四大地区城市出口产品技术复杂度的差异在

2011年进一步扩大。在相同人均 GDP 水平下,西北地区(十字符号)城市的出口产品技术复杂度较低,西南地区(三角形符号)和中部地区(正方形符号)的部分城市的出口产品技术复杂度增长较快。其中,北海、景德镇、抚州和成都等城市出口产品技术复杂度增加较快。以景德镇为例,从出口产品结构来看,景德镇以医药化工、机电产品、陶瓷为主要出口商品。2015年机电产品出口大幅增长,增幅达 40%。与此同时,优势产品陶瓷出口增长明显。西部地区的成都市在这 10 年间出口产品结构发生较大的变化(见图 8-5)。2000 年成都市出口产品在交通运输、机械与电子产品、纺织品、化学及其相关产品方面都有所涉及,几类产品的出口规模差异并不大。2011 年,成都市出口产品中,机械及电子产品占到出口总额的 70.84%,出口产品结构向机电等高技术复杂度产品转型。

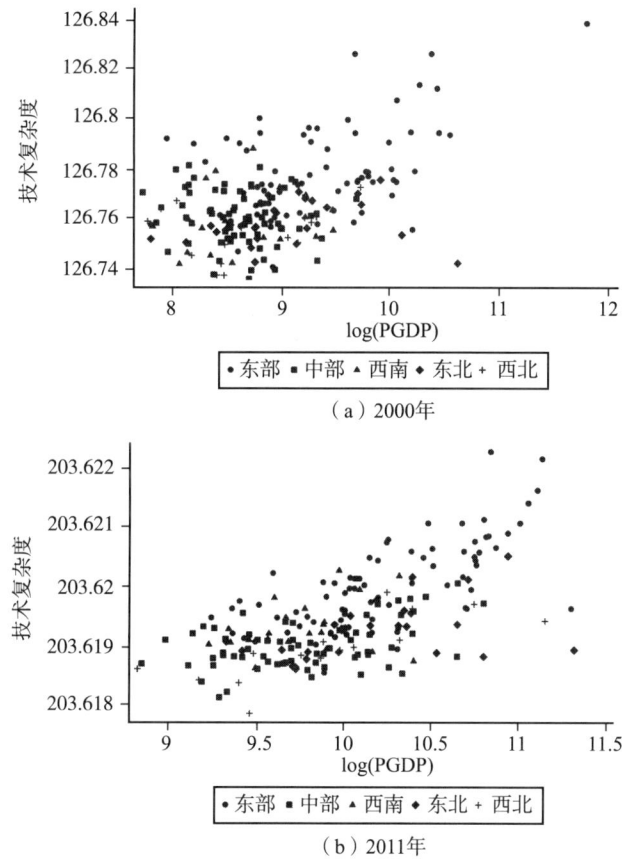

图 8-4 城市人均 GDP 与城市出口产品技术复杂度

资料来源:作者根据中国海关进出口贸易数据库数据计算,下同。

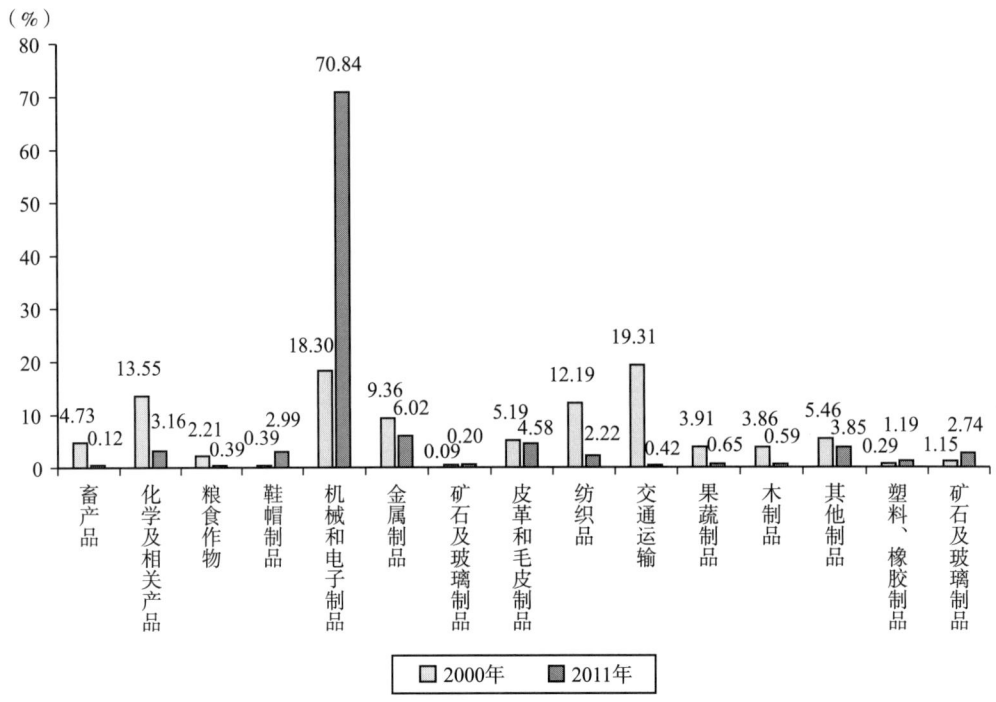

图 8-5 2000 年和 2011 年成都市出口产品结构

三、技术复杂度与中国城市出口产品演化

我们通过研究集聚经济对城市不同技术复杂度产品动态调整的影响来研究集聚经济的影响机制和途径。首先需要明确城市产品动态不同部分的技术复杂度分布规律。我们将城市出口的产品分解为新产品、在位产品和退出产品。通过观察城市 $t-1$ 年和 t 年是否出口该产品来定义产品动态的不同部分：将城市 $t-1$ 年未出口且 t 年开始出口的产品定义为城市新产品；将 $t-1$ 年出口且 t 年仍然出口的产品定义为城市在位产品；将城市 t 年出口且 $t+1$ 年不出口的产品定义为退出产品。接下来，我们将基于迭代方法得到的产品技术复杂度，计算产品动态不同部分的技术复杂度，见图 8-6。由图可知，第一，2001~2011 年，产品动态不同部分的技术复杂度均在不断上升。第二，新产品的技术复杂度高于退出产品和在位产品，一定程度上表明中国出口产品向更高技术复杂度方向演化。第三，退出产品的产品技术复杂度高于在位产品。2001 年我国加入 WTO，出口产品市场扩张迅速。根据文献，出口到高收入国家的产品技术复杂度相对较高，这一时间段扩展的出口产品也多为高技术复杂度产品。值得注意的是，2007 年退出的产品，其技术复杂度超过新产品和在位产品，这主要是因为金融危机造成国际消费市场的萎缩，尤其是一些高收入国家市场，从而造成一些高技术复杂度产品的退出。总体来说，

不同技术复杂度产品的动态调整一定程度上可以反映我国出口产品技术复杂度不断提升的总趋势及贡献来源。按照现有结论，如果集聚经济有利于促进高技术复杂度产品的进入，降低高技术复杂度产品的退出，一定程度上可以推断集聚经济有利于促进城市出口产品结构向更高技术复杂度产品演化。

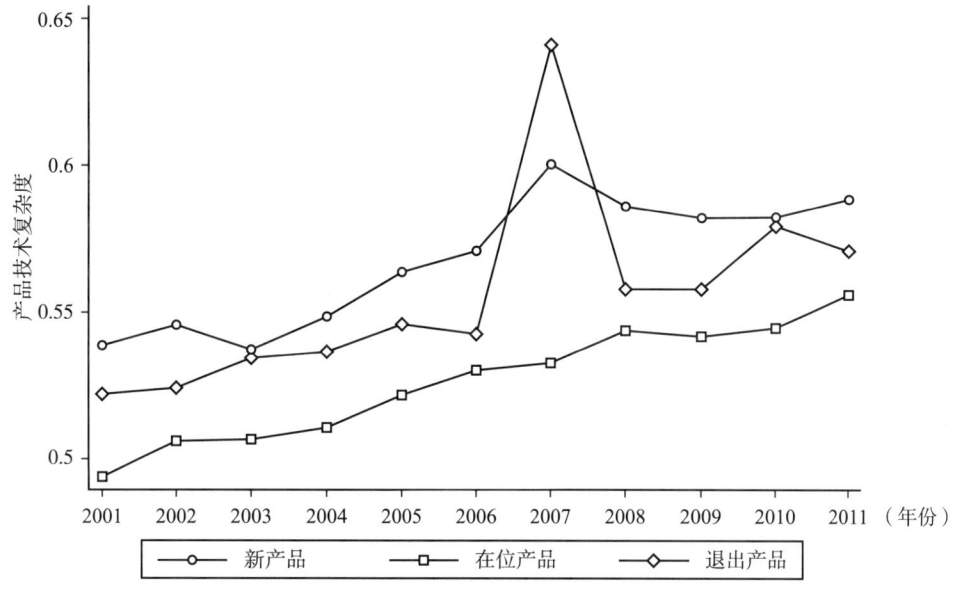

图 8-6 中国城市出口产品技术复杂度演化

第四节 实证结果分析

一、模型设定与变量

城市不同技术复杂度产品的动态调整可以反映城市出口产品升级过程中资源配置的方向。由于我们设置产品技术复杂度是不随时间变化的，因此，影响城市出口产品技术复杂度的关键在于新产品和退出产品技术复杂度的差距。相较于已有研究直接讨论集聚经济对城市经济复杂度的影响，本研究将城市出口产品分解为新产品、在位产品和退出产品，通过讨论集聚经济对不同技术复杂度产品的进入和退出的影响，研究集聚经济对城市出口产品技术复杂度演化的影响途径。检验方程如式（8.4）所示：

$$Entry_{c,i,t}/Exit_{c,i,t} = \alpha_1 Soph_i + \alpha_2 Agg_{c,i,t-1} + \alpha_3 Soph_i \times Agg_{c,i,t-1} + Control_{i,t-1} + \mu_i + \vartheta_d + \varphi \quad (8.4)$$

其中，c、i、t 分别表示城市、产品和时间。$Entry_{c,i,t}$ 和 $Exit_{c,i,t}$ 为被解释变量，表示 t 年城市 c 的新产品和退出产品，解释变量 $Soph_i$ 为产品 i 的技术复杂度。四大集聚经济变量是本研究最为核心的解释变量，$Agg_{c,t-1}$ 代表不同类型的集聚经济，包括城市出口产品相关多样化 $RV_{c,t-1}$、城市出口产品的不相关多样化 $UV_{c,t-1}$、城市化经济 $Urb_{c,t-1}$ 和地方化经济 $Loc_{c,t-1}$，$Control_{c,t-1}$ 表示其他控制变量。根据现有文献的研究，$Control$ 包括 $t-1$ 期的城市经济复杂度（complexity）、城市的人力资本（hcapital）、人均 GDP（PGDP）、城市基础设施（INFRO）以及城市的对外开放程度（OPEN）。其中，Complexity 按照上面以城市产品出口份额加权技术复杂度得到，Hcapital 以城市平均工资水平来代替，INFRO 以城市路网密度来代替，OPEN 以城市外资比重来代替。回归分析所采用的数据来自中国海关数据库、中国工业企业数据库和《中国城市统计年鉴》。考虑到数据的"左删失"问题，即 2000 年存在的出口产品无法判断其进入市场的时间。因此，我们将这些样本从总样本中删除。最后，对 2001~2011 年 HS4 位数产品在城市—产品的出口样本进行回归，所有的解释变量均滞后一期，且对解释变量取对数。表 8-1 汇报了主要变量间的相关系数和基本统计信息。

表 8-1　主要变量的相关系数与描述性统计

变量	Urb	RV	UV	Loc	Complexity	Hcapital	GDP	OPEN	INFRO
Urb	1.000								
RV	0.206	1.000							
UV	0.133	0.691	1.000						
Loc	-0.010	0.055	0.090	1.000					
Complexity	0.068	-0.047	0.019	-0.003	1.000				
Hcapital	-0.093	-0.084	-0.099	0.003	-0.182	1.000			
PGDP	0.296	0.304	0.182	-0.025	0.396	-0.371	1.000		
OPEN	0.109	0.130	0.044	-0.011	0.208	-0.450	0.313	1.000	
INFRO	0.066	0.119	0.030	-0.012	0.130	-0.139	0.268	0.125	1.000
变量描述性统计基本信息									
均值	0.053	3.134	1.263	0.649	0.545	0.045	9.638	0.205	9.709
方差	0.035	0.925	0.163	0.694	0.078	0.032	0.715	0.281	10.206

二、全样本统计结果

模型估计结果见表 8-2。模型（1）~（4）未加入控制变量，集聚经济与产品技术复杂度的交叉变量均显著为正；加入控制变量后，多样化、相关多样化和不相关多样化变量与产品技术复杂度的交叉变量依然显著为正，且数值均增大，表明多样化统计上显著地提升了高技术复杂度产品进入的概率。值得注意的是，加入控制变量后，地方化经济的交叉变量不显著。对此我们做出如下解释，出口产品技术复杂度演化升级的过程中，引入新的高技术复杂度产品，而这类产品对于多样化的知识和技术有较高要求。地区出口结构多样化程度越高，多样的知识更能带来新思想和创新组合，有利于促进高技术复杂度新产品的成功研发。该结论一定程度上是对已有研究发现的相关多样化在促进城市经济发展、创新以及产业结构演化的补充（Boschma，2016；Boschma et al.，2012），即多样化也有利于促进城市出口产品结构的升级。

表 8-2　　　　　　　　　　　基本回归模型结果：新产品的进入

变量	*Urb* 模型（1）	*RV* 模型（2）	*UV* 模型（3）	*Loc* 模型（4）	*Urb* 模型（5）	*RV* 模型（6）	*UV* 模型（7）	*Loc* 模型（8）
Soph	-0.067*** (0.007)	-0.045*** (0.010)	-0.097*** (0.024)	-0.036*** (0.005)	-0.067*** (0.007)	-0.044*** (0.010)	-0.0821*** (0.024)	-0.021*** (0.005)
Agg	0.080 (0.082)	0.034*** (0.002)	0.148*** (0.013)	0.005* (0.003)	-0.274*** (0.080)	0.024*** (0.002)	0.103*** (0.013)	0.015*** (0.003)
Agg × Soph	0.800*** (0.132)	0.007* (0.004)	0.057*** (0.020)	0.014*** (0.005)	0.921*** (0.128)	0.008** (0.004)	0.049** (0.020)	0.0001 (0.005)
Complexity					-0.037*** (0.007)	0.013 (0.007)	-0.048*** (0.007)	-0.050*** (0.007)
Hcapital					-0.151*** (0.019)	-0.106*** (0.019)	-0.058*** (0.019)	-0.183*** (0.019)
PGDP					0.057*** (0.001)	0.049*** (0.001)	0.053*** (0.001)	0.060*** (0.001)
OPEN					0.090*** (0.006)	0.043*** (0.006)	0.063*** (0.006)	0.095*** (0.006)
INFRO					0.089*** (0.000)	-0.029 (0.000)	0.047 (0.000)	0.081*** (0.000)
_*cons*	0.152*** (0.005)	0.0518*** (0.007)	-0.0305** (0.015)	0.152*** (0.003)	-0.326*** (0.011)	-0.365*** (0.012)	-0.437*** (0.018)	-0.369*** (0.011)
N	539677	539677	539677	539677	538302	538302	538302	538302
R^2	0.0080	0.0149	0.0126	0.0065	0.0172	0.0210	0.0198	0.0173

注：***、**、*分别表示1%、5%、10%的显著性水平，括号里面的是城市—产品聚类的标准误，所有模型均加入了年份的固定效应，下同。

控制变量的回归系数也符合预期。城市出口经济复杂度（Complexity）和人力资本（Hcapital）显著为负，主要是因为我们的人力资本变量采用的是城市行业的平均工资水平，平均工资水平越高的地区，新产品进入的成本也相对越高。地区经济发展水平（PGDP）、对外开放程度（OPEN）和基础设施（INFRO）变量均显著为正，即经济发展水平、对外开放程度和基础设施水平越高的地区，城市扩展新产品的概率也越高，这些均与理论预期一致，不再赘述。

表8-3为集聚经济与技术复杂度交叉变量对城市已有产品退出影响的估计结果。模型（1）~（4）未加入控制变量，仅多样化和地方化经济与产品技术复杂度的交叉变量显著为负；加入控制变量后，地方化与产品技术复杂度的交叉变量显著为正，表明在控制城市自身的特征后，地方化代表的专业化程度越高的地区，高技术复杂度产品退出的概率也越大。结合前文，地方化与产品技术复杂度的交叉项在产品进入模型中不显著，一定程度上反映出，专业化不利于城市出口产品向更高技术复杂度产品演化。对此我们做出如下解释，在城市向更高技术复杂度产品演化过程中，专业化带来的专业知识溢出、专业化的劳动力匹配池和基础设施，不能满足复杂多组成部分的高复杂度产品生产。该结论一定程度上补充了专业化影响区域创新升级作用的认识。

表 8-3 基本回归模型结果：产品退出

变量	Urb 模型（1）	RV 模型（2）	UV 模型（3）	Loc 模型（4）	Urb 模型（5）	RV 模型（6）	UV 模型（7）	Loc 模型（8）
$Soph$	0.082*** (0.008)	-0.0001 (0.019)	-0.002 (0.036)	0.026*** (0.006)	0.095*** (0.007)	0.032* (0.019)	0.089** (0.037)	0.008 (0.006)
Agg	-0.588*** (0.063)	-0.067*** (0.003)	-0.248*** (0.017)	-0.023*** (0.003)	-0.085 (0.057)	-0.047*** (0.003)	-0.186*** (0.017)	-0.064*** (0.003)
$Agg \times Soph$	-0.918*** (0.106)	0.006 (0.005)	0.021 (0.027)	-0.021*** (0.005)	-0.791*** (0.095)	0.004 (0.005)	-0.031 (0.028)	0.033*** (0.005)
$Complexity$					-0.105*** (0.012)	-0.219*** (0.013)	-0.140*** (0.012)	-0.108*** (0.012)
$Hcapital$					0.331*** (0.039)	0.418*** (0.040)	0.194*** (0.040)	0.399*** (0.039)
$PGDP$					-0.072*** (0.001)	-0.063*** (0.001)	-0.072*** (0.001)	-0.084*** (0.001)
$OPEN$					-0.095*** (0.006)	-0.073*** (0.006)	-0.135*** (0.006)	-0.137*** (0.006)

续表

变量	Urb 模型（1）	RV 模型（2）	UV 模型（3）	Loc 模型（4）	Urb 模型（5）	RV 模型（6）	UV 模型（7）	Loc 模型（8）
INFRO					-0.577*** (0.000)	-0.342*** (0.000)	-0.715*** (0.000)	-0.514*** (0.000)
_cons	0.206*** (0.005)	0.408*** (0.012)	0.499*** (0.022)	0.198*** (0.004)	0.896*** (0.014)	1.020*** (0.017)	1.173*** (0.026)	1.066*** (0.014)
N	530613	530613	530613	530613	527431	527431	527431	527431
R^2	0.0146	0.0214	0.0100	0.00540	0.0385	0.0439	0.0419	0.0434

三、不同地区的分析结果

前面已经对中国城市出口产品技术复杂度的区域差异做了初步分析。为分析集聚经济促进城市出口产品技术复杂度演化是否存在区域差异，我们设置东部地区的虚拟变量未进行讨论，如果城市所在地区为东部地区，则设置 East 为 1，否则为 0。用 East 变量与集聚经济和产品技术复杂度交叉后进行回归，得到的结论见表 8-4。在交叉项的回归结果中，首先，相关多样化、产品技术复杂度与东部地区的交叉项显著为正，说明相关多样化在东部地区更有利于促进新产品的进入。具有一定储备的地区，在扩展更高技术复杂度产品时，其对知识的相似性要求也越高，该结论一定程度上是符合理论预期的。其次，在产品退出模型中，相关多样化在 10% 的显著性水平下显著为负，而不相关多样化在 5% 的显著性水平下显著为正。即相较于其他地区，相关多样化有利于东部地区高技术复杂度产品的生存，而不相关多样化在东部地区对高技术复杂度产品将产生竞争效应，增加了高技术复杂度产品退出的概率。这在一定程度上说明，多样化的影响取决于知识的相似程度，知识相似程度越高的多样化，越有利于促进城市出口产品结构向高技术复杂度演化，而不相关的多样化甚至对高技术复杂度产品的生存产生竞争效应。

表 8-4　　　　　　　　　　扩展模型回归结果

变量	新产品进入				产品退出			
	Urb	RV	UV	Loc	Urb	RV	UV	Loc
Soph	-0.073*** (0.009)	0.015 (0.012)	-0.054* (0.028)	-0.034*** (0.006)	0.080*** (0.015)	0.005 (0.026)	0.157*** (0.056)	-0.012 (0.010)
East	-0.004 (0.009)	0.146*** (0.020)	0.029 (0.046)	-0.005 (0.006)	-0.112*** (0.011)	-0.080*** (0.024)	-0.023 (0.045)	-0.075*** (0.008)

续表

变量	新产品进入				产品退出			
	Urb	RV	UV	Loc	Urb	RV	UV	Loc
$Soph \times East$	0.029** (0.014)	-0.172*** (0.032)	0.059 (0.072)	0.029*** (0.010)	0.017 (0.018)	0.081** (0.040)	-0.159** (0.073)	0.022* (0.012)
Agg	-0.268** (0.122)	0.047*** (0.003)	0.133*** (0.015)	0.016*** (0.004)	-0.615*** (0.173)	-0.041*** (0.005)	-0.133*** (0.027)	-0.064*** (0.004)
$Agg \times Soph$	0.807*** (0.191)	-0.020*** (0.005)	0.016 (0.024)	-0.007 (0.006)	-0.921*** (0.279)	0.010 (0.008)	-0.096** (0.044)	0.035*** (0.008)
$Agg \times East$	0.035 (0.164)	-0.055*** (0.006)	-0.036 (0.035)	-0.003 (0.007)	0.805*** (0.183)	0.009 (0.007)	-0.029 (0.034)	-0.003 (0.006)
$Agg \times Soph \times East$	-0.015 (0.260)	0.065*** (0.010)	-0.022 (0.056)	0.0201* (0.012)	0.201 (0.296)	-0.019* (0.012)	0.136** (0.056)	0.003 (0.011)
$Complexity$	-0.032*** (0.007)	0.014** (0.007)	-0.049*** (0.007)	-0.041*** (0.007)	-0.128*** (0.012)	-0.229*** (0.013)	-0.170*** (0.013)	-0.167*** (0.012)
$Hcapital$	-0.108*** (0.019)	-0.104*** (0.019)	-0.056*** (0.019)	-0.124*** (0.019)	0.015 (0.041)	0.240*** (0.040)	0.009 (0.041)	0.124*** (0.040)
$PGDP$	0.053*** (0.001)	0.051*** (0.001)	0.053*** (0.001)	0.056*** (0.001)	-0.059*** (0.001)	-0.056*** (0.001)	-0.061*** (0.001)	-0.068*** (0.001)
$OPEN$	0.088*** (0.006)	0.042*** (0.006)	0.061*** (0.006)	0.092*** (0.006)	-0.104*** (0.006)	-0.074*** (0.006)	-0.114*** (0.006)	-0.122*** (0.006)
$INFRO$	0.014 (0.000)	-0.006 (0.000)	0.034 (0.000)	-0.006 (0.000)	-0.074 (0.000)	-0.067 (0.000)	-0.255*** (0.000)	-0.027 (0.000)
$\_cons$	-0.303*** (0.012)	-0.437*** (0.013)	-0.466*** (0.020)	-0.338*** (0.011)	0.877*** (0.016)	0.983*** (0.021)	1.064*** (0.036)	1.012*** (0.015)
N	538302	538302	538302	538302	527431	527431	527431	527431
R^2	0.0175	0.0215	0.0199	0.0178	0.0441	0.0458	0.0453	0.0489

四、内生性讨论和稳健性检验

本文基准回归模型中被解释变量是城市产品的进入和退出，是城市—行业层面变量；核心解释变量是不同类型的集聚经济和产品的技术复杂度，分别是城市和产品层面变量。产品的动态演化一定程度上不会反过来决定城市宏观层面变量，因此，本研究不存在明显的双向因果关系导致的内生性问题。然而，新进入产品的技术复杂度和集聚经济可能同时受第三方因素影响，回归中可能丢失了重要解释变量，因此，我们采用工具变量法对其进行解决。借鉴已有的研究文献，我们分别选用1984年城市人口密度对数和城市内企业数对数，乘时间的对数，作为集聚的工具变量。因为历史上集聚水平较高的地方，可能具有较好的产业基础，现如今的集聚水平依然可能较高，而对于产品技术复杂度产生直接影响的可能性会比较小。因此，1984年的人口密度对数和企业数的对数乘时间的对数作为经济集聚的工具变量是合适的。采用工具变量法的估计结果见表8-5。其中，IV_pop表示以城市人口密度为工具变量回归结果，IV_firm表示以城市企业数为工具变量回归结果。从表8-5回归结果与表8-2和表8-3的结果对比中发现，使用工具变量解决内生性以后，结果非常显著，且系数也明显变大。

表8-5　　　　　　　　　　模型结果的内生性检验

变量	新产品进入		产品退出	
	IV_pop	IV_firm	IV_pop	IV_firm
$Soph$	-0.0941*** (0.011)	-0.597*** (0.025)	0.0803*** (0.010)	0.338*** (0.014)
Agg	-0.979*** (0.141)	-4.049*** (0.335)	-0.693*** (0.103)	0.212 (0.152)
$Agg \times Soph$	1.627*** (0.227)	12.46*** (0.526)	-0.654*** (0.168)	-5.043*** (0.238)
$Complexity$	-0.0544*** (0.007)	0.0564*** (0.008)	-0.0932*** (0.008)	-0.144*** (0.008)
$Hcapital$	-0.147*** (0.022)	0.208*** (0.025)	0.326*** (0.030)	0.236*** (0.031)
$PGDP$	0.0679*** (0.001)	0.0274*** (0.002)	-0.0706*** (0.001)	-0.0397*** (0.002)
$OPEN$	0.0749*** (0.006)	0.0553*** (0.006)	-0.0640*** (0.005)	0.0101* (0.005)
$INFRO$	0.468*** (0.000)	0.946*** (0.000)	-0.413*** (0.000)	-0.985*** (0.000)
$\_cons$	-0.392*** (0.013)	0.0352* (0.018)	0.916*** (0.012)	0.596*** (0.014)
N	486257	486257	489657	489657

接下来对我们的回归结果进行稳健性检验。首先，基准回归模型是利用OLS进行

估计的，表 8-6 第一部分为基于 Logit 模型进行稳健性检验的结果。结果与基准回归结果一致。其次，在出口产品动态定义过程中，新进入产品可能在第二年退出，即部分进入产品样本与退出产品样本相同，我们将这部分样本删除，以进行稳健性检验。考虑到在出口产品进入和退出的定义中，t 期的新产品，可能为 $t+1$ 期的退出产品，故而对这部分样本删除进行稳健性检验，结果见表 8-6 的第二部分。估计结果与基准回归结果一致，进一步证明基准回归结果稳健。再次，由于贸易公司并不进行产品的生产，其产品结构调整过程不能反映其升级的过程，基准回归样本剔除了贸易公司的样本。考虑到这部分样本也是中国出口产品的一部分，我们增加贸易公司进一步进行稳健性检验。表 8-6 中第三部分包含贸易公司的回归结果与基准回归结果一致。而当加入贸易公司样本后，产品退出模型中，相关多样化和不相关多样化显著为负，进一步证实了多样化集聚经济在降低高技术复杂度产品退出风险的作用，模型结果稳健。

表 8-6 模型结果的稳健性检验

变量	新产品进入				产品退出			
	Urb	RV	UV	Loc	Urb	RV	UV	Loc
Logit 回归结果								
Soph	-0.441*** (0.045)	-0.434*** (0.080)	-0.866*** (0.186)	-0.136*** (0.031)	0.740*** (0.064)	0.124 (0.112)	0.488** (0.235)	0.0343 (0.045)
Agg	-1.989*** (0.506)	0.142*** (0.016)	0.628*** (0.094)	0.0935*** (0.020)	-1.832*** (0.670)	-0.325*** (0.021)	-1.145*** (0.113)	-0.532*** (0.029)
Agg × Soph	6.031*** (0.794)	0.0983*** (0.026)	0.577*** (0.148)	0.0106 (0.034)	-6.626*** (1.094)	-0.0799** (0.034)	-0.0681 (0.182)	0.312*** (0.050)
剔除新产品同时又为退出产品的样本								
Soph	-0.049*** (0.006)	-0.039*** (0.009)	-0.078*** (0.020)	-0.007* (0.004)	-0.001 (0.005)	-0.092*** (0.012)	-0.142*** (0.023)	-0.032*** (0.004)
Agg	-0.215*** (0.073)	0.017*** (0.002)	0.076*** (0.011)	0.012*** (0.003)	-0.215*** (0.039)	-0.032*** (0.002)	-0.144*** (0.011)	-0.033*** (0.002)
Agg × Soph	0.875*** (0.117)	0.011*** (0.003)	0.058*** (0.017)	0.003 (0.005)	-0.059 (0.062)	-0.026*** (0.003)	-0.107*** (0.018)	0.029*** (0.004)
包含贸易公司的全样本估计结果								
Soph	0.086*** (0.018)	-0.083*** (0.010)	-0.203*** (0.022)	-0.025*** (0.005)	-0.096*** (0.015)	0.093*** (0.015)	0.184*** (0.030)	0.033*** (0.005)
Agg	-0.012*** (0.003)	0.017*** (0.002)	0.062*** (0.012)	0.005 (0.003)	0.010*** (0.003)	-0.040*** (0.003)	-0.160*** (0.014)	-0.039*** (0.003)

续表

变量	新产品进入				产品退出			
	Urb	RV	UV	Loc	Urb	RV	UV	Loc
包含贸易公司的全样本估计结果								
Agg × Soph	0.033 *** (0.005)	0.023 *** (0.004)	0.152 *** (0.019)	0.009 * (0.005)	-0.048 *** (0.005)	-0.013 *** (0.004)	-0.103 *** (0.023)	0.010 ** (0.005)

注：出于文章篇幅的考虑，未列出控制变量的估计结果。

本 章 小 结

早在19世纪，马歇尔通过外部规模经济来解释经济活动为什么在空间中集中。自此，学术界对集聚经济的产生及影响进行了大量的实证检验，但是并未形成一致的结论。尤其是近年来对产业间认知距离的关注，更是推动了集聚经济研究的新高潮。我们利用2000~2011年中国进出口海关数据，基于伊达尔戈和奥斯曼（2009）的迭代方法计算出口产品技术复杂度，以此来度量产品间技术复杂度的差异；借鉴伊达尔戈等（2007）的产品共存方法并应用到企业尺度，计算产品间的技术关联，以此构建反映技术关联集聚经济的相关多样化和不相关多样化集聚经济指标，并对比传统集聚经济的影响。通过识别城市新产品、在位产品和退出产品，讨论不同类型集聚经济影响城市出口产品技术复杂度提升的机制和渠道。

我们在现有文献的基础上，对不同类型集聚经济的溢出机制进行了补充和完善，提出两种作用途径：一种是溢出效应对城市扩展高技术复杂度产品的作用；另一种是溢出效应对维持城市已有高技术复杂度产品生存的作用。我们通过实证研究进一步检验了不同类型集聚经济对城市出口产品结构演化的影响。实证结果表明：多样化所带来的集聚外部性均有利于促进城市高技术复杂度新产品的出现，同时也有利于降低高技术复杂度产品退出的概率，反映了集聚经济带来共享、匹配和学习效应对城市出口产品扩展以及维持的重要作用。这一结果也很好地解释了集聚经济促进城市出口产品技术复杂度提升的机制和途径。此外，不同类型集聚经济的作用机制都与城市有关，东部地区更加依赖于相关多样化带来的相似知识。

本章的研究结论有一定政策意义。在经济转型的背景下，提高出口技术复杂度是我国调整出口结构、增强出口竞争力、促进经济持续增长的重要课题。转型过程中对区域本地出口环境的忽视，可能造成对升级认识的受限。很多文献肯定了传统集聚经济和技术关联集聚经济对新企业、新产业出现的重要作用,然而,对产业升级的影响却鲜少涉及。研究肯定了技术关联集聚经济尤其是不相关多样化在扩展高技术复杂度产品中的作用,为不相关多样化在提高区域抵御风险以外提供了新的理论认识方向和政策含义。因此,基于本地产业条件,地方政府运用经济、行政等各种手段与政策,为企业升级营造和培育良好的环境,增加企业升级过程中知识产生的途径、打通知识流通的通道,以降低产品生产和出口过程中面临的风险和不确定性,将更有利于产品尤其是高技术复杂度产品的产生和生存。当中国出口技术含量不断提升,开始越来越多地出口高技术复杂度产品时,才能逐渐摆脱加工车间的帽子,实现从贸易大国走向贸易强国。

本章参考文献

[1] 陈维涛,王永进,毛劲松. 出口技术复杂度、劳动力市场分割与中国的人力资本投资 [J]. 管理世界,2014 (2):6 – 20.

[2] 戴翔,金碚. 产品内分工、制度质量与出口技术复杂度 [J]. 经济研究,2014 (7):4 – 17,43.

[3] 洪银兴. 经济全球化条件下的比较优势和竞争优势 [J]. 经济学动态,2002 (12):6 – 10.

[4] 李坤望,蒋为,宋立刚. 中国出口产品品质变动之谜:基于市场进入的微观解释 [J]. 中国社会科学,2014 (3):80 – 103,206.

[5] 刘洪铎. 产业集聚对出口技术复杂度的影响研究——基于外贸发展方式转变视角的实证分析 [J]. 中国社会科学院研究生院学报,2016 (4):39 – 47.

[6] 刘志彪,张杰. 全球代工体系下发展中国家俘获型网络的形成、突破与对策——基于 GVC 与 NVC 的比较视角 [J]. 中国工业经济,2007 (5):39 – 47.

[7] 刘竹青,佟家栋,许家云. 地理集聚是否影响了企业的出口决策?——基于产品技术复杂度的研究 [J]. 产业经济研究,2014 (2):73 – 82.

[8] 莫莎,何桂香. 产业集聚与中国高新技术产品出口复杂度关系研究 [J]. 经济经纬,2013 (5):47 – 52.

[9] 聂辉华,邹肇芸. 中国应从"人口红利"转向"制度红利"[J]. 国际经济评论,2012 (6):124 – 135,7.

[10] 杨汝岱,李艳. 移民网络与企业出口边界动态演变 [J]. 经济研究,2016 (3):163 – 175.

[11] 杨汝岱,姚洋. 有限赶超与经济增长 [J]. 经济研究,2008 (8):29 – 41,64.

[12] 郑世林,周黎安,何维达. 电信基础设施与中国经济增长 [J]. 经济研究,2014 (5):77 – 90.

[13] Acs Z. and Storey D. Introduction: Entrepreneurship and Economic Development [J]. Regional Studies, 2004, 38 (8): 871 – 877.

[14] Amiti M. and Freund C. The Anatomy of China's Export Growth [J]. NBER, 2010: 35 – 56.

[15] Asche F., Roll K. H. and Tveteras R. Profiting from Agglomeration? Evidence from the Salmon Aquaculture Industry [J]. Regional Studies, 2016, 50 (10): 1742 – 1754.

［16］Batisse C. and Poncet S. Protectionism and Industry Location in Chinese Provinces［J］. Journal of Chinese Economic and Business Studies, 2004, 2（2）: 133-154.

［17］Boschma R. Relatedness as Driver of Regional Diversification: A Research Agenda［J］. Regional Studies, 2017, 51（3）: 351-364.

［18］Boschma R., Minondo A. and Navarro M. Related Variety and Regional Growth in Spain*［J］. Papers in Regional Science, 2012, 91（2）: 241-256.

［19］Boschma R., Minondo A. and Navarro M. The Emergence of New Industries at the Regional Level in Spain: A Proximity Approach Based on Product Relatedness［J］. Economic Geography, 2013, 89（1）: 29-51.

［20］Caragliu A., Dominicis L. de and Groot H. L. F de. Both Marshall and Jacobs were Right!［J］. Economic Geography, 2016, 92（1）: 87-111.

［21］Cerina F. and Mureddu F. Is Agglomeration Really Good for Growth? Global Efficiency, Interregional Equity and Uneven Growth［J］. Journal of Urban Economics, 2014, 84（Supplement C）: 9-22.

［22］Duranton G. and Puga D. Chapter 48 - Micro - Foundations of Urban Agglomeration Economies. In: Thisse JVH and J - F, editor. Handbook of Regional and Urban Economics［M］. Vol. 4. Elsevier; ［accessed 2017 Mar 15］; pp. 2063-2117. http://www.sciencedirect.com/science/article/pii/S1574008004800051. 2004.

［23］Feldman M. P. and Audretsch D. B. Innovation in Cities: Science - based Diversity, Specialization and Localized Competition［J］. European Economic Review, 1999, 43（2）: 409-429.

［24］Frenken K., Van O. F. and Verburg T. Related Variety, Unrelated Variety and Regional Economic Growth［J］. Regional Studies, 2007, 41（5）: 685-697.

［25］Hausmann R., Hwang J. and Rodrik D. What You Export Matters［J］. J Econ Growth, 2006, 12（1）: 1-25.

［26］Henderson V. Externalities and Industrial Development［J］. Journal of Urban Economics, 1997, 42（3）: 449-470.

［27］Henderson V., Kuncoro A. and Turner M. Industrial Development in Cities［J］. Journal of Political Economy, 1995, 103（5）: 1067-1090.

［28］Hidalgo C. A. and Hausmann R. The Building Blocks of Economic Complexity［J］. PNAS, 2009, 106（26）: 10570-10575.

［29］Hidalgo C. A., Klinger B., Barabási A. L. and Hausmann R. The Product Space Conditions the Development of Nations［J］. Science, 2007, 317（5837）: 482-487.

［30］Jarreau J. and Poncet S. Export Sophistication and Economic Growth: Evidence from China［J］. Journal of Development Economics, 2012, 97（2）: 281-292.

［31］Koopman R., Wang Z. and Wei S. J. How Much of Chinese Exports is Really Made In China? Assessing Domestic Value - Added When Processing Trade is Pervasive［Z］. Working Paper No. 14109, National Bureau of Economic Research. http://www.nber.org/papers/w14109. 2008.

［32］Lin J. Y. and Wang Y. China's Integration with the World: Development as a Process of Learning and Industrial Upgrading [J]. Social Ence Electronic Publishing, 2012, 1 (1): 201 -240.

[33] Manova K. and Zhang Z. Multi - Product Firms and Product Quality [Z]. National Bureau of Economic Research. http://www. nber. org/papers/w18637. 2012.

[34] Marshall A. The Principles of Economics [M]. London: Macmillan; [accessed 2017 Mar 15]. http://econpapers. repec. org/bookchap/hayhetboo/marshall1890. htm. 1890.

[35] Melitz M. J. The Impact of Trade on Intra - Industry Reallocations and Aggregate Industry Productivity [J]. Econometrica, 2003, 71 (6): 1695 -1725.

[36] North D. C. Institutions, Institutional Change and Economic Performance [M]. Cambridge University Press, 1990.

[37] Pierce J. R. and Schott P. K. Concording U. S. Harmonized System Categories Over Time [Z]. SSRN Scholarly Paper No. https://papers. ssrn. com/abstract =2054762. 2012.

[38] XU B. and LU J. Foreign Direct Investment, Processing Trade, and the Sophistication of China's Exports [J]. China Economic Review, 2009, 20 (3): 425 -439.

第九章
集聚经济与城市出口产品质量升级

第一节 引 言

改革开放以来,中国出口规模以 13.86% 的增长率快速增长,2012 年中国出口规模超越美国,成为世界头号贸易大国。然而,贸易大国并不代表着中国出口产品在国际市场上拥有绝对的竞争力。相较于出口规模,出口产品技术水平和产品质量更能反映一国经济发展的水平和出口产品的国际竞争力(Feenstra and Romalis,2014)。我国出口产品质量与欧美发达国家相比仍存在着较大差距,如何提升出口产品的质量、满足不同目的国(地区)市场对高质量产品的需求,成为新时期我国出口贸易发展的一大重要方向。党的十九大报告明确提出要坚持质量第一,把提高供给质量作为主攻方向,显著增强中国经济质量优势。近年来,中国经济开始进入新常态,中国国内土地、能源、劳动力等要素成本的上升,原来支撑经济高速增长的一些因素正在发生转变。与此同时,国际贸易环境也开始发生变化,更多发展中国家开始崭露头角,与中国开始形成强势竞争,再加上中国与主要贸易国家贸易冲突不断升级,中国迫切需要改变低价竞争思路。提升出口产品质量,增加产品国际竞争力,才能更好地实现出口贸易可持续发展。

随着全球化的进一步深化,国际贸易也突破了企业和部门的限制,开始更多地表现为产品内贸易。近年来,学者们开始更多地关注中国出口产品质量,并将其作为体现国家或地区要素禀赋以及出口产品竞争力的重要组成部分,是地区生产资源要素、技术要素、管理要素以及成本要素的组合。对企业产品质量异质性的研究已成为新新贸易理论的一大重要发展方向(余智,2013)。最近的贸易理论认为,企业生产效率异质性以外,产品质量也是同属于企业异质性的另一重要维度。为了解释企业出口产品价格与生产率异质性模型不一致的现象,经济学者开始将企业产品质量异质性引入企业异质性模型中,扩展企业生产效率异质性一维模型为产品质量差异与企业生产率差异两个维度同等作用的异质性模型(Baldwin and Harrigan,2011)。从供应角度来说,现有的多数模型将企业产品质量异质性内生化,认为产品质量是企业利润最大化目标的选择。因此,产品质量越高,企业需要投入的生产成本也相应越高,出口价格也就越高。从需求角度来说,消费者是在综合考虑产品价格和产品质量后,选择相应质量的产品以实现效用最大化。需求视角同样也是估计产品质量的重要理论假设。

产品质量影响产品在国际市场中的竞争力,决定了产品的经济利润、生产工人的工资和出口区域的收入水平(Hummels and Klenow,2005;Kugler and Verhoogen,2008;Schott,2004)。早期的研究多使用产品单位价格来反映产品的质量水平(Baldwin and

Harrigan, 2011; Bastos and Silva, 2010; Hallak and Schott, 2011; Harrigan et al., 2015; Manova and Zhang, 2012)。斯科特（2004）基于产品单位价格，研究发现各国之间也存在产品质量的产品内分工，出口较高质量的产品的国家通常也具有资本和技术比较优势，出口较低质量产品的国家通常具有劳动力比较优势。胡梅尔斯和克莱诺（2005）发现富裕国家出口的产品质量更高，出口量更大，国家之间出口产品质量差异能解释25%的平均收入差异。然而，产品的单位价格不单单由产品质量决定，更多地受到产品生产成本、企业出口市场定价能力和国际市场的需求偏好等的影响（Hallak and Sivadasan, 2013; Khandelwal, 2010）。因此，使用单位产品价格来反映出口质量可能存在比较大的偏差。比如，对于同一种产品，中国的价格往往较低。其主要原因是因为中国的劳动力成本较为低廉。近年来，部分研究开始尝试测度产品质量，并对测算的产品质量进行检验（Hummels and Klenow, 2005; Hallak and Schott, 2011; Khandelwal, 2012; 余淼杰和张睿，2017；张杰、郑文平和翟福昕，2014）。这部分研究通过测算中国出口产品质量，发现中国等发展中国家的出口产品质量普遍低于发达国家。该结论与学者们发现中国出口产品技术复杂度接近发达国家的结论完全相反。这主要是因为技术复杂度主要反映产品间的差异，而产品质量主要反映产品内的差异，两者体现产品升级的不同维度。

出口产品质量的影响因素也是早期产品质量研究的重要内容。出口产品质量升级不仅受企业创新、模仿、市场竞争、知识溢出、中间品质量效应等因素的影响（Grossman and Helpman, 1991; Glass and Saggi, 2002, 2007; Amiti et al., 2013; Feenstra and Romalis, 2014; Manova and Zhang, 2012），还受到国家政策干预的影响（Motta et al., 1997; Zhou et al., 2002; Moraga et al., 2005）。随着古典和新古典贸易理论扩展至异质性贸易理论，出口产品质量的决定因素及其异质性成为国际贸易研究的重要问题，越来越多的研究开始关注中间品投入对出口产品质量的影响。随着国际分工细化，中间品投入与资本和技术一样，已经成为最终产品生产必不可少的一部分，大量文献已经证明中间品进口可以显著提升企业生产率（Feng et al., 2016）。本章根据中间品进口影响出口产品质量的作用机理梳理相关文献。

新国际贸易理论认为企业不可能出口所有产品，在扩展一个新的出口关系时，需要支付一定的沉没成本。部分研究也发现，企业倾向于第一年支付一小笔成本，在该出口关系成功扩展后，根据产品的市场表现再决定是维持该出口关系还是放弃该出口关系，出口关系的扩展过程中存在"试错"机制。施炳展（2014）通过测算中国企业层面的出口产品质量，也发现质量的升级主要发生在企业出口关系建立后的第二年。企业以自身利润最大化来决定产品的价格和质量。一方面，企业对于产品质量的决策直接影响着其产品的需求和销量；另一方面，产品质量也与企业的生产成本相关，企业提高自身产品质量的同时也会带来成本的提升。企业对于产品质量的决策权衡取决于两个方面：第一，高的产品质量提高了生产成本，压缩了企业每单位产品的利润；第二，高的产品质量使得企业所面对的需求和销售价格更高，这增大了企业的利润。企业因而通过决策产品质量，使得边际收入和边际成本相等。此处，对于新出口关系的产品和企业已有出口关系中的产品，当固定两种产品的质量时，生产新出口关系中的产品需要增加部分与质量无关的沉没成本投入，以低质量产品的出口关系进入有利于降低"试错"成本（李坤望等，2014）。因此，企业扩展的新出口关系中的产品质量往往低于已有出口关系中的产品质量。

企业集聚过程中通过共享（sharing）、匹配（matching）和学习（leaning）来获取知识的溢出以及降低生产成本（Duranton and Puga，2004）。集聚对出口产品质量提升的作用机制主要在于以下两个方面：一是产业集聚可以增加企业产品质量升级的知识来源。创新需要新的知识，知识获取的难易程度是企业实现升级的重要保障（Grossman and Helpman，1990）。企业升级的过程伴随企业知识的创造以及创新能力的不断提升。因此，影响企业知识获取以及创新能力的因素将会对企业升级产生影响。当企业在一定空间范围内共聚时，一方面，较短的空间距离也带来较低的交流学习和低交通成本，从而降低潜在进入产品在生产、销售等环节的成本。另一方面，空间中集中的企业可以利用熟练的、不需培训的劳动力，甚至获取劳动力流动所带来的知识转移，尤其是那些不易被编码，难以被复制及模仿的隐性知识的传播。因此，在劳动力匹配池，通过人才流动可以将专业知识转移、深化并扩展区域知识库，有利于企业以较低的成本，获取潜在扩展产品生产的知识，并促进新知识、新产品的创造。二是产业集聚可以降低企业产品质量升级的固定成本。首先，企业集聚在空间中可以共享基础设施，从而有利于企业生产成本的节约，由此增加了企业提升产品质量的资源来源。其次，企业在空间中集中可以以较低的搜寻成本获取利用熟练的、不需培训的劳动力。再有，集聚带来的匹配效应还可以降低企业获取上下游供应商的成本；同时，产业链条升级的溢出传导效应还可以促进企业产品质量的提高。一些出口企业设备的改进和提升，可能带来出口产品质量的改进，或者储备生产新产品的能力。相应地，该提升将分别要求配对的上游企业和下游企业原料或半成品产品质量和结构发生变化、生产加工及设备水平提高，从而带来整个产业链全方位的技术进步，甚至带来企业出口产品结构的升级。实证结果也表明，知识溢出确实存在于产业链上下游当中，新技术通常从产业链的下游企业，通过溢出效应对上游企业造成显著影响（Forni and Paba，2002）。实证研究发现出口企业的集聚可以通过显著地促进出口市场等信息的溢出，从而降低出口的进入成本（Amighini and Sanfilippo，2014）。同样，产业集聚（尤其是那些生产高质量产品的企业）通过知识溢出降低了升级企业进行高质量产品生产的固定成本。

集聚经济带来的溢出效应对经济增长、创新发生等的影响已经得到了大量实证研究的证实（Acs and Storey，2004），然而，并不是只要在空间中共聚，知识溢出效应就会发生。城市经济学家根据集聚企业是否属于同一产业,将集聚经济区分为地方化经济和城市化经济。前者源于同类产业空间集聚所带来的外部性,而后者源于不同产业空间集聚所带来的外部性。马歇尔(1890)的地方化经济是指同一产业内的企业聚集在特定区域,可以共享专业化的劳动力市场、上下游联系和同行业企业之间的知识溢出,从而降低企业的搜寻、生产、交通以及创新等各项成本。城市化经济源于多样化的经济活动集中在一个地方,取决于地方经济规模带来的多样化(Hoover,1937)。雅各布斯(1969)对城市化经济的阐释做出了重要贡献,认为信息溢出发生在不同产业之间。"地方化经济和城市化经济谁的作用更大"的命题得到了大量的讨论(Galliano,2015),然而却并没有得到一致的结论(Henderson,1997;Feldman and Audretsch,1999)。对于结论不一致的原因,首先,我们需要讨论是不是所有经济活动在空间上的集聚都能够产生溢出效应呢?事实上,不同类型的知识,传播渠道和难易程度也有较大的差异,可编码的知识更容易传播,而隐性知识需要面对面交流才更容易传播。随着全球化和科技进步带来的空间距离成本的压缩,空间距离引致的成本逐渐缩小,不同产业之间的认知距离开始得到大量的关注。其次,如果不是所有产业之间都能发生溢出效应,那结论不一可能与雅各布斯外部性本身的来源有关。知识溢出是雅各布斯外部性的重要作用机制,但如果知识并不能在任意两个不同产业之间溢出,多样化就不能带来理论上的效应。

随后,产业之间认知距离开始成为解释知识溢出效应重要的变量(Weterings and Boschma,2009;Boschma,2013;Zhu et al.,2017;贺灿飞和郭琪,2016)。甚至越来越多的研究发现,与地理邻近相比,行业之间的认知邻近对知识溢出的影响可能更重要(Caragliu,2016)。不同行业间的认知距离的适当测度为该问题认识的突破带来了曙光(Hidalgo et al.,2007),这种认知距离被定义为产业关联。博施马和弗伦肯等地理学者引入产业关联来刻画产业多样化和专业化(Hoover,1937;Jacobs,1936),发现知识溢出多发生在区域拥有类似知识基础的产业之间,相关多样化程度高的区域能获得更多的机会去转型到相关产业(Boschma et al.,2013),同时也能保证转型扩展后的产业的生存(Neffke et al.,2012)。因此,城市相关多样化程度越高,新产品进入和生存概率越高,也越有利于在位产品质量的提升。与相关多样化同时提出的不相关多样化多出现在区域产业增长的研究中(Frenken et al.,2007),其作用机制主要是通过增加区域产品集的容量来抵御区域发展的风险。因此,在城市本身资源一定的情况下,不相关产品集越大,潜在产品进入的门槛越高,更多地体现为资源的竞争效应。因此,不相关多样化可能将对新产品的进入产生竞争效应,不利于产品质量的提高。据此,我们认为,城市不同类型集聚经济不仅有利于提升出口产品技术复杂度,对城市出口产品质量升级也有重要影响。

现阶段,常用的集聚经济刻画指标主要包括以下内容:(1)同行业的空间集聚,地方化经济(specialization)(Marshall,1890;Glaeser et al.,1992);(2)城市规模带来的城市化经济（population density）；（3）以认知距离以及产业联系刻画的相关专业化（related specialization）（Frenken et al.，2007）；（4）以产业认知距离刻画的相关行业集聚的相关多样化（related variety）；（5）不相关行业空间集聚的不相关多样化（unrelated variety）。我们将在现有指标的基础上，分别测度传统集聚经济与技术关联集聚经济，考察不同类型集聚经济对出口产品质量的影响。研究结果为我们探讨中国出口产品质量提升和出口结构改善提供了新的思路，这对于进一步推动出口结构乃至产业结构升级具有重要的政策含义。

第二节 模型设置与指标测算

一、模型设置

为讨论不同类型集聚经济对城市出口产品质量的影响，我们以城市出口产品质量的变化为因变量，不同类型集聚经济为自变量，包括地方化经济、城市化经济、城市出口产品多样化、相关专业化、相关多样化和不相关多样化，讨论传统集聚经济、技术关联集聚经济对城市出口产品质量升级的影响，具体模型设置如下：

$$Qualitychange_{c,i,t} = Quality_{i,j,t-1} + Urb_{i,t-1} + AR_{i,j,t-1} + RV_{i,t-1} + UV_{i,t-1} \\ + Control_{i,t-1} + \varepsilon_i + \mu_j + \varphi \tag{9.1}$$

其中，c、i、t分别表示城市、产品和时间。$Qualitychange_{i,j,t}$为城市出口产品质量的增长，$Quality_{i,j,t-1}$为$t-1$期城市出口产品质量；$Urb_{i,t-1}$为城市化经济；$AR_{i,j,t-1}$为城市出口产品相关专业化；$RV_{i,t-1}$为城市出口产品相关多样化；$UV_{i,t-1}$为城市出口产品不相关多样化；$Control_{i,t-1}$为其他控制变量。按照已有文献对城市化经济的定义，本研究采用人口密度来衡量城市化经济水平（$Urb_{i,t-1}$）。为了考察估计结果的稳健性，我们加入的控制变量如下：

人力资本。根据要素禀赋理论，人力资本禀赋相对丰裕的国家在人力资本密集型产品上拥有比较优势。同时，较高的人力资本水平能够降低工人的学习时间，提高技术的引用广度和速度，并有助于劳动分工的深化和效率的改善，因而有助于城市出口产品质量的提高。我们利用中国工业企业数据库的年工资总额得到年份—城市和年份—行业—城市的人力资本。

政府扶持。围绕经济增长的政治竞争是中国财政分权、政治集权的制度背景的结果，因而，政府被赋予更强烈的动机干预产业的发展。为了提升政绩，地方政府采取不同类型的政策手段以吸引产业的进入,推动产业的发展,如财税减免、政府补贴等。这些政策有利于促进企业升级研发的资金来源,提高研发和应用的速度。我们利用中国工业企业数据库得到年份—城市和年份—行业—城市层面的政府补贴率。

对外联系程度。通过参与国际贸易,企业能够从对外贸易中学习先进的计算方式,提升自身的计算水平,FDI 的流入可以降低研发和学习成本,从而提高城市出口产品的质量。我们利用中国工业企业数据库得到年份—城市和年份—行业—城市两个维度的城市 FDI 的比重。

基础设施。新新贸易理论研究表明,贸易的增长主要依靠两种方式:一种是已有出口企业出口数量的增长;另一种是新企业的进入和出口产品种类的扩展,前者为出口深度,后者为出口广度。良好的基础设施通过降低企业的生产和进入成本,不仅有利于提高企业的广度,还有利于提高企业的出口深度。本研究的基础设施水平主要来源于《中国城市统计年鉴》的城市人均道路面积。

金融发展水平。出口产品质量的提升需要额外的资本投入,良好的城市进入发展环境能为企业提供较为高效的资金供应,从而有利于促进城市出口产品质量的提升。我们主要采用《中国城市统计年鉴》中的城市金融从业人数来表征。

对因变量城市出口产品质量的估计说明如下。目前对产品质量的测度主要有三种方法。早期学者们常用出口产品单位价值(unit value)来反映出口产品的质量(Hallak and Schott,2011;李坤望和王有鑫,2013)。该方法隐含的假设是高价格产品即为高质量产品,而低价格产品即为低质量产品。这类研究的缺陷是产品之间的单位价格本身是不可比的;其次,产品的出口价格受到很多因素的影响,比如贸易关税、价格竞争,等等。一定程度上,产品的单价可能不能反映产品的质量,其受到产品生产成本、企业定价能力和需求偏好等的影响。之后,经济学领域出现了大量估算出口产品质量的文献,大多基于产品需求和产品供给的关系展开(Pula and Santabárbara,2011;Schott,2004;孙林等,2014)。这些研究虽然一定程度上考虑了产品定价是由多个因素而非只是产品质量决定这个问题,但由于数据限制,仍然无法细致地解决产品质量的可比性问题,计算结果较为粗糙。得益于详细的企业进出口数据,一些研究开始对中国出口产品质量进行估计,并将产品质量的估计推进到企业—产品—国别层面(余森杰和张睿,2017;张杰等,2014;施炳展和邵文波,2014)。我们以这些研究为基础,并结合鲍德温和哈里根(2011)、皮韦托和斯马格休(2013)的建模思路,构建关于产品质量的局部均衡模型,测算了年份—企业—产品—市场层面的产品质量,并加总到城市—产品—目的国(地区)市场层面来讨论城市出口产品质量升级问题。具体的估算方法见第四章。

集聚经济指标中,城市化经济、地方化经济、相关多样化和不相关多样化的测度方法见第八章。相较于第八章,本章试图从产品间距离和产品之间的联系两个方面来突破已有专业化指标的衡量,研究相关专业化对中国城市出口产品质量的影响。虽然产品技术关联可以扩展专业化的产品范围，然而，技术关联的引入也可能出现两种产品技术关联较强却并不存在任何联系的情况，可能造成专业化的溢出效应并不明显。因此，我们在引力模型的基础上，通过产品之间的联系强度来加权产品之间的技术关联强度，以此测度相关专业化。可见，相关专业化刻画的是具有联系的相关行业的专业化程度。每年城市 c 相关专业化为 AR：

$$AR_{ct} = \sum_i \sum_j x_{cijt} \varphi_{ij} \tag{9.2}$$

其中，φ_{ij} 为产品 i 和产品 j 的技术关联，x_{cijt} 为城市 c 产品 i 和产品 j 在时间 t 时的联系强度。该联系强度主要通过城市中该类产品出口的企业个数来衡量，测算方法如下：

$$x_{cijt} = \frac{(P_{cit} + P_{cjt})(P_{cit} + P_{cjt} - 1)}{\sum_i P_{cit}(P_{cit} - 1)} \tag{9.3}$$

其中，P_{cit} 为时间 t 城市 c 出口产品 i 的企业个数；P_{cjt} 为时间 t 城市 c 中出口产品 j 的企业个数，x_{cijt} 的分母为城市 c 中产品之间的总联系强度。该指标的构建主要是借助生产网络思想，两个产品之间的联系主要通过生产该产品的企业来传递。以具体的网络图示来解释，图 9-1 中每个圆圈代表一种产品，圆圈中的数字代表该产品被多少个企业生产，每个圆圈之间的距离为连线上的数字，即两类产品之间的技术关联程度。图示中灰色圆圈中的 5 代表在该城市中有 5 个企业生产该产品，因此，灰色圆圈与只有 1 个企业生产（右上角的产品）之间的联系 x_{ij} 为 [(5+1)×(5+1-1)]/[(9+5+5+4+2+1)(9+5+5+4+2+1-1)]。在获取城市中产品之间的联系后，再通过加权两个产品之间的技术关联程度，从而得到产品 i 和产品 j 之间的相关联系强度。

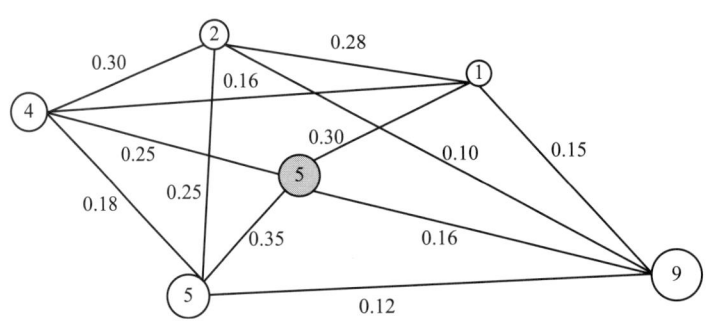

图 9-1 出口产品相关专业化计算示意

资料来源：作者绘制。

表 9-1 为不同年份我国出口产品相关专业化情况。2000 年我国出口产品中鞋帽制造、纺织产品和皮革制品等的相关专业化程度相对较高。相对而言，矿产品、畜产品、果蔬和粮食产品等相关专业化程度较低。改革开放以来，中国一些地区，尤其是沿海地区以"块状经济"为特征的产业集群开始初具规模，而产业集群中的产业主要以纺织、

服装、制鞋等传统初级加工制造业为主。以浙江省为例，目前已经形成了成千个专业村或专业镇。2001 年，浙江省 88 个县市区中共有 800 多个产业集群，集群中有纺织、制衣、制笔、电器、机械制造、医药等行业，共有工业企业 23.7 万家，吸纳了 380.1 万就业人员。珠江三角洲在"三来一补"等加工贸易带动下，形成了电子信息产业集群、家电产业集群、纺织服装产业集群、汽车产业集群、陶瓷产业集群等。这些集群的形成是专业化的重要体现。2011 年机械及电子制品和塑料橡胶产品成为专业化程度最高的产品。2008 年金融危机以来，在全球市场萎缩的情况下，我国的电子信息等产品仍然保持着相对优势。苏州、昆山和吴江的电子信息产品、东莞的电脑、惠州的电子信息等产业集群成为我国机械及电子制品产业专业化发展的重要组成部分。我国出口产品相关专业化程度一定程度上可以反映我国出口产品演化的方向。

表 9-1　　　　　　2000~2011 年中国两位数产品相关专业化程度（×0.0001）

产品	2000 年	2001 年	2002 年	2003 年	2004 年	2005 年	2006 年	2007 年	2008 年	2009 年	2010 年	2011 年
矿产品	0.045	0.043	0.043	0.039	0.038	0.035	0.033	0.029	0.025	0.021	0.021	0.018
畜产品	0.058	0.053	0.044	0.035	0.028	0.023	0.019	0.016	0.014	0.014	0.013	0.012
果蔬制品	0.103	0.097	0.081	0.070	0.061	0.054	0.046	0.039	0.030	0.030	0.027	0.026
粮食作物	0.114	0.116	0.101	0.086	0.075	0.068	0.061	0.053	0.044	0.043	0.041	0.038
化学及相关产品	0.283	0.287	0.297	0.304	0.316	0.319	0.329	0.182	0.171	0.174	0.176	0.174
交通运输	0.354	0.382	0.405	0.433	0.456	0.478	0.509	0.555	0.584	0.560	0.541	0.555
金属制品	0.812	0.826	0.883	0.919	0.980	1.004	1.076	1.137	1.140	1.172	1.191	1.206
矿石及玻璃制品	0.866	0.893	0.950	0.980	1.086	1.003	1.075	1.009	0.861	0.836	0.811	0.723
木制品	1.051	1.085	1.142	1.217	1.268	1.219	1.261	1.232	1.135	1.095	1.094	1.075
机械和电子制品	1.221	1.267	1.324	1.397	1.441	1.497	1.555	1.661	1.833	1.902	1.944	2.064
塑料、橡胶制品	1.309	1.388	1.479	1.630	1.800	1.815	1.980	2.350	2.321	2.389	2.445	2.559
其他制品	1.409	1.396	1.431	1.480	1.570	1.469	1.544	1.522	1.460	1.444	1.426	1.403
皮革和毛皮制品	1.548	1.559	1.583	1.600	1.671	1.516	1.541	1.378	1.340	1.314	1.259	1.211
纺织品	1.973	1.892	1.930	1.935	1.903	1.920	1.843	1.739	1.698	1.588	1.530	1.422
鞋帽制品	2.837	2.798	2.794	2.778	2.835	2.588	2.714	2.439	2.077	1.962	1.872	1.760

资料来源：作者根据中国海关进出口贸易数据库数据计算。

二、集聚类型与中国城市出口产品质量

将企业出口到不同国家的产品质量，利用其出口额加权，得到城市出口产品的质量。

图9－2为城市出口产品质量与人均GDP的关系。由图可见，出口产品质量与人均GDP具有明显的正相关关系；东部地区城市出口产品质量相对较高。与经济复杂度反映的城市出口产品差异不同，西北地区城市出口产品质量处于中上部分位置。也就是说，西北地区城市经济复杂度较低，产品结构可能更多地集中在一些低技术复杂度的资源密集型产品上，但出口产品的质量相对较高。这也从侧面反映了两个指标对出口产品升级研究刻画的内容存在的差异。因此，影响区域选择两种升级路径——选择升级到更高技术复杂度的产品还是升级到更高质量的产品的因素也可能不同。图9－3为中国城市出口产品质量与城市出口产品相关专业化的关系。由图可见，两者的线性关系并不明显。图9－4为城市出口产品相关多样化与城市出口产品质量的关系，散点图分布显示两者之间具有较为明显的正相关关系，即表明相关多样化程度越高的地区，城市出口产品的质量也相对越高。相较于2000年，2011年相关多样化与城市出口产品质量的散点图更为发散。相较于城市的相关多样化程度与城市出口产品质量的关系，不相关多样化与城市出口产品质量的关系散点更加发散，见图9－5。不同形状的点代表城市位于不同的区域，总体来说，东部地区城市相关多样化和不相关多样化都相对更高，中部地区城市次之，西部地区最低。

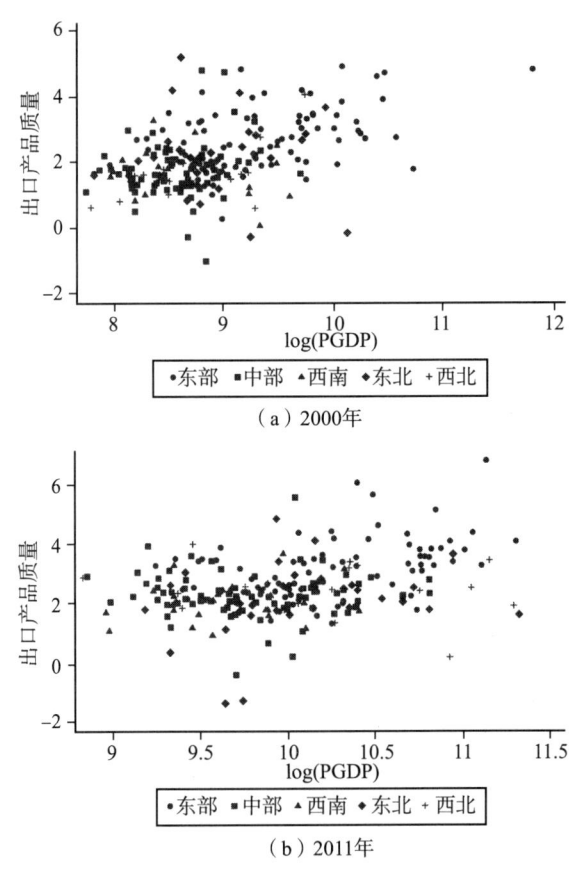

（a）2000年

（b）2011年

图9－2　城市人均GDP与出口产品质量的关系

第九章 集聚经济与城市出口产品质量升级

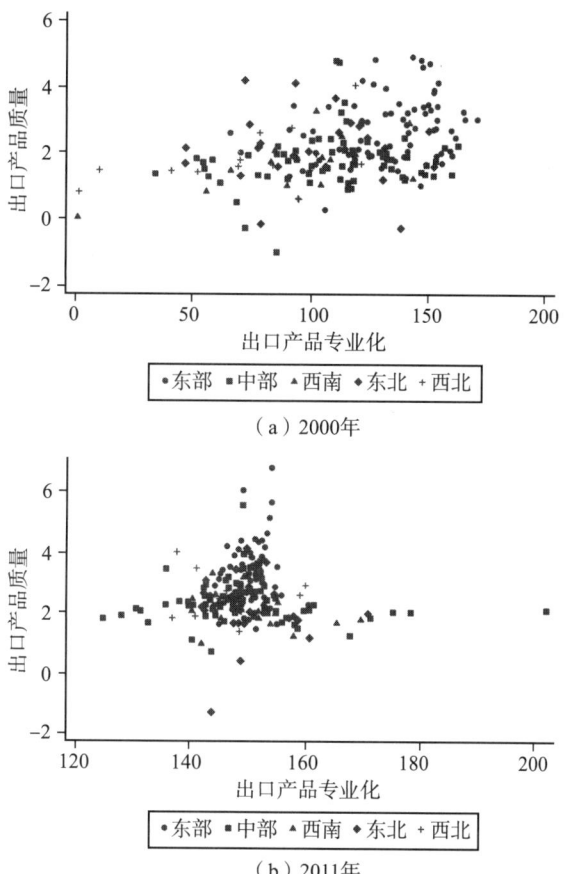

图 9－3　城市出口产品相关专业化与出口产品质量的关系

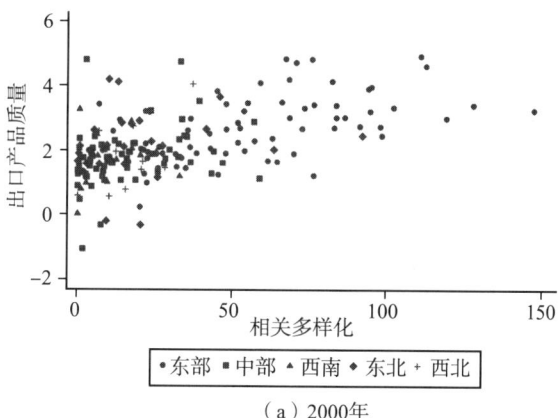

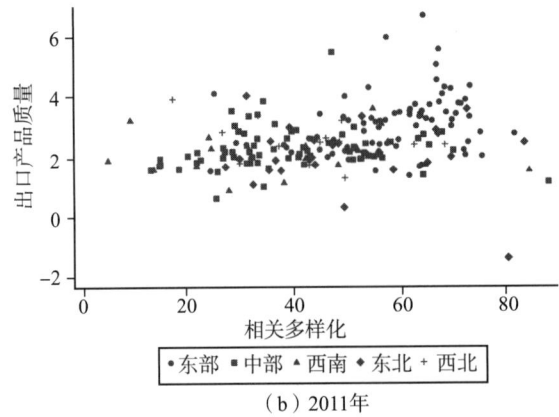

(b) 2011年

图9-4 城市出口产品相关多样化与出口产品质量的关系

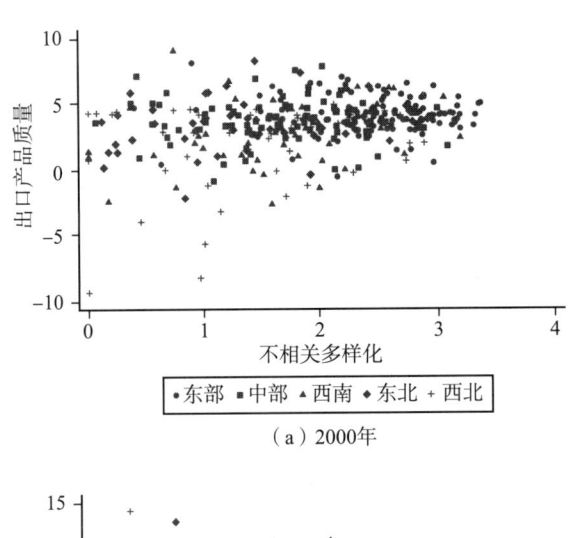

(a) 2000年

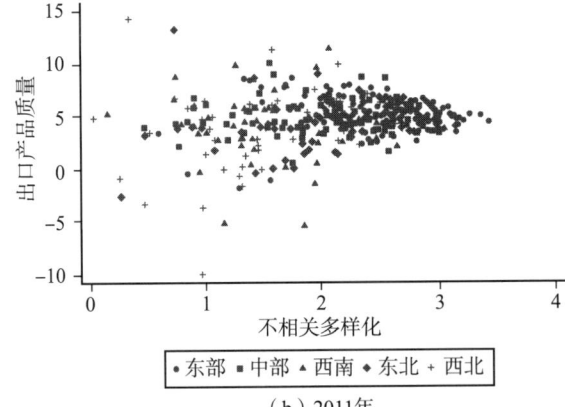

(b) 2011年

图9-5 城市出口产品不相关多样化与出口产品质量的关系

第三节 实证结果分析

一、基准模型结果

城市出口产品质量模型是一个 2000~2011 年的动态面板数据,整体表现如下:(1) 短时序、大截面的特征,即数据面板中每个截面所包含的样本个体数远大于面板的时间序列长度。(2) 截面个体之间存在较为显著的异方差和自相关性。(3) 解释变量可能并非严格外生,解释变量可能与随机扰动项相关。鉴于模型数据结构以及国际贸易具有动态变化的特征,如果采用普通的面板模型研究集聚经济对城市出口产品质量的影响,回归结果可能是有偏的,故而拟采用动态面板模型来克服上述问题带来的影响。目前,动态面板模型主要有两种估计方法:差分 GMM 和系统 GMM。差分 GMM 仅对差分方程进行估计,系统 GMM 则是将差分方程和水平方程进行联立估计,并以差分变量的滞后项作为水平方程的工具变量,以水平变量的滞后项作为差分方程的工具变量。考虑到差分 GMM 出现的弱工具变量问题,在一般情况下系统 GMM 比差分 GMM 估计更有效,因而我们采用系统 GMM 方法进行估计,并使用固定效应模型进行对比。为验证工具变量的有效性,我们进行了 Sargan 检验(Arellano and Bover, 1995; Blundell and Bond, 1998)。根据鲁德曼(Roodman, 2009)关于系统 GMM 运用的论述,在模型中增加了时间固定效应,以保证自相关只存在于截面内部个体之间的假设更容易成立。

在模型的估计过程中,首先进行奥斯曼检验以确定模型中的变量并非严格外生。对截面进行异方差检验的结果表明,模型普遍存在异方差问题。同时,除了相关多样化和不相关多样化的相关系数为 0.62,其余各变量的相关系数均小于 0.5,方差膨胀因子 (VIF) 小于 3,表明各模型并不存在严重的多重共线性问题。为此,运用两阶段系统 GMM 进行稳健参数估计,同时检验一阶差分方差是否存在一阶序列相关 $AR(1)$ 和二阶序列相关 $AR(2)$。不存在二阶序列相关是保证系统 GMM 估计量一致的前提,结果发现模型普遍表现为显著的 $AR(1)$ 和不显著的 $AR(2)$。Difference-in-Hansen 检验的结果同样不能拒绝"系统 GMM 新增矩限制是有效的"的原假设,证明了模型使用系统 GMM 比差分 GMM 更有效。各模型的具体检验结果均在回归结果表中进行报告。回归结果表中同时报告了固定效应(fixed effect)的估计结果,结果显示系统 GMM 的估计结果更加稳健,侧面反映采用系统 GMM 估计模型是必要的。表 9-2 报告了城市—产品出口关系和城市—产品—出口目的国(地区)出口关系的固定效应模型(FE)和两

步系统 GMM 方法估计结果,比较各栏估计结果,系统 GMM 结果比固定效应模型的结果更为稳健,并得到如下结论:

第一,在所有估计模型中,技术关联集聚经济中相关多样化和不相关多样化均显著为负。与已有文献发现相关多样化有利于促进新产业、新技术出现,不相关多样化通过扩大区域产业多样化来抵御风险的结论不同,相关多样化和不相关多样化对城市—产品—国家出口关系的产品质量提升的影响主要表现为资源的竞争效应。城市出口产品多样化过程中,多样化扩展的出口关系将占用城市资源,从而对出口产品质量的提升形成竞争效应。城市化经济对城市出口关系的出口产品质量的影响并不稳健。

第二,在所有回归组合中,FDI 对城市出口产品质量提升呈现显著的促进作用。在全球生产分工的背景下,越来越多跨国公司选择在全球范围内配置资源,从 FDI 的来源来看,大多数 FDI 来自发达国家,其产品具有较高的质量。一方面,国际贸易多发生在跨国公司内部(Antras,2003),跨国公司带来的溢出效应直接导致东道国高质量产品出口的增加;另一方面,东道国企业可以通过技术模仿来提高自身的技术水平,从而间接地促进了出口质量的提高。最后,跨国公司生产后的产品用于出口,且出口目的地大多为较为发达的国家,发达国家的高质量产品需求也进一步促进了本国生产产品质量的提高。

第三,人力资本对出口产品质量的贡献为负。这主要是因为我们选择职工的平均工资作为人力资本水平的代理变量。工资水平越高的地区,企业的生产成本越高,反而不利于出口产品质量的提升。这说明,人力资本对出口产品质量的影响主要是通过抢占升级过程中的其他资源来实现的。城市基础设施(infros)显著为正,完善的交通基础设施有利于降低企业生产和出口成本,从而有利于促进提高贸易的"深度"和"广度"(王永进,2010)。城市金融发展水平(fiance)显著为正,表明良好的金融环境不仅能为企业进行质量升级提供资金支持和服务保障;同时,也反映了城市拥有良好的企业创新发展环境,有利于推动出口质量升级。

第四,距离大城市(dis_bigcity)与港口城市(dis_port)的距离变量显著为负。即距离大城市与港口城市的距离越近,出口产品质量越高,体现为大城市的溢出效应以及港口城市对出口成本降低的影响。

表 9-2　　　　　　　　集聚经济对城市出口产品质量增长的影响

变量	城市—产品关系				城市—产品—出口目的国(地区)关系			
	FE	FE	系统 GMM	系统 GMM	FE	FE	系统 GMM	系统 GMM
	模型(1)	模型(2)	模型(3)	模型(4)	模型(5)	模型(6)	模型(7)	模型(8)
$quality_{t-1}$			0.696*** (10.601)	0.669*** (10.087)			0.506*** (50.469)	0.505*** (51.140)

续表

变量	城市—产品关系				城市—产品—出口目的国（地区）关系			
	FE	FE	系统 GMM	系统 GMM	FE	FE	系统 GMM	系统 GMM
	模型（1）	模型（2）	模型（3）	模型（4）	模型（5）	模型（6）	模型（7）	模型（8）
RV	-0.002 (-0.666)		-0.0002 (-0.039)		-0.003*** (-3.401)		-0.003*** (-4.000)	
UV		-0.601*** (-3.576)		-0.414** (-2.183)		-0.341*** (-7.466)		-0.300*** (-7.392)
Urb	-0.658* (-1.838)	-0.516* (-1.745)	-0.213 (-0.729)	-0.129 (-0.409)	0.340 (1.171)	0.301 (1.062)	0.001 (0.004)	-0.200 (-0.793)
FDI	1.119** (2.179)	1.228** (2.447)	1.107*** (3.007)	1.451*** (4.16)	0.067 (0.579)	0.012 (0.104)	0.885*** (9.858)	0.760*** (9.482)
$H\_capital$	-1.160 (-0.458)	-0.869 (-0.359)	0.087 (0.085)	-0.394 (-0.240)	-1.483** (-2.404)	-1.436** (-2.332)	-0.905* (-1.857)	-1.643*** (-2.755)
Gov	16.445 (1.125)	14.386 (1.016)	-2.423 (-0.382)	-4.480 (-0.786)	-6.283* (-1.818)	-7.612** (-2.201)	-3.452 (-1.148)	-0.140 (-0.049)
$Fiance$	0.058* (1.785)	0.030 (1.077)	0.048** (2.571)	0.059* (1.757)	0.070*** (7.759)	0.063*** (6.901)	0.037*** (7.998)	0.036*** (8.024)
$Infros$	-0.001 (-0.698)	-0.001 (-0.987)	0.002 (1.285)	0.002 (1.062)	0.001 (1.421)	0.001 (1.303)	0.002*** (2.604)	0.002*** (3.028)
$Dis\_bigcity$			-0.000 (-1.319)	-0.000 (-0.898)			-0.000** (-2.571)	-0.000** (-2.356)
Dis_Port			0.000 (0.143)	-0.000* (-1.673)			-0.000*** (-3.135)	-0.000*** (-3.231)
年份固定	Yes	Yes	Yes	Yes	Yes	Yes	Yes	Yes
N	2017	2017	2017	2017	67159	67159	67159	67159
R^2	0.101	0.122			0.141	0.143		
Sargan			21.259	28.338			790.312	785.668
$AR（1）$			-5.746	-5.759			4.20e-85	2.71e-84
$AR（1）p$ 值			9.15e-09	8.45e-09			3.44e-306	0
$AR（2）$			1.446	1.366			3.876	3.849
$AR（2）p$ 值			0.148	0.172			0.00011	0.00012

注：***、** 和 * 分别表示1%、5%和10%的统计显著水平，括号内为估计量的 t 统计值。

二、影响渠道分析

城市出口产品质量升级主要通过高质量产品的进入、在位产品质量的提升以及低质量产品的退出等途径来实现。那么,不同来源的集聚经济又分别对哪一种城市出口关系动态产生影响呢?首先,对于城市新的出口关系中的出口产品质量。城市新出口关系可以为城市潜在出口关系集中的任意一个,新出口关系的产品质量也是随机的。然而,已有研究多发现新出口关系的产品质量低于市场上该产品质量的平均水平,因此,如果直接使用线性模型进行最小二乘法估计,人为选择了产品的质量样本进入模型。这种自我选择样本而非随机样本将会导致有偏估计(盛丹等,2011),从而可能造成自变量的作用被低估,出现"自选择问题"。为了避免这一问题,在集聚经济对城市新出口关系产品质量影响模型中,我们选择赫克曼(Heckman)二阶段选择模型进行计量分析。赫克曼两阶段中第一阶段为新出口关系是否出现在城市中,第二阶段为新出口关系中出口产品的质量。与普通的最小二乘方法不同的是第二阶段的方程中加入了 λ_i 项(inverse Mill's ratio),用于克服样本的选择性偏差。与此同时,我们也加入混合 OLS 进行对比分析,城市新进入关系以及新进入关系的产品质量估计模型的结果见表 9-3。我们发现:混合 OLS 模型中,技术关联集聚经济对城市新出口关系的影响为负,而传统集聚经济城市化经济作用为正。当我们将第一阶段新出口关系估计的 λ_i 加到第二阶段后,技术关联集聚经济对新出口关系起到显著的正向作用,对新出口关系的质量的影响仍显著为负,估计结果稳健。"试错"机制的存在使得企业往往会选择一个较低的产品质量水平进行生产。集聚经济中,相关多样化、不相关多样化以及城市化经济水平较高的地区,企业获取相关的知识技术、经验的可能性较高,扩展新出口关系的成本相对较低和面临的不确定性相对较小。可见,集聚经济有益于促进城市新出口关系的产生,但对新出口关系的出口产品的质量的贡献不足,甚至表现为竞争效应。其他控制变量的结论多与集聚经济变量的影响一致。

表 9-3　　　　　集聚经济对城市(出口)产品质量的影响

变量	混合 OLS		Heckman 两阶段			
	模型(1)	模型(2)	进入方程	质量方程	进入方程	质量方程
RV	-0.001** (-2.312)		-0.0009*** (-5.848)	-0.0014** (-2.454)		
UV		-0.124*** (-7.356)			0.054*** (11.191)	-0.068*** (-3.794)

续表

变量	混合 OLS		Heckman 两阶段			
	模型（1）	模型（2）	进入方程	质量方程	进入方程	质量方程
Urb	0.746*** (3.874)	0.700*** (3.635)	-0.282*** (-5.133)	0.441** (2.208)	-0.217*** (-3.959)	0.446** (2.237)
FDI	0.277*** (13.156)	0.276*** (13.092)	-0.019*** (-3.268)	0.261*** (12.055)	-0.018*** (-3.194)	0.261*** (12.029)
$H\_capital$	-0.685*** (-7.165)	-0.697*** (-7.283)	-0.009 (-0.651)	-0.731*** (-7.556)	-0.007 (-0.674)	-0.740*** (-7.677)
Gov	3.643*** (7.529)	3.567*** (7.370)	-0.647*** (-4.201)	3.119*** (6.192)	-0.556*** (-3.614)	3.119*** (6.203)
$Fiance$	0.004* (1.714)	-0.0000 (-0.001)	-0.014*** (-25.718)	-0.010*** (-4.177)	-0.012*** (-21.053)	-0.011*** (-4.803)
$Infros$	-0.0005 (-0.774)	-0.0008 (-1.333)	-0.001*** (-6.861)	-0.002*** (-2.723)	-0.001*** (-5.785)	-0.002*** (-2.989)
$Dis\_bigcity$	-0.002 (-0.0001)	-0.002 (-0.0001)	-0.005** (-2.020)	-0.014** (-2.567)	-0.005** (-2.112)	-0.013** (-2.518)
Dis_port	0.001 (0.0001)	0.0009 (0.0001)	0.004*** (2.580)	0.008*** (2.825)	0.004*** (2.719)	0.008*** (2.757)
时间固定效应	Yes	Yes	Yes	Yes	Yes	Yes
城市固定效应	Yes	Yes	Yes	Yes	Yes	Yes
产品固定效应	Yes	Yes	Yes	Yes	Yes	Yes
目的国（地区）固定效应	Yes	Yes	Yes	Yes	Yes	Yes
_cons	-3.073 (-0.002)	-2.709 (-0.002)	0.947*** (5.934)	-3.690*** (-10.217)	0.738*** (4.603)	-3.496*** (-9.561)
N	760882	760882		3802053		3802053
R^2	0.1339	0.1339				
λ_i				1.191***		1.174***

注：***、**和*分别表示1%、5%和10%的统计显著水平，括号内为估计量的 t 统计值。

表9-4为集聚经济对城市已有出口关系产品质量增长的影响。模型（1）~（4）因变量为所有已有出口关系的出口产品质量增长，模型（5）~（8）因变量为2001~2011年已存在的出口关系的出口产品质量增长。当采用固定效应模型时，相关多样化对已有出口关系产品质量增长显著为正，不相关多样化对已有出口关系产品质量的增长产生

竞争效应，而传统集聚经济有助于城市已有出口关系产品质量的提升。与此同时，模型（5）~（8）增加了出口关系的时间（Age），城市—产品—出口国家关系存在的时间对已有出口关系产品质量显著为正，而不相关多样化显著为负，城市化经济显著为正。该结论表明相关多样化带来的相关知识的溢出为已有出口关系质量的增长带来溢出效应，而不相关多样化仍体现为竞争效应。模型（5）~（8）加入已有出口关系出口的时间后，Age 的一次项显著为正，二次项不显著，表明出口产品质量的增长发生在新出口关系出现后的整个生命周期。

表 9-4　　集聚经济对城市已有出口关系产品质量增长的影响

变量	模型（1）混合 OLS	模型（2）混合 OLS	模型（3）固定效应	模型（4）固定效应	模型（5）固定效应	模型（6）固定效应	模型（7）固定效应	模型（8）固定效应
$quality_{t-1}$	-0.284*** (-627.03)	-0.284*** (-627.1)	-0.771*** (-1087.7)	-0.771*** (-1087.9)	-0.743*** (-339.68)	-0.743*** (-339.68)	-0.743*** (-339.68)	-0.743*** (-339.68)
RV	-0.001*** (-2.96)		0.0006** (2.17)		0.002** (2.33)	0.002** (2.33)	0.002** (2.33)	0.002** (2.33)
UV		-0.064*** (-8.37)		-0.080*** (-9.61)	-0.125*** (-4.38)	-0.125*** (-4.38)	-0.125*** (-4.38)	-0.125*** (-4.38)
Urb	0.228*** (3.02)	0.185** (2.44)	0.538*** (7.49)	0.456*** (6.34)	0.768*** (2.66)	0.768*** (2.66)	0.768*** (2.66)	0.768*** (2.66)
FDI	0.122*** (15.22)	0.122*** (15.19)	0.069*** (5.99)	0.070*** (6.08)	0.091** (2.44)	0.091** (2.44)	0.091** (2.44)	0.091** (2.44)
$H\_capital$	-0.011 (-0.26)	-0.016 (-0.39)	-0.196*** (-3.96)	-0.201*** (-4.04)	-0.380** (-2.34)	-0.380** (-2.34)	-0.380** (-2.34)	-0.380** (-2.34)
Gov	2.084*** (7.57)	1.985*** (7.21)	1.435*** (4.61)	1.251*** (4.02)	2.956*** (3.53)	2.956*** (3.53)	2.956*** (3.53)	2.956*** (3.53)
$Fiance$	-0.0004 (-0.55)	-0.002*** (-2.93)	0.018*** (24.13)	0.015*** (19.36)	0.007*** (2.93)	0.007*** (2.93)	0.007*** (2.93)	0.007*** (2.93)
$Infros$	0.0004* (1.89)	0.0003 (1.24)	0.002*** (6.88)	0.001*** (6.11)	0.0009 (1.14)	0.0009 (1.14)	0.0009 (1.14)	0.0009 (1.14)
$Dis\_bigcity$	-0.003 (-0.52)	-0.002 (-0.44)						
Dis_port	0.002 (0.59)	0.001 (0.49)						
Age					0.058*** (11.29)	0.085* (1.88)	0.058*** (11.29)	0.085* (1.88)
Age^2						-0.002 (-0.62)		-0.002 (-0.62)

续表

变量	模型（1）混合OLS	模型（2）混合OLS	模型（3）固定效应	模型（4）固定效应	模型（5）固定效应	模型（6）固定效应	模型（7）固定效应	模型（8）固定效应
时间固定效应	Yes	Yes	Yes	Yes	Yes	Yes	Yes	Yes
城市固定效应	Yes	Yes	Yes	Yes	Yes	Yes	Yes	Yes
产品固定效应	Yes	Yes	Yes	Yes	Yes	Yes	Yes	Yes
目的国（地区）固定效应	Yes	Yes	Yes	Yes	Yes	Yes	Yes	Yes
_cons	-0.883***(-2.68)	-0.668**(-2.02)	0.509***(31.49)	0.777***(29.51)	0.508***(4.98)	0.483***(4.34)	0.508***(4.98)	0.483***(4.34)
N	2362373	2362373	2362373	2362373	213146	213146	213146	213146
R^2	0.145	0.146	0.403	0.403	0.396	0.396	0.396	0.396

注：***、**和*分别表示1%、5%和10%的统计显著水平，括号内为估计量的t统计值。

三、集聚经济影响的区域差异

中国不同区域的城市出口产品的质量水平不尽相同。在全国产业空间不断调整时期，东部地区产业向西部地区产业不断转移。产业转移等带来的中西部地区产品质量大多处于较高的质量水平，因此，影响不同城市出口产品质量的影响因素也不同。表9-5为东部和西部地区城市集聚经济对新出口关系和已有出口关系产品质量影响的结果。集聚经济对不同地区城市出口产品质量影响的差异为：相关多样化对新出口关系质量的影响不显著，但符号为正，而不相关多样化对西部地区城市新进入出口关系的产品质量也产生显著的正向影响。该结论表明技术关联集聚经济在东部地区主要对新进入关系产生竞争效应，而对西部地区产生溢出效应。这可能是因为东部地区城市出口产品多样化程度相对较高，而西部地区城市的不相关多样化程度相对较低，相关多样化程度更低，多样化为新出口关系的进入带来了溢出和示范效应，因此，技术关联集聚经济带来了正向促进作用。

表9-5　　集聚经济对城市出口关系动态质量变化影响的区域差异

变量	新进入出口关系，混合OLS				已有出口关系，固定效应			
	东部		西部		东部		西部	
	模型（1）	模型（2）	模型（3）	模型（4）	模型（5）	模型（6）	模型（7）	模型（8）
RV	-0.002***(-2.62)		0.004(1.44)		-0.0004(-1.58)		-0.002(-1.64)	

续表

变量	新进入出口关系，混合 OLS				已有出口关系，固定效应			
	东部		西部		东部		西部	
	模型（1）	模型（2）	模型（3）	模型（4）	模型（5）	模型（6）	模型（7）	模型（8）
UV		-0.148*** (-6.64)		0.139*** (2.63)		-0.053*** (-5.80)		-0.157*** (-5.32)
Urb	0.812*** (4.27)	0.779*** (4.10)	-7.755 (-1.22)	-1.084 (-0.16)	0.308*** (4.28)	0.274*** (3.81)	9.219** (2.39)	-0.439 (-0.11)
控制变量	Yes	Yes	Yes	Yes	Yes	Yes	Yes	Yes
N	593498	593498	47106	47106	2086753	2086753	74684	74684
R^2	0.127	0.127	0.211	0.211				

注：***、**和*分别表示1%、5%和10%的统计显著水平，括号内为估计量的 t 统计值。

四、集聚经济发生的选择效应

集聚经济对城市出口产品升级的影响也可能存在选择效应。表9-6显示集聚经济对城市出口产品质量的影响存在产品选择效应。模型（1）~（6）显示相关专业化对城市出口产品质量的影响存在选择效应，相关多样化对高质量产品的质量升级起到了正向溢出效应［模型（5）~（6）］，而对于低质量的产品升级却产生了竞争效应［模型（1）~（4）］。因此，在城市出口产品升级过程中，不同城市对处于不同产品质量的产品在选择升级路径时，需要考虑城市和产品的差异，选择不同的升级路径与政策，才能更有效地保证升级的发生。

表9-6　　　　　　　　集聚经济的选择效应

变量	低质量产品		中高质量产品		高质量产品	
	模型（1）	模型（2）	模型（3）	模型（4）	模型（5）	模型（6）
RV	-2.494***	-1.886***	-0.414***	-0.368***	0.568**	0.360
UV		-1.010**		-0.442***		0.010
Urb	1.712***	1.620***	0.181**	0.179**	-0.037	-0.014

注：*$p<0.1$，**$p<0.05$，***$p<0.01$，模型参照基准模型也加入了其他控制变量。

第九章　集聚经济与城市出口产品质量升级

本 章 小 结

自20世纪90年代以来，中国出口产品竞争力发生了令人瞩目的变化，出口产品的质量不断提高。已有研究从不同的角度对中国出口产品质量进行了估计，并开始讨论影响出口产品质量升级的因素（施炳展，2014；张杰等，2014）。目前这部分研究还刚开始起步，还存在大量的问题值得进一步讨论。首先，现有相关文献在产品质量的估计上还存在较大的提升空间；其次，现有研究忽略了出口产品质量的区域差异；再次，现有研究多从外商直接投资、加工贸易等方面研究出口产品质量升级的影响因素（李坤望和王有鑫，2013；Alvarez and Claro，2007），还较少有研究从动态的视角讨论城市出口产品质量升级的途径。基于此，我们从城市不同质量出口关系动态演化的视角出发，细分集聚经济来源，探讨出口质量的影响因素。

在理论分析的基础上，我们使用2000~2011年HS4编码的贸易数据，基于消费者效应函数估计企业—年份—产品—市场4个维度的产品质量，并运用系统GMM方法和赫克曼两阶段法进行了计量估计。实证结果表明，传统集聚经济对中国城市出口产品质量的提升具有显著的促进作用，而技术关联集聚经济对中国城市出口产品质量升级则主要表现为竞争效应。具体而言，传统集聚经济通过集聚经济所带来的共享、匹配和学习效应，降低了产品生产的成本，为出口产品质量的提升带来了更多的可转换资源。因此，传统集聚经济有利于城市出口产品质量的提升。而技术关联集聚经济，城市出口产品的相关多样化和不相关多样化带来的多样化的知识、技术等更有利于促进新出口关系的进入。企业在扩展新出口关系中，其"试错"机制也会使得其更倾向于选择低质量的产品进入市场。此外，我们还发现，外资、金融发展水平以及基础设施建设也是推动出口产品质量升级的重要影响因素，但人力资本和政府补贴对出口产品质量的影响并不稳健。集聚经济对中国城市出口产品的升级的影响也存在显著的区域差异和城市—产品选择效应。

本研究结论具有显著的政策含义。新出口关系在中国出口的高速增长中扮演着重要的作用，但新出口关系大多表现为低质量产品出口。现阶段，出口产品质量升级是城市提升已有出口关系产品质量的结果，而通过引入高质量的新出口关系较难达到升级的目的。根据"成本发现"理论，企业在新扩展某些产品时，将面对诸多的不确定性，需要支付一定的沉没成本。在企业家不断尝试生产某种产品的过程中，产品的成本结构被不断"发现"。相较于传统集聚经济通过共享、匹配和学习效应为企业产品质量的升级带来溢出效应,相关多样化为企业扩展新出口关系带来相关的知识或者生产经验。因此,要提升区域内集聚经济水平,鼓励企业不断探索和发现新出口关系。与此同时,加强研发投入,推动企业以质量竞争的方式进入出口市场,实现推动出口产品质量的真正提升,才更有利于实现长期经济增长。现阶段,学者们对于政府应该通过何种手段来实现出口产品质量的升级尚缺乏深入探讨。直接行政干预如补贴政策无异于"饮鸩止渴",合理引导产业进行空间集聚、加强基础设施以及金融行业的发展,创造和培育良好的知识创造中心和知识流动渠道,是促进新进入出口关系进入和已有出口关系产品质量提升的重要途径。

本章参考文献

［1］李坤望,王有鑫. FDI促进了中国出口产品质量升级吗？——基于动态面板系统GMM方法的研究［J］. 世界经济研究,2013（5）:60-66,89.

［2］盛丹,包群,王永进. 基础设施对中国企业出口行为的影响:"集约边际"还是"扩展边际"［J］. 世界经济,2011（1）:17-36.

［3］施炳展,邵文波. 中国企业出口产品质量测算及其决定因素——培育出口竞争新优势的微观视角［J］. 管理世界,2014（9）:90-106.

［4］施炳展. 中国企业出口产品质量异质性:测度与事实［J］. 经济学（季刊）,2014（1）:263-284.

［5］孙林,卢鑫,钟钰. 中国出口产品质量与质量升级研究［J］. 国际贸易问题,2014（5）:13-22.

［6］王永进,盛丹,施炳展,李坤望. 基础设施如何提升了出口技术复杂度？［J］. 经济研究,2010,45（7）:103-115.

［7］余淼杰,张睿. 中国制造业出口质量的准确衡量:挑战与解决方法［J］. 经济学（季刊）,2017（2）:463-484.

［8］余智. "新新国际贸易理论"的最新发展［J］. 经济学动态,2013（1）:112-117.

［9］张杰,郑文平,翟福昕. 中国出口产品质量得到提升了么？［J］. 经济研究,2014（10）:46-59.

［10］Acs Z. and Storey D. Introduction: Entrepreneurship and Economic Development ［J］. Regional Studies,2004,38（8）:871-877.

［11］Amiti M. and Khandelwal A. K. Import Competition and Quality Upgrading ［J］. Review of Economics and Statistics,2012,95（2）:476-490.

［12］Antràs P. Firms,Contracts,and Trade Structure ［J］. The Quarterly Journal of Economics,2003,118（4）:1375-1418.

［13］Arellano M. and Bover O. Another Look at the Instrumental Variable Estimation of Error-Components Models ［J］. Journal of Econometrics,1995,68:29-51.

［14］Baldwin R. and Harrigan J. Zeros,Quality,and Space:Trade Theory and Trade Evidence ［J］.

American Economic Journal: Microeconomics, 2011, 3 (2): 60 – 88.

[15] Bastos P. and Silva J. The Quality of a Firm's Exports: Where You Export to Matters [J]. Journal of International Economics, 2010, 82 (2): 99 – 111.

[16] Blundell R. and Bond S. GMM Estimation with Persistent Panel Data: An Application to Production Functions [J]. Journal of Econometrics, 1998, 87: 115 – 143.

[17] Boschma R., Minondo A. and Navarro M. Related Variety and Regional Growth in Spain* [J]. Papers in Regional Science, 2012, 91 (2): 241 – 256.

[18] Boschma R., Minondo A. and Navarro M. The Emergence of New Industries at the Regional Level in Spain: A Proximity Approach Based on Product Relatedness [J]. Economic Geography, 2013, 89 (1): 29 – 51.

[19] Boschma R. Relatedness as Driver of Regional Diversification: A Research Agenda [J]. Regional Studies, 2017, 51 (3): 351 – 364.

[20] Duranton G. and Puga D. Chapter 48 – Micro – Foundations of Urban Agglomeration Economies. In: Thisse JVH and J – F, editor [Z]. Handbook of Regional and Urban Economics. pp. 2063 – 2117. http://www.sciencedirect.com/science/article/pii/S1574008004800051. 2004.

[21] Feenstra R. C. and Romalis J. International Prices and Endogenous Quality [J]. The Quarterly Journal of Economics, 2014, 129 (1): 477 – 527.

[22] Feng L., Li Z. and Swenson D. L. The Connection between Imported Intermediate Inputs and Exports: Evidence from Chinese Firms [J]. Journal of International Economics, 2016, 101: 86 – 101.

[23] Frenken K., Van O. F. and Verburg T. Related Variety, Unrelated Variety and Regional Economic Growth [J]. Regional Studies, 2007, 41 (5): 685 – 697.

[24] Glaeser E. L, Kallal H. D, Scheinkman J. A. and Shleifer A. Growth in Cities [J]. Journal of Political Economy, 1992, 100 (6): 1126 – 1152.

[25] Glass A. J. and Saggi K. Licensing Versus Direct Investment: Implications for Economic Growth [J]. Journal of International Economics, 2002, 56 (1): 131 – 153.

[26] Grossman G. M. and Helpman E. Quality Ladders and Product Cycles [J]. The Quarterly Journal of Economics, 1991, 106 (2): 557 – 586.

[27] Hallak J. C. and Schott P. K. Estimating Cross – Country Differences in Product Quality* [J]. The Quarterly Journal of Economics, 2011, 126 (1): 417 – 474.

[28] Hallak J. C. and Sivadasan J. Product and Process Productivity: Implications for Quality Choice and Conditional Exporter Premia [J]. Journal of International Economics, 2013, 91 (1): 53 – 67.

[29] Harrigan J., Ma X. and Shlychkov V. Export Prices of U. S. Firms [J]. Journal of International Economics, 2015, 97 (1): 100 – 111.

[30] Henderson V. Externalities and Industrial Development [J]. Journal of Urban Economics, 1997, 42 (3): 449 – 470.

[31] Hidalgo C. A., Klinger B., Barabási A. L. and Hausmann R. The Product Space Conditions the Development of Nations [J]. Science, 2007, 317 (5837): 482 – 487.

[32] Hummels D. and Klenow P. J. The Variety and Quality of a Nation's Exports [J]. The American Economic Review, 2005, 95 (3): 704 – 723.

[33] Jacobs J. The Economy of Cities [J]. New York: Random House, 1969.

[34] Khandelwal A. The Long and Short of Quality Ladders [J]. Review of Economic Studies, 2010, 77 (4): 1450 – 1476.

[35] Kugler M. and Verhoogen E. Prices, Plant Size, and Product Quality [J]. The Review of Economic Studies, 79 (1): 307 – 339.

[36] Manova K. and Zhang Z. Multi – Product Firms and Product Quality [Z]. National Bureau of Economic Research. http://www.nber.org/papers/w18637. 2012.

[37] Marshall A. The Principles of Economics [M]. London: Macmillan; [accessed 2017 Mar 15]. http://econpapers.repec.org/bookchap/hayhetboo/marshall1890.htm. 1890.

[38] Moraga G. J. L. and Jean M. V. Trade Policy and Quality Leadership in Transition Economies [J]. European Economic Review, 2005, 49: 359 – 385.

[39] Motta M., Thisse J. F. and Cabrales A. On the Persistence of Leadership or Leapfrogging in International Trade [J]. International Economic Review, 1997, 38 (4): 809 – 824.

[40] Piveteau P. and Smagghue G. A New Method for Quality Estimation Using Trade Data an Application to French Firms [M]. Columbia University Working Papers, 2013.

[41] Pula G. and Santabárbara D. Is China Climbing Up the Quality Ladder? Estimating Cross Country Differences in Product Quality Using Eurostat's COMEXT Trade Database [Z]. Social Science Research Network. https://papers.ssrn.com/abstract = 1773214. 2011.

[42] Roodman D. How to Do Xtabond 2: An Introduction to Difference and System GMM in Stata [J]. The Stata Journal, 2009, 9: 86 – 136.

[43] Schott P. K. Across – Product versus Within – Product Specialization in International Trade [J]. The Quarterly Journal of Economics, 2004, 119 (2): 647 – 678.

[44] Zhou D., Barbara J. and Spencer I. V. Strategic Trade Policy with Endogenous Choice of Quality and Asymmetric Costs [J]. Journal of International Economics, 2002, 56 (1): 205 – 232.

第十章
技术关联、产品动态与城市出口产品升级

第一节 引 言

产业升级已经成为学术界和决策者们热议的话题，同时也是各种经济发展的重要战略。随着经济全球化的日益深化，城市经济发展不仅依靠当地的资源禀赋和区位优势，同时取决于当地企业能否通过产业升级不断提升自身在全球经济中的竞争力（Kaplinsky，2000；Pietrobelli and Rabellotti，2006；Porter，1990；王缉慈等，2001；樊杰等，2004）。根据比较优势理论，国际贸易不断地推动国家要素禀赋结构的内生转换，从而促进国家产品生产结构的调整和升级。比较优势理论对一个国家应该生产什么产品给出了答案，但并没有说明如何实现产品结构的调整以及升级给出建议。已有研究多从地区人力资本、研发投入、技术创新与产业政策等方面研究产业结构调整与地区经济发展的影响机制。事实上，除了技术创新以外，区域资源再配置——从低效率企业流向高效率企业，同样也可以实现产业结构的转型和升级（Hsieh and Klenow，2009；杨汝岱，2015）。城市经济体由众多企业组成，每个企业出口产品的技术含量提升了，同样可以实现城市出口产品技术含量的提升。也就是说，即使每个企业出口产品的技术含量没有发生变化，但是资源由出口低技术含量产品的企业流向出口高技术含量产品的企业，同样也可以实现城市出口产品技术含量的整体提高。区域产业升级是不同产业在区域中调整的结果，取决于区域研发和吸引新产业以抵御已有产业的衰退和退出的能力（Neffke et al.，2009），最终表现为高技术含量的新产业进入，推动已有低技术含量产业退出（Baldwin and Gu，2011；Foster et al.，2006）。

出口产品动态变化是研究区域出口升级的微观视角。在区域升级过程中，研究引入高技术含量产品，淘汰低技术含量产品，以及提升已有出口产品的技术含量，从而推动资源从生产低技术含量产品流入生产高技术含量产品（Bernard et al.，2010a）。在该升级过程中，产品内升级和产品间升级同时发生。产品技术复杂度和产品质量分别反映产品间和产品内要素组合差异，可以刻画区域出口产品调整的方向（Amiti and Khandelwal，2012；Jarreau and Poncet，2012；Kugler and Verhoogen，2012；Lall et al.，2006；Schott，2008）。区域出口产品升级过程中，一方面，表现为产品结构的调整，体现为出口产品技术复杂度的提高；另一方面，表现为已有出口产品技术含量的提升，体现为产品质量的提高。

区域进行出口升级的方案不是简单线性升级，产品内升级与产品间升级可能会交叉进行。具体来说，升级可能包含产品内升级优先和产品间升级优先（张其仔，2008）。

第十章 技术关联、产品动态与城市出口产品升级

前者指优先实行产品内升级，当产品质量达到一定的水平后，再转向生产另一种产品，进行产品间升级。后者则是指优先实行产品间升级，再进行产品内升级。当企业引入一个新产品时，通常会选择一个较低质量水平的产品进入市场，即低质量产品先进入。此时，进入的新产品质量成长空间远大于已有产品质量的提升空间。奥斯曼和克林格尔（2007）指出产品间升级更重要，主要是因为不同产品构成的产品结构可以一定程度上体现区域经济发展水平。一般而言，当企业准备引入一个新的高技术复杂度的产品时，会选择以一个较低质量的水平引入。当企业进行该产品的生产和出口的风险和不确定性降低后，会进一步改进该产品的质量。因此，引入的新产品质量离市场上该产品最高质量越近，产品质量的成长空间越小；新产品质量离高质量产品水平越远，产品的成长空间越大。由此可见，企业在进行出口产品升级过程中，产品间和产品内升级同时发生，并相互影响。

如何降低出口升级过程中的沉没成本和经济风险是研究影响出口产品升级因素的出发点。已有研究开始从区域本身生产能力出发，研究其对区域创新和经济发展的影响。区域产业发展的能力是区域中各种能力的综合，是一种"能力包"，包括人力资本、土地、资本、技术等要素（Aghion et al., 2004；Garofoli, 1994；Lee et al., 2004；Zhu and He, 2013）。奥斯曼和克林格尔（2007）、伊达尔戈等（2007）和奥斯曼和伊达尔戈（2011）基于产品之间的认知距离，从比较优势的角度，构建区域产品生产能力指标，并将这种不可贸易的生产要素定义为区域"生产能力（capabilities）"。该指标构建的主要思想是，如果产品与区域具有比较优势的产品之间的认知距离较近，那么区域就具备生产该产品的生产能力。这种能力与技术关联定义的思想一致，综合包含了生产该产品的基础设施、劳动力水平、土地资源、技术条件等生产条件。例如，一个地区生产产品 A，那么它所具备的生产要素与出口经验就可以用来生产并出口认知距离较近的产品 B。因此，如果一个区域储备了生产并出口一个新产品的大多数要素和知识经验，该产品被引入的概率也就更高。

现有文献研究发现区域储备的产品生产能力有利于促进技术创新、新产业出现和区域经济发展（Bruno and Emmanuel, 2004；Lee et al., 2004；Wang et al., 2010）。一方面，这部分研究较少关注进行技术创新的新产业和新进入产业的异质性。比如，区域储备的生产能力对不同复杂度水平的产品进入以及成长的影响不同。虽然，已有研究开始关注产业特征在产业升级过程中的影响，然而关注特征主要是要素的密集程度等。区域出口升级的过程体现区域向更高技术水平的经济活动不断转型（Hausmann and Rodrik, 2003；Hausmann and Hidalgo, 2011；Felipe et al., 2012；Poncet and Waldemar, 2013）。因此，研究区域生产能力如何影响区域向高技术复杂度和高质量产品方向演化才能更好地理解区域出口产品升级的过程。另一方面，在中国的行政体系中，不同行政等级政府所储备的生产能力不同，其对出口升级的支撑作用也不同。比如，出口反映一国产品生

产的竞争力（Amiti and Khandelwal，2012；Guerzoni，2015）。国家储备的产品生产能力能为目标产品的生产和出口提供生产经验、高技能劳动力，等等，甚至还可以降低市场探索的成本以及面临的不确定性，从而有利于降低该产品在生产和出口过程中的成本。近年来，省级政府纷纷通过新建自贸区等来推动和扶持本地区出口发展，因此，省域产品生产能力也是支撑出口产品升级的重要力量。

第八章和第九章研究了不同类型集聚经济对城市出口产品升级的影响。本章在现有研究的基础上，基于技术关联指标，构建不同尺度区域产品生产能力指标，从产品动态的视角，讨论城市、省域和国家产品生产能力对城市出口产品升级的影响。本章试图回答以下问题：区域生产能力是否有利于推动出口产品升级？不同尺度的产品生产能力的影响有何差异？区域产品生产能力主要是影响产品内升级还是产品间升级？影响途径是什么？

第二节　数据来源与典型事实

一、数据来源与指标测算

本章研究不同等级行政单位储备的产品生产能力对城市出口产品升级的影响。已有研究主要集中在探讨区域产品生产能力对区域创新、新产品形成以及区域经济发展的影响，所涉及的区域大多为国家或者较低级别行政单位，主要通过计算区域出口产品的比较优势，并加权技术关联得到。我们在此基础上将区域能力扩展到省区市和国家层面，具体的指标设置如下：

$$density\_c_{i,j,t} = \frac{\sum_{k \neq j} \varphi_{j,k} xc_{i,k,t}}{\sum_{k \neq j} \varphi_{j,k}} \tag{10.1}$$

其中，$density\_c_{i,j,t}$ 为城市所储备的产品生产能力，$\varphi_{j,k}$ 为产品 j 和产品 k 之间的技术关联，本章计算的产品 j 和产品 k 的技术关联主要采用企业同时生产并出口两类产品的最小条件概率，具体见第六章。$xc_{i,k,t}$ 为产品 k 在城市 i 中是否具有比较优势，如果该产品在该城市的区位熵大于 1，则 $xc_{i,k,t}$ 为 1，否则为 0。省区市产品生产能力变量如下：

$$density\_p_{p,j,t} = \frac{\sum_{k \neq j} \varphi_{j,k} xp_{p,k,t}}{\sum_{k \neq j} \varphi_{j,k}} \tag{10.2}$$

其中，$density\_p_{p,j,t}$ 为省区市所储备的产品 j 的生产能力，$xp_{p,k,t}$ 为产品 k 所在省区市

p 是否具有比较优势,如果该产品在所在省区市的区位熵大于 1,则 $xp_{p,k,t}$ 为 1,否则为 0。国家产品生产能力变量设置如下:

$$density\_n_{n,j,t} = \frac{\sum_k \varphi_{j,k} xn_{n,k,t}}{\sum_k \varphi_{j,k}} \qquad (10.3)$$

其中,$density\_n_{n,j,t}$ 为国家所储备的产品 j 的生产能力。$xn_{n,k,t}$ 为中国出口的产品 k 在国际贸易中是否具有比较优势。在国际贸易中,中国出口该产品与世界其他国家出口该产品相比,如果中国该产品出口规模的区位熵大于 1,则 $xn_{n,k,t}$ 为 1,否则为 0。

二、产品动态与中国城市出口产品演化

产品动态是讨论出口产品升级的动态微观视角。第六章基于产品空间讨论了我国出口产品的动态演化情况,本章将基于产品动态视角研究我国出口产品升级的动态过程。按照产品在城市中是否具有比较优势,我们将城市出口产品分为新产品、在位产品和退出产品:t 年和 $t+1$ 年,该产品在城市中均具有比较优势,则该产品为 $t+1$ 年的在位产品;如果 t 年该产品不是城市的优势产品,而在 $t+1$ 年变为该城市的优势产品,则该产品为 $t+1$ 年城市的新产品;最后,如果产品在 t 年为该城市的优势产品,而在 $t+1$ 年不是该城市的优势产品,则该产品为 $t+1$ 年城市退出产品。按照以往的研究,由于城市出口产品动态变化具有一定的不稳定性,尤其是以城市出口产品的比较优势来定义城市出口结构可能存在一定的波动。如果只以一年的出口结构来反映城市出口行为,可能存在一定的误差。基于此,本章将城市连续两年没有比较优势而在接下来两年有比较优势的产品定义为城市新产品。考虑到研究数据的长度等问题,我们将 2000 年和 2001 年城市均没有比较优势的出口产品,而在 2002 年和 2003 年均保持比较优势的产品定义为城市新产品。将 2004 年和 2005 年没有比较优势,而在 2006 年和 2007 年具有比较优势的产品定义为 2006 年和 2007 年的新产品。最后,2008 年和 2009 年没有比较优势,而在 2010 年和 2011 年出现比较优势的产品定义为城市的新产品。同理,城市出口产品中的退出产品和在位产品也按照上述方法来定义。据此,我们将城市出口产品分解为新产品、在位产品和退出产品,并基于第四章计算得到的产品技术复杂度和产品质量,研究我国出口产品升级的动态来源。产品动态和出口产品升级之间的关系见图 10-1。

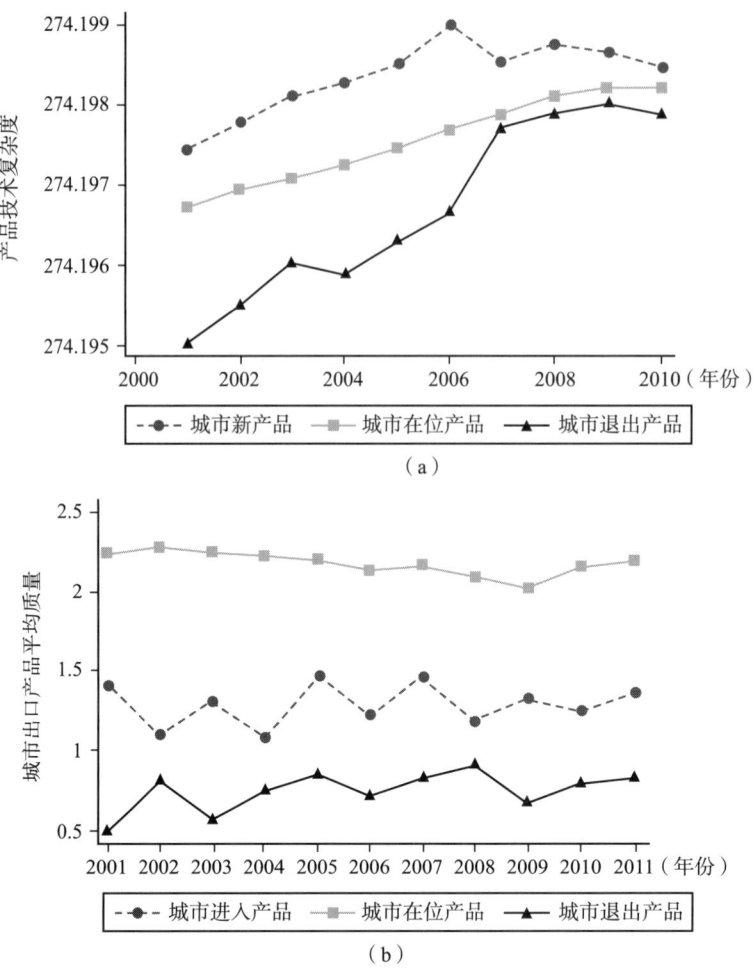

图 10-1　产品动态与城市出口产品技术复杂度—质量

资料来源：作者根据中国海关进出口贸易数据库数据计算，下同。

城市产品动态变化可以反映城市出口产品升级过程中资源配置的方向。图 10-1（a）中纵坐标为产品技术复杂度，城市新产品技术复杂度高于在位产品，也大于城市退出产品，一定程度上反映出我国出口产品不断向高技术复杂度产业演化的事实。高技术复杂度产品的进入将会带来城市经济复杂度的增加，而退出产品多为城市中低技术复杂度产品。城市出口产品的动态调整使得资源开始从低技术复杂度产品向高技术复杂度产品流动，这与企业动态与企业生产率的关系一致（Brandt et al.，2012；Foster et al.，2006）。图 10-1（b）中城市在位产品的质量高于城市新进入产品，并高于城市退出产品质量。基于不同产品技术复杂度和产品质量动态调整的关系，我们认为我国出口产品技术复杂度和产品质量升级在不断推进，其主要是通过资源在不同技术复杂度和质量的产品之间的流动来实现。值得注意的是，城市新产品质量往往低于在位产品，与已有的部分研究一致，其主要是因为城市在新产品的生产和出口过程中，需要支付一定的沉没成本以进行试错。如果研发的新产品不能很好地适应市场，可能将在较短的时间内退出市场。新产品的质量越高，需要投入的沉没成本越高，故而企业更倾向于以较低的产品质量来扩展该产品。

城市出口产品升级路径存在显著的区域差异。图 10-2 为不同区域城市出口产品动态的技术复杂度核密度分布图。城市新产品、退出产品和在位产品是以 2000 年和 2011 年城市出口产品的比较优势计算的。总体来说，城市新产品技术复杂度高于在位产品，高于退出产品。分区域来看，东部地区和中部地区，城市退出产品技术复杂度低于新产品的技术复杂度，两个区域城市出口产品升级的区域较为明显。那么，不同区域在出口产品升级过程中选择的路径有何差异？是表现为产品间升级还是产品内升级？两种升级路径中的产品动态是如何推进的？基于上述的产品动态分解方法，我们识别出不同地区城市产品动态调整的规模和升级幅度，见表 10-1。

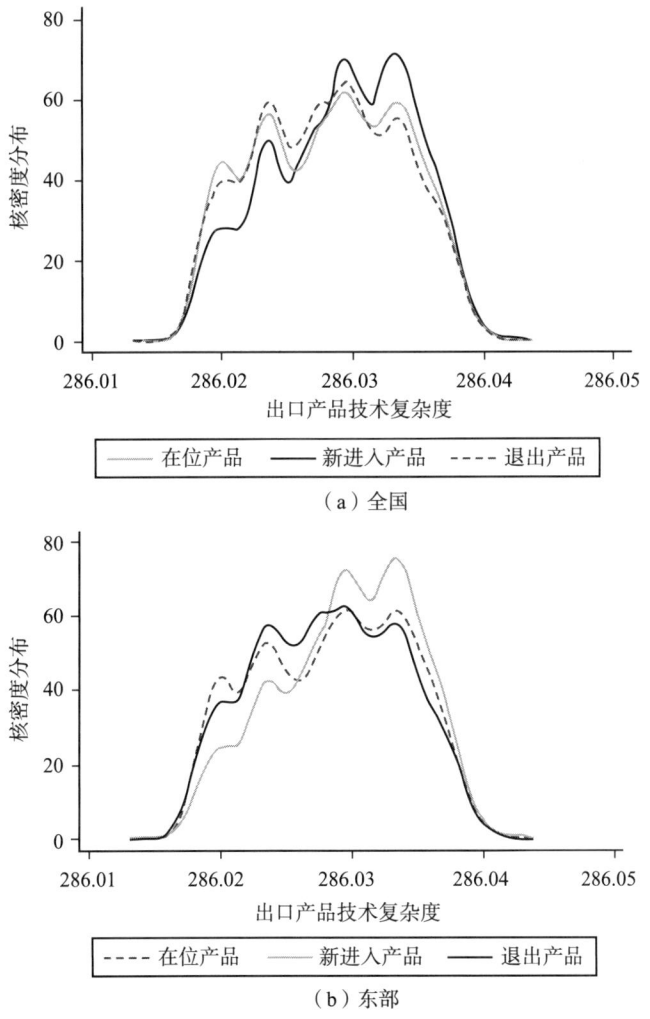

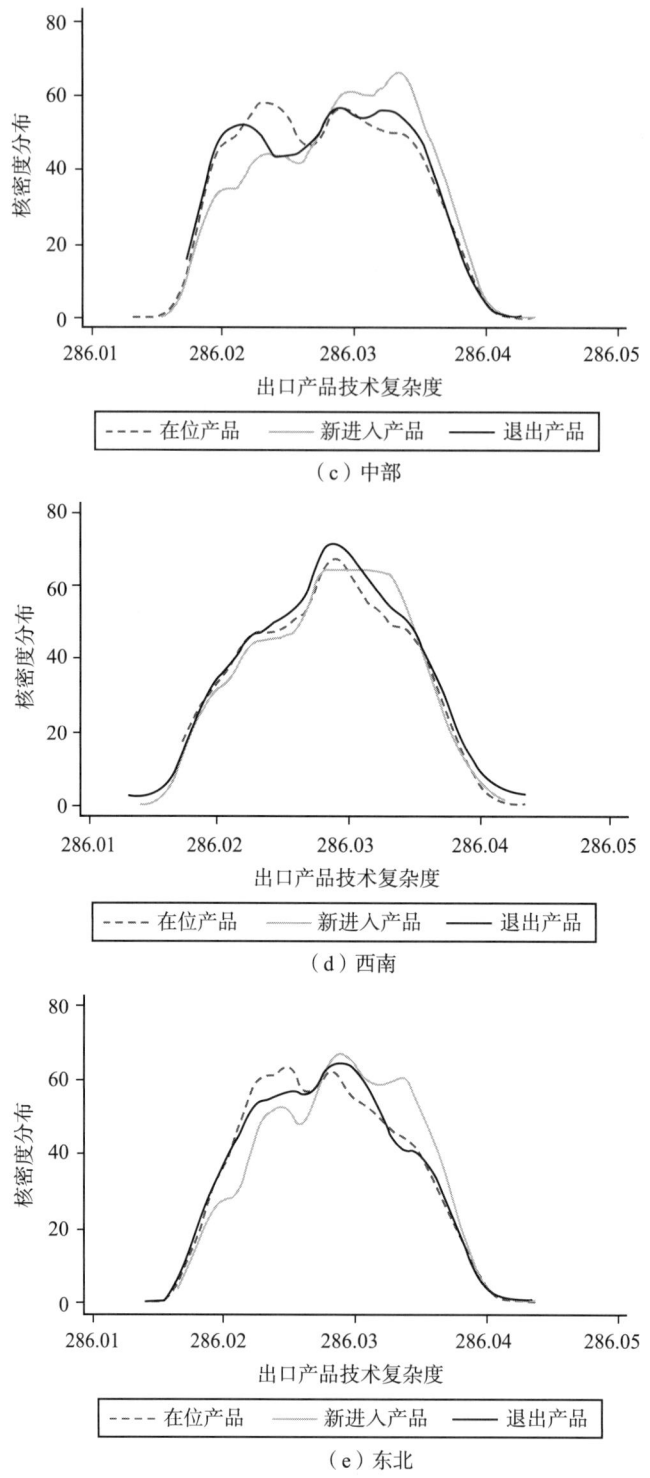

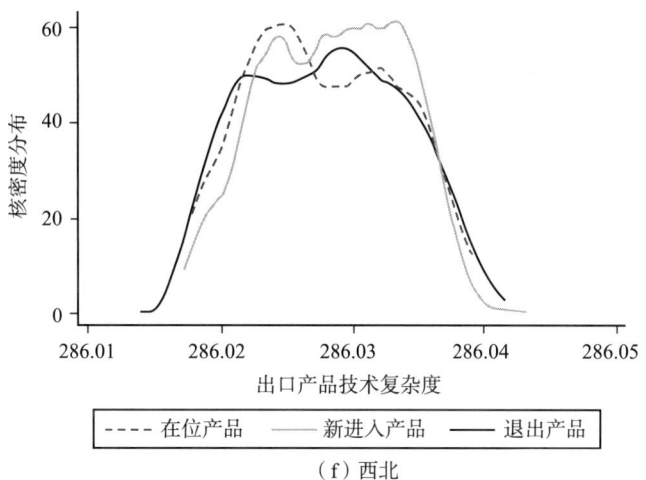

(f) 西北

图 10-2 产品动态与产品技术复杂度分布核密度

表 10-1 为不同区域城市新产品、在位产品和退出产品的数量、复杂度和产品质量的平均水平。城市新产品数的分布中，东部地区＞中部地区＞东北地区＞西南地区＞西北地区。这个结论可能受到五大区域划分的影响，不同区域中城市数量的差异可能将显著影响城市新产品的数量。从城市新产品的平均复杂度来看，东部地区＞中部地区、西南地区＞东北地区＞西北地区。东部地区在产品结构调整过程中，主要向更高技术复杂度产品演进。从产品动态来看，东部地区、中部地区、西北地区的产品技术复杂度分布中，新产品＞在位产品＞退出产品，其结论反映资源从低技术复杂度向高技术复杂度产品流入的过程。然而，在西南地区和东北地区，退出产品的技术复杂度高于在位产品的技术复杂度，这可能是这两个地区的部分城市对一些高技术复杂度产品培育和支撑能力较低，从而造成较高技术复杂度产品的退出。由此可见，并不是所有区域均能很好地支撑高技术复杂度产品的发展。区域引入高技术复杂度产品后，如何支撑和维持其生存也是研究出口产品升级过程中需要重点关注的问题。产品动态与产品质量的统计关系中，东部地区城市产品质量明显高于中部地区、东北地区、西区地区和西南地区城市的产品质量。在五大区域中，城市新产品质量高于退出产品质量，但均低于在位产品质量。该结论反映，一方面，低质量产品在城市出口产品中生存率较低，产品间升级以引入高技术复杂度产品为主；另一方面，产品内升级更多地表现为提升城市在位产品质量。

表 10-1　　　　　　　2000～2011 年五大区域产品动态与产品升级

区域	产品数量			产品技术复杂度			产品质量		
	进入	退出	在位	进入	退出	在位	进入	退出	在位
东部	11040	6183	6290	267.7208	267.7188	267.7189	2.309	0.538	2.813

续表

区域	产品数量			产品技术复杂度			产品质量		
	进入	退出	在位	进入	退出	在位	进入	退出	在位
中部	3993	1870	1187	267.7199	267.7180	267.7186	1.369	-0.012	1.793
西南	1949	1672	643	267.7199	267.7198	267.7190	0.881	-0.071	1.395
东北	2457	1486	814	267.7196	267.7178	267.7174	1.143	-0.026	2.065
西北	1554	695	357	267.7193	267.7187	267.7177	0.951	-0.142	1.862

资料来源：作者根据中国海关进出口贸易数据库数据计算。

三、技术关联与城市新产品

为讨论城市出口产品生产能力与出口产品升级的关系，我们计算了城市潜在进入产品生产能力与潜在产品进入的概率，见图10-3。图10-3中横坐标为城市无比较优势产品的生产能力与无比较优势产品在下一期成为比较优势产品的概率。考虑到金融危机等对出口的影响，本章将出口产品演化分成两个阶段，2000~2006年和2007~2011年。同理，按照上文指出的城市出口产品比较优势可能波动较大，我们选择在2000年和2001年均具有比较优势的产品，将其设置为2000年的优势产品，而将2005年和2006年均有比较优势的产品设置为2006年的比较优势产品。同理，2007~2011年，2007年和2008年均有比较优势的产品设定为2007年的优势产品，2010年和2011年均有比较优势的产品设定为2011年的优势产品。由图10-3可知，2000~2006年，城市出口产品能力与该产品进入的概率具有较强的相关关系，拟合曲线拟合度达到0.762，曲线的斜率为0.427。相较于2000~2006年，2007~2011年两者关系的拟合度达到0.801，但曲线的

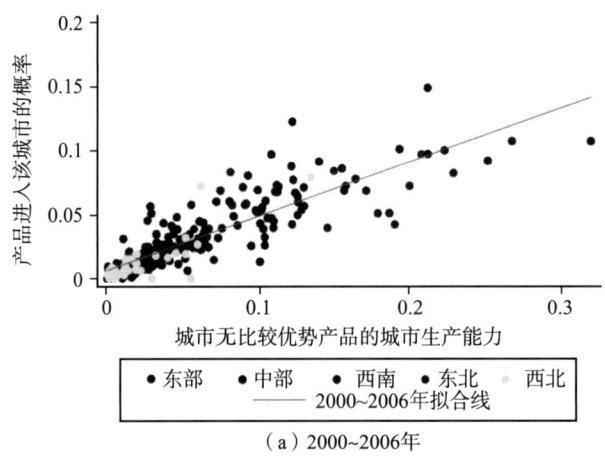

（a）2000~2006年

第十章 技术关联、产品动态与城市出口产品升级

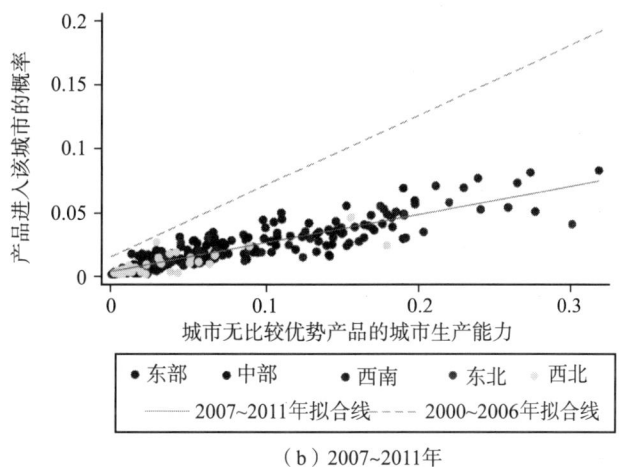

（b）2007~2011年

图 10-3 城市产品生产能力与城市产品进入概率

资料来源：作者根据中国海关进出口贸易数据库数据计算，下同。

斜率降低为0.224，表明城市新产品的进入越来越多地依赖该产品的生产能力，表现为显著的路径依赖。然而，斜率的降低表明城市产品生产能力影响新产品进入的程度在下降，城市新产品的扩展开始受到城市其他要素的影响。

图10-4为省区市产品生产能力与城市扩展新产品概率的关系。相较于图10-3，两个阶段的拟合度和曲线斜率都降低了，表明省区市产品生产能力对城市是否扩展该产品的影响和影响程度均在下降。同理，图10-5中所展示的是国家产品生产能力和城市扩展新产品的概率之间的关系，散点的拟合度和斜率更小。由此可见，在城市出口产品演化过程中，不同尺度区域产品生产能力对城市新产品扩展的影响具有显著的差异，且城市产品生产能力 > 省区市产品生产能力 > 国家产品生产能力。

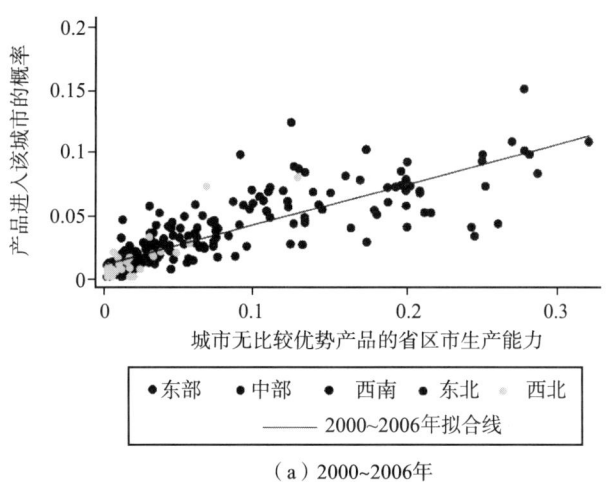

（a）2000~2006年

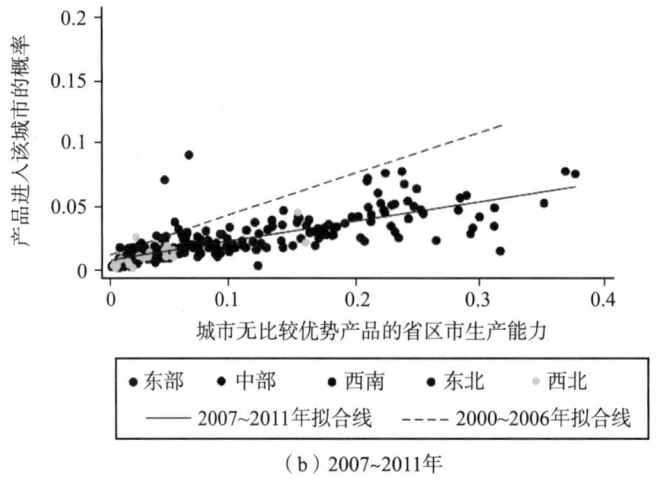

（b）2007~2011年

图 10-4 省区市产品生产能力与城市新产品进入概率

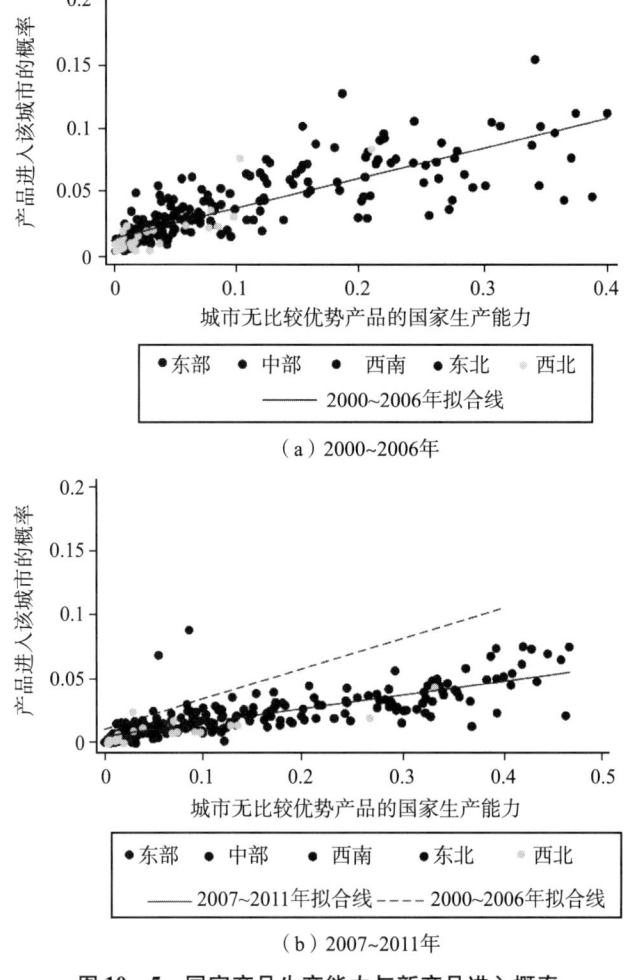

图 10-5 国家产品生产能力与新产品进入概率

在明确技术关联与城市出口产品动态与升级的相关关系的基础上，我们通过计量模型，从产品动态的视角，探讨不同尺度区域产品生产能力对城市出口产品升级的影响，试图回答以下问题：不同尺度区域产品生产能力是否影响城市出口产品升级？其影响是否存在差异？区域产品生产能力影响城市出口产品升级的途径是什么？主要影响产品间升级还是产品内升级？该影响是否存在区域差异？

第三节　模型设定与实证分析

一、模型设置

本章从产品动态视角研究城市出口产品升级问题，通过引入产品技术复杂度和产品质量反映产品特征的变量，研究不同尺度区域产品生产能力是否有利于促进城市向高技术复杂度和高质量产品演化，具体模型设置如下：

$$Entry_{i,j,t} = Soph_j + quality_{i,j,t} + density_{r,j,t-1} + Soph_j \times density_{r,j,t-1} \\ + quality_{i,j,t} \times density_{r,j,t-1} + Control + \varepsilon_{ij} + \delta_t \quad (10.4)$$

其中，$Entry_{i,j,t}$ 为二元变量，如果城市 i 中产品 j 在时间 $t-1$ 没有比较优势，而在 t 年有比较优势，则 $Entry_{i,j,t}$ 为 1，否则为 0。$Soph_j$ 为产品 j 的技术复杂度，$quality_{i,j,t}$ 为城市 i 在时间 t 出口产品 j 的质量。$density_{r,j,t-1}$ 为区域 r 时间 $t-1$ 在产品 j 上储备的生产能力。其中，包括城市产品生产能力 $density^c_{c,j,t-1}$、省区市产品生产能力 $density^p_{p,j,t-1}$ 和国家产品生产能力 $density^n_{n,j,t-1}$。

我们将通过对比各个回归系数的大小来比较不同尺度区域产品生产能力对城市新产品进入影响的大小。由于不同变量之间度量单位存在较大的差异，加上 density 本身并没有单位，无法对比回归系数的大小。因此，我们将所有变量进行标准化，将变量转化成标准差为 1 的标准化变量，以此来对比不同尺度区域产品生产能力的影响。依据上述模型的设定，自变量为 0~1 的二元变量，因变量为连续变量和离散变量组成的变量集。当因变量为 0~1 变量时，多采用 Logit 与 Probit 模型，Probit 模型假设随机误差项服从标准正态分布，而 Logit 模型误差项分布服从 Logistic 分布。当离散选择模型与其他模型结合的时候，一般更倾向于 Probit 模型的结果。考虑到本研究需要对变量的系数大小进行比较，同时，样本量足够大时，采用 LPM 估计的结果也是无偏的，其系数为回归模型的偏效应。因此，我们采用 LPM 对模型进行估计，并采用 Logit 模型进行稳健性检验。对变量进行相关性检验，变量之间的相关系数见表 10-2，变量之间的相关系数较低，可以直接纳入回归模型中。

表 10-2　　　　　　　　　变量之间的相关系数

变量	quality	Soph	$density^c$	$density^p$	$density^n$	N	mean	max	min	cv
quality	1					143616	0.40	482	-63.03	14.44
Soph	0.04	1.00				151201	0.56	1.00	0.00	0.32
$density^c$	0.10	0.02	1.00			151201	0.15	0.92	0.00	0.55
$density^p$	0.10	0.03	0.81	1.00		151201	0.19	0.92	0.00	0.58
$density^n$	0.10	-0.08	0.74	0.77	1.00	151201	0.30	0.80	0.00	0.56

二、基准模型结果

技术关联与城市出口产品升级模型结果见表 10-3。由模型（1）~（2）可知，产品技术复杂度和产品质量的符号均显著为正，即产品技术复杂度和质量越高，进入的概率越大，反映中国城市在不断地向高技术复杂度和高质量产品演化。我们认为，产品升级发生在产品的整个生命周期中，当企业扩展一项高技术复杂度的新产品后，企业需要不断调整产品的生产过程，并不断适应市场环境；当出口关系稳定后，企业将持续进行产品质量的改进。因此，城市出口关系动态的各组成部分中，在位产品质量高于新产品和退出产品的质量。这与表 10-1 中报告的产品动态与产品复杂度和产品质量的关系的统计结果一致。表 10-3 的模型（3）~（5）中不同尺度区域产品生产能力均有利于促进新产品的进入，但影响程度不同。模型（6）将三种能力同时纳入模型中，对比来看，城市产品生产能力的影响最大，其次为省区市产品生产能力，国家产品生产能力反而为负，反映产品生产能力越高，新产品出现的概率也越大，但该影响具有距离衰减效应。国家产品生产能力为负，这主要是因为国家储备产品生产能力越强，即大多为具有比较优势的产品，城市发展该产品面临的竞争效应越强。

表 10-3　　　　　　　产品特征、产品生产能力与城市新产品

变量	模型（1）	模型（2）	模型（3）	模型（4）	模型（5）	模型（6）
Soph	0.015* (1.79)					
quality		0.011*** (5.00)				

续表

变量	模型（1）	模型（2）	模型（3）	模型（4）	模型（5）	模型（6）
$density^c$			0.120* (1.90)			0.345*** (3.25)
$density^p$				0.121*** (3.61)		0.114** (2.44)
$density^n$					0.064** (2.18)	−0.152*** (−8.02)
_cons	0.060*** (12.43)	0.049*** (23.88)	0.037*** (3.30)	0.029*** (3.66)	0.033*** (2.93)	0.041*** (4.60)
City × product	Yes	Yes	Yes	Yes	Yes	Yes
Year	Yes	Yes	Yes	Yes	Yes	Yes
N	103323	70197	71605	71605	71605	103323
R^2	0.011	0.490	0.483	0.483	0.483	0.015

注：*$p<0.1$，**$p<0.05$，***$p<0.01$，模型估计的标准误为城市的聚类稳健标准误。

为讨论不同尺度区域生产能力对中国城市出口产品升级的影响，我们通过引入产品技术复杂度、产品质量与不同尺度区域产品生产能力的交叉项来进行检验，见表10-4。首先，不同尺度区域产品生产能力与产品技术复杂度的交叉项均显著为正，表明城市产品生产能力、省区市产品生产能力和国家产品生产能力均有利于提高城市高复杂度产品进入的概率。区域储备的产品生产能力将通过降低产品生产过程中的成本投入以及出口过程中的出口风险来降低升级风险，因此，区域储备的产品生产能力有利于推动我国进行产品间升级。其次，城市产品生产能力、省区市产品生产能力和国家产品生产能力与产品质量的交叉项显著为正，表明区域储备的产品生产能力同样有利于推动城市进行产品内升级，与现有研究对区域生产能力的肯定结果一致。

表10-4　　　　　　　　产品生产能力与城市出口产品升级

变量	模型（1）	模型（2）	模型（3）	模型（4）	模型（5）	模型（6）
$density^c$	−0.138 (−0.84)			0.083 (1.41)		
$Soph \times density^c$	0.463** (1.99)					
$density^p$		−0.064 (−0.65)			0.095*** (2.75)	

续表

变量	模型（1）	模型（2）	模型（3）	模型（4）	模型（5）	模型（6）
$Soph \times density^p$		0.331** (2.34)				
$density^c$			−0.066 (−1.07)			0.053* (1.81)
$Soph \times density^n$			0.238** (2.58)			
$quality$				0.004 (1.00)	0.005** (2.49)	0.005 (1.55)
$quality \times density^c$				0.036* (1.72)		
$quality \times density^p$					0.023** (2.22)	
$quality \times density^c$						0.017** (2.21)
$City \times product$	Yes	Yes	Yes	Yes	Yes	Yes
$Year$	Yes	Yes	Yes	Yes	Yes	Yes
$\_cons$	0.035*** (3.22)	0.028*** (3.54)	0.032*** (2.82)	0.032*** (3.13)	0.024*** (3.20)	0.026** (2.30)
N	71605	71605	71605	70197	70197	70197
R^2	0.483	0.483	0.483	0.491	0.491	0.491

注：$*p<0.1$，$**p<0.05$，$***p<0.01$，模型估计的标准误为城市的聚类稳健标准误。

三、选择性样本与稳健性检验

由于中国城市出口产品技术复杂度存在较大的区域差异，因此，城市引入高技术复杂度产品并不代表城市正在进行出口升级。例如，东部部分城市出口产品技术复杂度本身较高，其引入的高技术复杂度产品可能比城市出口产品的平均复杂度还低。基于此，在表10-3的基础上，分别从城市出口产品的平均技术复杂度和平均质量出发，分别识别出高于所进入城市平均技术复杂度和平均质量的产品，以此筛选出针对每个城市的高技术复杂度和高质量产品。在此基础上，通过计量模型讨论不同尺度区域产品生产能力对城市引入这类高技术复杂度和高质量产品的作用，结果见表10-5和表10-6。表10-5中模型（1）~（5）的因变量为城市高技术复杂度产品的进入，结果与表10-3基准模型结果一致,模型结果稳健。不同的是,表 10-6 中模型(2)~(5),不同尺度区域产品生产能力的影响不显著,也就是说区域产品生产能力对促进城市产品内升级并没有效果。对此,我们认为在产品间升级时,扩展新产品需要新的知识、技术甚至管理制度等,因此,城市积累的该产品生产能力有利于促进高技术复杂度产品的进入。然而,按照前面分析框架所述,在企业引入新产品时,倾向于选择引入低质量的产品以降低试错成本。因此,即使城市中储备了生产该产品的较高的能力,企业也倾向于以低质量水平来引入该产品。这在一定程度上反映出企业在扩展新产品过程中面临巨大的成本投入以及不确定性。

表 10-5　　　　　　　　　产品生产能力与城市产品间升级

变量	模型(1)	模型(2)	模型(3)	模型(4)	模型(5)
$Soph$	0.171*** (25.34)				
$density^c$		0.098*** (3.85)			0.215*** (3.81)
$density^p$			0.077*** (4.23)		0.151*** (4.03)
$density^n$				0.054*** (3.15)	-0.203*** (-12.01)
$City \times product$	Yes	Yes	Yes	Yes	Yes
Year	Yes	Yes	Yes	Yes	Yes
_cons	-0.059*** (-15.14)	0.015*** (3.30)	0.014*** (3.22)	0.011* (1.71)	0.043*** (8.30)
N	103323	71605	71605	71605	103323
R^2	0.030	0.497	0.497	0.497	0.015

注:括号中数据为 t 值,$*p<0.1$,$**p<0.05$,$***p<0.01$。

表 10-6　　　　　　　　产品生产能力与中国城市产品内升级

变量	模型(1)	模型(2)	模型(3)	模型(4)	模型(5)
$quality$	0.009*** (4.70)				
$density^c$		-0.010 (-0.06)			0.130 (0.53)

续表

变量	模型（1）	模型（2）	模型（3）	模型（4）	模型（5）
$density^p$			0.221 (1.02)		0.135 (0.87)
$density^n$				0.332 (0.98)	-0.131** (-2.06)
$City \times product$	Yes	Yes	Yes	Yes	Yes
Year	Yes	Yes	Yes	Yes	Yes
_cons	0.058*** (32.30)	0.081*** (2.75)	0.027 (0.51)	-0.050 (-0.38)	0.109*** (5.96)
N	70197	71605	71605	71605	103323
R^2	0.539	0.559	0.560	0.561	0.297

注：括号中数据为 t 值，$*p<0.1$，$**p<0.05$，$***p<0.01$。

本 章 小 结

本章基于产品动态演化视角，通过引入产品技术复杂度和产品质量对升级程度和途径进行数量化，并将不同尺度区域产品生产能力纳入同一分析框架，以此讨论中国城市产品升级的途径与影响机制。研究发现，首先，我国城市正在进行不同程度的出口升级，城市资源不断从低复杂度和低质量产品流入高复杂度和高质量产品中。具体而言，城市新扩展产品的技术复杂度最高，城市在位产品质量最高，这在一定程度上表明，城市选择不同升级途径进行出口升级可能将面临不同的风险和难度。其次，在城市出口产品升级过程中，主要表现为进入增量推动的产品间升级和资源再配置增量推动的产品内升级。再次，我国城市出口产品升级表现出显著的区域差异，东部地区城市出口产品技术复杂度和质量均最高，进行出口升级的程度也最大。最后，城市和省区市产品生产能力均有利于我国城市进行产品间升级和产品内升级，但影响具有显著的距离衰减效应。

技术进步与资源再配置均能推动中国城市出口产品升级。演化经济地理将区域发展视为内生发展过程，强调区域产业发展的路径依赖性。已有研究甚至指出，由于路径依赖的存在，后进区域可能将路径锁定在产品空间的边缘地区，甚至陷入中等收入国家陷阱。尽管基于技术关联的研究并不排除发展中国家跳跃到产品空间核心区域的可能，但

第十章 技术关联、产品动态与城市出口产品升级

现有的实证研究还多集中在强调产业关联在区域经济发展中的作用。本章区分了两种升级路径——产品间升级和产品内升级。研究结论为发展中国家和欠发达城市在全球竞争中如何打破路径依赖进行产业升级找到了一个未来：基于城市已有产品生产能力，不断扩张更高技术复杂度的产品，并以此提高已有产品的质量，将有利于推动城市出口产品升级。本章为现有关于区域产业升级的研究提供了一个定量研究的证据，同时也可为地方政府厘清本地产业知识条件、制定产业政策、推动产业升级提供理论支持。

产品动态一定程度上可以反映城市出口产品升级的主要通道与途径。然而，企业才是城市中进行出口升级决策的实施者。中国企业出口产品升级了吗？其升级的途径是什么？是选择产品内升级还是产品间升级？影响升级的因素又有哪些？企业与所在区域的互动对升级路径选择的影响如何？这类问题的解答可以为城市出口产品升级途径和影响机制的认识提供更微观的支撑，也可为政府制定相关的扶持和升级战略提供具有可指导性和操作性的参考。因此，本书第十一章、第十二章和第十三章将基于中国出口企业，讨论中国出口企业的升级模式以及影响机制。

本章参考文献

［1］樊杰，盛科荣. 辽宁中部城市群发展的经济基础分析［J］. 城市规划，2004（1）：37－41.

［2］王缉慈，童昕. 简论我国地方企业集群的研究意义［J］. 经济地理，2001（5）：550－553.

［3］杨汝岱. 中国制造业企业全要素生产率研究［J］. 经济研究，2015（2）：61－74.

［4］张其仔. 比较优势的演化与中国产业升级路径的选择［J］. 中国工业经济，2008（9）：58－68.

［5］Aghion P., Blundell R., Griffith R., Howitt P. and Prantl S. Entry and Productivity Growth：Evidence from Microlevel Panel Data［J］. Journal of the European Economic Association，2004，2（2－3）：265－276.

［6］Amiti M. and Khandelwal A. K. Import Competition and Quality Upgrading［J］. Review of Economics and Statistics，2012，95（2）：476－490.

［7］Baldwin J. R. and Gu W. Firm Dynamics and Productivity Growth：A Comparison of the Retail Trade and Manufacturing Sectors［J］. Industrial and Corporate Change，2011，20（2）：367－395.

［8］Bernard A. B., Redding S. J. and Schott PK. Multiple－Product Firms and Product Switching［J］. The American Economic Review，2010，100（1）：70－97.

［9］Bruno C. and Emmanuel D. Bank Loans，Start-up Subsidies and the Survival of the New Firms：an Econometric Analysis at the Entrepreneur Level［J］. Labor and Demography No. 0411004，EconWPA. 2004.

［10］Felipe J., Kumar U., Abdon A. and Bacate M. Product Complexity and Economic Development［J］. Structural Change and Economic Dynamics，2012，23（1）：36－68.

［11］Foster L., Haltiwanger J. C. and Krizan C. J. Market Selection, Reallocation, and Restructuring in the U. S. Retail Trade Sector in the 1990s［J］. Review of Economics and Statistics，2006，88（4）：748－758.

［12］Garofoli G. New Firm Formation and Regional Development: The Italian Case ［J］. Regional Studies, 1994, 28（4）: 381 – 393.

［13］Guerzoni M. Competition, Diversity and Economic Performance: Processes, Complexities and Ecological Similarities ［J］. Regional Studies, 2015, 49（5）: 899 – 900.

［14］Hausmann R. and Hidalgo C. A. The Network Structure of Economic Output ［J］. Journal of Economic Growth, 2011, 16（4）: 309 – 342.

［15］Hausmann R. and Klinger B. The Structure of the Product Space and the Evolution of Comparative Advantage ［Z］. Center for International Development at Harvard University. http://scholar.google.com/scholar? cluster = 14035101216413974344&hl = en&oi = scholar. 2007.

［16］Hausmann R. and Rodrik D. Economic Development as Self-discovery ［J］. Journal of Development Economics, 2003, 72（2）: 603 – 633.

［17］Hidalgo C. A., Klinger B., Barabási A. L. and Hausmann R. The Product Space Conditions the Development of Nations ［J］. Science, 2007, 317（5837）: 482 – 487.

［18］Hsieh C. T. and Klenow P. J. Misallocation and Manufacturing TFP in China and India ［J］. The Quarterly Journal of Economics, 2009, 124（4）: 1403 – 1448.

［19］Jarreau J. and Poncet S. Export Sophistication and Economic Growth: Evidence from China ［J］. Journal of Development Economics, 2012, 97（2）: 281 – 292.

［20］Kaplinsky R. Spreading the Gains of Globalization: What Can Be Learned from Value Chain Analysis ［J］. Problems of Economic Transition, 2000, 47（2）: 74 – 115.

［21］Kugler M. and Verhoogen E. Prices, Plant Size, and Product Quality ［J］. The Review of Economic Studies, 2012, 79（1）: 307 – 339.

［22］Lall S., Weiss J. and Zhang J. The "Sophistication" of Exports: A New Trade Measure ［J］. World Development, 2006, 34（2）: 222 – 237.

［23］Lee S. Y., Florida R. and Acs Z. Creativity and Entrepreneurship: A Regional Analysis of New Firm Formation ［J］. Regional Studies, 2004, 38（8）: 879 – 891.

［24］Neffke F., Henning M. and Boschma R. How Do Regions Diversify over Time? Industry Relatedness and the Development of New Growth Paths in Regions ［J］. Economic Geography, 2011, 87（3）: 237 – 265.

［25］Pietrobelli C. and Rabellotti R. Upgrading to Compete Global Value Chains, Clusters, and Smes in Lation America ［M］. Cambridge: Harvard University Press, 2006.

［26］Poncet S. and Starosta de W. F. Export Upgrading and Growth: The Prerequisite of Domestic Embeddedness ［J］. World Development, 2013, 51: 104 – 118.

［27］Porter M. E. The Competitive Advantage of Nations ［J］. Harvard Business Review, 1990, 68: 73 – 93.

［28］Schott P. K. The Relative Sophistication of Chinese Exports ［J］. Economic Policy, 2008, 23（53）: 6 – 49.

［29］Wang C. C., Lin G. C. S. and Li G. Industrial Clustering and Technological Innovation in China:

New Evidence from the ICT Industry in Shenzhen [J]. Environment and Planning A, 2010, 42 (8): 1987 – 2010.

[30] Zhu S. and He C. Global, Regional and Local: New Firm Formation and Spatial Restructuring in China's Apparel Industry [J]. Geo Journal, 2013, 79 (2): 237 – 253.

第十一章
集聚经济与企业出口产品升级

第一节 引 言

　　企业选择出口升级取决于很多因素,国际贸易理论和企业理论大多关注企业层面的微观因素,如人力资本储备、企业技术水平、管理水平以及企业特征等。企业地理强调企业所在地的外部环境对企业出口行为的影响,如企业所在城市的交通、区位条件,以及企业所在地区产业的集中程度等。企业在空间中集聚可能产生外部集聚经济,将为企业带来成本节约。不同的出口企业在空间上邻近,在生产侧可以增进技术以及上下游企业间的交流,强化企业间的联系和合作,共享各种专业化设施、服务和劳动力市场;在需求侧可以共享需求市场的偏好、需求规模等信息。马歇尔早在其《经济学原理》一书中已经指出集聚经济对企业经营的重要性。马歇尔认为属于同一产业内的相关企业倾向于选择相同的区位,主要是看重这些区位的劳动力市场、中间产品市场和专业化的服务以及信息溢出等,从而可以降低企业在生产过程中的各种成本,如寻找和培训劳动力的成本、劳动力匹配成本、交通通信成本、距离交易成本和创新成本等。这种集聚经济是产业特定的,给定区域内某个产业规模越大,这种集聚经济越显著,被称作地方化经济。学者们又发现,各种不同的经济活动聚集在特定的空间,共同分享基础设施,接近庞大的产品市场和多样化的劳动力市场以及产业间的知识溢出等而节约经营成本。这种外部经济与区位的规模和经济活动的多样化程度相关,称为城市化经济。之后,大量文献围绕集聚经济的作用机制以及地方化经济和城市化经济的相对作用进行了详尽研究。

　　共享(sharing)、匹配(matching)以及学习(learning)成为理解集聚经济影响企业行为最重要的微观机制(Duranton and Puga,2004)。企业聚集在城市中可以共享不可分割的产品或设施、分享产业多样性和城市专业化带来的规模效益递增、分享个体专业化的好处以及共担风险等。大量的企业和人口聚集在城市中可以显著提升企业—劳动力市场、企业—上下游供给、企业—城市生产要素等相互作用各方的匹配质量、匹配机会以及减少等待时间,从而将大大降低企业生产与出口的成本。城市里集聚经济带来的影响是非常显著的,因为城市促进知识的创造、扩散以及积累。随着城市规模的增大,城市的基础设施更加完善,经济活动越多样化,多样化的知识越能有效地创造和扩散。部分研究证明,位于大城市的企业可以更加有效率地从事出口活动。然而,不是任何企业之间都能发生知识交流和信息溢出,企业生产的产品间认知距离太大会影响知识学习的有效性,只有认知距离处于适当的范围才能促进产品之间的学习和知识溢出的发生(Nooteboom,2000)。城市化经济和地方化经济哪个作用更大曾引起学术界的激烈讨论

(Henderson, 1997; Acs and Storey, 2004), 但未得到明确的答案。

创新的灵感源于多种知识的碰撞与组合。然而, 并不是任何知识之间都能实现重组, 产品间的认知距离越远, 重组的难度越大, 因此, 多样性必须具有相关性, 即认知邻近, 否则不容易产生创新 (Frenken et al., 2007)。相关多样性打破了城市化经济与地方化经济的两分法 (Frenken et al., 2007; Neffke et al., 2012; Boschma et al., 2013), 将城市化经济进一步分解为相关多样性和不相关多样性。认知距离越近, 跨产品的互动、复制和知识重新整合的机会越大, 该机制是集聚经济发生的源泉, 被称为相关多样性效应 (Bishop and Gripaios, 2010)。近年来, 技术关联概念和计算方法的提出 (Hidalgo et al., 2007), 使产品间认知距离开始得以数量化, 随后大量实证研究在国家层面和区域层面均证实了相关多样性对区域发展、新产业形成和新技术出现有重要作用 (Hidalgo et al., 2007; Boschma et al., 2013; 邓向荣和曹红, 2016)。

集聚经济通过影响企业进行出口升级的沉没成本和经济风险来影响企业出口升级决策。新新贸易理论关注企业异质性, 强调企业和产品层面的因素带来的影响 (Melitz, 2003)。梅里兹 (2003) 假设在没有生产率差异的情况下, 如果企业在初期能支付足够的沉没成本将有利于企业进行出口扩展。因此, 企业选择进行出口升级, 其在初期需要支付一定的沉没成本, 用以进行新产品生产所需要的技术研发、资源调配以及出口产品所需要的市场探索。沉没成本从多方面对企业出口升级产生影响。企业出口目的国 (地区) 的市场环境, 如国际贸易环境与政策、需求端的变化等对贸易的影响得到了人们大量的关注。企业所在地的环境同样也将显著影响企业的出口行为。城市出口企业的集聚, 将会产生溢出效应, 从而促使企业进行出口产品升级 (Bernard et al., 2010; 钱学锋等, 2013)。集聚经济的溢出效应主要通过降低企业在升级过程中的成本投入以及面临的市场不确定性这一机制来体现。研究已经证实以地理距离刻画的出口集聚对企业出口行为有显著的正向影响 (Aitken et al., 1997; Koenig, 2009)。然而, 随着通信、传播技术的迅猛发展, 产品间的认知距离开始超越企业间的地理距离 (吴群锋和杨汝岱, 2019), 成为刻画集聚溢出效应的新工具。如果某企业与当地其他企业有较高的产品关联, 表明该企业较容易在当地获取生产所需要的技术、资源、基础设施等要素 (Hidalgo et al., 2007; Poncet and Waldemar, 2015), 并可能获得相似的出口经验 (Fernandes and Tang, 2014), 从而降低企业所需支付的沉没成本。

现有关于企业升级内涵的研究多集中在全球价值链、商品链中企业在出口产品附加值捕获等方面, 而常常忽略企业生存环境的影响。企业升级过程中企业与区域交互和互动可能将对企业出口升级产生重要影响, 更是常常被忽略。企业在进入新市场或出口新产品时, 不仅从自身以往的出口活动中获取经验, 还能从邻近企业获取信息, 即"以邻为鉴"的学习效应 (Zhu et al., 2019)。出口商在国外市场上面临相当大的不确定性, 企业在国外市场上的进入和退出率远高于国内市场, 并且企业经常在某一国外市场短时间里出口少量产品后就会退出（杨汝岱和李艳，2016）。市场规模越大的国家，企业在贸易过程中所面临的贸易成本也越大（Feenstra and Ma，2007）。企业需要承担更高的固定成本来完成对外出口，该成本可以在一定程度上淘汰低效率企业，这样留在较大市场的企业可以获得一个较高的最优产品数。劳奇和卡塞利亚（Rauch and Casella，2003）假设企业在国外市场上试探性出口的规模很小，只有在克服大部分不确定性后，企业才会投入大量资源来满足更大的订单，实际上企业在进行风险投资前会尽量获得邻近企业的信息（Hausmann and Rodrik，2003），这一活动对于需要付出高额沉没成本的出口企业而言尤为重要。

在贸易过程中，对于企业而言，其所在的"空间"环境是影响企业资源配置与调整的关键力量。企业所在城市的贸易环境、知识流动、技术传播等都是企业进行资源配置调整的关键力量。而集聚经济作为区域知识流动溢出的重要代表力量，其对企业出口升级的影响还值得进一步讨论，尤其是以认知距离刻画的集聚经济，其将如何影响企业出口产品升级？主要影响其进行产品内升级还是产品间升级？本章在现有研究基础上，重点讨论企业与企业所在区域互动对企业出口升级的影响。对于企业升级，本章按照第三章的框架并基于第四章测算得到的产品技术复杂度和产品质量，分别反映产品间升级和产品内升级，以此讨论城市溢出效应对企业出口升级的影响。

第二节　中国企业出口产品升级

本文第四章分析了我国制造业出口企业出口产品技术复杂度和出口产品质量的增长与分布情况，结果显示我国制造业企业出口产品技术复杂度和产品质量在不同的区域、行业、所有制和贸易方式上都存在显著的差异。这些差异也将影响企业出口产品升级路径的选择和升级的程度。据此，我们将制造业企业根据企业所有制和贸易方式的差异，来讨论我国不同类型企业出口产品技术复杂度的分布。图 11-1 为 2000 年和 2011 年我国不同所有制制造业企业出口产品技术复杂度分布。总体来说，我国制造业企业出口产品结构进行了较为明显的调整。具体而言，国有企业、外资企业和私营企业出口产品技术复杂度直方图的波峰不断向右移动，尤其是国有企业。2011 年，国有企业出口产品技术复杂度多分布在中位线以右。第四章中不同所有制企业出口产品技术复杂度的分布分析也指出，国有企业改革过程中，"抓大放小"的改革政策以及国有企业的经济活动集中在国民经济关键行业的实际情况，使得国有企业在现有出口产品结构中主要以高技术复杂度产品的出口为主。

第十一章 集聚经济与企业出口产品升级

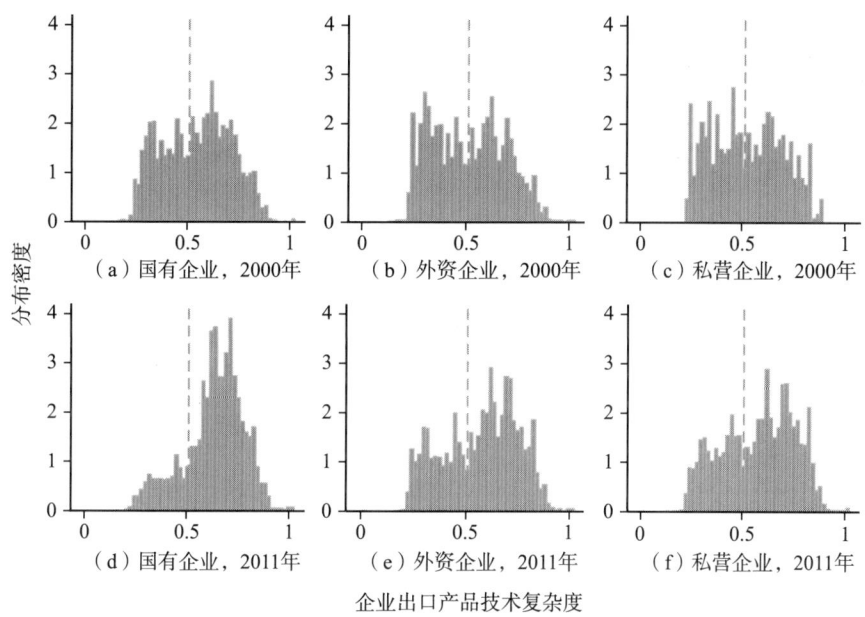

图 11-1 不同所有制企业出口产品技术复杂度分布

资料来源：作者根据 UN Comtrade 和中国海关进出口贸易数据库数据计算，下同。

不同贸易方式的企业出口产品结构差异也较大。图 11-2 显示 2000 年我国三种类型贸易方式的出口产品技术复杂度呈正态分布。加工贸易和混合贸易出口低技术复杂度产品比重更大。到 2011 年，三种类型贸易方式的出口产品技术复杂度分布发生了较大

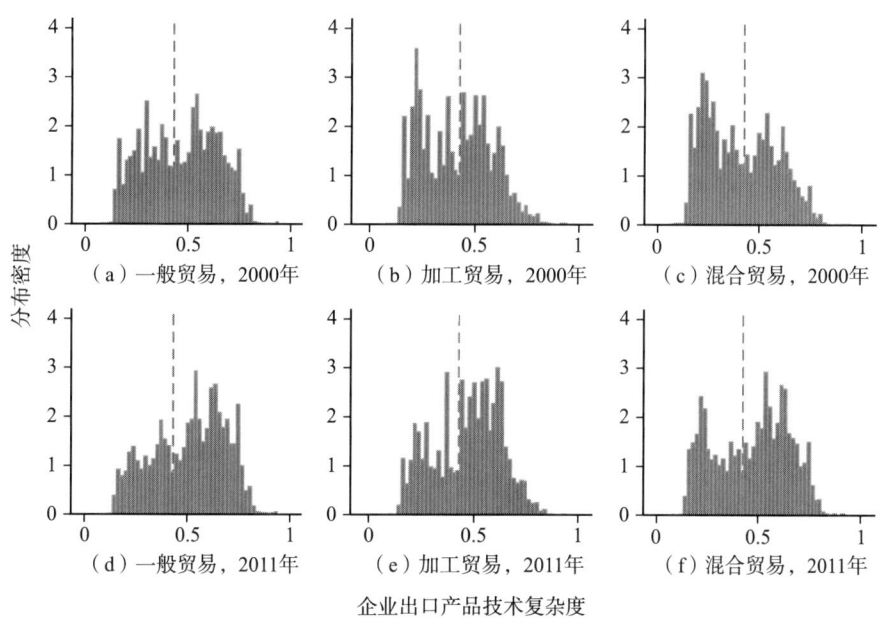

图 11-2 不同贸易方式企业出口产品技术复杂度分布

的变化,高技术复杂度产品的频数都有所上升,尤其是一般贸易。在我国现行出口贸易中,加工贸易更多地是以进料加工和来料加工为主。在企业出口产品升级的过程中,企业所在地的影响较小。一般贸易企业出口产品技术复杂度的变化能较好地体现我国出口企业进行产品间升级的情况,是本章需要重点观察的对象。

第三节 模型设定

为讨论溢出效应对我国出口企业出口产品升级的影响,按照第九章中城市出口产品升级模型的设置,将企业出口产品升级分解为企业出口产品技术复杂度和出口产品质量的变化。具体的模型设置如下:

$$upgrading_{f,j,t} = \beta_0 + \beta_1 PC_{f,j,t-1} + \beta_2 FC_{f,j,t} + \beta_3 Agg_{i,j,t-1} + \beta_4 Control_{i,t-1} + \varepsilon_i + \mu_j + \varphi \quad (11.1)$$

其中,f,i,j,t 分别代表出口企业、出口企业所在城市、出口产品类别和时间。其中,$upgrading$ 代表企业产品间升级和产品内升级,$upgrading_{f,t}$ 表示 $t-1$ 到 t 年出口产品技术复杂度的变化,$upgrading_{f,j,t}$ 为 $t-1$ 年企业 f 出口产品质量的变化。$Agg_{i,j,t-1}$ 为城市出口产品溢出效应,主要包括以下内容:$AR_{i,t-1}$ 为城市 i 相关专业化程度,$RV_{i,t-1}$ 为城市 i 出口产品的相关多样化程度,$UV_{i,t-1}$ 为城市 i 出口产品的不相关多样化程度,城市化经济变量 $Urb_{i,t-1}$,地方化经济变量 $Loc_{i,j,t-1}$。FC 为出口企业特征变量,主要为企业所有制,包括国有企业(SOE)、私营企业(POE)和外资企业(FOE)以及反映企业自身特征的企业规模($size$)、出口产品多样化程度(Div)。城市尺度的相关多样化通过选择技术关联在 0.25 以上的产品,通过加权熵得到相关多样化程度。在本研究中,企业出口的产品均是相关的,因此,此处直接计算企业出口的产品的熵,设置如下:

$$Div_f = \sum \frac{p_i}{P_f} \log_2 \left(\frac{1}{P_i/P_f} \right) \quad (11.2)$$

其中,P_i 为企业出口的四位数产品 i 的出口额,P_f 为企业总出口额。企业所在城市的集聚经济等变量均滞后一年。变量之间的相关性以及描述统计见表 11-1,变量之间的相关系数较小,表明变量之间不存在明显的共线性问题。

表 11-1　　　　　　　　　变量相关性及描述统计

变量	AR	RV	UV	Loc	Urb	Div	Size	SOE	FDI	Private	Ordinary	Process	Mix
AR	1												
RV	-0.03	1											

续表

变量	AR	RV	UV	Loc	Urb	Div	Size	SOE	FDI	Private	Ordinary	Process	Mix
UV	-0.01	0.30	1										
Loc	0.13	-0.04	-0.03	1									
Urb	-0.07	-0.01	-0.22	-0.03	1								
Div	-0.10	0.14	-0.11	-0.03	0.04	1							
Size	-0.08	0.01	-0.05	-0.01	0.05	0.42	1						
SOE	-0.08	-0.07	0.08	0.00	0.00	0.39	0.30	1					
FDI	0.03	0.03	0.00	-0.01	0.06	-0.40	-0.10	-0.43	1				
Private	0.03	0.02	-0.09	0.01	-0.05	0.10	-0.13	-0.31	-0.64	1			
Ordinary	0.10	-0.08	0.02	0.05	-0.05	-0.12	-0.23	-0.04	0.00	0.02	1		
Process	0.01	0.02	0.00	0.00	-0.01	-0.09	-0.10	-0.05	0.06	-0.02	-0.03	1	
Mix	0.02	-0.02	0.03	0.01	-0.01	-0.09	-0.06	-0.04	0.04	-0.01	-0.03	-0.03	1

第四节 实证结果分析

一、基准模型回归结果

模型中因变量为连续变量，模型数据为不同年份企业出口产品平均技术复杂度和出口产品质量增加的连续变量，因此，我们采用OLS估计方法进行估计，模型的标准差采用城市层面聚类标准差，结果见表11-2。表11-2中模型（1）~（2）为企业出口产品技术复杂度模型，模型（4）~（6）为企业出口产品质量模型。其中，模型（1）、模型（4）未加入任何固定效应，模型（2）加入了企业和时间的固定效应，模型（5）加入了企业、产品和时间固定效应。模型（3）和模型（6）分别在模型（2）和模型（5）的基础上，加入了企业层面的控制变量，包括企业规模、企业出口产品多样化程度。当加入企业和时间固定效应后，企业出口产品技术复杂度模型中，仅城市出口产品不相关多样化、地方化经济和城市化经济显著。其中，仅城市化经济显著为正，表明不同的经济活动聚集在特定的空间中带来的多样化的知识、信息溢出有利于促进企业进行产品间升级。然而，如果是完全不相关的知识集聚，不利于企业进行产品间升级，集聚经济效应更多地表现为竞争效应。同时，地方化经济Loc显著为负，表明城市产业专业化不利于企业进行产品间升级。对比来看，城市出口产品相关专业化和专业化在企业出口产品质量模型中均显著为正,说明城市该产业的专业化所带来的知识溢出、专业劳动力共享匹配等均有利于促进企业出口产品质量提升。由此可见,城市出口产品多样化带来的多样化的知识等有利于促进企业进行产品间升级,而城市专业化带来的特定行业的知识溢出有利于促进企业进行产品内升级,一定程度上反映出集聚经济反映的不同知识及其组合对企业出口产品升级影响的差异,是对已有集聚经济研究很好的补充(Boschma et al.,2012,2013)。

表 11-2　　　　　　　　　　集聚经济与企业经济复杂度的变化

变量	企业出口产品技术复杂度			企业出口产品质量		
	模型(1)	模型(2)	模型(3)	模型(4)	模型(5)	模型(6)
AR	0.001**	0.000	0.000	0.027***	0.027***	0.027***
RV	-0.001***	0.001	0.001	-0.010	-0.018	-0.018
UV	-0.001	-0.001***	-0.001***	0.046	-0.029	-0.032
Loc	-0.000*	-0.001***	-0.001***	0.187**	0.267***	0.259***
Urb	0.000	0.000*	0.000*	-0.002	-0.006	-0.004
C_lag	-0.034***	-0.637***	-0.637***	-0.736***	-0.936***	-0.936***
SOE			0.005			0.007
FDI			-0.004			-0.484*
$Private$			0.011***			0.051
$Ordinary$			-0.001**			0.490***
$Process$			-0.001***			0.451***
Mix			-0.001**			0.409***
Div			0.000			-0.023***
$Size$			-0.000			0.445***
$Size^2$			-0.000			-0.007***
$\_cons$	0.019***	0.345***	0.350***	0.128**	0.234***	-4.591***
$Firm\ fe$	No	Yes	Yes	Nes	Yes	Yes
$Year\ fe$	No	Yes	Yes	Nes	Yes	Yes
$Product\ fe$	No	No	No	No	Yes	Yes
N	655462	637483	637483	3742613	3733301	3733301
R^2	0.016	0.420	0.420	0.342	0.529	0.531

注:$*p<0.1$,$**p<0.05$,$***p<0.01$。

在控制变量中,产品间升级模型中,仅私营企业显著为正,三种贸易模式变量均显著为负。对比来看,产品内升级模型中,外资企业显著为负,三种贸易模式的变量均显著为正，表明相较于外资企业和国有企业，我国私营企业出口产品技术复杂度提升更快；而相较于国有企业和私营企业，我国外资企业出口产品质量反而在不断下降。结合上文不同所有制企业出口产品平均复杂度的分布来看，我国私营企业出口产品技术复杂度的增长确实更为明显。国有企业由于占据国民经济行业中的关键领域，多出口产品技术复杂度较高的产品。事实上，作为出口企业，中国国有企业拥有不可小觑的优势。在一些高精尖行业当中，如载人航天、探月工程、深海探测、高速铁路、特高压输变电、4G通信等，国有企业拥有不可比拟的优势。比较而言，在我国经济改革期间，私营企业也开始表现出活力，开始更多向高技术行业扩展，出口产品技术复杂度不断增加。相反，外资企业出口产品技术复杂度虽然较高，但这部分外资企业大多以加工贸易的模式在中国进行生产，其出口的产品高技术部分多来源于国外，而中国多是承担组装、加工的环节，故而出口产品附加值的国内部分较低。因此，外资企业出口产品技术复杂度的增长反而较低。企业特征变量中，企业出口产品多样化程度在出口产品技术复杂度模型中不显著，在出口产品质量模型中显著为负，表明企业出口产品多样化程度越高，其进行出口产品升级的概率越低。这主要是因为企业出口产品越多，企业可利用的多余资源可能越少。

二、中国企业出口产品升级的特殊性

对于发展中国家而言，加工贸易是对外贸易的重要方式。加工贸易中，企业出口产品的核心部分来源于其他国家，本国仅承担组装加工的环节。因此，如果不区分贸易方式讨论中国制造业企业出口产品升级，加工贸易的存在可能引起溢出效应的高估，对结果产生极大的干扰。另外，外资企业一方面可以为本地升级带来学习效应；另一方面，其升级过程可能更多地受本地以外的其他因素的影响。中国内资企业出口产品技术复杂度和质量本身比外资企业的低，对内外资企业出口产品升级差异的讨论有助于我们更好地认识我国制造业企业出口产品升级。因此，本节主要从贸易方式和企业所有制两个方面，讨论我国制造业企业出口产品升级的异质性。

（1）加工贸易与一般贸易。

不同贸易方式中，除了一般贸易和加工贸易以外，部分制造业企业以加工贸易和一般贸易组合的混合贸易方式进行对外贸易。因此，此处我们识别出既有加工贸易又有一般贸易的混合贸易企业，讨论不同贸易方式的企业出口升级的差异。不同贸易方式的制造业企业出口产品升级结果见表11-3。结果表明，城市集聚经济变量中，城市化经济（Urb）在企业出口产品技术复杂度的提升显著为正，溢出变量中，城市出口产品的相关专业化有利于一般贸易和混合贸易的升级，而对加工贸易的影响不显著，即加工贸易受本地影响并不明显。而不相关多样化对加工贸易和混合贸易复杂度的升级显著为负,即不相关多样化带来的挤出效应,对加工贸易企业承接更高技术复杂度产品将产生不利影响。对比来看,相关专业化和地方化经济均有利于一般贸易和混合贸易企业进行出口产品质量升级。城市化经济以及不相关多样化则表现为竞争效应,表明多样化更有利于促进一般贸易和混合贸易企业进行产品间升级,而专业化更有利于促进一般贸易和混合贸易企业进行产品内升级。多样化对加工贸易企业更多地表现为竞争效应。这主要是因为,企业进行产品间升级需要企业基于已有资源结合城市多样化的知识来进行研发和创新,最后实现对高技术复杂度产品的扩展。中国进行产品内升级更多地表现为企业提升已有产品的质量,在升级过程中更多的是依赖企业已有资源和城市该产品的资源基础来进行,故而专业化对企业进行产品内升级的影响更大。

表 11-3 贸易方式与企业出口产品升级

变量	企业出口产品技术复杂度变化			企业出口产品质量变化		
	一般贸易	加工贸易	混合贸易	一般贸易	加工贸易	混合贸易
AR	0.000	-0.000	0.001	0.010***	-0.017	0.064***
RV	0.001	0.000	0.000	-0.005	-0.044	-0.049
UV	-0.001**	-0.001	-0.001	-0.078**	0.030	0.009
Loc	-0.001**	-0.009*	-0.002**	0.134***	1.060**	0.795***
Urb	0.001**	0.000	0.000	0.039*	-0.014***	-0.010
C_{t-1}/Q_{t-1}	-0.749***	-0.591***	-0.591***	-0.945***	-0.955***	-0.929***
Div	0.000	-0.000	0.000	-0.028***	-0.028	-0.017***
$Size$	0.002	-0.002	-0.001	0.410***	0.607***	0.666***
$Size^2$	-0.000*	0.000*	0.000	-0.010***	-0.004	-0.012***
$\_cons$	0.419***	0.319***	0.310***	-3.755***	-6.885***	-7.146***
$Firm\ fe$	Yes	Yes	Yes	Yes	Yes	Yes
$Year\ fe$	Yes	Yes	Yes	Yes	Yes	Yes
$Product\ fe$	No	No	No	Yes	Yes	Yes
N	461753	111612	185364	2596059	432807	1603137
R^2	0.505	0.435	0.490	0.597	0.600	0.497

注:*$p<0.1$,**$p<0.05$,***$p<0.01$。表中 C_{t-1}/Q_{t-1} 分别表示 $t-1$ 期企业出口产品技术复杂度和企业出口产品质量。

(2)内资企业与外资企业。

在不同所有制企业出口产品升级模型中(表11-4),不相关多样化在外资企业出口产品技术复杂度升级模型中显著为负,其余集聚经济变量在技术复杂度模型中均不显著。相关专业化和地方化经济在企业出口产品质量升级模型中均显著为正，仅城市化经济在私营企业出口产品质量升级模型中显著为正。通常来说，专业化均有利于企业进行产品内升级，而城市化经济代表的多样化仅对私营企业出口产品质量有显著影响。我们的解释是，国有企业出口产品升级过程中的资源获取拥有先天的优势，对本地知识信息的溢出的依赖较小，其升级主要依赖于国家行政力量的推动，受市场环境等的影响相对较小。比较而言，私营企业由于受到资源的约束，受专业化和多样化带来的知识信息等溢出的影响更大。

表 11-4　　企业所有制与企业出口产品升级

变量	企业出口产品技术复杂度			企业出口产品质量		
	一般贸易	加工贸易	混合贸易	一般贸易	加工贸易	混合贸易
	国有企业	外资企业	私营企业	国有企业	外资企业	私营企业
AR	-0.000	0.000	0.000	0.044***	0.034***	0.020***
RV	0.001	0.000	0.000	-0.068	-0.051	0.005
UV	0.001	-0.002***	-0.002	-0.070	0.033	-0.033
Loc	-0.001	-0.001*	-0.001	0.325***	0.592***	0.142**
Urb	0.000	0.000	0.000*	-0.005	-0.015	0.050**
C_{t-1}/Q_{t-1}	-0.695***	-0.588***	-0.698***	-0.947***	-0.944***	-0.950***
Div	0.000	0.000	0.000	-0.022***	-0.055***	-0.020***
$Size$	-0.001	0.000	0.000	0.251**	0.513***	0.192***
$Size^2$	-0.000	-0.000	-0.000	-0.001	-0.006***	-0.004
$\_cons$	0.431***	0.314***	0.391***	-3.463***	-5.618***	-2.181***
N	41979	403773	166031	646958	1741721	1181684
R^2	0.437	0.393	0.460	0.496	0.544	0.575

注：$*p<0.1$，$**p<0.05$，$***p<0.01$，表中 C_{t-1}/Q_{t-1} 分别表示 $t-1$ 期企业出口产品技术复杂度和企业出口产品质量。

本 章 小 结

本章在新新贸易理论的基础上，将企业异质性扩展到企业—产品异质性，讨论企业所在"空间"不同类型溢出效应对企业产品间升级和产品内升级的影响。研究发现，总体来说，我国制造业企业出口产品结构进行了较为明显的调整，出口产品升级在持续推进。其次，城市出口产品多样化带来的多样化的知识等有利于促进企业进行产品间升级，而城市专业化带来的特定行业的知识溢出有利于促进企业进行产品内升级。最后，集聚外部性对企业出口产品升级的影响也存在企业异质性。溢出效应对一般贸易、混合贸易和私营企业的影响更大。

集聚经济在中国出口的高速增长中起着重要的作用，但不同类型的集聚经济产生的影响不同，有的表现为正向的溢出效应，有的表现为竞争效应。在企业家不断尝试生产某种产品的过程中，产品的成本结构被不断"发现"。因此，企业与区域的互动关系可能将对升级过程中的不同组成部分有不同的影响。提升区域内集聚经济水平，合理的引导产业进行空间集聚、加强基础设施建设以及金融行业的发展，创造和培育良好的知识创造中心和知识流动渠道，鼓励企业不断探索和研发新产品，有利于促进企业进行产品间和产品内升级。

现阶段，我国出口企业出口产品技术复杂度和出口产品质量均经历了较为显著的提升，然而，该提升的动态过程还值得进一步剖析。相较于以不断扩展新产品提高出口产品技术复杂度来推动产品间升级，产品内升级主要表现为提高已有出口产品的质量。根据"成本发现"理论，企业在进行出口产品升级时，将面对诸多的不确定性，需要支付一定的沉没成本。因此，研究企业与区域如何互动更有利于推动出口升级，是中国出口产品演化的内在动力。企业出口升级及其背后的影响机制，是理解宏观产品演化过程的重要微观视角。第十二章将从企业出口产品动态演化的视角出发，研究影响企业出口产品升级的因素。

本章参考文献

[1] 邓向荣, 曹红. 产业升级路径选择：遵循抑或偏离比较优势——基于产品空间结构的实证分析 [J]. 中国工业经济, 2016 (2)：52 - 67.

[2] 钱学锋, 王胜, 陈勇兵. 中国的多产品出口企业及其产品范围：事实与解释 [J]. 管理世界, 2013 (1)：9 - 27, 66.

[3] 杨汝岱, 李艳. 移民网络与企业出口边界动态演变 [J]. 经济研究, 2016 (3)：163 - 175.

[4] Acs Z. and Storey D. Introduction: Entrepreneurship and Economic Development [J]. Regional Studies, 2004, 38 (8)：871 - 877.

[5] Aitken B., Hanson G. H. and Harrison A. E. Spillovers, Foreign Investment, and Export Behavior [J]. Journal of International Economics, 1997, 43 (1 - 2)：103 - 132.

[6] Bernard A. B., Redding S. J. and Schott PK. Multiple - Product Firms and Product Switching [J]. The American Economic Review, 2010, 100 (1)：70 - 97.

[7] Bishop P. and Gripaios P. Spatial Externalities, Relatedness and Sector Employment Growth in Great Britain [J]. Regional Studies, 2010, 44 (4)：443 - 454.

[8] Boschma R., Minondo A. and Navarro M. Related Variety and Regional Growth in Spain*[J]. Papers

in Regional Science, 2012, 91 (2): 241-256.

[9] Boschma R., Minondo A. and Navarro M. The Emergence of New Industries at the Regional Level in Spain: A Proximity Approach Based on Product Relatedness [J]. Economic Geography, 2013, 89 (1): 29-51.

[10] Duranton G. and Puga D. Chapter 48—Micro-Foundations of Urban Agglomeration Economies [M]. In J. V. H. and J.-F. Thisse (Ed.), Handbook of Regional and Urban Economics, 2004, 4: 2063-2117.

[11] Feenstra R. and Ma H. Optimal Choice of Product Scope for Multiproduct Firms under Monopolistic Competition [Z]. National Bureau of Economic Research. https://doi.org/10.3386/w13703. 2007.

[12] Fernandes A. P. and Tang H. Learning to Export from Neighbors [J]. Journal of International Economics, 2014, 94: 67-84.

[13] Frenken K., Van O. F. and Verburg T. Related Variety, Unrelated Variety and Regional Economic Growth [J]. Regional Studies, 2007, 41 (5): 685-697.

[14] Hausmann R. and Rodrik D. Economic Development as Self-discovery [J]. Journal of Development Economics, 2003, 72 (2): 603-633.

[15] Henderson V. Externalities and Industrial Development [J]. Journal of Urban Economics, 1997, 42 (3): 449-470.

[16] Hidalgo C. A., Klinger B., Barabási A. L. and Hausmann R. The Product Space Conditions the Development of Nations [J]. Science, 2007, 317 (5837): 482-487.

[17] Koenig P. Agglomeration and the Export Decisions of French Firms [J]. Journal of Urban Economics, 2009, 66 (3): 186-195.

[18] Melitz M. J. The Impact of Trade on Intra-Industry Reallocations and Aggregate Industry Productivity [J]. Econometrica, 2003, 71 (6): 1695-1725.

[19] Neffke F., Henning M. and Boschma R. The Impact of Aging and Technological Relatedness on Agglomeration Externalities: A Survival Analysis [J]. Journal of Economic Geography, 2012, 12 (2): 485-517.

[20] Nooteboom B. Learning by Interaction: Absorptive Capacity, Cognitive Distance and Governance [J]. Journal of Management and Governance, 2000, 4 (12): 69-92.

[21] Poncet S. and Waldemar F. S. D. Product Relatedness and Firm Exports in China [J]. The World Bank Economic Review, 2015, 29 (3): 579-605.

[22] Rauch J. E. and Casella A. Overcoming Informational Barriers to International Resource Allocation: Prices and Ties [J]. Economic Journal, 2003, 113 (484): 21-42.

[23] Zhu S., He C. and Luo Q. Good Neighbors, Bad Neighbors: Local Knowledge Spillovers, Regional Institutions and Firm Performance in China [J]. Small Business Economics, 2019, 52 (3): 617-632.

第十二章
技术关联、产品动态与企业出口产品升级

第一节 引　　言

新新贸易理论提升了我们对出口企业异质性的认识，是国际贸易领域的重要和最新研究主题。现有研究大多围绕出口企业与非出口企业的效率差异，出口企业为什么比不出口企业生产效率高等主题来展开。其中，出口学习效应和企业本身的自选择效应是两个重要的切入点。一方面，这部分研究从企业生产效率出发，认为生产率差异是国际贸易发生的基础：高效率企业进入国外市场，低效率企业留在国内市场，效率最低的一部分企业甚至被挤出市场。然而，中国的实证数据发现我国出口企业的生产效率可能低于非出口企业的生产效率（Lu et al.，2010；戴觅等，2014）。这个问题激发了学术界对于新新国际贸易理论和异质性企业出口行为研究的极大兴趣，被称为"中国出口企业生产率之谜"或者"中国企业生产率悖论"。之后，部分学者开始从企业异质性和企业产品异质性角度进行解释（Lu et al.，2010；Lu，2010；戴觅等，2014）。另一方面，梅里兹（2003）的企业异质性模型中一个重要假设是一个企业只生产一种产品。该假设不仅不符合国际贸易中企业以多产品进行出口的事实，还忽略了企业出口产品也存在异质性。伯纳德等（2011）将多样化产品纳入异质性企业模型，企业的异质性表现为企业能力和企业内产品特征的差异，这些差异共同决定企业内产品的进入与退出，并最终决定了生产产品的种类和范围等。

异质性企业模型的提出开创了新新国际贸易理论研究的新时代。现有实证研究的新方向中，企业出口产品多样化是重要的分支（钱学锋等，2013）。新新贸易理论及其扩展的实证研究从宏观向微观领域转化，推动了国际贸易理论对贸易关系认识的不断深入。结合研究框架中提出的研究问题，企业内资源配置是否有利于促进企业出口产品升级？在我国出口产品不断调整的过程中，企业内资源是流向"好"产品了，还是流向"坏"产品了？结合前文对"好"产品与"坏"产品的定义，以及第五章中发现的企业新产品的扩展是企业进行技术复杂度升级的重要来源之一，我们重点关注企业产品间升级问题，试图讨论企业出口产品结构是否开始向更高技术复杂度的产品调整？该问题是国际贸易研究的前沿问题，对理解并推动我国出口产品升级也具有非常重要的意义。

企业内贸易和企业出口产品多样化是企业间和企业内资源再配置的结果。首先，企业间资源再配置是"坏"企业退出市场，"好"企业进入市场或者不断增长的结果。已有研究多通过生产效率来衡量企业的"好"和"坏"，最终的结论是行业整体生产效率

第十二章　技术关联、产品动态与企业出口产品升级

的提升。其次，企业内资源的再配置推动出口产品升级的过程，主要表现为企业放弃生产"坏"产品，扩展"好"产品，从而促使出口企业增加"好"产品出口比重（价格边际）、提高所有产品中出口"好"产品种类的比例（扩展边际）、增加每种产品的出口规模（集约边际）。本章主要从企业内资源再配置出发，通过产品技术复杂度来数量化出口产品的"好"和"坏"，并基于产品动态的视角来研究中国企业出口产品升级。具体而言，中国出口企业是否在不断地扩展高技术复杂度新产品以及淘汰低技术复杂度产品来推动出口产品升级呢？

现代国际贸易理论认为沉没成本是企业出口关系开始的基础。企业不可能出口所有产品，新产品和新的出口关系的建立需要企业前期投入足够的沉没成本。奥斯曼和罗德里克（2003）认为企业出口产品是其进行"成本探索"的结果，探索成功后将产生"示范效应"，由此推动产业结构的升级。与此同时，第一个吃螃蟹的企业也将面临一系列的不确定性，这些不确定性将增加企业探索新出口关系的门槛和风险，故而也将影响扩展的新出口关系的产品技术复杂度。企业出口关系中，被选中的出口关系的产品得以扩张，被淘汰的出口关系的产品缩减规模甚至退出市场，由此体现国际贸易对出口关系的选择效应。选择的结果促进了资源从淘汰的出口关系流向被选择的出口关系，而被选择和淘汰的产品技术复杂度的差异共同推动企业实现出口产品升级。企业引入新产品需要投入一定的沉没成本，包括生产转换成本和出口信息的搜索成本。而当企业引入高技术复杂度的产品时，投入的沉没成本以及出口过程中面临的不确定性和风险更高。前者是从供给或产品生产角度出发，企业生产并出口新的高技术复杂度产品需要建立新的生产线、引入或者开发新的生产技术，等等。因此，即使利用企业已储备的资源和生产条件，也需要支付生产转换成本来转换已有的生产资源进行新产品的生产。后者是从需求或市场供应角度出发，高技术复杂度产品多出口到高收入国家，面临的市场探索成本和风险都较高。因此，企业需要获取该高技术复杂度产品在国外市场的需求量、客户偏好、竞争程度、业务环境以及出口渠道等信息。尤其重要的是，出口高技术复杂度产品本身需要与已出口这类高技术复杂度产品的企业或者国家进行竞争，因此，企业可能需要支付足够的沉没成本才能完成新的出口关系的建立。

企业自身的出口能力以及所在区域储备的生产均有利于降低企业在出口产品升级过程中的沉没成本和面临的不确定性。第十一章研究发现城市产品生产能力是影响出口产品扩展的重要因素。企业出口产品生产能力也常作为影响企业创新、增长的关键变量，将影响企业出口产品升级（温思雅，2015）。部分研究将企业能力提升作为企业升级的结果变量（Brach and Kappel，2009；Gereffi et al.，2005），但该能力的提升并不能完整反映企业出口产品升级。本章认为，"企业—空间"产品生产能力相互影响、相互依存，共同提升企业出口产品升级的综合能力。本章基于第三章企业出口产品升级分析框架，从产品动态的视角，研究企业产品间升级及其影响因素，重点探讨"企业—空间"

互动对企业出口产品升级的影响。

第二节 中国企业出口产品升级

企业多产品出口特征是我们研究企业出口产品升级的重要基础,同时,企业多产品出口也是国际贸易出口企业的真实特征。图 12-1 为我国企业出口产品数量的分布情况。其中,出口 1~2 个产品的企业数占比较大。然而,出口 2 个及以上数量产品的企业占总出口企业数量从 2000 年的 88%,上升到 2011 年的 91.8%。由此可见,在 2000~2011 年,我国出口企业在不断地进行出口产品扩展。

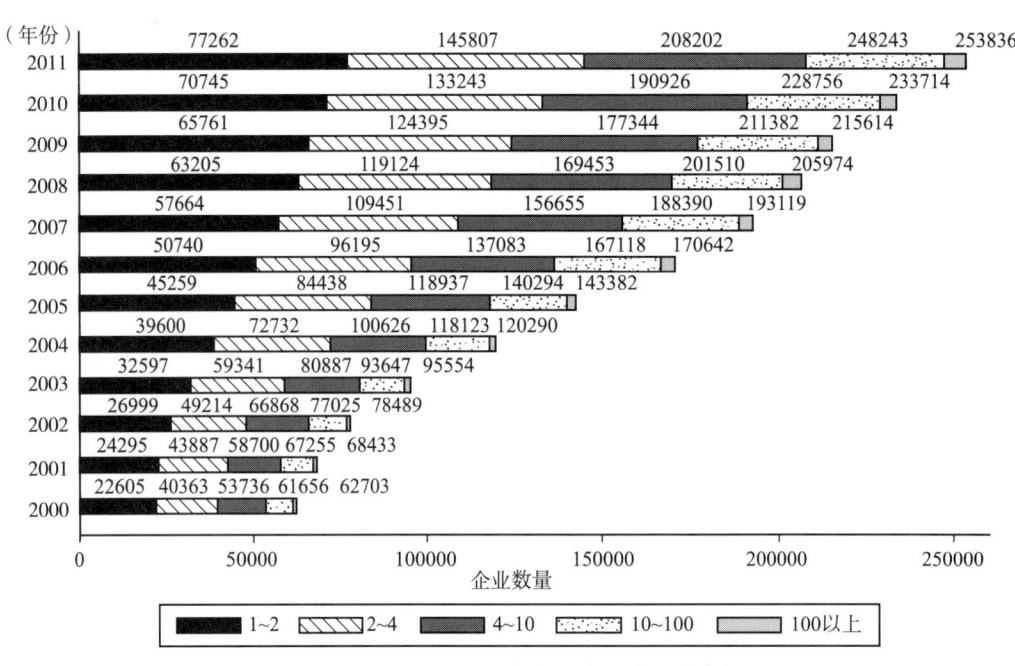

图 12-1 2000~2011 年企业出口产品种类数

企业出口产品升级从根本上是企业内产品调整的结果,而企业内产品动态调整最终体现为企业出口产品升级路径选择的差异。从产品动态角度看,企业出口产品可以分解为新产品、在位产品和退出产品三种状态。我们将 $t-1$ 年企业未出口、t 年出口的产品定义为企业扩展的新产品;将 $t-1$ 年企业在出口、t 年企业仍在出口的产品定义为企业的在位产品;将 $t-1$ 年企业在出口但 t 年企业未出口的产品定义为企业淘汰的产品,即

第十二章 技术关联、产品动态与企业出口产品升级

退出产品。企业扩展新产品和已有产品的退出是产品间升级或降级的重要途径。另外，不同状态的企业也可能影响企业出口产品动态的识别。例如，新企业进入当年出口的所有产品都可能被识别为新产品。据此，我们将新产品、在位产品和退出产品按照企业状态进行统计分析，见表 12-1。总体来说，从 2000~2011 年，我国企业扩展新产品的数量在不断增长，在 2006 年达到峰值。2006 年后，新产品的数量开始下降。一方面，在已有产品分类中，产品种类是确定的，中国出口产品的种类不断扩张，2006 年中国出口产品的种类几乎涵盖了所有产品。因此，自 2006 年开始，出口产品种类和数量开始下降。另一方面，2007 年开始的金融危机，使得国际市场本身的市场容量发生变化，成为我国出口产品种类增长的一个转折点。

表 12-1　　　　　　　　　　产品动态与企业出口产品升级

年份	产品数量					产品技术复杂度				
	新产品		在位产品	退出产品		新产品		在位产品	退出产品	
	新企业	在位企业	在位企业	在位企业	退出企业	新企业	在位企业	在位企业	在位企业	退出企业
2000					23200					274.19
2001	51930	93820	142466	78393	24090	267.72	267.72	267.72	267.72	267.72
2002	67561	107398	175633	90430	22962	268.12	268.13	268.12	268.12	268.12
2003	80592	119845	224449	108081	29435	267.81	267.81	267.81	267.81	267.81
2004	122711	137512	274583	131669	48747	271.22	271.22	271.22	271.22	271.22
2005	96258	187000	341830	189956	68538	275.61	275.61	275.61	275.61	275.61
2006	178862	171249	382923	194429	92178	277.17	277.17	277.17	277.17	277.17
2007	124490	231761	429998	239763	67530	277.82	277.82	277.82	277.82	277.81
2008	77131	213140	487154	250442	71228	286.10	286.10	286.10	286.10	286.10
2009	87225	207461	506322	238389	72592	279.31	279.31	279.31	279.31	279.31
2010	87796	221606	564681	299135	68802	283.46	283.46	283.46	283.46	283.46
2011	85576	213615	612058			286.03	286.03	286.03		

资料来源：作者根据中国海关进出口贸易数据库数据计算，下同。

第五章提到进入增量是我国出口产品升级的主要来源，企业通过扩展新产品来进行产品结构升级，尤其是扩展高技术复杂度产品。企业要实现出口产品升级，主要是通过引入高于企业已出口产品技术复杂度的产品来实现。表 12-1 显示，在位企业出口产品的扩展是我国新产品研发的主要驱动者，退出企业则为淘汰产品的主要贡献者。在位企业扩展的新产品的技术复杂度大于新企业出口产品技术复杂度，大于在位企业已出口产品的技术复杂度。在位企业淘汰产品的技术复杂度大于退出企业退出时出口产品的技术

复杂度。总体来说，在位企业是进行产品间升级的主要力量。新企业在进入市场时出口的产品被纳入新产品的统计范围，然而，该过程中新企业并没有明显的升级行为。因此，在下面的模型设置中，我们选择2000～2011年均存在的企业作为我们研究企业样本。

新产品的生存同样是企业进行出口产品升级的重要组成部分。我们在识别在位产品和新产品的基础上，识别出新产品中高于企业出口产品平均技术复杂度的产品，利用生命表方法分析企业中这三类产品的生存情况，见图12-2。图12-2中在位产品的生存率最高，而新进入的高技术复杂度产品相较于新进入的一般产品来说，其生存概率更高。由此可见，在企业出口产品升级过程中，选择的升级产品在后续出口过程中，被持续出口的概率更高。

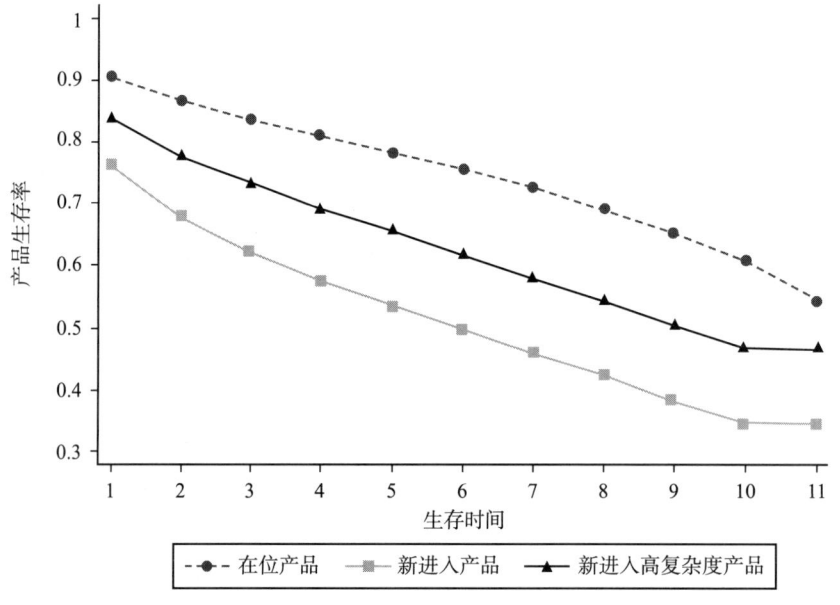

图12-2 产品动态与产品生存

不同企业选择进行出口产品升级的概率不同。图12-3为进行出口升级的企业占比的所有制和贸易方式差异。此处的企业出口产品升级主要为进行产品间升级的企业，即企业扩展的新产品的技术复杂度大于该企业出口产品的平均技术复杂度。图12-2显示，2000～2011年，我国企业进行出口产品升级的比例逐年下降。这主要是因为随着企业出口产品技术复杂度的不断提高，企业新扩展产品的技术复杂度提升的空间将不断被压缩。具体来看，私营企业进行出口产品升级的比重最高，外资企业最低。一般贸易企业出口产品升级的比重最高，加工贸易企业出口升级的比重最低。另外，一般贸易和混合贸易进行出口产品升级的差异逐年缩小。混合贸易企业是进行出口升级的主要力量。混合贸易企业通过加工贸易阶段的学习和积累后，进行出口产品升级的能力得到极大的提升，故而进行升级的概率也得到提升。

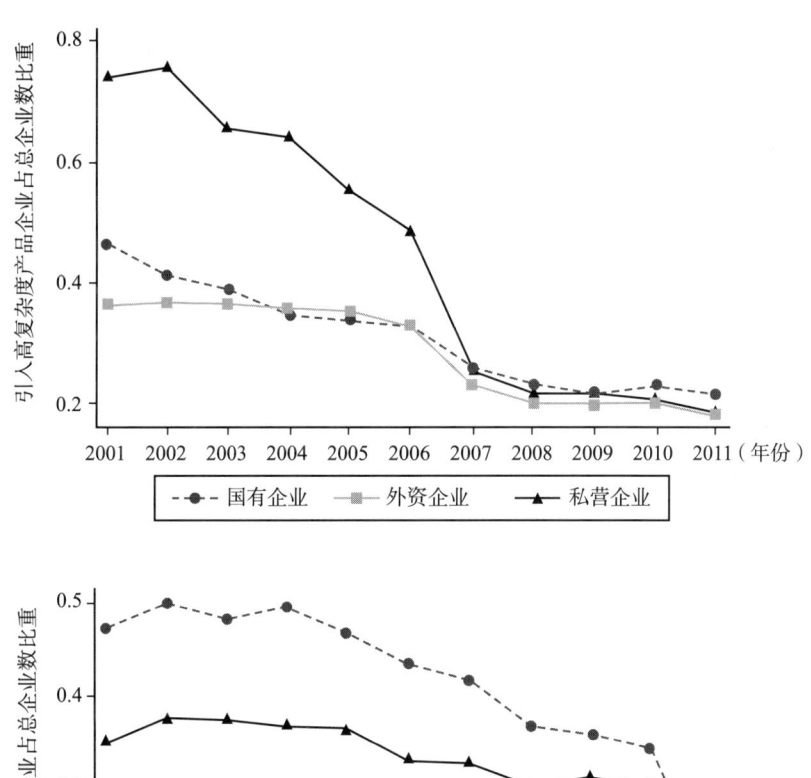

图 12-3　企业异质性与出口产品升级

第三节　模型设定与变量

企业出口产品升级主要表现为产品间升级和产品内升级。本章通过研究影响企业扩展高技术复杂度产品的因素,来识别企业产品间升级的驱动力量。本章主要关注企业产品生产能力、区域产品生产能力及其互动关系对企业出口产品升级的影响。其中,区域产品生产能力又包括企业所在城市产品生产能力、省区市产品生产能力和国家产品生产能力。产品生产能力对企业新产品扩展和新产品生存影响模型构建如下:

$$Y_{fit} = \alpha_0 + \alpha_1 upgrading_{f,i,t} + \alpha_2 density^f_{fi,t-1} + \alpha_3 density^c_{ci,t-1} + \alpha_4 density^p_{pi,t-1} \\ + \alpha_5 density^n_{ni,t-1} + \mu_{ft} + \gamma_{it} + \varepsilon_{fi} \tag{12.1}$$

其中,Y_{ijt}是二元变量,反映企业扩展的新产品($Entry_{fit}$)与新产品的生存($Survival_{fit}$)。如果时间t时企业f向产品i扩展,则$Entry_{ijt}$设为1,否则为0。如果时间t时企业f扩展的产品i,在$t+1$时仍被企业f出口,则$Survival_{ift+1}$设为1,否则为0。$upgrading_{f,i,t}$反映企业出口产品升级的情况,为企业扩展的新产品技术复杂度与企业出口产品技术复杂度平均值之比。$density_{fi,t-1}$是企业f产品i的产品生产能力,区域产品生产能力中,企业所在城市的产品生产能力为$density_{ci,t-1}$、省区市产品生产能力$density_{pi,t-1}$和国家产品生产能力$density_{ni,t-1}$。三种区域产品生产能力的定义见第十章。与区域产品生产能力的定义相似,企业出口产品生产能力的定义如下:

$$density^f_{f,j,t} = \frac{\sum_{k \neq j} \varphi_{j,k} x_{f,k,t}}{\sum_{k \neq j} \varphi_{j,k}} \tag{12.2}$$

其中,$\varphi_{j,k}$为产品j和产品k之间的技术关联,本章基于企业同时生产并出口两类产品的最小条件概率来测度产品j和产品k的技术关联,具体见第六章。$x_{f,k,t}$表示企业f在时间t是否出口产品k,如果企业在t年有出口产品k,则$x_{f,k,t}$为1,否则为0。μ_{ft}和γ_{it}分别为企业×时间的固定效应和产品×时间固定效应。为讨论企业和区域产品生产能力对中国企业出口产品升级的影响,构建模型如下:

$$Y_{fit} = \alpha_0 + \alpha_1 density^f_{fi,t-1} \times upgrading_{f,i,t} + \alpha_2 density^c_{ci,t-1} \times upgrading_{f,i,t} \\ + \alpha_3 density^p_{pi,t-1} \times upgrading_{f,i,t} + \alpha_4 density^n_{ni,t-1} \times upgrading_{f,i,t} \\ + \beta_1 upgrading_{f,i,t} + \beta_2 density^f_{fi,t-1} + \beta_3 density^c_{ci,t-1} + \beta_4 density^p_{pi,t-1} \\ + \beta_5 density^n_{ni,t-1} + \mu_{ft} + \gamma_{it} + \varepsilon_{fi} \tag{12.3}$$

为讨论企业和区域产品生产能力交互对中国企业出口产品升级的影响,构建模型如下:

$$Y_{fit} = \alpha_0 + \alpha_1 density^f_{fi,t-1} \times upgrading_{f,i,t} \times density^c_{ci,t-1} \\ + \alpha_2 density^f_{fi,t-1} \times density^p_{pi,t-1} \times upgrading_{f,i,t} + \alpha_3 density^f_{fi,t-1} \\ \times density^n_{ni,t-1} \times upgrading_{f,i,t} + \beta_1 density^f_{fi,t-1} + \beta_2 density^c_{ci,t-1} \\ + \beta_3 density^p_{pi,t-1} + \beta_4 density^n_{ni,t-1} + \mu_{ft} + \gamma_{it} + \varepsilon_{fi} \tag{12.4}$$

第四节 实证分析结果

一、技术关联与企业出口产品升级

企业产品生产能力、区域产品生产能力与企业出口产品升级的结果见表12-2。其中，模型（1）~（6）分别为出口升级和四个产品生产能力的单变量结果。结果显示，首先，$upgrading$ 显著为负，表明我国出口企业更倾向于扩展与企业已出口产品技术复杂度相近的产品，跨越式大幅度升级的概率相对较低。这主要是因为企业在出口产品升级过程中，如扩展更高技术复杂度的产品，需要支付更高的沉没成本，面临更大的风险。不同尺度的产品生产能力均显著为正，这表明产品生产能力有利于促进企业进行出口产品扩展。企业多选择其自身和区域储备了该类产品生产能力较强的产品进行扩展，体现了产品生产能力对产品扩展的重要作用，这与现有文献的结论一致，即企业出口产品演化具有强烈的路径依赖特征。具体来看，企业产品生产能力的影响大于城市产品生产能力的影响大于国家产品生产能力的影响大于省区市产品生产能力的影响，表明产品生产能力的影响具有距离衰减效应，企业自身出口经验的影响最大，其次是企业所在城市产品生产能力对企业出口产品扩展的作用。那么，产品生产能力是否有利于促进企业出口产品升级呢？

表12-2　　　　　　产品生产能力与企业出口产品扩展（$Entry_{fit}$）

变量	模型（1）	模型（2）	模型（3）	模型（4）	模型（5）	模型（6）
$upgrading$	-0.105 *** (0.003)					-0.081 *** (0.003)
$density^f$		1.271 *** (0.020)				1.240 *** (0.019)
$density^c$			0.231 *** (0.014)			0.134 *** (0.020)
$density^p$				0.132 *** (0.010)		-0.044 *** (0.014)

续表

变量	模型（1）	模型（2）	模型（3）	模型（4）	模型（5）	模型（6）
$density^n$					0.172*** (0.018)	0.001 (0.019)
_cons	0.251*** (0.004)	0.062*** (0.001)	0.080*** (0.003)	0.093*** (0.003)	0.045*** (0.009)	0.137*** (0.010)
Firm × year	Yes	Yes	Yes	Yes	Yes	Yes
Product × year	Yes	Yes	Yes	Yes	Yes	Yes
N	2097104	2096001	2097104	2097104	2097104	2096001
R^2	0.141	0.148	0.140	0.140	0.140	0.148

注：$*p<0.1$，$**p<0.05$，$***p<0.01$，括号中的标准误为企业的聚类稳健标准误。

基于公式（12.3），我们引入产品生产能力与升级变量的交叉项，见表12-3。表12-3中模型（1）~（4）为产品生产能力与企业出口产品升级 upgrading 的交叉项，交叉项中 upgrading × $density^f$、upgrading × $density^c$、upgrading × $density^n$ 均显著为正，即企业产品生产能力、城市产品生产能力和国家产品生产能力均有利于企业扩展更高技术复杂度的产品，进行产品间升级。企业与区域的互动互补关系也是本章探究的重要内容。表12-3中模型（4）~（7）引入了企业产品生产能力与区域产品生产能力的交互项来讨论企业—空间互动对企业出口产品升级的影响。结果显示三者的交互项并不显著，也就是说企业与区域产品生产能力并不是相互促进的关系。当企业产品生产能力较强时，此时企业更倾向于利用企业已储备的产品生产能力来进行出口产品升级，从而可能会降低对区域产品生产能力的依赖。当企业储备的产品生产能力较弱时，企业则更倾向于利用外部资源储备以及可能获取到的外部知识来推动出口产品升级。因此，企业产品生产能力和区域产品生产能力可能并不是相互促进的关系。

表12-3　　　　　　　　产品生产能力与企业出口产品升级（$Entry_{ijt}$）

变量	模型（1）	模型（2）	模型（3）	模型（4）	模型（5）	模型（6）	模型（7）
upgrading	-0.012*** (0.001)	-0.016*** (0.003)	-0.019*** (0.004)	-0.022*** (0.004)	-0.013*** (0.004)	-0.009** (0.004)	-0.011*** (0.004)
$density^f$	0.976*** (0.033)				0.843*** (0.085)	0.914*** (0.087)	1.462*** (0.123)
upgrading × $density^f$	0.047*** (0.017)				0.116** (0.054)	0.075 (0.058)	0.012 (0.062)

续表

变量	模型(1)	模型(2)	模型(3)	模型(4)	模型(5)	模型(6)	模型(7)
$density^c$		0.230*** (0.018)			0.060*** (0.022)		
$upgrading \times density^c$		0.009** (0.004)			0.003 (0.015)		
$density^p$			0.185*** (0.013)			0.069*** (0.016)	
$upgrading \times density^p$			0.005 (0.011)			-0.009 (0.012)	
$density^n$				0.186*** (0.008)			0.091*** (0.009)
$upgrading \times density^n$				0.040*** (0.007)			0.010 (0.008)
$density^f \times density^c$					0.508* (0.308)		
$upgrading \times density^f \times density^c$					-0.289 (0.209)		
$density^f \times density^p$						0.159 (0.234)	
$upgrading \times density^f \times density^p$						-0.086 (0.169)	
$density^f \times density^n$							-0.770*** (0.165)
$upgrading \times density^f \times density^n$							-0.057 (0.106)
_cons	0.089*** (0.002)	0.101*** (0.004)	0.096*** (0.005)	0.041*** (0.005)	0.077*** (0.006)	0.069*** (0.006)	0.036*** (0.005)
Firm × year	Yes	Yes	Yes	Yes	Yes	Yes	Yes
Product × year	Yes	Yes	Yes	Yes	Yes	Yes	Yes
N	2102749	2103856	2103856	2103856	2102749	2102749	2102749
R^2	0.032	0.016	0.016	0.018	0.032	0.032	0.033

注：$*p<0.1$，$**p<0.05$，$***p<0.01$，括号中的标准误为企业的聚类稳健标准误。

技术关联刻画的产品生产能力对维持企业扩展的新产品生产与出口也同样重要。

表12-4中模型（1）表示企业扩展的产品技术复杂度与企业扩展的目标产品生存的关系。与表12-2的结果一样，扩展的产品技术复杂度越高，其生存的难度越大。这主要是因为企业扩展高技术复杂度产品需要更多生产配套能力、研发创新能力以及市场需求探索能力，而在维持该产品的生产过程中，需要支付的成本也相对较高。由此可见，升级在带来额外利润的同时，也会带来相应的风险。模型（2）~（4）为产品生产能力对企业扩展的新产品生存的影响。结果显示，企业产品生产能力、区域产品生产能力均有利于企业扩展的产品生存。具体来看，企业产品生产能力的影响大于城市产品生产能力的影响大于国家产品生产能力的影响大于省区市产品生产能力的影响，与上述结论一致。同样表明，产品生产能力的影响具有距离衰减效应，企业自身出口经验的影响最大，其次是企业所在城市的产品生产能力的影响。总体来说，企业和区域储备的产品生产能力有助于企业出口产品升级后的生存。

表12-4　　　　　　　生产能力与企业扩展的产品生存（$Survival_{fit+1}$）

变量	模型（1）	模型（2）	模型（3）	模型（4）	模型（5）	模型（6）
upgrading	-0.2572 *** （0.014）					-0.2080 *** （0.013）
$density^f$		1.5749 *** （0.044）				1.4714 *** （0.044）
$density^c$			0.6478 *** （0.047）			0.3459 *** （0.075）
$density^p$				0.4185 *** （0.036）		-0.0215 （0.056）
$density^n$					0.6088 *** （0.076）	0.2309 *** （0.078）
_cons	0.7368 *** （0.015）	0.3113 *** （0.004）	0.2986 *** （0.011）	0.3208 *** （0.011）	0.1307 *** （0.040）	0.3581 *** （0.042）
Firm × year	Yes	Yes	Yes	Yes	Yes	Yes
Product × year	Yes	Yes	Yes	Yes	Yes	Yes
N	255300	255224	255300	255300	255300	255224
R^2	0.3068	0.3118	0.3061	0.3059	0.3055	0.3131

注：* $p<0.1$，** $p<0.05$，*** $p<0.01$，括号中的标准误为企业的聚类稳健标准误。

为进一步讨论不同产品生产能力对升级产品的作用，我们通过引入产品技术复杂度与不同产品生产能力的交互项来进行检验，结果见表12-5。模型（1）~（4）测度产品

第十二章 技术关联、产品动态与企业出口产品升级

生产能力对新产品生存的影响,交互项中仅企业产品生产能力和国家产品生产能力与出口产品升级变量的交互项显著为正,说明企业产品生产能力和国家储备的产品生产能力能够降低企业扩展高技术复杂度产品的生存风险,从而增加企业出口产品升级成功的概率。为研究企业—空间互动对企业出口产品升级生存的影响,模型(5)~(7)引入企业产品生产能力与区域产品生产能力的交互项。结果显示,$upgrading \times density^f \times density^n$ 显著为负,表明企业与国家产品生产能力虽然能显著地促进企业出口产品升级后生存,然而,这两种能力同样也不是相互促进的关系。在企业进行出口产品升级时,当企业出口产品生产能力较强时,会降低对企业外区域产品生产能力的利用。

表 12-5   产品生产能力与企业新产品生存($Survival_{fit+1}$)

变量	模型(1)	模型(2)	模型(3)	模型(4)	模型(5)	模型(6)	模型(7)
$upgrading$	-0.2202*** (0.014)	-0.2541*** (0.016)	-0.2363*** (0.018)	-0.3128*** (0.019)	-0.2065*** (0.018)	-0.1898*** (0.019)	-0.1853*** (0.020)
$density^f$	1.4251*** (0.054)				1.7220*** (0.140)	1.7028*** (0.144)	3.1393*** (0.212)
$upgrading \times density^f$	0.0851*** (0.028)				0.0989 (0.091)	0.1459 (0.099)	0.1830 (0.128)
$density^c$		0.5601*** (0.065)			0.5084*** (0.080)		
$upgrading \times density^c$		0.0355 (0.042)			-0.0157 (0.052)		
$density^p$			0.4333*** (0.051)			0.4057*** (0.064)	
$upgrading \times density^p$			-0.0449 (0.037)			-0.0722 (0.044)	
$density^n$				0.4595*** (0.081)			0.4293*** (0.080)
$upgrading \times density^n$				0.1375*** (0.030)			-0.0129 (0.033)
$density^f \times density^c$					-1.1435** (0.485)		
$upgrading \times density^f \times density^c$					-0.0414 (0.341)		
$density^f \times density^p$						-0.7886** (0.381)	

续表

变量	模型（1）	模型（2）	模型（3）	模型（4）	模型（5）	模型（6）	模型（7）
$upgrading \times density^f \times density^p$						-0.1601 (0.290)	
$density^f \times density^n$							-1.8988*** (0.304)
$upgrading \times density^f \times density^n$							-0.4970** (0.227)
_cons	0.5618*** (0.016)	0.5938*** (0.022)	0.5957*** (0.022)	0.4790*** (0.044)	0.4300*** (0.025)	0.4243*** (0.026)	0.2611*** (0.045)
Firm × year	Yes	Yes	Yes	Yes	Yes	Yes	Yes
Product × year	Yes	Yes	Yes	Yes	Yes	Yes	Yes
N	255224	255300	255300	255300	255224	255224	255224
R^2	0.3129	0.3075	0.3073	0.3071	0.3132	0.3131	0.3138

注：$*p<0.1$，$**p<0.05$，$***p<0.01$，括号中的标准误为企业的聚类稳健标准误。

二、企业异质性

在企业出口产品升级过程中，企业和区域产品生产能力对不同企业出口产品升级的影响可能不同。表12－6为不同所有制企业出口产品升级的情况。模型（1）~（5）为产品生产能力与国有企业出口产品升级的结果，模型（6）~（10）为产品生产能力与外资企业出口产品升级的结果，模型（11）~（15）为产品生产能力与私营企业出口产品升级的结果。结果显示，国有企业多以自身储备的产品生产能力来推动出口产品升级，而外资企业在出口升级过程中充分利用企业自身产品生产能力和区域产品生产能力来推动出口升级。私营企业主要基于企业自身储备的产品生产能力来进行出口产品升级。国有企业的资源获取途径和能力都相对较强，企业规模也相对较大，企业已储备的生产能力相对较高。国有企业有能力基于自身产品生产能力来推动出口产品升级。外资企业拥有天然的母公司等海外资源，其出口产品升级能力也相对较强。对比来看，私营企业在资源获取和能力储备上都相对较弱，故而在出口产品升级过程中需要结合企业和区域产品生产能力来推动出口升级。对比系数来看，企业自身储备的产品生产能力对出口产品升级的影响最大。其次为企业所在城市的产品生产能力，企业所在省域的产品生产能力的影响最小。

表 12-6　　稳健性检验：企业所有制

变量	国有企业				
	模型（1）	模型（2）	模型（3）	模型（4）	模型（5）
$upgrading$	-0.150*** (0.007)	0.070*** (0.003)	0.102*** (0.008)	0.101*** (0.008)	0.038*** (0.008)
$density^f$	0.853*** (0.021)	0.123*** (0.031)			
$density^c$	0.101*** (0.033)		0.200*** (0.040)		
$density^p$	-0.088*** (0.024)			0.167*** (0.028)	
$density^n$	-0.045* (0.027)				-0.013 (0.014)
$upgrading \times density^f$		0.441*** (0.024)			
$upgrading \times density^c$			0.044 (0.037)		
$upgrading \times density^p$				0.042 (0.029)	
$upgrading \times density^n$					0.184*** (0.014)
$\_cons$	0.196*** (0.015)	-0.061*** (0.004)	-0.081*** (0.009)	-0.083*** (0.008)	-0.045*** (0.009)
$Firm \times year$	Yes	Yes	Yes	Yes	Yes
$Product \times year$	Yes	Yes	Yes	Yes	Yes
N	605057	605404	605472	605472	605472
R^2	0.046	0.068	0.042	0.042	0.045

续表

变量	外资企业				
	模型（6）	模型（7）	模型（8）	模型（9）	模型（10）
upgrading	−0.138*** (0.006)	0.057*** (0.005)	0.058*** (0.008)	0.067*** (0.009)	0.027*** (0.010)
$density^f$	1.136*** (0.054)	−0.625*** (0.131)			
$density^c$	0.083** (0.033)		−0.083** (0.034)		
$density^p$	−0.056** (0.023)			−0.007 (0.021)	
$density^n$	0.011 (0.030)				−0.055*** (0.014)
upgrading × $density^f$		1.540*** (0.166)			
upgrading × $density^c$			0.155*** (0.029)		
upgrading × $density^p$				0.083*** (0.024)	
upgrading × $density^n$					0.142*** (0.017)
_cons	0.194*** (0.016)	−0.019*** (0.004)	−0.010 (0.009)	−0.026*** (0.008)	−0.006 (0.008)
Firm × year	Yes	Yes	Yes	Yes	Yes
Product × year	Yes	Yes	Yes	Yes	Yes
N	352991	355408	355560	355560	355560
R^2	0.093	0.046	0.034	0.033	0.035

续表

变量	私营企业				
	模型（11）	模型（12）	模型（13）	模型（14）	模型（15）
upgrading	-0.120*** (0.014)	0.063*** (0.006)	0.107*** (0.014)	0.119*** (0.017)	0.055*** (0.017)
$density^f$	1.518*** (0.201)	-0.868*** (0.268)			
$density^c$	-0.019 (0.118)		0.094* (0.053)		
$density^p$	0.160** (0.078)			0.122** (0.050)	
$density^n$	-0.065 (0.119)				0.028 (0.032)
upgrading × $density^f$		2.134*** (0.279)			
upgrading × $density^c$			-0.033 (0.050)		
upgrading × $density^p$				-0.064 (0.050)	
upgrading × $density^n$					0.089*** (0.030)
_cons	0.166** (0.065)	-0.028*** (0.006)	-0.061*** (0.015)	-0.075*** (0.017)	-0.058*** (0.019)
Firm × year	Yes	Yes	Yes	Yes	Yes
Product × year	Yes	Yes	Yes	Yes	Yes
N	56126	58228	58272	58272	58272
R^2	0.074	0.046	0.037	0.037	0.038

注：*$p<0.1$，**$p<0.05$，***$p<0.01$，模型估计的标准误为企业的聚类稳健标准误。

不同贸易方式企业出口产品升级结果见表 12-7。其中，模型（1）~（5）为一般贸易企业出口产品升级结果，模型（6）~（10）为加工贸易企业出口产品升级结果，模型（11）~（15）为混合贸易出口产品升级结果。与预期不同的是，一般贸易和混合贸易企业主要是依赖企业产品生产能力和国家产品生产能力来进行出口产品升级，区域产品生产能力中企业所在城市和省区市的产品生产能力影响不显著。而加工贸易企业则主要是依赖产企业产品生产能力来推动出口产品技术复杂度升级，即使是加工贸易，在承接更高技术复杂度的产品时，也需要自身储备足够的生产能力来完成出口产品升级。

表 12-7 稳健性检验：贸易方式差异

变量	一般贸易企业				
	模型（1）	模型（2）	模型（3）	模型（4）	模型（5）
$upgrading$	-0.008*** (0.002)	-0.007** (0.003)	-0.018*** (0.006)	-0.008 (0.006)	-0.023*** (0.008)
$density^f$	1.439*** (0.040)	0.988*** (0.072)			
$density^c$	0.077** (0.033)		0.148*** (0.032)		
$density^p$	-0.046** (0.023)			0.154*** (0.020)	
$density^n$	0.015 (0.028)				0.124*** (0.013)
$upgrading \times density^f$		0.041 (0.049)			
$upgrading \times density^c$			0.041 (0.025)		
$upgrading \times density^p$				-0.002 (0.018)	
$upgrading \times density^n$					0.052*** (0.014)
_cons	0.134*** (0.014)	0.084*** (0.004)	0.099*** (0.008)	0.086*** (0.007)	0.058*** (0.008)
$Firm \times year$	Yes	Yes	Yes	Yes	Yes
$Product \times year$	Yes	Yes	Yes	Yes	Yes
N	694694	697079	697449	697449	697449
R^2	0.056	0.038	0.027	0.027	0.029

续表

变量	加工贸易企业				
	模型（6）	模型（7）	模型（8）	模型（9）	模型（10）
$upgrading$	-0.079*** (0.005)	-0.011*** (0.003)	-0.008 (0.007)	-0.007 (0.010)	-0.010 (0.009)
$density^f$	1.439*** (0.040)	0.661*** (0.057)			
$density^c$	0.077** (0.033)		0.180*** (0.041)		
$density^p$	-0.046** (0.023)			0.191*** (0.037)	
$density^n$	0.015 (0.028)				0.144*** (0.020)
$upgrading \times density^f$		0.120*** (0.030)			
$upgrading \times density^c$			0.003 (0.030)		
$upgrading \times density^p$				-0.000 (0.029)	
$upgrading \times density^n$					0.024 (0.016)
$\_cons$	0.134*** (0.014)	0.074*** (0.004)	0.064*** (0.010)	0.041*** (0.013)	0.014 (0.012)
$Firm \times year$	Yes	Yes	Yes	Yes	Yes
$Product \times year$	Yes	Yes	Yes	Yes	Yes
N	694694	233232	233432	233432	233432
R^2	0.056	0.062	0.055	0.055	0.056

续表

变量	混合贸易企业				
	模型（11）	模型（12）	模型（13）	模型（14）	模型（15）
$upgrading$	-0.079*** (0.008)	-0.018*** (0.002)	-0.019*** (0.004)	-0.025*** (0.005)	-0.019*** (0.004)
$density^f$	0.851*** (0.048)	0.917*** (0.037)			
$density^c$	0.150*** (0.053)		0.304*** (0.022)		
$density^p$	-0.052 (0.047)			0.239*** (0.019)	
$density^n$	-0.222*** (0.066)				0.243*** (0.011)
$upgrading \times density^f$		0.071*** (0.019)			
$upgrading \times density^c$			-0.024 (0.016)		
$upgrading \times density^p$				0.003 (0.015)	
$upgrading \times density^n$					0.025*** (0.008)
$\_cons$	0.252*** (0.033)	0.103*** (0.003)	0.104*** (0.005)	0.102*** (0.006)	0.029*** (0.006)
$Firm \times year$	Yes	Yes	Yes	Yes	Yes
$Product \times year$	Yes	Yes	Yes	Yes	Yes
N	229376	1137770	1137904	1137904	1137904
R^2	0.225	0.039	0.025	0.025	0.028

注：$*p<0.1$，$**p<0.05$，$***p<0.01$，模型估计的标准误为企业的聚类稳健标准误。

本章小结

自20世纪90年代以来，中国出口产品竞争力发生了令人瞩目的变化，出口产品的技术含量不断提高。现有研究大多从静态视角出发研究外商直接投资、加工贸易等原因对出口技术含量提升的影响，一定程度上忽略了出口产品升级的动态过程以及已储备的生产能力对升级的影响。此外，已有研究主要通过企业出口产品扩展来反映企业创新与升级，然而，企业扩展的产品也具有异质性。只有不断地扩展高技术复杂度的产品才能更好地推动出口产品升级。目前，鲜有文献从企业—产品出口关系的微观视角出发研究我国出口产品升级。基于此，本章首先从理论上考察了企业产品生产能力以及企业所在区域产品生产能力对企业扩展新产品以及扩展高技术复杂度产品的影响；其次，基于第四章估算得到的产品技术复杂度，本章先识别出企业扩展的新产品以及新产品的生存状态；再次，讨论技术关联刻画的产品生产能力对企业出口产品升级的影响。

研究发现：（1）2000~2011年，我国出口企业在不断地进行出口产品扩展。其中，在位企业出口产品扩展是我国出口产品升级的主要推动者，其扩展的产品技术复杂度相对较高。（2）企业产品生产能力、企业所在城市产品生产能力、企业所在省域的产品生产能力以及国家产品生产能力均有利于企业进行出口产品扩展以及扩展产品的生存。产品的生产能力有利于降低企业在出口产品升级过程中的沉没成本和面临的不确定性。产品生产能力越强，企业向该产品扩展的概率越高，扩展后升级的概率也越高。具体来看，企业产品生产能力的影响大于城市产品生产能力的影响大于国家产品生产能力的影响大于省区市产品生产能力的影响。（3）企业出口产品生产能力、城市出口产品生产能力和国家出口产品生产能力均有利于促进企业进行出口产品升级以及升级产品的生存。产品生产能力越高，企业进行出口产品升级的概率越高。（4）企业—空间互动对企业出口产品升级的影响并不明确。（5）技术关联刻画的产品生产能力对企业出口产品升级的影响存在企业异质性。产品生产能力对私营企业、外资企业的影响最大。

本章研究结果的政策含义是显然的。企业出口产品扩展在中国出口高速增长的过程中扮演着重要的角色。根据"成本发现"理论，企业在第一次生产某种产品时，将面对诸多不确定性。企业需要投入足够的沉没成本来实现新产品的生产与出口。企业基于自身出口产品结构，依赖已储备的产品生产能力来扩展新产品将大大降低所需要投入的沉没成本。企业家不断尝试生产某种产品，并进行市场探索，产品的成本被不断"发现"，从而也形成了区域产品生产能力。因此，鼓励企业不断探索和发现新出口关系，基于企业已储备的产品生产能力加强研发投入，有利于推动企业以提升出口竞争的方式进入出口市场，从而推动出口产品升级。现阶段，学者们对于政府应该通过何种手段来推动出口产品升级尚缺乏深入探讨。直接的行政干预如补贴政策无异于"饮鸩止渴"，基于区域产品生产能力，合理的引导产业进入、加强基础设施以及金融行业的发展，创造和培育良好的知识创造中心和知识流动渠道，是促进企业扩展新产品实现出口产品升级的重要途径。

本章参考文献

[1] 戴觅，余淼杰，Maitra M. 中国出口企业生产率之谜：加工贸易的作用 [J]. 经济学（季

刊），2014（2）：675 – 698.

［2］李坤望，蒋为，宋立刚. 中国出口产品品质变动之谜：基于市场进入的微观解释［J］. 中国社会科学，2014（3）：80 – 103，206.

［3］钱学锋，王胜，陈勇兵. 中国的多产品出口企业及其产品范围：事实与解释［J］. 管理世界，2013（1）：9 – 27，66.

［4］施炳展. 中国企业出口产品质量异质性：测度与事实［J］. 经济学（季刊），2014（1）：263 – 284.

［5］温思雅. 企业升级研究现状探析与未来展望［J］. 现代经济探讨，2015（1）：53 – 57.

［6］杨汝岱，李艳. 移民网络与企业出口边界动态演变［J］. 经济研究，2016（3）：163 – 175.

［7］Bernard A. B., Redding S. J. and Schott PK. Multiproduct Firms and Trade Liberalization［J］. The Quarterly Journal of Economics，2011，126（3）：1271 – 1318.

［8］Brach J. and Kappel R. T. Global Value Chains，Technology Transfer and Local Firm Upgrading in Non – OECD Countries［Z］. Social Science Research Network. http：//papers. ssrn. com/abstract = 1485508. 2009.

［9］Gereffi G., Humphrey J. and Sturgeon T. The Governance of Global Value Chains［J］. Review of International Political Economy，2005，12（1）：78 – 104.

［10］Hausmann R. and Rodrik D. Economic Development as Self-Discovery［J］. Journal of Development Economics，2003，72（2）：603 – 633.

［11］Lu J., Lu Y. and Tao Z. Exporting Behavior of Foreign Affiliates：Theory and Evidence［J］. Journal of International Economics，2010，81（2）：197 – 205.

［12］Melitz M. J. The Impact of Trade on Intra – Industry Reallocations and Aggregate Industry Productivity［J］. Econometrica，2003，71（6）：1695 – 1725.

第十三章
集聚经济、出口产品升级与出口企业生存

第一节 引　　言

企业在进行出口产品升级过程中面临不确定性和风险。首先，企业在出口产品升级的过程中，需要对企业内资源进行再配置，并在市场上进行试错。一旦试错失败，企业可能面临收益降低等风险，甚至直接退出市场。出口升级过程中，扩展的产品技术复杂度和质量越高，商品属性越是复杂多样和易变，受到外部风险和不确定性影响的可能性越大（North，1990），需要支付的沉没成本也越高。杨汝岱和李艳（2016）通过研究中国企业出口边界，发现新企业出口关系和在位企业新市场出口关系在出口一年后的退出率达到70%左右，证明了出口关系扩展过程中存在"试错"机制。李坤望等（2014）从市场进入的视角研究中国出口产品质量的变动，发现新进入出口关系的维持具有极大的脆弱性，其生存率仅30%左右，而中国新进入出口企业大多是以价格竞争为特征的低价低品质策略进入出口市场，因此，企业在出口的过程中，选择开始出口产品升级也可能会直接影响企业的生存。其次，前文发现集聚经济对企业出口产品升级具有重要的影响，因此，溢出效应同样也会影响企业出口升级后生存。已有研究主要从企业因素及其所在区域的环境因素研究企业生存，如企业规模、年龄、研发、区域制度环境、产业政策，等等，却忽略了企业以出口升级为目的的产品调整对企业生存的影响。基于此，本章通过研究升级企业的生存来研究出口产品升级对企业发展的影响，研究结论有利于更好地认识我国出口产品升级的全过程，也可为企业更好地选择升级路径来开展可持续升级提供参考。

国内外学者开展企业生存影响因素的研究已有几十年，取得了丰富的研究成果（Audretsch，1991；Fotopoulos and Louri，2000）。不同理论框架关注的影响因素不同。新古典经济学框架强调市场、成本和收益，企业本身的生产率高低是决定企业生存最重要的因素（Baily et al.，1992；Disney et al.，2003），而区域因素、产业因素和经济周期构成了企业所处的环境。新古典经济学框架关注的区域因素有本地市场规模（Christie and Sjoquist，2012）、劳动力的成本与质量（Nyström，2007）、失业率（Carree et al.，2011）和集聚经济（Renski，2011），以及区域和相邻区域的竞争程度（Fritsch et al.，2006）等；关注的产业因素包括技术水平（Esteve-Pérez et al.，2004）、竞争程度（Mata and Portugal，1994）和规模经济（Audretsch et al.，2000）等产业静态特征和产业的增长或者衰退（Bellone et al.，2006）的产业动态特征。此外，经济繁荣与衰退的周期变化也会影响企业生存（Box，2008）。行为主义框架关注企业家利用特定机会和实施恰当战略的能力（Barney，1991）以及企业的资源基础（Wernerfelt，1984），后者与企业的规模和年龄密切相关（Baum，1989；Esteve-Pérez et al.，2004；Fichman and Levinthal，1991；Stinchcombe，1965）。制度主义框架从社会嵌入性、制度环境和治理制度等层面考察新企业生存，并发现企业家是否能够很好地融入供应商、客户和企业家的社会网络会影响企业生存状况（Abdesselam et al.，2004），而政府的税收减免（Gurley-Calvez and Bruce，2008）和补贴（Girma et al.，2007）等政策以及区域的产权保护力度、合同履行状况（Che et al.，2011）和进入管制也是重要的影响因素。演化经济地理学框架认为企业能否生存是市场竞争筛选企业惯例的结果，企业在成立前的经营经验（Dunne et al.，2005；Heebels and Boschma，2011；Thompson，2005）和产业生命周期（Agarwal et al.，2002）都会影响企业生存。

国内外学者开展的企业生存研究主要关注企业、产业和区域特征三个层面的影响因素。企业生存的影响因素包括企业特征、产业特征、区域特征和经济周期（Manjón-Antolín and Arauzo-Carod，2008）。其中，企业因素有年龄、规模、管理能力和组织形式（单厂企业还是多厂企业），产业因素有技术水平、规模经济、进入率和增长率，区域因素有企业所在区域的经济发展状况、劳动力技能、竞争程度、市场规模（人口与收入）和集聚经济，宏观环境指经济周期、制度以及政府政策。已有企业生存的研究同时也关注不同所有制企业生存现状。对外资企业的研究更多地强调外资企业母国与东道国之间的制度差异对其生存的影响（吴剑峰等，2009；潘镇等，2008）。对国有企业的研究突出企业本身的所有权结构和隶属关系等因素对其生存的影响（赵奇伟和张楠，2015）。对比国有企业和民营企业的研究则发现国有企业生存受效率影响较小，而民营企业的生存受效率影响较大（曹裕等，2012）。包群等（2015）还研究了外资企业竞争对本土企业生存的影响。张静等（2013）关于中国1999年至2007年新企业生存的研究较为典型，只是没有考虑区域因素。他们将新企业生存的影响因素分为企业特征（规模、短期负债、劳动生产率和所有制）和产业特征（进入率和集中度），发现规模越大、短期负债越低、劳动生产率越高的新企业更容易生存。与非国有企业相比，国有企业不受规模和融资的约束，并且在集中度越高的产业中，生存率越高；产业进入率越高，竞争越激烈，新企业越难以生存。

在对比了不同类型的产业企业的生存状况之后，现有研究发现高新技术企业的生存受生产率影响较大，而资源型企业的生存受规模和劳动生产率影响较小。逯宇铎等（2013）重点考察了集聚经济对1999年至2009年新企业生存的影响，在控制了企业特征和产业特征的基础上，发现地方化经济对企业生存有负向影响，而以城市规模和多样化衡量的城市化经济仅在企业初建期提高了企业的生存概率。贺和杨（2016）则强调了政府扶持（政府补贴和银行贷款）对中国新企业生存的影响。总之，国外新企业生存影响因素的研究领先于国内，关注的影响因素也从企业、产业、区域和宏观经济因素向人力资本和知识溢出等深层机制（Acs et al.，2007）和税收与公共支出政策等制度因素（Buehler et al.，2012）转变。国内的企业生存研究区分了不同所有制类型的企业，不过影响因素分析框架的针对性还需加强。

企业出口产品升级对企业生存的影响并没有得到足够的关注。已有研究发现，企业一般会选择在扩展一对新的出口关系时先支付一小笔成本进行试探，在扩展成功后根据产品的市场表现，再决定是否保留该出口关系，出口关系扩展过程中存在"试错"机制（李坤望等，2014）。事实说明，试错是企业出口产品升级的关键，而试错成功与否则直接关系到企业是否会继续选择升级。当然，该升级过程也会影响企业之后的生存状态。企业通过扩展更高技术复杂度产品以进行产品间升级。然而，在引入新产品的初期，企业更倾向于扩展较低质量的产品。施炳展（2014）通过测算中国企业层面的出口产品质量，发现质量的升级主要发生在企业出口关系建立后的第二年。事实上，企业出口产品的技术复杂度和质量的组合关系是企业基于出口成本和收益进行综合选择的结果。企业以自身利润最大化来决定产品结构和质量。一方面，企业对于产品技术复杂度和质量的决策直接影响着其产品的需求和销量；另一方面，扩展的产品的技术复杂度和质量也与企业的生产成本有关。企业扩展高质量且高技术复杂度产品，面临的不确定性和风险更高，需要投入的沉没成本也更高（李坤望等，2014）。因此，企业出口产品升级会影响企业生存，而如何降低升级过程中的成本投入对企业升级后生存至关重要。

前述章节提出沉没成本是影响企业出口产品升级路径选择的重要因素，其同样也是影响企业升级后生存的重要因素。企业在出口产品升级过程中面临诸多的不确定性和风险，需要大量的前期投入以降低不确定性和克服风险。无论是提升出口产品技术复杂度还是提升出口产品质量，生产转换成本与信息搜索成本都关系着企业是否能够成功扩展该产品。因此，如何降低企业在产品扩展和质量提升过程中的沉没成本和信息探索成本将有效地推动企业出口产品升级，进而影响企业升级后的生存状况。前述章节发现集聚经济显著影响了我国出口产品升级。本章基于上述研究发现以及第三章提出的研究框架，讨论集聚经济对企业出口产品升级生存的影响。

第二节　典型事实：升级企业生存

企业出口产品升级后能够持续发展是企业出口产品升级的重要组成部分。生命表方法是测定企业死亡率和描述群体生存现象的非参数方法，不严格规定其总体分布，也不限制总体分布类型。因此，当企业生存数据的分布类型未知时，具有较高的效率。企业

第十三章　集聚经济、出口产品升级与出口企业生存

出口产品升级主要通过引入高技术复杂度和高质量产品来实现，企业将面临出口信息不对等和各种不确定性，其出口产品的成本结构也将发生变化。首先，我们按照企业出口产品技术复杂度增加、降低将企业分成升级组、降级组和不变组。另外，按照企业出口产品质量增加、降低和不变将企业同样分为升级组、降级组和不变组。其次，对分组的企业分别运用生命表方法，以此得到不同组企业的生存特征，见图13-1。左图中，进行出口产品技术复杂度升级的企业的生存率要高于技术复杂度降低的企业，同时均远高于技术复杂度不变的企业。值得注意的是，企业出口产品技术复杂度降低的企业生存率要高于技术复杂度不变的企业。对技术复杂度不同变化的三组企业生存率进行统计检验，$Chi^2(2)=31425.07$，$P=0$，即技术复杂度变化的三组企业的生存率确实存在显著的差异。这表明，不断调整出口产品结构以顺应企业以及市场的变化，有利于企业更好

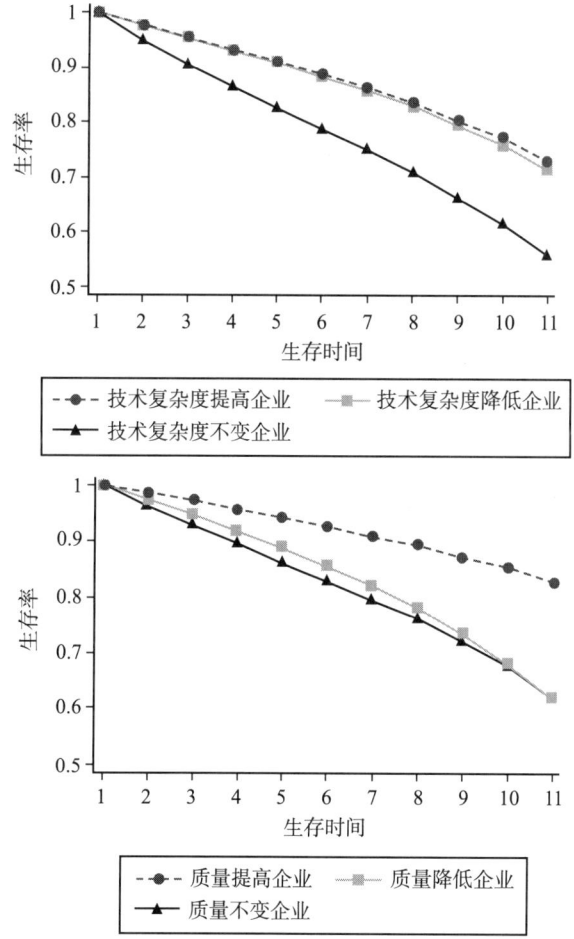

图13-1　中国企业出口产品升级后企业生存状况

资料来源：作者根据中国海关进出口贸易数据库数据计算，下同。

的持续发展。右图中,产品质量提高的企业生存率高于质量降低企业的生存率,高于质量不变企业的生存率。对产品质量不同变化的三组企业的生存率差异进行统计检验,$Chi^2(2) = 130079.69$,$P = 0$,拒绝企业质量变化对生存概率影响同质的原假设。出口产品质量增加、减小和不变的企业生存率也具有显著的差异。与出口产品技术复杂度变化与企业生存的关系相同,企业不断调整出口产品质量以匹配自身发展条件与市场需求,有利于企业实现可持续发展。上述研究表明,出口产品升级对企业发展具有重要影响。

在出口产品升级的过程中,企业可能同时进行产品间升级和产品内升级,即可能同时提升出口产品的技术复杂度和出口产品质量。选择不同升级路径对企业生存的影响也可能不同。将企业出口产品技术复杂度的变化和出口产品质量变化纳入同一分析框架,将企业升级分为产品技术复杂度和产品质量同时增加的"同升级"、技术复杂度增加但质量降低的"升—降"、技术复杂度降低但质量增加的"降—升"以及技术复杂度和质量同时降低的"降—降"。基于以上 4 个分组,利用生命表研究不同升级路径的企业的生存差异,见图 13-2。由图显示,"降—升"类企业生存率最高,其次为"同升级"类企业,而技术复杂度提高,产品质量降低的"降—升"类企业生存概率最低。由此可见,在出口产品升级过程中,选择不同的升级路径将会影响企业生存。在企业升级过程中,降低出口产品技术复杂度但提升出口产品质量的升级方式最有利于企业生存,而降低产品质量但提升出口产品技术复杂度的升级路径使得企业面临的风险最高。

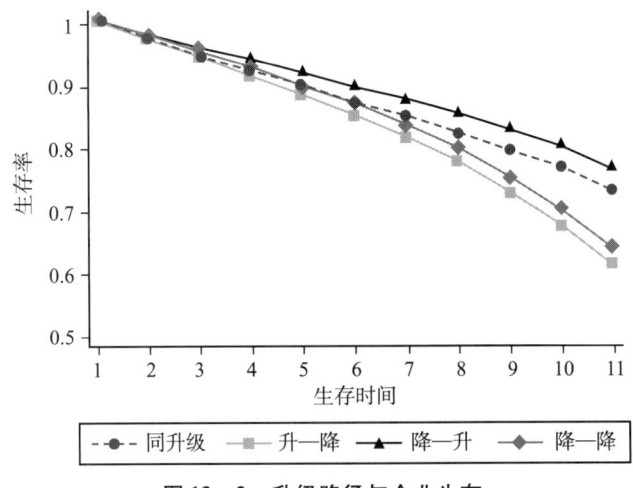

图 13-2 升级路径与企业生存

第三节 模型设定

本章重点讨论城市溢出效应、出口产品升级对企业生存的影响。我们通过分析企业退出来讨论企业生存,具体设置模型如下:

$$Exit_{ft} = \beta_0 + \beta_1 Agg_{ijt-1} + \beta_2 upgrading_{ft-1} + \varepsilon_f + \mu_t + \epsilon_{ft} \tag{13.1}$$

其中,$Exit_{ft}$ 衡量企业 t 在 t 年是否退出。如果企业 $t-1$ 年在出口,而在 t 年未出口,则 $Exit$ 为 1,否则为 0。$upgrading$ 反映企业 $t-1$ 年是否进行出口产品升级的 0~1 变量,包括出口产品技术复杂度升级 $upgrading\_c$ 和出口产品质量升级 $upgrading\_q$。如果企业退出时出口产品的技术复杂度高于进入时出口产品的技术复杂度,则该企业为升级企业,$upgrading\_c$ 为 1,否则为 0;如果企业退出时出口产品质量高于基期企业出口产品质量,则 $upgrading\_q$ 为 1,否则为 0。Agg_{fcit-1} 为企业 t 所在城市 c 的集聚经济水平,包括城市化经济 Urb、相关专业化 AR、相关多样化 RV 和不相关多样化 UV,变量设置与第八章中城市集聚经济变量相同,集聚经济变量均滞后一年。

第四节 实证结果分析

一、集聚经济、出口升级与企业生存

表 13-1 为升级企业的生存分析,所有模型的标准差采用城市层面聚类标准差。模型(1)和模型(2)分别为已进行出口产品技术复杂度和质量升级的企业生存情况。结果显示,进行出口产品技术复杂度和质量升级的企业,在市场上生存的概率更高,退出的风险更低,这说明企业不断积累和储备生产高技术复杂度和高质量产品的经验、技术和管理制度等,不断调整自身成本结构向高技术复杂度产品和高质量产品扩展。企业不断调整自身出口产品结构以适应市场,有利于企业可持续发展。模型(3)将两种升级路径纳入同一模型中,结果显示,$upgrading\_c$ 的系数大于 $upgrading\_q$ 的系数。也就是说,进行出口产品技术复杂度升级的企业,其退出的概率降低得更多,生存概率也越大。三个模型证实了出口产品升级对于企业可持续发展具有重要的影响。模型(4)为

城市中不同类型集聚经济对企业退出的影响,结果显示城市出口产品相关专业化和相关多样化系数均显著为负,即技术关联刻画的专业化和多样化集聚外部性均有利于企业生存。不相关专业化和城市化经济不显著。为进一步讨论集聚经济对升级企业生存的影响,我们引入集聚经济与升级企业变量的交叉项。结果显示,$AR \times upgrading\_c$ 与 $AR \times upgrading\_q$ 均显著为负,即相关专业化带来的集聚外部性有利于产品技术复杂度和产品质量升级企业的生存。$RV \times upgrading\_q$ 显著为负,相关多样化有利于进行产品质量升级企业的生存。城市相关专业化和多样化程度越高,城市储备的相关产品生产和出口的知识、技术和市场需求信息等越丰富。在完成出口升级后,企业能够更好地生存与发展,升级成功的概率也更高。传统集聚经济城市化经济对升级企业生存的影响不显著,这主要是因为多样化带来的外部性在产生溢出效应的同时也可能带来竞争效应。由此可见,通过技术关联能更好地区分集聚经济和集聚不经济。

表 13-1　　　　　　　　集聚经济、出口产品升级与企业生存

变量	模型(1)	模型(2)	模型(3)	模型(4)	$upgrading\_c$	$upgrading\_q$
$upgrading\_c$	-0.027*** (0.001)		-0.024*** (0.001)	-0.024*** (0.001)		
$upgrading\_q$		-0.003*** (0.000)	-0.003*** (0.000)	-0.003*** (0.000)		
AR				-0.003* (0.002)	0.000 (0.002)	-0.002 (0.002)
RV				-0.012*** (0.001)	0.011*** (0.001)	0.012*** (0.001)
UV				-0.003 (0.002)	-0.004* (0.002)	-0.003* (0.002)
Urb				0.000 (0.001)	-0.000 (0.001)	0.000 (0.001)
$upgrading \times AR$					-0.014*** (0.002)	-0.000** (0.000)
$upgrading \times RV$					0.001 (0.001)	-0.000** (0.000)
$upgrading \times UV$					0.002 (0.001)	0.000 (0.000)
$upgrading \times Urb$					0.002*** (0.000)	0.000 (0.000)

续表

变量	模型（1）	模型（2）	模型（3）	模型（4）	upgrading_c	upgrading_q
_cons	0.069 *** (0.000)	0.073 *** (0.000)	0.079 *** (0.000)	0.070 *** (0.002)	0.060 *** (0.002)	0.064 *** (0.002)
Firm	Yes	Yes	Yes	Yes	Yes	Yes
Year	Yes	Yes	Yes	Yes	Yes	Yes
N	698103	698103	698103	698084	698084	698084
R^2	0.330	0.333	0.335	0.335	0.330	0.333

注：$*p<0.1$，$**p<0.05$，$***p<0.01$，括号中的标准误为城市的聚类稳健标准误。

二、企业异质性分析

企业储备的升级能力不同，升级后的企业的生存状况也可能不同。外资企业拥有母公司等海外资源，其出口产品升级能力也相对较强，升级后生存的概率相对较高。对比来看，本地企业出口产品升级关系着我国对外贸易的发展。此处，我们将企业按照其所有制特征，设置企业所有制变量 $domestic$，如果企业为本地企业，则 $domestic$ 为1，否则为0。另外，不同贸易方式的企业进行出口产品升级的难度也不同。我们同样设置贸易方式的0~1变量，企业进行加工贸易，则 pt 为1，否则为0。回归结果见表13-2。模型（1）显示 $upgrading\_c \times domestic$ 显著为负，而 $upgrading\_q \times domestic$ 显著为正，即进行出口产品技术复杂度升级的本地企业，其退出的概率较低。然而，进行出口产品质量升级的本地企业退出的概率相对较高。一定程度上说明，中国本地出口企业提升出口产品技术复杂度的难度相对较低。然而，提升出口产品质量意味着需要对出口产品质量做进一步改进，成本投入也会进一步提高，从而可能会影响企业的生存。模型（4）中 $upgrading\_c \times pt$ 和 $upgrading\_q \times pt$ 均显著为负，说明进行加工贸易的企业在出口产品升级后退出的概率相对较低。相较于一般贸易企业，加工贸易企业更容易获取生产过程中需要的中间品以及相关技术等，在承接更高技术复杂度的产品的加工生产时，面临的不确定性和风险相对较低。在 $upgrading\_q \times Agg$ 与 $domestic$ 的交叉项中，仅城市出口产品相关多样化显著为负，即相关多样化带来的知识溢出等有利于降低升级企业退出的风险。

表 13-2　　企业异质性：所有制与贸易方式

变量	企业所有制			企业贸易方式		
	模型（1）	模型（2）	模型（3）	模型（4）	模型（5）	模型（6）
$upgrading\_c$	-0.019*** (0.001)			-0.022*** (0.001)		
$upgrading\_c \times domestic$	-0.012*** (0.001)	-0.006* (0.004)				
$upgrading\_q$	-0.006*** (0.000)		0.000 (.)	-0.003*** (0.000)		
$upgrading\_q \times domestic$	0.003*** (0.000)		0.002*** (0.000)			
$upgrading\_c \times AR \times domestic$		0.008** (0.004)				
$upgrading\_c \times RV \times domestic$		-0.010*** (0.002)				
$upgrading\_c \times UV \times domestic$		0.005* (0.003)				
$upgrading\_c \times Urb \times domestic$		0.000 (0.001)				
$upgrading\_q \times AR \times domestic$			0.004*** (0.000)			
$upgrading\_q \times RV \times domestic$			-0.002*** (0.000)			
$upgrading\_q \times UV \times domestic$			0.002*** (0.000)			
$upgrading\_q \times Urb \times domestic$			-0.000 (0.000)			
$upgrading\_s \times pt$				-0.017*** (0.002)	-0.026*** (0.005)	
$upgrading\_q \times pt$				-0.002*** (0.000)		-0.005*** (0.001)
$upgrading\_c \times AR \times pt$					0.010* (0.005)	
$upgrading\_c \times RV \times pt$					0.002 (0.003)	

续表

变量	企业所有制			企业贸易方式		
	模型（1）	模型（2）	模型（3）	模型（4）	模型（5）	模型（6）
$upgrading\_c \times UV \times pt$					0.004 (0.004)	
$upgrading\_c \times Urb \times pt$					-0.001 (0.001)	
$upgrading\_q \times AR \times pt$						0.002** (0.001)
$upgrading\_q \times RV \times pt$						0.001 (0.000)
$upgrading\_q \times UV \times pt$						0.001 (0.001)
$upgrading\_q \times Urb \times pt$						0.000 (0.000)
_cons	0.082*** (0.000)	0.055*** (0.002)	0.061*** (0.002)	0.075*** (0.000)	0.052*** (0.002)	0.057*** (0.002)
Firm	Yes	Yes	Yes	Yes	Yes	Yes
Year	Yes	Yes	Yes	Yes	Yes	Yes
N	698103	698084	698084	683174	683158	683158
R^2	0.335	0.331	0.335	0.333	0.329	0.331

注：$*p<0.1$，$**p<0.05$，$***p<0.01$，模型估计的标准误为城市的聚类稳健标准误，模型（2）、模型（3）、模型（5）、模型（6）中的其他控制变量未显示。

三、扩展分析

企业主要通过扩展更高技术复杂度的产品来进行产品间升级。通过前面的章节，我们发现企业内资源配置增量是产品内升级的主要来源，说明企业出口产品质量升级发生在企业扩展产品后的整个出口过程中。企业在成立初期面临信息不对称以及不确定性等问题，企业退出的概率高。随着时间的推移，企业不断成长，退出的概率降低（Harris and Hassaszadeh，2002；He and Yang，2016）。那么，随着企业的不断成长，其出口产品质量是否会持续不断提高？我们选择研究年限内一直存在的企业，研究企业特征与企业升级的关系。图13-3左图显示随着企业年龄的增加，企业出口产品技术复杂度在不断上升；右图显示企业出口产品的质量与年龄呈现倒"U"型关系。这表明，在企业整个生命周期中，企业不断扩张高技术复杂度产品以推动产品间升级，然而，出口产品质量升级却主要发生在企业成立后的前几年,与企业年龄呈倒"U"型关系。

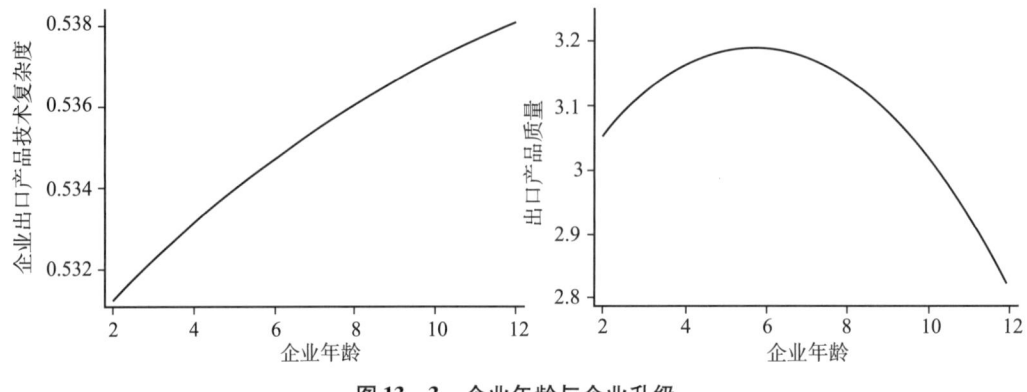

图 13 – 3　企业年龄与企业升级

本 章 小 结

企业出口产品升级对企业生存的影响也将影响企业出口产品升级的选择,升级后的生存状况同样也是企业出口升级的重要组成部分。本章首先识别出已发生出口产品技术复杂度和质量升级的企业,在此基础上,研究这两类企业的生存情况。研究发现:首先,发生出口产品技术复杂度和质量升级的企业,其退出的概率更低,在市场上生存的概率更高。其次,对比来看,选择出口产品技术复杂度升级的企业,其退出的概率更低,生存的机会更大。再次,相关专业化带来的集聚外部性有利于升级企业的生存。最后,出口升级对企业生存的影响也存在企业异质性。选择产品技术复杂度升级的本地企业和加工贸易企业,其退出的概率更低,生存的风险更小。

企业不断提升出口产品技术复杂度和出口产品质量以提升自身出口产品的竞争力。虽然,企业在升级过程中面临诸多的不确定性和风险,但其有利于企业在之后的生存。相关专业化和相关多样化带来的关联知识的溢出有利于提升企业出口产品升级后生存的概率,因此,地方政府应尽可能为企业打造技术关联紧密、上下游产业相互依托、有核心竞争力的空间集聚形态,充分发挥企业间的溢出效应,避免不相关带来竞争效应。其次,为实现这种空间集聚形态的形成,地方政府需要破除区域间的行政壁垒,开展区域协作,促进要素在区域间的自由流动,为提高产业空间集聚的技术相关度打下良好的市场基础。再次,地方政府除了提供补贴和税收优惠等产业政策外,更应该因企业制宜提供相应政策支持,以激发企业创新活力,提高城市集聚溢出效应的作用。

第十三章　集聚经济、出口产品升级与出口企业生存

本章参考文献

［1］包群，叶宁华，王艳灵. 外资竞争、产业关联与中国本土企业的市场存活［J］. 经济研究，2015（7）：102－115.

［2］曹裕，陈晓红，马跃如. 湖南省企业生命周期测度及其影响因素分析［J］. 数理统计与管理，2009，28（5）：29－45.

［3］曹裕，陈晓红，王傅强. 所有制、行业效率与转型经济下的中国企业生存［J］. 统计研究，2012（1）：74－79.

［4］郭琪，贺灿飞，史进. 空间集聚、市场结构对城市创业精神的影响研究——基于2001~2007年中国制造业的数据［J］. 中国软科学，2014（5）：107－117.

［5］颉茂华，王敏，果婕欣. 股权结构对企业生存能力的影响机理——基于企业生命周期视角的双案例对比研究［J］. 管理案例研究与评论，2017，10（1）：37－60.

［6］李宏贵，曹迎迎，陈忠卫. 新创企业的生命周期、创新方式与关系网络［J］. 外国经济与管理，2017，39（8）：17－28.

［7］逯宇铎，于娇，刘海洋. 集聚经济是否影响了企业生命周期——基于企业退出行为视角［J］. 财经科学，2013（10）：60－70.

［8］马弘，乔雪，徐嫄. 中国制造业的就业创造与就业消失［J］. 经济研究，2013，48（12）：68－80.

［9］毛其淋，盛斌. 中国制造业企业的进入退出与生产率动态演化［J］. 经济研究，2013，48（4）：16－28.

［10］Acs Z. J., Armington C. and Zhang T. The Determinants of New-firm Survival Across Regional Economies：The Role of Human Capital Stock and Knowledge Spillover［J］. Papers in Regional Science，2007，86（3）：367－391.

［11］Audretsch D. B., Houweling P. and Thurik A. R. Firm Survival in the Netherlands［J］. Review of Industrial Organization，2000，16（1）：1－11.

［12］Audretsch D. B. New－Firm Survival and the Technological Regime［J］. The Review of Economics and Statistics，1991，73（3）：441－450.

［13］Audretsch D. B. and Mahmood A. T. New Firm Survival：New Results Using a Hazard Function［J］. Review of Economics & Statistics，1995，77（1）：97－103.

［14］Box M. The death of firms：Exploring the Effects of Environment and Birth Cohort on Firm Survival in Sweden［J］. Small Business Economics，2008，31（4）：379－393.

［15］Christie T. and Sjoquist D. L. New Business Survival in Georgia：Exploring the Determinants of Survival Using Regional Level Data［J］. Growth and Change，2012，43（1）：110－142.

［16］Esteve－Pérez S., Llopis A. S. and Llopis J. A. S. The Determinants of Survival of Spanish Manufacturing Firms［J］. Review of Industrial Organization，2004，25（3）：251－273.

［17］Falck O. Survival Chances of New Businesses：Do Regional Conditions Matter?［J］. Applied Economics，2007，39（16－18）：2039－2048.

[18] Harris R. I. D. and Hassaszadeh P. The Impact of Ownership Changes and Age Effects on Plant Exits in UK Manufacturing, 1974 – 1995 [J]. Economics Letters, 2002, 75 (3): 309 – 317.

[19] He C. and Yang R. Determinants of Firm Failure: Empirical Evidence from China [J]. Growth & Change, 2016, 47 (1): 72 – 92.

[20] Mannasoo K. Patterns of Firm Survival in Estonia [J]. Eastern European Economics, 2008, 46 (4): 27 – 42.

[21] Mata J. and Portugal P. Life Duration of New Firms [J]. The Journal of Industrial Economics, 1994, 42 (3): 227 – 245.

[22] Nyström K. An Industry Disaggregated Analysis of the Determinants of Regional Entry and Exit [J]. The Annals of Regional Science, 2007, 41 (4): 877 – 896.

[23] Renski H. External Economies of Localization, Urbanization and Industrial Diversity and New Firm Survival [J]. Papers in Regional Science, 2011, 90 (3): 473 – 502.

第十四章
结论与讨论

在中国经济转型压力骤增和国际贸易战升级的双重背景下，促进中国企业出口产品升级是中国调整出口结构、提升出口竞争力、促进经济持续增长的关键所在。出口产品升级是区域发展、全球生产网络、国际贸易理论和演化经济地理学关注的重要研究主题。国际贸易理论开始更多地讨论企业维度的贸易特征，关注企业内资源配置对企业效率的影响。演化经济地理学推动了相关研究从静态视角向动态视角的转化，肯定了产业多样化对区域经济发展的影响。产品技术复杂度和产品质量测度日益精益化，也使得多样化过程中的产品异质性特征得以数量化。出口升级过程中提升出口产品技术复杂度的产品间升级和提升出口产品质量的产品内升级是我们研究升级的两个重要路径。结合现有研究成果，以微观企业—产品升级为切入点，本书研究中国企业出口产品升级以及"空间"对升级的支撑作用，以此解释我国出口产品升级路径选择及其存在的区域差异。具体而言，本书构建"企业—空间"互动的机制解释框架，从企业和区域多尺度的互动为出发点，研究中国出口产品升级及其微观机制。在理论上不仅丰富了新新贸易理论的企业内产品异质性的研究，而且将演化经济地理学的研究深化到企业内的产品维度，丰富了演化经济地理学的微观研究，是对现有研究中"空间"角色缺失的一个补充。本章从理论建构、现象发现和机制解释三方面对全文做一个总结。在此基础上，提出本研究的政策启示。

第一节 研究总结

一、理论部分

国际贸易理论和演化经济地理理论都肯定了多样化在区域和企业发展中的重要作用。然而，在全球化的今天，国家或区域发展的关键在于出口了什么（Hausmann et al.，2006）。出口产品的技术复杂度成为解释国家增长和发展的关键变量（Ferrarini and Scaramozzino，2016；Jarreau and Poncet，2012）。新新贸易理论的扩展研究开始放松，梅里兹（2003）模型中企业出口单一产品的假设，讨论企业出口产品多样化范围及其影响因素。与此同时，随着全球化的进一步深化，国际贸易的竞争开始以产品生产所处的环节为单位。因此，对产品异质性的忽视，可能造成对中国出口贸易认识的不完整。与此同时，如果仅从产品技术复杂度或者产品质量来讨论出口产品升级，也不能完整地刻画出口产品升级的全过程，甚至造成对出口升级程度的高估或者低估。

演化经济地理学将时间与空间要素联系起来，从产业动态的视角讨论区域产业结构演化过程。伊达尔戈等（2007）提出的产品空间以"核心—边缘"结构来体现产业演化的异质性。首先，演化经济地理学从动态和演化的角度为区域发展路径的研究提供了新的视角，其核心结论是区域是沿着路径依赖式的发展模式不断演化发展的。近期的产品空间网络视角从演化经济地理出发，以区域在产品空间中的跳跃能力来解释区域增长。然而，即使是在产品空间的边缘区域，产品的技术复杂度和质量也存在较大的差异。演化经济地理领域的研究对产品异质性的刻画停留在二元结构和产品种类上，还未能实现对每种产品之间的差异进行细致测度。其次，现有的大部分研究大多针对发达国家。当将该故事置于一个更为极端的设定时，由于路径依赖的存在，发展中国家很难甚至不可能进入产品空间的核心区域，从而容易陷入"中等收入陷阱"（Boschma and Iammarino, 2009; Neffke et al., 2011; Hidalgo et al., 2007）。再次，已有中国出口产品升级的研究多关注企业升级的过程，大多研究还处于就企业论企业的阶段。

基于此，我们首先将产品技术复杂度和产品质量纳入同一分析框架，重新定义产品空间中产品异质性，并在放松梅里兹（2003）的企业出口单一产品模型假设的基础上，将强调生产效率差异的企业异质性模型扩展为产品技术复杂度和产品质量差异的产品异质性模型。其次，企业通过研发新产品、淘汰已出口产品和提高已出口产品规模等动态形式来进行企业内资源再配置。我们通过企业内资源再配置来讨论企业出口产品升级，企业出口产品升级的过程表现为资源从低技术复杂度和低质量产品流向高技术复杂度和高质量产品的过程。再次，本研究通过构建"企业—空间"互动的解释框架，强调"空间"的资源和溢出效应在企业出口产品升级中的作用。基于该框架，我们提出企业出口产品升级是企业综合其产品生产能力与所在区域产品生产能力与资源进行选择的结果。

首先，本研究是新新国际贸易理论及其相关实证研究的进一步扩展。新新国际贸易理论将传统国际贸易理论、新国际贸易理论及其相关实证研究，从宏观（国家）与中观（产业）领域推进到微观（企业）领域，重点强调企业异质性在国际贸易中地位与作用。一方面，新新贸易理论及其扩展使得我们更好地认识到国际贸易如何通过促进生产资源在企业内、企业间重新配置，来推动企业、行业生产效率的提高，最终推动社会总体生产率的提升。该理论和相关研究让我们意识到贸易自由化起到的正面作用，对引导政府采取相应的措施来推动更加自由的国际贸易环境建设有重要的指导意义，因而也具有重要的理论与政策意义。另一方面，新新贸易理论及其扩展研究在过去十年内迅速发展，通过与企业出口产品质量、产品多样化和企业内贸易相结合等方式，不断进行自我修正，使得该理论的研究范围不断扩展、适用性不断增强。然而，现有的研究对企业内产品异质性的关注还较少。企业内资源的再配置可以推动企业生产效率的提高，那么什么方向的资源配置才能达到该目的呢？本研究主要是基于新新贸易理论及其扩展的相关研究成果展开的，企业通过扩展高技术复杂度产品、淘汰低技术复杂度和低质量产品来推动企业内资源的再配置,从而促进企业实现出口产品升级。该研究结论是新新贸易理论相关研究的再扩展,对我们更好地认识贸易自由化在企业出口产品升级过程中的作用具有重要的理论和政策启示。

其次,本研究有利于推动对"空间"在升级过程中的重要作用的认识,同时也是对现有研究将企业作为孤立个体来研究出口产品升级的重要补充。21世纪以来,经济地理学者吸收演化经济学的经典理论与分析框架,逐渐提出演化经济地理理论,将时间与空间要素内在地联系起来,从历史角度研究经济活动空间分布的渐进演化机制(刘志高等,2005)。在社会经济系统中,企业与区域之间相互影响,他们之间的关系错综复杂。区域是企业行为的外生环境,企业是区域经济增长的重要载体。已有出口升级的研究大多就企业论企业,就区域论区域,忽视了企业与区域之间的相互影响,缺乏"企业—空间"互动对出口升级影响的研究。本研究讨论了"企业—空间"互动对出口升级的影响,是国际贸易理论、产品演化研究、演化经济地理学和区域经济学相关研究的重要结合。本研究结合不同学科的研究视角,使得这些学科在升级问题上的作用相互交叉、相得益彰,更架起了跨学科研究的桥梁。

二、实 证 部 分

在实证研究部分,我们首先系统描述了中国出口发展现状、出口产品升级现状,将出口产品升级分解为产品间升级和产品内升级,并基于进入增量、退出增量和资源配置增量识别起主导作用的产品动态。随后,基于构建的机制解释框架,分别以城市和企业为研究单元,研究影响中国城市出口产品升级的影响因素,探究中国企业出口产品升级的驱动因素。

(一)现象发现

(1)中国出口产品升级过程中产品内升级和产品间升级现象相伴发生。我们在估算得到分别反映产品间升级和产品内升级的产品技术复杂度和质量指标的基础上,研究发现以下结果:首先,在 2000~2011 年间,我国出口产品技术复杂度和产品质量实现了较快增长。出口产品技术复杂度与发达国家间的差距在不断缩小。其次,我国出口产品升级过程中,产品内升级和产品间升级相伴进行。

(2)进入增量和资源配置增量为我国出口产品的主导力量。出口产品升级的过程则反映了资源从低技术复杂度和低质量产品向高技术复杂度和高质量产品流动的过程。基于勃兰特等(Brandt et al.,2012)和福斯特等(2006)的分解方法,本研究将出口产品动态分解为新产品进入、在位产品成长和退出。研究发现,新进入产品技术复杂度>在位产品技术复杂度>退出产品技术复杂度,而在位产品质量>进入产品质量>退出产品质量。进入增量和资源配置增量为出口产品升级的主要贡献力量。在企业升级过程中,新进入产品多为高技术复杂度产品,然而,新进入产品的质量往往低于在位产品的质量,也就是说企业往往以低质量高技术复杂度产品进入市场,再通过资源配置不断提升出口产品质量实现产品内升级。该结论一定程度上说明产品技术复杂度和产品质量作为衡量出口升级的两个重要维度对出口产品升级的研究同样重要。

(3)企业选择出口产品升级后的生存率也更高。升级企业的生存率更高,且质量升级优先更有利于企业升级后发展。企业选择不同的升级路径,将影响企业升级后生存的概率。企业在扩展高技术复杂度新产品以进行产品间升级的过程中,需要支付足够的沉没成本,面临诸多的不确定,因此出口产品升级也使得企业面临一定的风险。企业在出口产品质量升级时,主要通过提升已出口产品的质量来实现,面临的风险相对较小。因此,企业选择产品内升级路径进行出口产品升级最有利于促进企业升级后可持续发展。

(4)不同区域出口产品升级的路径表现出较大的区域差异。分区域来看,东部地区城市出口产品升级主要以产品内升级为主,而中部、东北、西南和西北地区城市多以产品间升级为主。当然,五大区域均在同时进行产品内升级和产品间升级,两种升级路径均有发生。

(二)机制探讨

(1)集聚经济有利于促进中国出口产品升级的发生以及升级企业的生存。首先,引入认知距离后,集聚经济对出口升级行为的影响更加清晰。相关专业化和相关多样化均有利于促进企业出口产品升级。然而,不相关产品出口集聚表现为竞争效应。采用认知距离来分解区域溢出效应更好地区分了集聚经济和集聚不经济的来源。其次,集聚经济对不同升级路径的影响不同,技术关联集聚经济更有利于促进产品间升级,而传统集聚经济更有利于促进产品内升级。再有,集聚经济有利于提高企业升级后生存的概率。企业在出口产品升级过程中面临不确定性和风险,集聚溢出效应有利于降低企业升级过程中的沉没成本以及面临的不确定性,提高了企业升级后生存的概率。

(2)企业和区域产品生产能力均有利于企业进行出口产品升级。现有研究发现区域产业演化更多地表现为对区域生产能力的依赖,是一种路径依赖的过程(Zhu et al.,2017;Hassink,2005;Neffke et al.,2009)。本研究发现,首先,区域和企业产品生产能力同样也有利于企业进行出口产品扩展以及企业已出口产品质量的提升。区域产品生产能力的影响存在距离衰减效应,城市产品生产能力大于国家产品生产能力大于省域产品生产能力。其次,企业出口升级并不意味着企业可以选择任意升级路径,依据企业和区域产品生产能力,选择相应的升级路径更有利于促进企业出口升级的发生。

第二节 中国出口产品升级：从贸易大国走向贸易强国

中国出口增长创造了国际贸易史上的奇迹，被称为中国对外贸易增长之谜。然而，中国出口贸易更多采取的是"底端嵌入"的竞争方式，甚至被认为是一条"血拼"式的发展道路（金碚，2012）。随着中国对外贸易规模的不断扩张，中国出口产品结构实现了一定程度的优化和升级，但中国出口贸易"只赚数字不赚钱"的本质令人担忧。在全球化的背景下，越来越多的发展中国家也开始参与到全球竞争中来，加上中国产品生产的内部要素成本不断上升，以往的出口比较优势开始逐步丧失。在中国经济转型压力骤增、国内生产要素价格大幅上涨和国际贸易战升级的背景下，提高中国出口产品技术复杂度和质量是中国调整出口结构、提升出口竞争力、促进经济持续增长的关键。党的十九大政府工作报告提出，必须推动经济发展质量变革，以优化经济结构，转变经济增长动力。新时期，推动我国出口产品演化与升级，提升我国在全球价值链和产业链中的分工地位，对实现从贸易大国到贸易强国至关重要。本研究以产品技术复杂度和产品质量提升来反映贸易强国的两个重要方面。结合研究结论，我们将从升级路径的选择、区域力量的利用和企业升级三个方面，对如何推动我国从贸易大国迈向贸易强国提出相关建议。

一、因地制宜科学选择不同升级路径组合推动出口升级

中国出口升级的路径不是单一路径线性的，而且多条升级路径同时进行。我国产业升级路径的相关研究主要包含两种类型，一种强调产业内升级，如从 OEA、OEM、ODM 到 OBM，进行从加工组装到自主升级的产业内升级；一种强调产业间升级，如通过调整不同产业的份额来推动产业结构的升级。一方面，已有这两种升级路径的研究都反映的是线性升级；另一方面，无论是工艺升级还是功能升级，这部分升级模型包含的内容丰富，很难对每一种升级进行定量测度，故而较难对升级进行定量评定。本研究发现产品间升级和产品内升级都是我国出口产品升级的重要路径，两种同等重要，相伴发生。当前对产品内升级的忽视，可能影响我国产业升级实践，同时也会影响我国产业升级最佳路线的制定。因此，从认知上，需要正确认识出口路径的多样化以及不同升级路

径的特征，才能更好地制定适当的政策措施来推动我国出口产品进行全方位升级。

因地制宜绘制升级路径路线推动我国出口产品升级。我国经济发展与出口地理空间具有极大的不平衡性，中国出口产品的90%来自东部沿海地区。本研究发现，我国出口产品升级过程中产品内升级和产品间升级相伴发生，然而，不同区域表现的升级路径不尽相同。沿海地区很多地方表现为产品内升级，而中西部地区更多地表现为产品间升级。因此，我们需要正确认识升级路径的各个组成部分，同时也需要意识到升级路径的制订需要因地制宜。当前阶段，要积极推进东部地区实行更加积极的产品内升级，不断提升我国出口产品质量；同时，鼓励中西部地区不断推进出口产品多样化以提升出口产品技术复杂度。不同区域选择不同的升级路径组合，有利于更高效稳健地推进出口产品升级，更有利于中国探索基于本地出口现状的升级新模式。

二、充分利用区域力量推动出口产品升级

充分发挥溢出效应在出口产品升级过程中的支撑作用。经济活动集聚带来的外部性有利于补充企业在出口产品升级过程中所需资源，这也是解释不同区域选择不同升级路径的重要原因。经济活动在空间上集聚带来的空间溢出效应，成为经济地理理解经济活动空间组织最为核心的视角。同时，随着演化经济地理研究对认知距离、技术关联等认识的逐步加深，以认知距离刻画的技术关联集聚经济也开始挑战传统集聚经济的影响，成为解释区域新技术、新产品和新产业等产生和演化的重要机制。基于本研究结论，我们认为地方政府首先应积极打造技术关联紧密、上下游产业相互依托、有核心竞争力的空间集聚形态，尽可能地避免集聚不经济。其次，为实现这种空间集聚形态的形成，地方政府需要破除区域间的行政壁垒，开展区域协作，促进要素在区域间的自由流动，为提高产业空间集聚的技术相关度打下良好的市场基础。再次，地方政府除了提供补贴和税收优惠等产业政策外，更应为出口企业营造国际化、市场化、法治化的营商环境，激发企业创新活力，提高城市集聚溢出效应的作用，而这对中国企业出口转型升级具有十分重要的意义。

充分利用区域发展过程所积累的能力推动出口产品升级。企业在出口产品升级过程中面临不同程度的不确定性和风险，区域储备的相关产品生产能力有利于降低该不确定性和风险，从而有助于推动出口产品升级。基于此，政府在筛选不同的产业并制定各项产业政策来推动产业升级时，选择区域储备较高生产能力的产品更有利于推动出口产品升级的发生。从不同维度培育区域产品生产能力，为企业升级营造良好的环境，激发企业创新活力，更大程度地发挥区域已储备生产能力的作用。这在生产成本大幅提升的今天，降低企业升级过程中的沉没成本以推动出口产品升级发展尤为重要。

基于区域动态演化的比较优势推动出口产品在产品间和产品内同时升级。一个国家产业升级的路径有其自身的规律，不能完全照搬他国的经验。根据演化经济地理理论，产业演化的方向存在一个最佳距离，这个距离在不同的国家有所不同，而产品升级的方向由产品间的技术距离所决定。部分学者呼吁我们要实施跨越重化工业的升级战略，该观点表达了一种对升级的急迫的良好愿望。但如果不顾比较优势的演化规律，强制推行跨越式升级方案，可能会对中国经济发展带来巨大的风险。根据演化经济地理和本研究的结论，依据不断演进的比较优势，选择与已出口产品结构技术距离恰当的产品来推动出口产品结构的调整和质量的提升，有利于更好地推动出口升级，也更有利于中国经济的稳定和可持续发展。

三、激化企业升级活力推动中国实现从贸易大国迈向贸易强国

中国亟须在国际出口市场上塑造自己的核心竞争力，这从根本上需要企业的不懈努力。近些年来，中国逐步脱下"加工车间"的帽子，部分出口企业开始掌握生产技术，在出口市场崭露头角，甚至在有些领域扮演着举足轻重的角色，然而与欧美国家的差距也给了我们继续努力的空间。中国从贸易大国走向贸易强国之路最需要依靠的是企业的力量。

首先，提升和培育企业出口产品升级的内在动力。企业已储备的生产能力是推动企业出口产品升级的内在动力，也是中国对外贸易不断发展的微观基础。因此，致力于提升企业产品生产和出口能力是推动我国出口产品升级的重要保障。基于企业出口结构制定有针对性的产业政策，以提高企业核心竞争力，是中国市场经济可持续发展的微观基础。

其次，利用企业内资源配置促进企业出口产品升级。根据"成本发现"理论，企业在进行出口产品升级时，面对诸多的不确定性，需要支付一定的沉没成本。企业在升级过程中可以充分利用企业内和所在区域的资源，以此扩展高技术复杂度产品和提升已出口产品的质量，促使资源流向拟升级的目标产品。基于此，地方政府应进一步推进市场化环境的建设，鼓励劳动力自由流动、改善投资环境、吸收内外资本、建设更加市场化的环境等，以更好地促进资源要素在企业内和企业间流动，帮助企业通过资源再配置来推动企业出口产品的升级。

最后，提高国有企业和民营企业在出口产品升级过程中的主导权。中国企业虽然在不断地融入全球生产网络，但往往表现出显著的企业差异。外资企业由于多样化的资源获取途径在出口发展中有更大的灵活性和自主性，但其本地性较弱。国有企业和私有企业是我国出口产品升级的主要力量，其出口产品的升级行为有利于提升我国出口产品的本地性。

第十四章 结论与讨论

我们尤其需要调动民营企业在升级过程中的积极性，进一步发挥民营企业在对外贸易出口中的重要作用。可以通过政府资金扶持、企业自主创新、高校与科研院所提供技术支撑等方式，增强私营企业出口产品的附加值，甚至打造自有品牌。我们还可以鼓励民营企业和国有企业进行合作研发，充分发挥私营企业的高效率和国有企业技术储备等比较优势，以提高本地企业的自主创新能力，促进中国在全球生产体系中的地位的提升。

本章参考文献

［1］金碚. "十二五"开局之年的中国工业［J］. 中国工业经济，2012（7）: 5-17.

［2］刘志高，尹贻梅. 演化经济地理学评介［J］. 经济学动态，2005（12）: 91-95.

［3］Boschma R. and Iammarino S. Related Variety, Trade Linkages, and Regional Growth in Italy［J］. Economic Geography, 2009, 85（3）: 289-311.

［4］Brandt L., Van B. J. and Zhang Y. Creative Accounting or Creative Destruction? Firm-level Productivity Growth in Chinese Manufacturing［J］. Journal of Development Economics, 2012, 97（2）: 339-351.

［5］Ferrarini B. and Scaramozzino P. Production Complexity, Adaptability and Economic Growth［J］. Structural Change and Economic Dynamics, 2016, 37: 52-61.

［6］Foster L., Haltiwanger J. C. and Krizan C. J. Market Selection, Reallocation, and Restructuring in the U. S. Retail Trade Sector in the 1990s［J］. Review of Economics and Statistics, 2006, 88（4）: 748-758.

［7］Hassink R. How to Unlock Regional Economies from Path Dependency? From Learning Region to Learning Cluster［J］. European Planning Studies, 2005, 13（4）: 521-535.

［8］Hausmann R., Hwang J. and Rodrik D. What You Export Matters［J］. J Econ Growth, 2006, 12（1）: 1-25.

［9］Hausmann R. and Klinger B. The Structure of the Product Space and the Evolution of Comparative Advantage［Z］. Center for International Development at Harvard University. http://scholar.google.com/scholar?cluster=14035101216413974344&hl=en&oi=scholar. 2007.

［10］Hidalgo C. A., Klinger B., Barabási A. L. and Hausmann R. The Product Space Conditions the Development of Nations［J］. Science, 2007, 317（5837）: 482-487.

［11］Jarreau J. and Poncet S. Export Sophistication and Economic Growth: Evidence from China［J］. Journal of Development Economics, 2012, 97（2）: 281-292.

［12］Melitz M. J. The Impact of Trade on Intra-Industry Reallocations and Aggregate Industry Productivity［J］. Econometrica, 2003, 71（6）: 1695-1725.

［13］Neffke F., Henning M. and Boschma R. How Do Regions Diversify over Time? Industry Relatedness and the Development of New Growth Paths in Regions［J］. Economic Geography, 2011, 87（3）: 237-265.

［14］Zhu S., He C. and Zhou Y. How to Jump Further and Catch Up? Path-Breaking in an Uneven Industry Space［J］. Journal of Economic Geography, 2017, 17（3）: 521-545.

附录

国家代码与国名

代码	国名	代码	国名	代码	国名	代码	国名
AGO	安哥拉	EGY	埃及	KOR	韩国	PNG	巴布亚新几内亚
ALB	阿尔巴尼亚	ESP	西班牙	KWT	科威特	POL	波兰
ARE	阿联酋	EST	爱沙尼亚	LAO	老挝	PRT	葡萄牙
ARG	阿根廷	ETH	埃塞俄比亚	LBN	黎巴嫩	PRY	巴拉圭
AUS	澳大利亚	FIN	芬兰	LBY	利比亚	QAT	卡塔尔
AUT	奥地利	FRA	法国	LKA	斯里兰卡	RUS	俄罗斯
AZE	阿塞拜疆	GAB	加蓬	LTU	立陶宛	SAU	沙特阿拉伯
BEL	比利时	GBR	英国	LVA	拉脱维亚	SEN	塞内加尔
BGD	孟加拉国	GEO	格鲁吉亚	MAR	摩洛哥	SLV	萨尔瓦多
BGR	保加利亚	GHA	加纳	MDA	摩尔多瓦	SVK	斯洛伐克
BIH	波斯尼亚和黑塞哥维那	GIN	几内亚	MDG	马达加斯加	SVN	斯洛文尼亚
BLR	白俄罗斯	GRC	希腊	MEX	墨西哥	SWE	瑞典
BOL	玻利维亚	GTM	危地马拉	MKD	马斯顿	SYR	叙利亚
BRA	巴西	HND	洪都拉斯	MLI	马里	THA	泰国
CAN	加拿大	HRV	克罗地亚	MNG	蒙古国	TJK	塔吉克斯坦
CHE	瑞士	HUN	匈牙利	MOZ	莫桑比克	TKM	土库曼斯坦
CHL	智利	IDN	印度尼西亚	MRT	毛里塔尼亚	TTO	特立尼达和多巴哥
CHN	中国	IND	印度	MUS	毛里求斯	TUN	突尼斯
CIV	科特迪瓦	IRL	爱尔兰	MWI	马拉维	TUR	土耳其
CMR	喀麦隆	IRN	伊朗	MYS	马来西亚	TZA	坦桑尼亚
COG	刚果	ISR	以色列	NGA	尼日利亚	UGA	乌干达
COL	哥伦比亚	ITA	意大利	NIC	尼加拉瓜	UKR	乌克兰
CUB	古巴	JAM	牙买加	NLD	荷兰	URY	乌拉圭
CZE	捷克	JOR	约旦	NOR	挪威	USA	美国
DEU	德国	JPN	日本	NZL	新西兰	UZB	乌兹别克斯坦

续表

代码	国名	代码	国名	代码	国名	代码	国名
DNK	丹麦	KAZ	哈萨克斯坦	OMN	阿曼	VEN	委内瑞拉
DOM	多米尼加共和国	KEN	肯尼亚	PAK	巴基斯坦	VNM	越南
DZA	阿尔及利亚	KGZ	吉尔吉斯斯坦	PER	秘鲁	YEM	也门
ECU	厄瓜多尔	KHM	柬埔寨	PHL	菲律宾	ZAF	南非
ZMB	赞比亚	ZWE	津巴布韦				